JN438776

일본의 보험제도

일본의 보험제도

우용출판사
1997 www.choolpansa.com

제2판 서문

2003년 갓난아이의 첫울음 소리를 알렸던 우리들의 신보험론도 2년의 세월을 거쳐, 이제 개정의 시기를 맞이하게 되었다.

제2판 출판을 즈음해서 우선 중점을 둔 것은 최신 데이터를 첨가 시키는 것이었다. 가능하면 2003년 데이터, 적어도 2002년 데이터를 첨가 시켜 초판의 진부화를 저지하려고 노력했다.

더욱이 최근의 니가타현 주엔 지진을 계기로 지진보험의 재평가 움직임이 한층 더 높아지고 있다.

이상의 이유로 과거 2년간의 보험을 둘러싼 상황 변화를 감안해서 집필한 제2판은 독자의 기대에 충분히 부응할 수 있을 것을 확신하고 있다.

개정에 참여하신 선생님들에게 이 자리를 빌려서 깊은 감사를 표시한다.

본 개정판 출판에서 세이분도의 여러분의 헌신적인 협력을 받았다. 마음 깊이 감사를 표하는 바이다.

2005년 2월 16일

집필자 대표 **스즈끼 타츠노리**

저자 서문

1960년에 프랑스의 거장 르네 클레망이 감독하고 아랑드롱이 주연한 불후의 명작인「태양은 가득히」라는 영화가 있었는데 그것에 관련시켜 말하면 현대는「위험은 가득히」라고 할 수 있을 것이다. 과거「지진 · 번개 · 화재」라는 두려움의 대상이 지금은 몇 십 배나 증대된 느낌이 든다. 기계문명의 발달이 생활을 쾌적하게 한 만큼 우리들의 생활을 위협하는 위험도 배증했다.

자동차사고, 화재, 지진, 실업, 장수, 병사, 당뇨병 · 뇌경색 · 심근경색 등 생활관습병, 악성신생물(암) 기타 문명의 발달 및 식생활의 고도화 · 영양의 과다 섭취는 우리들의 생활을 위협하고 있다.

우리들이 배우려고 하는 '보험'은 우리들의 생활을 위협하는 이들 대다수의 위험에 대처하기 위한 가장 유력한 수단이다. 자동차의 급증에 따라 자동차보험이, 각종의 질병에 대해 건강보험이, 화재에는 화재보험이, 지진에는 지진보험이 탄생한 것도 그것 때문이다. 실업에는 고용보험이, 장수에는 노령연금이, 불의의 사망에는 생명보험이 있다고 할 수 있다.

이처럼 생각하면 우리들 생활이 얼마나 많은 보험에 둘러싸여 있는지를 알 수 있다. 이 세상에 자동차보험이 없다면 주택을 구입해도 화재보험이 없다면 가정을 가져도 생명보험이 없다면 우리들은 과연 어떻게 하여 자동차사고 및 화재, 조기사망의 위험에 대처할 수 있겠는가?

인공위성보험, 원자력시설 · 배상책임보험, 석유정제시설보험, 유조선보험, 항공보험 등의 보험이 있기 때문에 이들 위험도가 높은 거대사업의 전개도 가능한 것이다.

지금은 보험도 복잡화의 정도를 더욱더 심화시키고 있다. 그 때문에 독자에게 주의 깊게 보험의 구조를 배우기를 권유하고 싶다. 어느 보험이 실제로 필요한지? 사회보험과 사보험은 어떻게 차이가 있는지? 그 이유는 무엇인지? 본서를 습독하면 보험의 대부분의 영역을 거의 습독하는 것이 될 것이다.

끝으로 본서에 우수한 원고를 기고해 준 집필자의 교수님에게 진심으로 감사를 말을 드리며, 또한 본서의 출판을 허락해 준 세이분도의 관계자 여러분에게 감사를 드린다.

2003년 봄

집필자 대표 **스즈끼 타츠노리** (鈴木辰紀)

역자 서문

본서는 일본의 보험제도에 관한 전반적인 내용을 소개한 것으로 현직의 대학교직에 봉직하고 있는 교수들에 의해 집필된 것이다. 본 서와 같이 일본 보험제도의 전반적인 내용을 설명하고 있는 서적이 우리나라에서는 거의 없는 상황에서 과거에 일본에서 유학을 했던 역자들이 힘을 모아 번역을 감행한 것이다. 본 서를 번역하게 된 계기가 된 것은 번역자들의 은사님이기도 하신 편저자인 스즈키 타츠노리 교수님께서 일본의 보험제도를 한국에 알릴 수 있는 절호의 기회라고 한국판의 번역을 추천하였으며 또한 은사님에 대한 제자로서의 무언가의 보답을 할 수 있는 길을 모색하든 결과가 본 서의 번역을 하게 된 동기라고 할 수 있다.

▶본 서의 편집・집필자의 분담 내용은 다음과 같다.

제Ⅰ부 총론의 제1장~제3장은 스즈키 타츠노리(鈴木 辰紀)교수, 제4장은 이 홍무(李 洪茂)교수, 제5장은 온죠 미호(恩藏 三穗)교수, 제6장은 오쿠보 아키라(大久保 明)강사, 제7장은 이홍무교수가 각각 집필하였으며, 제Ⅱ부 각론의 제1장~제2장은 스즈키 교수가 집필했는데 이 중에서 제2장 제3절의 2 (1)은 다케다 마사유키(武田 昌之)교수가 집필했다. 제3장은 마츠시마 메구미(松島 惠)교수, 제4장 제1절~제2절은 오타니 코이치(大谷 孝一)교수, 동 제3절~제4절은 이마이즈미 타카타다(今泉 敬忠)교수, 제5

장은 에자와 마사히코(江澤 雅彦)교수, 第6장은 츠보이 아키히코(坪井 昭彦)교수가 각각 집필했다. 본 서가 일본의 보험제도를 연구하거나 이와 관련된 실무에 종사하는 독자에게 일조가 되기를 기대해 마지않는다. 또한 본 서의 번역에 있어 미비한 점이 있다면 그것은 어디까지나 번역자들의 역량이 부족한 소이이며 편저・집필자에게는 아무런 책임이 없다는 것을 부기해 두고자 한다. 또한 본 서의 번역에 있어 일본의 용어의 대해서는 가능한 원어 그대로 사용하고 있으며, 필요한 경우에 한해 괄호 내에서 우리나라에서 사용하는 용어를 부기하고 있다.

끝으로 본 서의 출판을 허락해 준 우용출판사 고종식 사장님이하 관계자 여러분에게 충심으로 감사의 말씀을 드린다. 그리고 와세다대학 명예교수이며 번역자들의 은사이며 편저자인 스즈키 타츠노리교수님, 집필자 여러분 및 세이분도(成文堂)출판사에게도 감사의 말을 드리며, 또한 일본문의 자구와 국문을 대조하여 여러 지적을 해 준 와세다대학 이홍무교수님에게도 사의를 표하는 바이다.

2006년 3월

역 자

목차

— 제 2판 서문 …… 3
— 저자 서문 …… 4
— 역자 서문 …… 6

제 I 부 총 론

제 1 장 보험의 개념

제 1 절 보험의 구조 …… 21

1. 대수의 법칙과 확률 / 21
2. 수지상등의 원칙 / 22
3. 급부・반대급부 균등의 원칙 / 23

제 2 절 보험의 효용과 폐해 …… 23

1. 보험의 경제적 효과 / 24
2. 사회적 효용 / 27
3. 보험의 폐해 / 27

제 3 절 보험의 의의 …… 27

1. 보험의 의의 / 27
2. 보험의 성립요건에 관한 설명 / 29

제 4 절 보험유사제도 …… 31

1. 저축 / 31
2. 도박・복권 / 31
3. 자가 보험 / 32
4. 보증 / 32
5. 공제 / 33

제 2 장　보험의 분류

제 1 절 손해보험과 생명보험 ······ 35

제 2 절 해상보험과 육상보험 ······ 36

제 3 절 원수보험과 재보험 ······ 38

제 4 절 개인보험(사보험)과 사회보험 ······ 39

제 5 절 공보험과 사보험 ······ 40

제 3 장　보험료

제 1 절　보험의 구조와 보험료 ······ 42

제 2 절　보험료의 구성과 산정방법(보통보험의 경우) ······ 43

1. 순보험료 / 43
2. 부가보험료 / 45
3. 손해보험의 부가보험료 / 45

제 3 절　위험에 충실한 보험료의 원칙과 그 한계 ······ 46

1. 위험의 개별화의 필요성 / 46
2. 위험 개별화의 한계 / 48

제 4 절　보험료에 관한 기타의 문제 ······ 49

1. 요율의 법적 규제와 설득성 / 49

제 4 장　일본의 보험제도

제 1 절　규제 강화에 의한 보험제도 ······ 51

1. 규제의 강화 / 51
2. 손해보험 / 52
3. 생명보험 / 54

제 2 절 각종 제도간의 중복 ······ 55

1. 보험업법에 의한 보험사업 / 55
2. 보험업법에 의하지 않는 보험사업 / 57

제 3 절 보험사업에서의 업제문제 ······ 59

1. 생 · 손보간의 문제 / 59
2. 타 업태와의 문제 / 61
3. 우정국민영화 / 64

제 4 절 규제 완화와 그 대응 ······ 64

제 5 장 보험보험업법의 개정

제 1 절 보험업법 개정의 경위 ······ 67

제 2 절 신보험업법의 개요 ······ 67

1. 규제 완화 · 자유화의 추진에 의한 경쟁의 촉진 · 사업의 효율화 / 69
2. 보험업의 건전성의 유지 / 75
3. 공정한 사업 운영의 확보 / 77

제 3 절 향후의 과제 ······ 78

제 6 장 일본의 제조물책임

제 1 절 제조물책임법의 내용 ······ 81

제 2 절 입법 후의 상황 ······ 87

제 3 절 생산물배상책임보험의 내용 ······ 90

1. 담보되는 손해 / 90
2. 보상되는 손해의 범위 / 90
3. 대상이 되는 생산물 / 91
4. 피보험자 / 91
5. 보험기간 / 91
6. 보험사고 / 91
7. 면책사유 / 91
8. 보상한도액 / 92
9. 보험료 / 92

제 7 장 보험회사의 파산과 계약자의 보호

제 1 절 보험계약자 보호의 필요성 ········· 93
제 2 절 보험회사의 파산 원인 ········· 94
1. 사외적 요인 / 94
2. 사내적 요인 / 99
제 3 절 보험계약자 보호 제도와 그 적용 ········· 100
1. 조기 시정 조치 / 100
2. 보험계약자 보호기금 / 101
3. 보험계약자 보호기구 / 104
제 4 절 보험회사의 파산처리 ········· 107
1. 파산 처리의 절차 / 107
2. 채무 초과액의 처리 / 109
3. 예정 이율과 영업권 / 110

제 II 부 각 론

제 8 장 화재보험

제 1 절 화재보험의 역할 ········· 115

1. 경제생활의 안정 / 115
2. 신용의 증대 / 116
3. 손해의 예방 / 117

제 2 절 화재보험의 역사 ········· 118

1. 영국의 화재보험 / 118
2. 독일의 화재보험 / 119
3. 일본의 화재보험 / 121

제 3 절 화재보험의 종류와 내용 ········· 124

1. 보통화재보험 / 124
2. 주택화재보험 / 128
3. 주택 · 점포종합보험 / 128
4. 장기종합보험 / 130

제 4 절 화재보험의 특약 ········· 131

1. 지진보험(특약) / 132
2. 지진보험의 개정 / 133
3. 가액협정보험(특약) / 137

제 5 절 계약 성립 전의 보험 가입자의 주의 사항 ········· 140

1. 화재보험 계약의 요소 / 140
2. 화재보험 계약의 당사자 / 141
3. 고지의무와 위반의 효과 / 141
4. 전부보험 · 일부보험 · 초과보험 / 142
5. 보험의 목적물의 범위 / 143
6. 면책사유 / 144

제 6 절 계약 성립 후의 보험 가입자의 주의 사항 …… 145

1. 위험증가통지의무 / 145
2. 손해방지의무 / 146
3. 사고발생통지의무, 손해설명 · 증명의무 / 146

제 7 절 화재보험의 현상과 향후의 과제 …… 147

1. 화재보험의 개황 / 147
2. 화재보험요율의 인하와 종합보험의 등장 / 149

제 9 장 자동차보험

제 1 절 자동차보험의 역할 …… 150

1. 자동차의 보급 / 150
2. 자동차의 쾌적함 / 151
3. 사고 희생자의 발생 / 152

제 2 절 자동차보험의 역사 …… 153

1. 자동차의 개량 · 보급과 사고의 빈발 / 153
2. 자동차손해배상책임보험의 강제화 / 154
3. 자동차보험의 등장 / 155
4. 1945년대의 자동차보험 / 156
5. 자배법의 성립과 자배책보험 / 157

제 3 절 자동차보험의 종류와 내용 …… 159

1. 자배책보험(강제보험) / 159
2. 임의자동차보험 / 169

제 4 절 자동차보험의 현상과 향후의 과제 …… 187

제 10 장 신종보험

제 1 절 신종보험의 역할 ···· 190

1. 신종보험의 의의 / 190
2. 신종보험의 역할 / 191

제 2 절 신종보험의 역사 ···· 192

1. 신종보험의 생성발전 / 192

제 3 절 신종보험의 종류와 내용 ···· 201

1. 신종보험의 분류 / 201
2. 신종보험의 종류와 내용 / 203

제 4 절 신종보험의 현상과 향후의 과제 ···· 222

제 11 장 해상보험

제 1 절 해상보험의 역할 ···· 225

제 2 절 해상보험의 역사 ···· 227

1. 베니스의 상인 / 227
2. 모험대차 / 228
3. 가장보험계약 / 229
4. 로이즈 / 232
5. 일본 / 235

제 3 절 해상보험의 종류와 내용 ···· 237

1. 해상보험의 종류와 내용 / 237

제 4 절 해상보험의 현상과 향후의 과제 ···· 254

제 12 장 생명보험

제 1 절 생명보험의 역할 ········ 259

1. 가계의 관점에서의 역할 / 259
2. 기업의 관점에서의 역할 / 261
3. 국민경제의 관점에서의 역할 / 262

제 2 절 생명보험의 역사 ········ 264

1. 해상보험에서 생명보험으로 / 264
2. 근대적 생명보험의 성립 / 265
3. 일본의 생명보험의 생성 · 확립기 / 267

제 3 절 생명보험의 종류와 내용 ········ 271

1. 보험사고에 의한 분류 / 271
2. 주요 상품의 변천 / 272
3. 개인연금보험의 동향 / 275

제 4 절 생명보험의 현상과 향후의 과제 ········ 278

1. 2003년도 결산에 대해서 / 278
2. 경영 파탄 전의 예정이율 인하 / 283

제 13 장 사회보험

제 1 절 사회보험의 역할 ········ 287

1. 사회보험의 이념 / 287
2. 사회보험의 제도 / 289
3. 사회보험의 구조 / 289
4. 사회보험의 특징 / 291
5. 사회보험의 기능 / 291

제 2 절 사회보험의 역사 ········ 293

1. 독일의 사회보험 / 293
2. 영국의 사회보험 / 294
3. 일본의 사회보험 / 295

제 3 절 사회보험의 종류와 내용 ······ 299

1. 사회보험의 종류 / 299
2. 사회보험의 내용 / 301

제 4 절 사회보험의 현상과 향후의 과제 ······ 321

1. 의료보험의 현상과 향후의 과제 / 321
2. 연금보험의 현상과 향후의 과제 / 323
3. 기타 사회보험의 현상과 향후의 과제 / 327

▸참고 문헌 ······ 332

▸영문 색인 ······ 340

▸국문 색인 ······ 342

Part I

총론

總論

제 1 장　보험의 개념
제 2 장　보험의 분류
제 3 장　보험료
제 4 장　일본의 보험제도
제 5 장　보험업법의 개정
제 6 장　일본의 제조물책임
제 7 장　보험회사의 파산과 계약자의 보호

Chapter 1 보험의 개념

1 보험의 구조

1. 대수의 법칙과 확률

보험은 통계학에서 말하는「확률」을 이용하는 것이다. 확률이라는 것은「확실한 것 같은」이라는 의미인데 예를 들면 10엔짜리 동전을 던져 표면이 나올 확률, 즉 그것은 1/2이며, 주사위의 경우에 예를 들면 1이 나올 76확률은 1/6이 된다. 이 점을 구체적으로 설명하면 어떤 특정한 가옥이 향후 1년 이내에 화재로 인해 소실될지의 여부를 예측하는 것은 불가능하지만, 관찰의 대상을 넓혀 예를 들면 동경도(東京都)라든지, 관동(關東)지방이라든지 나아가 일본 전국에 존재하는 수백만, 수천만의 건물에 대해 장기간에 걸쳐 화재 발생의 실적을 관찰하면 그기에 일정한 규칙성을 발견할 수 있다. 즉 발생의 빈도에 대한 확률을 통계적으로 파악할 수 있다.

이와 같이 개개의 경우에 대해서 보면 그 발생이 우연에 지배되어 전혀 예측할 수 없는 경우에도 이것을 장기간에 걸쳐 대량으로 관찰하면 그 발생에 대해 일정한 확률을 파악할 수 있다는 법칙을「대수의 법칙」(Law of Large Numbers)이라고 한다. 보험은 이 대수의 법칙이라는 특수 기술의 응용에 의해 실현된 합리적인 경제 제도이다.

환언하면 대수의 법칙이란 특정한 우연사고, 예를 들면 화재의 과거의 발생률을 불특정 다수에 대해 장기간에 관찰하면 일반 사정에 특별한 변화가 없는 한 그 미래의 발생률 즉 확률은 과거의 그것과 동일시해도 지장이 없다는 법칙이다. 보험은 이 대수의 법칙을 응용하여 우선 특정 사고의 발생 확률을 파악하고 그것에 기초하여 산정된 보험료(이 경우의 보험료는 순보험료를 말한다. 이하 동일)를 각 가입자로부터 징수하여 현실로 소정의 사고가 발생한 경우에 지급하는 보험금의 총액과 각 가입자로부터 징수한 보험료의 총액이 과부족 없이 균등하도록 구성된 경제합리성에 관철된 제도이다.

2. 수지상등의 원칙

전술한 바와 같이 각 보험가입자가 납입하는 보험료의 총액이 사고의 피해자에의 원칙」이라 한다. 이와 같이 수입보험료 총액이 지급보험금 총액과 일치한다는 것, 적어도 후자가 전자를 상회하면 안 된다는 것은 보험이 기술적으로 성립하기 위해 필요한 제1의 요건이며 원칙이다. 이 점을 간단한 예로 설명하면 동일한 재질·구조로 각 2,000만 엔의 가치가 있는 주택의 소유자가 1,000명 있다고 가정하여 과거의 통계자료에서 얻어지는 화재에 의한 소실의 확률(연간)이 가령 1.5/1000 라고 하면 각자가 납입하는 보험료는 다음의 계산에서 3만 원(연간)이 된다.

2,000만엔 × 1,000명 × 1.5 / 1000 = 3,000만엔 ……… ①
이 손해액을 전가입자 1,000명에게 할당하면 1인당 부담액은 3만엔이 된다.
3,000만엔 ÷ 1,000명 = 3만엔 ……… ②

이 3만원을 1,000명의 가입자로부터 거출한 결과, 보험료의 총액은 3,000만엔이 되어 지급보험금총액의 3,000만엔(위의 식 ①참조)과 일치하게 된다. 이것을 일반적으로 보험에 있어서 「수지상등의 원칙」이라 한다.

3. 급부·반대급부 균등의 원칙

위의 예의 경우 보험금액에 대한 보험료의 비율(3만엔/2,000만엔), 즉 보험요율은 1.5/1000이다. 따라서 보험금액에 이 보험요율을 곱하여 각자가 부담해야 할 보험료를 쉽게 산출할 수 있다. 즉,

2,000만엔 × 1.5/1000 = 3만엔

위의 관계를 독일의 경제 · 통계학자인 레식스(Wilhelm Lexis)는 순보험료를 P, 확률을 w, 보험금을 Z로 하고 P=wZ라는 수식으로 표시했다. 이것은 개개의 보험계약에 있어 각 가입자가 납입해야 할 순보험료는 각 가입자가 보험사고 발생시에 수취해야 할 보험금의 수학적 기대치와 동일해야 한다는 중요한 원칙을 제시한 것으로「급부 · 반대급부균등의 원칙」이라 불리고 있지만, 주창자인 이름을 따서「레식스의 원칙」이라 부르기도 한다. 전술한「수지상등의 원칙」을 보험이 기술적으로 성립하기 위한 제1원칙이라 한다면, 이「급부 · 반대급부균등의 원칙」은 제2원칙이라 불리고 있다. 전자의「수지상등의 원칙」은 보험의 기술적인 기초 원리를 거시적으로 파악한 것에 비해 후자인「급부 · 반대급부균등의 원칙」은 그것을 미시적으로 파악한 것이다. 전술한「레식스의 원칙」P=wZ의 w를 r/n (r은 보험금을 수취하는 자의 수, n은 가입자 수)로 대입하면, P=r/n×Z가 되어 이것을 다시 전개하면—양변에 n을 곱하면—nP=rZ로 되는데 이것이 전술한 보험의 제1원칙인「수지상등의 원칙」을 수식으로 나타낸 것이다.

2 보험의 효용과 폐해

보험의 효용은 경제적 효용과 사회적 효용으로 대별된다. 또한 경제적 효용은 사경제적 효용과 국민 경제적 효용으로 구분된다. 아래에서는 이들에 대해 설명한다.

1. 보험의 경제적 효과

보험은 우연사고의 발생에 의한 경제상의 불안정을 제거·경감할 것을 목적으로 하는 것이므로[1] 다음과 같은 사경제적 효용을 갖는다.

(1) 사경제적 효용

① 경영의 안정

국민 경제적 견지에서 보면 보험은 발생한 손해를 보충해 주는 것은 아니지만 가계의 경우이든 기업의 경우이든 각 경제주체에서 보면 이것을 제거해 주는 것이라 할 수 있다. 즉 기업이든 가계이든 각 경제주체는 보험이 있기 때문에 실제로 경영의 안정을 도모할 수 있으며 또한 경영자도 안심하고 기업경영을 하게 되는 것이다.

예를 들면 경영자가 그 사업소 및 공장을 화재보험에 가입 하므로 해서 만일 화재가 발생해도 쉽게 그 사업의 복구와 재개를 할 수 있다. 더구나 사업에 수반되는 보험 중에는 사업 운영의 필요상 절대적으로 불가결한 것도 있다. 예를 들면 수출입 화물에 대한 해상보험 등이 그 예이다. 무역업자가 상품을 외국에 수출하는 경우 수출어음을 은행이 매입하고 대금 결제를 해주는데 이 경우 은행은 반드시 그 상품에 대한 해상보험증권의 제출을 요구한다. 은행은 어음을 매입한 후 그 어음이 수입업자에 의해서 최종적으로 결제되기까지 수출업자를 위해 금융을 취급하게 되므로 그 채권을 확실하게 하기 위해 그 상품에 대해 해상보험계약의 체결을 요구하는 것이다. 따라서 동일한 보험이라도 수출입 화물의 해상보험과 같은 것은 어떤 경우에도 누락되어서 안 되는 성질의 보험이다.

② 신용의 증대

오늘날 건물, 공장, 상품 등에 각각 화재보험을 가입하고 또한 선박·적하에 해상보험을 가입하므로 해서 비로소 은행 기타의 금융기관에서 쉽게 금융을 받을 수 있다는 사실은 누구나 잘 알고 있다. 특히 주택대부금의 경우 등 융자 대상인 가옥에

---

1) p.29 이하의「보험의 의의」참조.

화재보험을 드는 것에서 만일의 소실 위험에 대처할 수 있는 것이 서민을 대상으로 한 주택대부금의 대규모의 보급을 가능하게 한 최대의 원인이다. 또한 추락, 침몰 등의 사고가 발생하면 한 번에 수천억엔이라는 거액의 손해를 입는 점보제트기(기체만으로 310억엔) 및 LNG선박(선체만으로 320억엔), 스페이스셔틀, 나아가 1대 몇 조원 이상이나 되는 거대한 정유소(3,500억엔) 및 원자력발전소(1,600억엔) 등에도 융자의 길이 열려 이 종류의 위험한 사업의 개시 및 계속이 가능한 것도 보험이라는 위험분산제도가 있기 때문이다. 또한 사업자에게 담보로 제공할 아무런 재산도 없는 경우에는 그 사업자 자신이 자신의 생명에 보험을 체결하는 것에서 금융의 길을 개척할 수 있다. 나아가 최근에는 그 사업자뿐만 아니라 일반의 소비자도 자신에게 생명보험을 체결함으로서 주택자금의 차입을 비롯해 자동차, TV, 전기냉장고 등을 할부로 구입할 수 있는「소비자신용생명보험」(consumer credit life insurance)의 혜택을 받고 있다.[2)]

③ 사업경영의 합리화

보험은 만일의 재해에 대비하기 위한 것으로 거액의「재해적립금」의 적립을 필요로 하지 않으므로 가계이든 기업이든 그 만큼 사업의 합리적 경영이 가능하며 사업의 확대도 기대할 수 있게 된다.

(2) 국민 경제적 효용

① 손해발생의 방지

보험의 효용을 단지 사고 발생 때의 대책으로만 파악하는 것은 충분한 인식을 결여하는 것이다. 보험은 사고 발생의 경우에 소정의 보험금을 지급하는 것으로 보험가입자의 경영의 안정에 기여할 뿐만 아니라 사고 발생 그 자체의 방지에도 도움이 된다. 즉 사고의 발생이 감소하면 그 만큼 보험자의 부담이 경감되고 그것이 결국은 보험가입자의 부담의 경감이 되는 관계에 있기 때문이다.

따라서 한 국가의 보험사상의 보급·발달 및 보험업의 융성은 그 국가의 물적·인적 자원의 감소를 저지하는 효과를 갖는다.

2) 일본의 소비자신용생명보험은 대부분이 주택자금대부의 경우에 이용되는 것에 비해 미국에서는 자동차의 할부판매 등 소액·단기의 개인대부가 주류를 이루고 있다.

또한 최근에는 보험자 자신이 이 점에 대한 보험의 사명에 자각하여 그 수익의 일부를 각종의 재해방지시설(예를 들면 손해보험사업자가 오랜 기간 동안 실시하고 있는 지방자치단체로의 소방차 기증, 소방채권의 구입 등) 및 후생사업시설(생명보험사업자가 행하고 있는 의학에 대한 각종의 연구 조성, 성인병 검진차의 순회, 병원의 직영 등)에 적극적으로 투자하고 있다.

② 금융력의 증강

보험에 의해 축적된 거액의 보험료는 금융계에서 독특한 힘을 발휘하고 있다. 특히 생명보험과 같은 장기간의 보험에서는 보험가입자가 납부한 보험료는 은행 예금과 같이 자유로운 환급이 허용되지 않으므로 보험자는 이것을 장기의 산업 자금으로 안정적으로 활용할 수 있다.

또한 생보자금이 주식시장에서 독자의 힘을 발휘하는 것은 잘 알려져 있는 사실이다. 이점을 2003년도 말 기준으로 보면 생보는 총자산 184조 3,300억엔 중 65.3%에 상당하는 120조 4,577억엔을 주식 · 외국증권 · 공사채 등의 유가증권에, 또한 20.3%에 해당하는 37조 3,641억엔을 기업을 중심으로 일반대부를 하고 있으며 양자를 합하면 총자산의 85.6%가 된다. 한편 손해보험에서도 2003년도 말 기준 총자산 32조 942억엔 중 69.7%에 해당하는 22조 3,700억엔이 유가증권에, 또한 9.6%에 해당하는 3조 797억엔이 기업을 중심으로 한 대부가 이루어지고 있다.[3)]

③ 국가의 재정·복지정책에의 협력

최근에는 방대한 생명보험자금의 일부가, ① 국채의 구입, ② 정부보증채의 인수, ③ 공사 · 공단으로의 대부에 의해 또한 손해보험의 경우에는 강제자동차보험(자배책보험) 및 지진보험의 인수를 통해 국가의 재정정책 및 복지정책에의 협력이 더욱 현저해지고 있다.

④ 국가의 노동력 육성

이 점은 특히 건강보험 및 노동자재해보상보험, 나아가 고용보험 등의 사회보험에서 현저하게 보이는 보험의 효용이다.

---

3) 이 자산운용문제에 관해서는, 鈴木辰紀『保險の現代的課題』(成文堂 · 1983年), p.231이하 참조.

2. 사회적 효용

보험은 재해자의 사회적 몰락을 방지하는 효과가 있는 외에 사회보험, 생명보험 등의 융성은 직접·간접으로 국민의 건강 또는 복지의 증진에 공헌하는 바가 적지 않다.

3. 보험의 폐해

보험은 경우에 따라서는 보험가입자가 고의로 사고를 일으키게 하는 측면이 있다. 이런 종류의 보험가입자에 의한 고의의 사고초래의 우려를 보험에서는 도덕위험(moral risk, moral hazard)이라고 부르고 있지만 최근 특히 이 종류의 보험금 사기를 목적으로 한 살인사건 및 상해사고가 빈발하는 경향에 있는 것은 실로 유감스런 일이다. 보험이 사람들을 반사회적 존재로 타락시키지 않게 하기 위해서라도 이런 종류의 보험금 사기 사건에 대해서는 엄격한 태도로 임할 필요가 있다. 그러하기 위해서는 보험자 자신도 무모한 계약획득 경쟁을 배제하고 신중한 계약인수를 함과 동시에 각 회사 간에 적극적으로 정보를 교환하여 거액계약의 인수가 보험금 살인에 이르지 못하도록 충분히 배려해야 한다. 이것은 정도의 차이는 있겠지만 손해보험 중 상해보험 및 소득보상보험 등에 관해서도 마찬가지라고 할 수 있다.4)

3 보험의 의의

1. 보험의 의의

(1) 보험의 정의

① 보험의 정의의 어려움

보험이라는 경제제도를 어떻게 정의할까? 이 문제는 이전부터 많은 논의가

4) 이 보험사기의 문제에 관해서는, 鈴木辰紀, 전게서, p.221 및 鈴木辰紀 『續·保險の現代的課題』(成文堂·1986年), pp.163～170, 174이하 참조.

제기된 어려운 문제이다. 우연한 사고에 대비하기 위한 합리적인 경제준비인 보험이라는 제도를 그 기능 및 구성에 착안하면서 간단한 말로 과부족 없이 표현하고 더구나 그 정의를 보면 즉시 보험이 무엇인지를 이해할 수 있으며 또한 보험의 유사 제도가 출현한 경우에도 그것이 과연「보험」인지의 여부를 판정하기 위한 리터마스 시험지로서 충분히 도움이 되는 정의를 부여하는 것은 어려운 작업이다. 그 중에서도 동일하게 보험이라 불리는 것 중에 우연한 사고의 결과 발생하는「손해보상을 목적으로 하는」손해보험과「손해보상이라 할 수 없는」생명보험이 혼재하고 있는 것 외에 일반적으로 영리를 목적으로 판매되고 있는 개인보험(사(영)보험)과 그러하지 않는 사회보험이 혼재하고 있는 것도 보험의 정의를 한층 곤란하게 하는 원인이라 할 수 있다.

② 본서에서의 보험의 정의

본서에서는 보험을 다음과 같이 정의하고자 한다. 즉「보험이란 특정한 우연한 사고에 관련하는 경제상의 불안정을 제거·경감하기 위해 다수의 경제주체를 모아서 전체로서 수지가 균형이 되도록 계획적으로 공통준비재산을 형성하는 제도」로 정의하고자 한다.

(2) 보험이 성립하기 위한 5가지 요건

앞에 서술한 보험의 정의를 보면 보험이기 위해 필요한 요소가 모두 포함되어 있다. 즉

① 보험은「특정한 우연한 사고」를 대상으로 한다.

② 보험의 기능 내지 목적은 특정한 우연한 사고에 관련한「경제상의 불안정의 제거 내지 경감」이다.

③ 보험이 성립하기 위해서는「다수 경제주체의 규합 내지 참가」가 필요하다.

④ 각자의 거출금은「전체로서 수지가 균형이 되도록」산출된다.

⑤「계획적으로 공통준비재산을 형성하는 제도」라고 할 수 있다.

2. 보험 성립의 5가지 요건에 관한 설명

전술한 보험이 성립하기 위한 5가지 요건 중 특히 해설이 필요하다고 생각되는 ①, ②, ③의 요건에 관해 간단하게 설명한다.

(1) 우연한 사고

보험이 우연한 사고를 대상으로 하는 것은 당연한 것이다. 단지 보험이라는 경우의 「우연」이라는 말에는 일반의 사람이 이해하는 것과는 다소 차이가 있으므로 아래에서는 몇 가지를 부언하고자 한다.

우선 생명보험의 대상사고인 사람의 사망이라는 것을 생각해 보면 인간은 언젠가는 반드시 죽는 것이므로 그 의미에서는 사람의 사망은 「필연」이지만 언제 사망할지 모른다는 점에 「우연성」이 인정된다. 한편 손해보험의 경우에는 화재보험이든 자동차보험이든 사고의 발생 그 자체가 명확하지 않다는 의미에서 「우연성」이 있는 것은 분명한 사실이다. 단 보험에서는 이상의 내용 외에도 우연성을 인정하는 경우가 몇 가지 있다.

첫째는 객관적으로는 이미 발생이 확정되어 있는 사고라도 당사자가 그 사실을 모르는 경우에는 이것도 우연한 사고로서 보험의 대상이 되는 경우가 있다. 특히 이런 종류의 보험을 「주관적 위험」에 대한 보험이라 하고 외국이든지 오지에 소재하는 건물 등 보험의 대상물의 안부(安否)가 당사자에 있어 명확하지 않는 경우에 이용되는 경우가 있다.

둘째로 생명보험에서는 오늘날 일반적으로 계약체결 후 1년 내지 2년경과 이후의 피보험자의 「자살」을 보험금지급의 대상으로 하고 있지만 이 경우의 우연성에 대해서는 계약체결 때를 기준으로 그 자살은 그 시점에서는 아직 확정적이었다고는 할 수 없다는 의미에서 「우연성」을 인정하는 견해가 지배적이다.

(2) 경제상 불안정의 제거·경감

보험이 가지고 있는 기능 또는 목적을 어떻게 파악할지는 보험의 정의 중에서도 특히 논의가 많이 되고 있는 점인데 여기서의 정의에서는 이 점을 일정한 우연한 사고에 관련하는「경제상의 불안정의 제거 · 경감」이라고 파악하고 있다. 여기에 말하는「경제상의 불안정」이란 현재의 경제제도 하에서는 사람들의 생활은 화폐의 수입과 지출에 의해 영위되고 더구나 이 양자가 균형이 되는 경제생활이 정상적인 상태로 되고 있다. 그런데 가옥의 소실이라든지 사고에 의한 세대주의 사망이라든지 또는 폭풍에 의한 선박 · 적하의 상실 등 우연사고가 발생하면 그것이 원인으로 취득해야 할 수익 또는 소득을 상실하게 되거나 또는 거액의 지출을 해야 하며 그 결과로서 전술한 수지의 균형이 파괴된다는 곤란한 경제 상태에 놓이게 된다.

전술한「경제상의 불안정」이라는 것은 이와 같은「수지의 균형이 파괴될 가능성」을 가리키는 것이며 단순한 심리적인 불안 및 동요를 의미하는 것은 아니다. 또한 이 보험의「기능」에 관해서는 본서에서 주장하는 설 이외에도「손해보상」(indemnity of loss)을 생명보험을 포함한 보험 일반의 기능으로 보는 설이나 보험자 또는 보험단체로의「위험의 전가」(transfer of risk)야 말로 보험의 기능이라고 생각하는 설도 있다.

(3) 다수경제주체의 규합

보험은 특정한 우연한 사고에 관해 동일한 경제적 위협을 느끼고 있는 다수의 경제주체의 집단이 형성되어 비로소 하나의 제도로서 성립하는 것이다.

따라서 보험을 보험자와 가입자 간에 1 대 1의 고립된 계약관계로서 파악하는 것은 타당하지 않다. 즉 보험이 성립하기 위해서는 그 배후에 다수경제주체의 집합체인「보험단체」(「위험단체」라고도 한다)가 존재하는 것이 불가결하며 이것 없이는 중요한「대수의 법칙」의 작동에 기초한「확률」의 파악이나 위험의 분산 · 평균화도 불가능하다.

이 보험단체를 구성하는 각자가 일정한 거출금을 내어 공통의 준비 재산을 형성하여 단체원 중 불행하게 사고를 당한 자가 발생한 경우에 그 자에게 이 공통준비재산에서 일정한 보험금을 급부하는 것에서 그 자의 경영의 안정을 도모한다는 것이 보험의 본질적인 기능이며 구조이다.

4 보험유사제도

장래의 경제 불안에 대한 준비로서는 보험 이외에도 각종의 것이 있다. 여기서는 이들 보험유사의 각 제도에 관해 이들 제도가 어떤 점에서 보험과 유사하고, 어떤 점에서 보험과 차이가 있는 지를 설명한다.

1. 저축

저축이나 보험도 경제상의 불안정에 대한 준비라는 점에서는 목적이 동일하다. 그러나 그 준비의 방법은 양자가 전혀 다르다. 즉 **보험**은 ① 특정한 우연한 사고에 대비하기 위한 것, ② 다수경제주체의 참가에 의하며, ③ 집단적인 경제 준비인 것에 비해, **저축**은 ① 경제주체가 단독이며, ② 임의로 형성하는 개별적인 경제 준비에 불구하며, ③ 그 목적은 반드시 특정사고를 대상으로 하는 것이 아니라는 점이다.

또한 보험의 경우에는 보험가입자가 거출한 보험료는 보험단체에 속하는 것으로 되어 따라서 보험가입자가 이것을 자유롭게 처분할 수 없는(보험가입자가 어쩔 수 없이 처분하려고 하는 경우에는 보험을 단념하고 보험계약을 해약할 수밖에 없다[5]) 것에 비해 저축의 경우에는 그것은 개인의 전속 재산이므로 원칙적으로 자유로운 처분이 가능하다. 보험 중에는 앞에 서술한 저축적 요소를 포함한 보험 — 생명보험의 생사혼합보험(양로보험) 또는 손해보험의 각종 적립형 보험 — 이 있는데 이 경우에도 경제 준비의 목적이 사망 · 생존 또는 화재 · 상해라는 각종의 우연한 사고를 대상으로 하고 있으며 동시에 개별경제의 다수의 규합에 의한 위험의 평균화를 전제로 하고 있다는 점에서 순수한 저축과는 다르다.

2. 도박 · 복권

도박이나 복권도, ① 다수의 자가 참가하고, ② 일정한 우연한 사실에 기초하고,

5) 단「보험증권담보대부」라는 예외가 있다.

③ 다수의 자가 거출한 금전을 특정한 소수의 자만에 분배한다는 점, ④ 전체로서 수지가 상등하도록 계획되어 있다는 점에서 보험과 매우 유사하다. 그러나 양자는 다음의 점에서 전혀 다르다. 그것은 보험이 특정한 우연한 사고에 관련되는 경제상의 불안정에 대한 보장의 제공을 목적으로 하고 있는 것에 비해 도박 또는 복권은 우연히 기대하여 일확천금의 이득을 목적으로 하고 있는 점이다. 나아가 보험과 도박의 근본적 차이는 도박의 경우는 지금까지 손실의 가능성이 전혀 없는 곳에 억지로 손실의 가능성(위험)을 도입 · 창조하는 점이다. 이것에 비해 보험은 기존의 위험을 분산 · 감소시켜 제거한다.

3. 자가 보험

자가 보험은 다수의 선박, 차량, 가옥 또는 재고품 등을 소유하는 선박회사, 렌터카회사, 부동산회사 또는 창고회사 등이 자사 내에 일정한 준비금(재해준비금)을 적립하여 스스로 우연사고의 발생에 대비하는 것이다. 이 방법에 의한 이점은 하나의 기업이 보험료 상당액의 적립금을 자기자금으로서 이용할 수 있는 점과 사고의 발생이 예측보다 적을 때는 그 만큼 자사의 이익이 되는 점이다. 특정한 우연한 사고에 대한 경제준비라는 점에서는 보험과 자가 보험과는 완전히 동일한 기능을 가지지만 준비금의 적립이 하나의 경제주체내의 것으로서 다수 경제주체의 참가를 결여한다는 점에서 보험과는 다르며 그 실체는 저축과 변함이 없다.

4. 보증

보증이라는 말은 여러 가지 의미로 사용된다. 법률상은「채무보증」이라는 말이 가리키는 바와 같이 본래의 채무자가 채무의 이행을 해태하는 경우에 제3자인 보증인이 본래의 채무자를 대신하여 채무의 이행을 인수하는 것을 말한다. 그 외에도 피용인이 부정을 하여 사용자에게 손해를 입힌 경우에 그 손해의 배상을 본인을 대신하여 인수하는「신원보증」이라는 말도 있다.

어느 경우도 당사자 이외의 제3자가 본인을 대신하여 배상한다는 의미로「보증」이라는 말이 사용된다. 한편 카메라, 시계, 전기제품 등에 대해 볼 수 있는 바와 같이 이 동일한「보증」이라는 말이 품질의 안전성 및 내구성에 대해 책임을 진다는 의미로 사용되는 경우가 있다. 즉「품질보증」의 의미이다. 이 같은 보증이 있는 경우 — 특별한 사정이 없는 한 이 같은 보증은 모든 상품에 당연히 있는 것이 되지만 — 에 만일 그 상품이 기대대로의 기능 · 효용을 발휘하지 않을 때는 제조업자 및 판매점은 그 상품을 무상으로 수리 내지 부품의 교환에 응하는 것이 보통이다(이것은 제조업자 또는 판매점의 하자담보책임이라 할 수 있다).

앞에 서술한 세 가지의 보증, 즉 채무보증, 신원보증, 품질보증과 보험의 유사점에 관해서는, 보증의 경우는 채무보증 · 신원보승 또는 품질보증의 어느 경우도 ① 보증의 제공은 무상으로 되는 것이 일반적이며, ② 보증인과 피보증인 간의 고립된 관계에서 보험과 같은 다수경제주체의 참가를 결여하고 있으며, ③「품질보증」의 경우는 주요한 경제활동인 매매에 부수하는 것으로 보험과 같은 독립성을 결여한다는 의미에서 보증과 보험은 다르다.

그러나「채무보증」이든「품질보증」이든 이것을 다수의 경제주체 간에 유상으로 인수하고 동시에 그것이 합리적인 위험 측정에 기초하여 계획적으로 행해질 때는 그것은 이제 단순한 보증의 범위를 벗어나「보험」이 될 수 있다(예를 들면 각종의 대부금보증보험 등이 그 전형적인 예이다). 따라서 일반적으로는 보험과 관계가 없는 보증도 경우에 따라서는 보증 자체가 보험의 대상이 될 수 있다. 더구나 현대는 이러한 종류의 보증보험이 번창하고 있는 것이 실정이다.

5. 공제

공제는 동일한 직업 또는 지역에 속하는 자가 단결하여 조합을 만들어 조합원 또는 그 가족이 사망 · 부상 · 질병에 걸린 경우 또는 조합원 소유의 재산이 화재 등으로 손상된 경우에 일정한 공제금 또는 건축자재 등의 현물을 지급하는 상호구제의 제도로 그 역사는 고대의 그리스, 로마 시대에 까지 소급된다. 다수의 자가 집단을 형성하여 그 중 우연사고의 희생이 된 자에 대해 소정의 구제금을 제공한다는 면에서 공제는 보험과 유사하지만 일반적으로 말해 양자 간에는 다음과 같은 차이가 있다.

즉 공제는 보험과는 달리, ①가입자의 범위가 직역 또는 지역적으로 한정되어 있으며, ②그 규모가 충분히 크지 않은 경우에는 보험의 경우에 볼 수 있는 충분한 위험의 평균화에 결여되는 경우가 있으며, ③사고를 당한 조합원에게 지급되는 급부금도 그 금액에서 보아 위로금의 범위를 벗어나지 못하는 경우가 있다. 그러나 이 같은 공제도 그 규모가 충분히 크게 되어「대수의 법칙」의 적용이 가능한 단계에까지 이르게 되면 그것은 이제 공제의 범위를 벗어나 보험과 변함이 없는 기능을 하게 된다. 일본의 농업협동조합 등이 오늘날「공제」의 이름으로 성대하게 운영되고 있는 생명공제, 건물갱생공제, 자동차공제 등의 실체는 보험과 동일하게 보이지만 조합원간의 상호부조라는 공제이론의 면, 공제자금의 조합원으로의 환원융자 및 잉여금의 환급(반환) 등 보험과는 다른 특징이 있는 점을 간과하면 안 된다.

Chapter 2 보험의 분류

보험은 보험보호의 객체의 차이를 기준으로 하거나 지급되는 보험금의 성격의 차이를 기준으로 하거나 나아가 보험보호의 대상인 위험이 발생하는 장소를 기준으로 하여 여러 가지로 분류할 수 있다. 그리고 이 여러 가지의 보험의 분류에 대해 그 차이 및 분류의 적부(適否)를 배우는 것은 각종의 보험에 관한 이해를 고조시킴과 동시에 크게 도움이 되므로 아래에서는 이들 보험의 분류에 관해 설명한다.

1 손해보험과 생명보험

이 분류법은 일본의 상법 및 보험업법이 채용하고 있는 분류 방법인데 타당한 분류법이라고는 할 수 없다. 그 이유는 이 경우 손해보험이라는 것은 보험가입자에게 발생한 「손해를 보상하는」 보험이라는 의미이며 분류의 기준이 지급되는 「보험금의 성격」(역할)에 있는 것에 비해, 생명보험의 경우는 분류의 기준이 사람의 생명이라는 「보험보호의 객체」(대상)에 있기 때문이다. 따라서 만약 분류의 기준을 지급되는 「보험금의 성격」에 두게 되면 손해보험에 대립하는 개념은 「정액보험」이 되어야 하며 또한 만약 분류의 기준을「보험보호의 객체」에 두게 되면 생명보험에 대립하는 개념은「물보험」내지「재산보험」이 되어야 한다. 더구나 이 손해보험과 생명보험으로 분류방법을 채용하면 최근 특히 중요성이 증대되고 있는「상해보험」「질병보험」「개호보험」(우리나라의 간병보험)이 어느 쪽의 보험에서도 벗어날 우려가 충분히 있다. 예를 들면 상해보험은 사람을 보험보호의 대상으로 한다는 점에서 인 보험의 일종인 생명보험과 동일한 종류로 생각되지만, 상해보험 중에는 생명보험과 같은 정액지급 형태의 것 이외에도 가입자에게 발생한 실손(예를 들면 입원실비 등)을 지급하는 소위「실손보상형」의 상해보험(후술. pp.223-225)의 「무보험 차상해 보험」은 그 하나의 예이다)도 있어 이 종류의 실손 보상형의 상해보험의 경우에는 생명보험보다도 손해보험에 가까운 성격의 것이 되기 때문이다. 또한 상해보험의 보험사고인「상해」(급격·외래·우연한 사고)라는 개념 자체는 생명보험보다도 손해보험에 가까운 사고 개념이다. 그러므로 보험을 단지 생명보험과 손해보험으로 구분하는 경우에는 이「제3분야의 보험」이라 불리는 상해보험·질병보험·개호보험은 밀려날 수밖에 없다. 20세기에 들어서부터 제정된 스위스 및 프랑스의 보험계약법(스위스는 1908년, 프랑스는 1930년)이 보험을「상해보험」과「인보험」으로 구별한 것도 이 종류의 폐해를 회피하는 의도 — 상해보험·질병보험을 인보험에 포함하는 — 가 있었기 때문이라고 인정된다.6)

2 해상보험과 육상보험

보험을 해상보험과 육상보험으로 대별하는 분류법은 우연한 사고(위험)가 발생하는 장소를 기준으로 한 분류법이다. 14세기 초기에 보험으로서 해상보험이 탄생하게 된 이후의 수세기 동안은 보험이라고 하면 해상보험 이외에는 존재하지 않았다.

6) 스위스와 프랑스의 양 보험계약법에서는 상해보험과 인보험에 포함하여 규정하고 있다. 한편 독일보험계약법(1908년 제정)에서는 생명보험과는 개별 독립으로 상해보험(Unfallversicherung)에 관한 규정을 두고 있다.

그 의미에서는 해상보험은 보험의 원점이라고 해야 할 성격의 것이다. 그 후 17세기의 후반에 화재보험이 탄생하고 18세기 중반에 생명보험이, 19세기 후반에 자동차보험이 세상에 등장하게 된다. 이렇게 보면 알 수 있는 바와 같이 최초의 보험인 해상보험 이외의 보험 즉 화재보험, 생명보험 및 자동차보험은 모두 육상보험이다. 그런데 일본의 상 법전은 보험을 손해보험과 생명보험으로 구분하여 규정하고 있으며 특히 해상보험에 관해서는 양 보험에서 분리하여「해상」중에 개별로 규정하고 있다. 즉 손해보험은 상 법전 제3편「상행위」제10장「보험」의 제1절에, 생명보험은 동 제2절에 규정되어 있는 것에 비해 손해보험의 일종인 해상보험에 대해서는 그것들과 별도로 상 법전 제4편「해상」제6장에 규정되어 있다. 이 같이 해상보험과 육상의 각종 보험을 개별로 규정하는 방법은 독일, 스위스, 프랑스 등 20세기부터 보험계약법을 가지게 된 국가에서 동일하게 채용되고 있는 방식이다. 각국법이 이와 같이 해상보험과 육상보험을 개별로 규정하고 있는 것은 양자가 동일하게 보험이라고는 하지만 그 성질에 현저한 차이가 있기 때문이다. 즉 해상보험의 이용자는 해운회사, 무역업자 등 보험에 정통한 자이며 또한 그 경제력 및 결속력을 배경으로 보험회사와 대등한 위치에 있는 만큼의 지식과 교섭력을 가지고 있다.

더구나 사고 발생의 장소가 해상이며 보험의 목적물인 선박·화물은 가동물이므로 사고 발생의 형태 및 위험도도 육상의 그것과는 취지를 달리한다. 또한 그들의 보험이용은 그 영업활동과 밀접하게 관련되어 있어 만일 사고가 발생한 경우의 조급한 보험금수취의 필요성도 육상보험의 경우보다 더욱더 긴급하다. 이것에 비해 육상보험의 경우에는 보험가입자의 대부분이 보험에 대해 거의 문외한임과 동시에 보험회사와 대등한 위치의 지식이나 재력도 없는 경우가 대부분이다.

또한 보험의 목적물도 선박 및 화물과 같은 가동물이 아닌 경우가 일반적이다. 이로 인해 육상보험에 있어서는 보험자에 비해 모든 점에서 약자인 보험가입자의 이익을 보호할 필요성이 법적으로 중시되게 된다. 이 점 해상보험의 가입자는 그 대부분이 기업이며 충분한 교섭력을 가지므로 이 종류의「보험가입자 보호의 필요성」은 희박하며 보험거래에서도 상인간의 자주성의 존중이 요청되게 된다. 이상 언급한 양 보험의 성격상의 차이로 인해 각국 법에서는 가계보험중심의 육상보험과 기업 보험적 색채가 농후한 해상보험을 개별로 취급하게 하는 이유이다. 또한 미국에서는 보험을 ① 생명보험, ② 화재보험 및 해상보험, ③ 재해보험으로 구분하고 있다.

최후의 재해보험(casualty insurance)은 지금까지의 생명보험, 화재보험, 해상보험 이외의 사람의 신체의 상해 또는 재산상의 손해의 보험을 의미하며 구체적으로는 질병보험, 상해보험, 자동차보험, 도난보험, 노동자재해보상보험 등을 포괄하는 광범한 내용을 수반한 용어이다.

3 원수보험과 재보험

우리들은 보험자와 보험계약을 체결하는 것이며 만일의 위험발생에 대비하는 것인데 이 같은 보험가입자의 위험을 보험료와 상환으로 인수한 보험자는 그 위험 즉 만일 사고가 발생한 경우에 보험가입자에게 보험금을 지급해야 하는 보험계약상의 책임의 일부 또는 전부를 다른 보험자를 대신하는 경우가 있다. 이 같은 경우 최초의 보험자와 보험가입자간에 체결되는 계약을「원(수)보험」이라 하고 그 후의 보험자 상호간에 책임의 일부 또는 전부를 이전하는 계약을「재보험」(reinsurance)이라 한다. 재보험은 대형의 여객기 및 거액의 생명보험의 인수 등의 경우에 국내외를 불문하고 광범하게 이용되는 보험자의 위험분산을 위한 가장 유력한 수단이다. 보험자가 다른 보험자에게 자신이 인수한 위험(보험금지급책임)의 일부를 재보험에 출재하는 것을「출재(出再)보험」이라 하고 그 반대를「수재(受再)보험」이라 한다. 다른 보험자(A)의 보험계약상의 보험금지급책임의 일부 또는 전부를 재보험으로 하여 인수한 보험자(B)는 자신이 인수한 책임의 전부 또는 일부를 또 다른 보험자(C)에 출재하고 인수를 하게 하는 경우가 있다. 이와 같은 경우 후자의 (B)—(C)간의 계약은 엄밀히는「재재보험」(retrocession)이라 해야 하겠지만 단지 이 경우도「재보험」이라 부르는 것이 보통이다. 이처럼 일본 국내의 어느 보험자가 인수한 보험 책임은 일본 국내의 다른 보험자 또는 런던의 로이즈를 비롯한 외국의 대부분의 보험자에게 재보험으로서 계속적으로 판매되고 있다. 때때로 신문지상에서 볼 수 있는 바와 같이 1 대 310

억엔 전후의 점보제트기가 추락하거나 1척 320억엔 정도의 LNG선이 침몰해도 보험회사의 도산이 적은 것은 거액의 보험 책임이 전 세계 다수의 보험회사에 분산되어 인수되기 때문이다. 또한 일본의 경우 2004년10월 현재 국내 손해보험회사는 28개사이며 그 중 3개사는 재보험만을 취급하는 재보험전문회사이다.[7)]

4 개인보험(사보험)과 사회보험

개인보험은 보통보험 또는 개별보험이라 말해지며 보험회사가 취급하는 생명보험, 화재보험, 자동차보험, 해상보험 등이 이것에 속한다. 개인보험은 임의계약이 보통이며 당사자가 보험계약을 체결하는 것에 의해 비로소 보험관계가 성립한다. 개인보험을 취급하는 보험자는 일본에서는 보험업법에서 대장대신(현재의 재무대신을 말함. 우리나라의 재경부장관)의 인가를 받은 10억엔 이상의 자본금을 가진 주식회사 또는 10억엔 이상의 기금을 가진 상호회사로 되고 있다(보험업법 제6조 제1·2항). 외국에서는 영국의 로이즈보험조합(Corporation of Lloyd's)의 경우에 볼 수 있는 바와 같이 개인보험업자에게도 보험인수를 허용하고 있는 예가 있다. 또한 일본의 우정성(우리나라의 정보통신부)이 시행하고 있는 간이보험(우리나라의 체신보험)은 국영의 개인보험이다.

이상의 개인보험에 대해 사회보험은 국가가 국민의 경제생활의 안정과 복지의 향상을 목표로 하여 행하는 정책보험으로 19세기 말에 독일에서 탄생한 이래 서유럽의 각국 및 미국에 전파되어 제2차 세계대전 이후는 일본에서도 현저한 발달을 보였다.

사회보험의 주요한 것은 근로자의 근무 중 및 통근 도중에 재해를 대상으로 하는 「노동자재해보상보험」, 근로자의 노령화에 대비하기 위한 「후생연금보험」(근로자 이외의 자영업자 등에 대해서는 별도로 「국민연금보험」이 있다), 근로자 및 그 가족의 상해 및 질병에 대비한 「건강보험」, 근로자가 만일 실업을 당한 경우에 대비한 「고용보험」 등이다. 또한 2000년 4월 1일부터는 고령자의 간병을 위한 사회보험인

7) 이에는 토아재보험주식회사, 일본지진재보험주식회사, 다이세이재보험주식회사가 있다.

「개호보험」(우리나라의 노인수발보험)이 발족되었다. 사회보험 일반의 특징으로서는 ① 보험에의 가입이 강제적이며 근로자로서의 신분을 취득하거나 일정한 연령에 도달함과 동시에 당연하게 일정한 사회보험의 피보험자로 되어 보험료지급의무를 지게 되며 임의로 탈퇴하는 것은 허용되지 않는다. ② 보험료는 원칙으로 그 자의 소득(급여)을 기준으로 산출되며(이것을 보험료부담의「능력비례주의」(일본에서는 응능(應能)주의라고 부르고 있다)라고 한다) 개인보험의 경우와 같이 각자가 갖는 위험도를 기준으로 하는「위험비례주의」(일본에서는 응익(應益)주의라고 부르고 있다)가 아니다.

따라서 원칙으로 사회보험에서는 전술한(pp.22-23)「레식스의 원칙」즉「급부・반대급부균등의 원칙」은 원칙으로 적용되지 않는다. 사회보험에「소득의 재분배효과」가 있다고 하는 이유의 하나는 전술한 보험료 부담의「능력비례주의」에 유래하는 것이다. 더구나 사회보험에서는 일본의 경우 보험료의 전부(노동자재해보상보험의 경우) 또는 반액(후생연금보험과 건강보험의 경우)을 사용자측이 부담하는 것 외에 사업영업비의 전부 또는 일부를 국가 또는 지방 공공단체가 부담하는 것이 보통이다.

5 공보험과 사보험

국가 및 지방 공공단체 등이 사회정책 또는 경제정책 실현의 수단으로서 보험을 영위하는 경우에 이것을 공보험이라 하여 이 이외의 사(영)보험(개인보험)과는 구별하고 있다. 공보험은 별칭으로「정책보험」이라 하며 그것은 (1) 사회보험과 (2) 경제정책보험으로 대별된다.

사회보험은 사회 정책적 견지에서 실시되는 보험을 말하며 전술한 바와 같이 ① 노동자재해보상보험, ② 각종의 건강보험, ③ 후생연금보험 및 국민연금보험, ④ 고용보험, ⑤ 개호보험 등이 이것에 속한다. 한편 경제정책보험은 산업의 보호・육성 나아가 개발도상국 등에 대한 투자 및 경제 협력의 촉진 등을 목적으로 하여 경제정책적 견지에서 실시되는 것으로 별칭을「산업보호」라고 한다. 이것에 속하는 주요한 것으로는 ① 농업보험, ② 삼림화재보험, ③ 어선보험 ④ 무역보험, ⑤ 중소기업 신용보험, ⑥ 목선(木船)보험(단 재보험뿐임) 등이 있다. 또한 최근에는 자동차사고의 피해자인 구제를 목적으로 한「자배책 보험」및 지진 재해에 대비하기 위한「지진 보험」등 사회보장적 색채가 농후한 보험이 민간 운영의 보험회사에 의해 사보험으로서 판매되고 있다(단 자배책 보험은 강제보험이다). 그 결과 종래의「정책보험=공보험」의 도식은 일부에서 붕괴되고 있다고 할 수 있다.

Chapter 3 보험료

1 보험의 구조와 보험료

본 서 제1장의 서두에서 설명한 바와 같이 보험이 기술적으로 성립하기 위해서는 우선 보험가입자가 납부하는 보험료의 총액과 보험자가 지급하는 보험금의 총액이 균형이 맞아야 한다. 즉 보험이 성립하기 위해서는 무엇보다도 우선 이「수지상등의 원칙」[8])이 달성되어야 한다. 그런데 보험단체 전체를 통해 이「수지상등의 원칙」이 성립하기 위해서는 개개의 계약 단계에 있어 보험자가 인수하는 위험과 보험계약자에 의해 지급되는 순보험료 간의 균형이 달성되어야 한다. 즉「급부・반대급부균등의 원칙」의 달성이다.

이「급부・반대급부균등의 원칙」의 달성은 보험이 기술적으로 성립하기 위한 기본조건임과 동시에 이래서 비로소 보험가입자 상호간의 부담의 공평이 도모된다는 의미에서 더욱더 중요성을 가진 원칙이 되고 있다.

---

8) 이것의 자세한 내용은 본서 p.?를 참조.

즉「보험료부담의 공평」이야 말로 보험이 적정하게 성립하기 위한 또 하나의 필수요건이라 할 수 있다. 보험단체의 참가를 희망하는 자에게 그 자가 가진 위험에 대한 상세한 것을 보험자에게 고지하도록 명령하는「고지의무」[9]라는 특수한 법적 의무가 존재하는 것도 인수하려고 하는 위험의 성질과 정도를 보험자에게 정확하게 측정하게 하고 그리고 위험도에 정확하게 상응된 보험료를 보험자에게 취득하게 할 필요가 있기 때문이다. 이상에서 알 수 있는 대로 보험이 기술적으로 성립하기 위해서나 보험가입자 상호간의 공평을 실현하기 위해서도 보험의 부금인 보험료를 타당하게 산정하는 것은 보험경영상 가장 중요한 사항이다.

2 보험료의 구성과 산정방법 (보통보험의 경우)

보험료는 보통보험과 사회보험으로 그 성격을 달리하지만 본 장에서는 보통보험 즉 개인보험의 보험료에 관해 설명하고 사회보험의 보험료에 관해서는 후술한다.

보통보험의 보험료는, ① 순보험료(net premium, prime pure, Risikoprämie), ② 부가보험료(loading, chargement, Zuschlag)의 양자로 구성되며 이 양자를 합산한 것이 영업보험료(office premium, prime commerciale, Bruttoprämie)이다. 이 외에 월납화재보험, 장기종합보험, 양로보험 등과 같이 보험기간의 만기 시에 일정 금액을 환급하는 제도를 도입하고 있는 보험은 만기환급(보험)금 충당분인 적립보험료의 요소가 추가된다. 먼저 순보험료부터 설명하기로 한다.

1. 순보험료

순보험료는 보험자의 보험책임, 즉 보험단체구성원 중 불행하게도 사고를 당한 자에게 보험자가 보험금을 지급하기 위한 원인이 되는 것이다. 따라서 이 산정에는 전술한「급부·반대급부균등의 원칙」이 그대로 적용된다.

---

9) 이것의 자세한 내용은 본 서 pp.?를 참조.

그래서 구체적으로는 우선 과거의 통계자료에 기초하여 사고의 발생빈도(확률=probabilité)를 파악해야 한다. 이 경우 통상 1년간을 관찰을 위한 단위기간으로 하여 이 1년간에 몇 건의 사고(구체적으로는 사망, 화재, 상해 등)가 발생할지를 파악하는 것이 제일의 작업이다. 화재를 예로 설명하면 과거 5년 정도의 통계자료에서 화재의 발생 빈도가 평균8/10,000=0.0008로 되었다면 각 보험가입자는 그 가입하는 보험단체의 공통준비재산에 대해 8/10,0000의 비율로 자금을 거출하는 것이 필요하게 된다. 보다 구체적으로 설명하면 각 2,000만 엔의 가치가 있는 주택이 1만 가옥이 있다고 가정하여 과거의 통계자료가 나타내는 화재발생빈도가 8/10,000이라면 보험가입자는 각각 16,000엔(2,000만 엔×8/10,000)을 지급할 필요가 있으며 이래서 모두가 지급하는 보험료의 합계액 1억 6,000만 엔(16,000엔×10,000명)과 보험자가 피해자 8명에 대해 지급하는 보험금의 합계액 1억 6,000만 엔(2,000만엔×8명)이 상등하게 되어 여기에「수지상등의 원칙」이 성립한다.

이상의 설명은 그러나 사고가 발생하면 그 결과는 항상 전손이라는 것을 전제로 하고 있다. 실제로 그와 같은 경우가 있는데, 예를 들면 생명보험 중의 사망보험 및 생존보험, 또는 동물의 폐사보험 등은 그 예이다. 그러나 화재보험 등 손해보험의 경우에는 사고발생의 결과가 모두 전손이 되는 경우는 없고 오히려 분손이 발생하는 가능성도 매우 높기 때문이다(자동차차량보험 등). 그러므로 이들 손해보험의 경우에는 전술한 사고의 발생빈도 이외에 사고가 발생한 경우의 평균적인 재해비율(intensité)을 파악하여 이것을 요율산정에 가미할 필요가 있다. 예를 들면 전술한 예의 화재보험에서는 사고의 발생빈도는 8 / 10,000 = 0.0008이었지만 만약 그 경우의 평균적인 재해비율이 과거의 통계자료에서 3/4로 파악되었다고 한다면 이전의 사고발생빈도에 이 재해비율을 곱하여 비로소 정확한 순보험료의 산정이 가능하게 된다.

즉 8/10,000×3/4=0.0006이 된다. 이것을 전술한 예에 적용시키면 각 2,000만 엔에 곱한 것을 거출한 결과 한편 화재를 만난 8명의 재해자에게 지급되는 보험금의 합계액도 1억2,000만 엔(2,000만 엔×3/4×8명)이 되어 여기에「수지상등의 원칙」이 재현되는 것이다.

2. 부가보험료

보험을 하나의 경제제도로서 원활하게 유지·운영해 나가기 위해서는 운영형태의 여부를 불문하고 일정한 운영비용을 필요로 한다. 예를 들면 계약을 모집하기 위한 비용, 계약을 유지·관리하기 위한 비용, 사고가 발생한 경우의 보험금지급을 위한 비용, 수금된 보험자금을 안전·유리하게 운용하기 위한 비용, 사고의 원인 및 손해액을 둘러싼 분쟁이 발생한 경우 분쟁처리비용 등이다. 이것을 요약하면 보험단체를 적정하게 유지·관리해 나가기 위해서는 여러 가지 비용이 필요하다. 그래서 보험실무에서는 전술한 순보험료 외에 이들 비용을 부가보험료로서 징수하게 된다. 손해보험에서는 이 부가보험료를, ① 사업비, ② 대리점 수수료, ③ 이윤으로 대별하고 있는데, 생명보험에서는 ① 신계약비, ② 유지비, ③ 수금비로 대별하는 것이 보통이다.

3. 손해보험의 부가보험료

손해보험의 부가보험료가 영업보험료에 차지하는 비율은 영업 종목에 따라 상당한 고저(高低)가 있다. 즉 일반적으로 개인주택의 화재보험의 경우에는 보험금액이 적고 따라서 보험료도 소액인 반면, 계약의 모집 및 내부 사무의 처리에 소요되는 경비가 많기 때문에 부가보험료의 비율로 자연적으로 높아진다. 이것에 비해 선박보험의 경우와 같이 1건의 계약에 대한 보험금액이 크고 계약의 모집에 비교적 비용이 소요되지 않는 경우에는 부가보험료의 비율이 낮은 것이 보통이다.[10]

손해보험의 부가보험료 중 대리점 수수료는 영업보험료의 15% 전후로 되고 있으며 이윤도 마찬가지로 영업보험료의 5% 정도이므로 사실상 이것을 움직이는 데는 극히 어려운 일이다. 그래서 합리화의 목표로서 항상 문제가 되는 것이 사업비(경비)이다. 이 사업비의 내역은 인건비, 물건비를 중심으로 사실 여러 가지 요소로 성립되지만 이것을 순보험료에 부가하는 경우 계약 1건별로 소요 경비를 산출하여 사업비

10) 鈴木讓一·鈴木辰紀『保險通論』(1980年版·損害保險事業研究所), p.83 ; 大林良一『保險總論』(春秋社·1973年), p.240에 게재한 C표「日本損害保險部門別經費率」을 참조.

를 부가한다는 것은 현실 문제로서 도저히 불가능하므로 그 모든 경비(대리점 수수료·이윤을 포함하여)에 대해 보험금액 1,000엔 당 요구되는 부가보험료요율를 정하고, 이것을 순보험 요율에 가산하는 방식이 채택된다. 그러나 계약 1건당 경비부담율을 각각으로 보면 경비율은 보험료가 증대함에 따라 체감하는 것이 합리적이다.

왜냐하면 계약의 모집비, 보험증권의 작성·교부비, 계약의 해제·갱신비용, 분쟁처리비용 등은 보험료가 증대했다고 하여 그것에 비례하여 증가한다는 성질의 것이 아니기 때문이다. 그러나 현재는 요율산정상의 곤란을 이유로 종래부터 일률부가방식이 보험료의 대소에 관계없이 채용되고 있다. 따라서 이것으로는 거액계약자는 부당하게 높은 부가보험료를 지급해야 한다는 불합리가 존재한다고 할 수 있다.

3 위험에 충실한 보험료의 원칙과 그 한계

1. 위험의 개별화의 필요성

우선 보기에는 동일한 건물이라도 그 화재 위험도는 무수한 요소에 의해 미묘하게 차이가 있다. 그 중에서도 ① 건물의 용도, ② 구조, ③ 소재지[11] 등은 건물의 화재위험도를 크게 좌우하는 기본적 요소이다.

그러므로 일본의 화재 보험료도 우선 건물의 용도별로 주택·일반[12]·공장·창고의 4물건으로 구별하고 나아가 건물의 구조에 부응해 A구조(철근 콘크리트구조)에서 D구조(목조)까지의 4단계(단 일반적으로는 특급구조에서 4급 구조까지의 5단계, 공장·창고는 특급구조에서 3급 구조까지의 4단계)로 분류하고 있다. 그리고 나아가 각

---

11) 지역의 위험도는 그 토지의 기상풍토, 건물의 조밀도, 유소(類燒)·연소(延燒)의 위험도, 수리(水利)의 편, 소방력의 충실도, 과거의 재해력 등 많은 요소를 감안하여 결정된다(加藤由作『火災保險論』(新紀元社·1950年), pp.262～267참조).

12) 일반물건이란 보통물건(주택, 점포, 이들의 부속창고, 소규모의 창고, 호텔, 병원, 극장, 백화점 등) 중 주택을 제외한 것을 말한다.

지구별, 등급지별 위험도에 따라 현(縣), 시(市) 및 지역별의 요율수준(공장 · 창고는 전국 일률)으로 분류하고 있다.

따라서 동일 주택물건이라도 그 요율은 주택의 구조와 소재지의 여하에 따라 구분된다. 하나의 예를 들면 동일하게 도쿄(단 코토(江東) 6구는 별도임)에 소재하는 주택이라고 C구조(몰타르구조)의 경우는 보험금액 1,000엔 당 1.31엔이 영업보험료이므로 2,000만엔의 가치가 있는 주택의 경우 향후 1년간의 지급보험료는 2만 6,200엔인 것에 비해 D구조, 즉 목조의 그것은 1,000당 1.54엔이므로 동일한 2,000만엔의 주택이라도 그 보험료는 30,800엔으로 양자간에는 4,600엔의 차이가 있다. 이것이 가장 위험도가 높은 오키나와(沖繩)현과 비교하면 그 차이는 분명하다.

왜냐하면 오키나와현의 경우 모르타르구조의 주택의 화재보험요율은 1,000엔당 2.43엔, 목조의 그것은 2.85엔이므로 동일한 2,000만엔의 주택을 화재보험에 드는 경우에도 모르타르구조는 4만8,600엔, 목조는 5만7,000엔을 필요로 하기 때문이다. 이 같이 보험 실무에서는 개개 물건의 위험도를 가능한 충실히 측정하여 그 위험도에 정당하게 상응하는 적정한 보험료를 징수하도록 주의하고 있는데 이것은 당사자 부담의 공평의 원칙에서도 당연하다고 할 수 있다.

이상 언급한 것은 생명보험의 경우에도 동일하게 적용된다. 즉 보험단체로의 참가 희망자에게 고지서(告知書)의 기입 회답을 의무화하는 것에서 사망률에 영향이 있다고 생각되는 질병 또는 병역(病歷)을 가진 자의 가입을 회피하고, 가입할 때 연령이 1년만 달라도 아니면 가령 동일한 연령이라도 남녀 간에 요율에 차이가 있는 것은 보험료 부담의 공평 · 공정의 측면에서 당연한 것이다. 보험 특히 보통보험은 타인에게 이득을 주기 위하여 보험단체에 가입하는 것이 아니라 어디까지나 자기 자신의 이익을 위해 가입하는 것이므로 이 위험에 정당하게 상응하는 순보험료의 징수 · 부담은 더욱더 강하게 요청되며, 이것이 없이는 보험 그 자체의 유지 · 존속조차도 불가능하다고 할 수 있다.[13)]

보험료를 위험도에 따라 등급화 하는 것은 재산의 기술적 개선을 장려하고 또한

13) 大林良一, 전게서, pp.216~217의 「위험에 충실한 보험료의 원칙」에 대한 설명 참조.

그 개선을 통해 위험(화재위험 · 해상위험)을 감소할 수 있으며, 반대로 그것을 인상하는 자를 징계할 수 있다.[14] 이 의미에서 「위험에 충실한 보험료」를 부과하는 것은 단지 계약자 상호간의 부담 공평의 단계를 넘어서 위험 정도의 개선 · 감소라는 국민 경제적으로도 바람직한 결과를 유도하는 효과가 있다는 것을 잊어서는 안 된다. 위험이 개선된 경우에는 그 결과를 즉시 요율 면에 반영시키려는 의도 하에 작성되는 계발적(啓發的) 요율산정제도[15]가 평가받는 것도 이 때문이다.

2. 위험개별화의 한계

각 위험이 갖는 개성을 모두 고려하여 가능한 위험도에 알맞은 순보험료를 부과한다고 해도 위험의 개별화에는 당연한 것이지만 일정한 한계가 있다. 제1의 한계는 기술적 한계로서 위험의 개별화를 너무 진행시킨 결과 보험단체가 너무 작아지면, 여기서는 유효한 위험의 분산을 기대할 수 없게 되어 결국에는 대수의 법칙도 작동하지 않게 될 우려가 있다. 제2의 한계는 경제적 한계로서 위험의 개별화 · 세분화가 일정한 한도를 넘으면 , 세분화에 필요한 비용 쪽이 세분화에 의해 초래되는 효용(이익의 획득 또는 손해의 커다란 제거)을 상회하는 사태가 발생하게 된다. 따라서 이런 단계까지 되면 효용 이상으로 비용이 드는 개별화 · 계층화는 경제적으로도 단념 할 수밖에 없다.

제3의 한계는 실제적 한계로서 가령 아무리 정밀한 요율의 세분화 · 개별화가 가능하다고 해도 대량 계약의 신속한 처리가 요청되고 있는 보험의 경우에는 관계자의 이해가 쉽고 실제의 적용도 간단하고 간결한 요율표가 필요하게 된다. 이들 세 가지의 한계의 존재에 의해 요율의 개별화 · 차별화에는 넘을 수 없는 일정한 한계가 있다는 것을 알아 둘 필요가 있다.[16]

그 결과 예를 들면 일본의 현행 주택물건화재보험요율의 경우에는 건물의 소재지별 · 구조별의 기본요율이 있으며 몰타르구조 또는 목조로 가구 수가 5개 이상의 공

14) 大林良一, 전게서, p.216.
15) 이 계발적 요율제도에 대해서는 본서의 p.? 를 참조.
16) 大林, 전게서, pp.217~219.

동주택에 대해서는 소정의 할증요율(공동주택할증이라 한다)이 기본요율에 가산되는 구조로 되어 있다. 이것은 보험요율의 공평성을 유지하기 위해 계약집단을 일정한 공통성이 있는 집단으로 분류하고 이것에 의해 기준이 되는 기본요율을 산정하고 기준에서 벗어난 개개의 위험에 대해서는 그 위험도에 상응한 할증 또는 할인에 의해 기본요율을 조정하여 계약자간의 보험료부담의 공평성을 도모하려는 것으로[17], 전술한 위험의 개별화에 따른 한계에 대해서 이와 같은 대응책을 강구하고 있다.

4 보험료에 관한 기타의 문제

1. 요율의 법적규제와 설득성[18]

보험료는 보험금과 보험자의 서비스 대가의 합계액인데 그것은 또한 가입자와 보험자의 쌍방의 입장에서 보아 합리적인 것이어야 한다.

요율산정에 관해서는 법적 규제에 그 원칙이 제시되는 일이 많은데 일본에서도 손해보험 요율산출단체법 제8조에 손해보험요율은 합리적(reasonable)이며 타당(adequate)해야 하며 부당하게(unfairly) 차별적(discriminate)이어서는 안 된다고 규정되어 있다. 전술한 바와 같은 법적 규제에 의해서도 보험요율의 합리성은 어느 정도 유지되겠지만 그것에 추가하여 민영보험기업의 경우에는 가입자 즉 보험 상품의 소비자에 대한「가격으로서의 요율의 설득성」이 필요하다.

요율이 아무리 합리성을 내포하고 있다고 해도 그것이 소비자가 이해하고 납득하지 못하면 무의미하며 그곳에 사회적 비판도 행해지게 된다. 또한 현재와 같이 소비자보호가 중시되는 상황에서는 특히 보험요율의 저렴성이 중요한 것이 된다.

이 점에서는 특히 부가보험료 구성 요소의 재고, 그 중에서도 사업비의 합리화의

17) 松田篤之編『圖說・日本の損害保險』(改訂版・財經詳報社・1981年), p.122.
18) 본 항의 서술은 鈴木良一・鈴木辰紀, 전게서, pp.91,92를 참조.

필요성이 더욱더 요구되고 있다. 또한 산정회 요율에 대해서는 1996년 12월 14일 일·미 보험합의의 결과 1997년 9월 1일 이후 리스크세분화형 자동차보험의 판매가 인정되었을 뿐 아니라, 1998년 7월 1일 이후는 산정회 요율의 사용의무가 폐지되어 각 보험사는 자유로운 요율설정이 가능하게 되었다.

Chapter 4 일본의 보험제도

세계적인 보험 대국인 일본의 보험 제도를 그 경영 주체별로 대별하면 민영보험제도와 국영보험제도로 분류할 수 있다. 이 보험제도 중에 오늘날 특히 문제가 되는 것은 민영보험사업이다. 따라서 본 장에서는 민영보험사업을 중심으로 일본의 보험제도에 대해 검토하기로 한다.

1 규제강화에 의한 보험제도

향후 보험자가 보험계약상의 의무를 확실하게 이행하기 위해서는 보험자의 도산을 방지할 필요가 있다. 이를 위해서는 보험자간의 과당경쟁을 제거하는 방향으로 보험사업에 대한 규제를 강화할 필요가 있었다.

1. 규제의 강화

(1) 보험제도의 도입

1879년 유한책임 동경해상보험회사(현재 동경해상화재보험주식회사 전신의 한 회사)가 화물보험을, 또한 1881년에 주식회사 조직의 메이지(明治)생명이 생명보험을 시작한 것이 각각의 분야에서 일본의 근대적 민영보험의 단서로 되고 있다.

이들은 모두 동경부(東京府) 지사의 인가를 받아 설립된 것으로 당시의 보험회사는 면허제가 아니었다.

(2) 생·손보험의 분리 및 실체적 감독

1890년 제정의 구 상법에서는 경영과 계산을 분리할 것을 조건으로 생명보험사업과 손해보험사업의 겸영을 인정하고 있었다.[19)]

따라서 당시는 생명보험사업과 손해보험사업을 겸영하는 보험자도 많이 있었다.[20)] 당시의 보험자는 보험금지급 등을 위한 책임준비금의 적립을 하지 않은 채로 당기 순이익을 계상하여 고율의 주식배당 등을 하고 있어 보험사업은 고수익의 사업으로 보여 졌다. 이로 인해 설립기준이 관대한 합자회사조직에 의한 유사 보험사업이 300개사 정도 설립되는 등 대부분의 보험회사가 설립되어 보험료할인에 의한 치열한 경쟁이 행해진 결과, 도산하는 회사가 속출하게 된다. 이 같은 사태에 대처하기 위해 1899년에 신 상법(현행 상법)이 시행됨과 동시에 보험업과 타 업종과의 겸영이 금지되고 또한 생 · 손보의 겸영도 비로소 금지되어 생명보험사업과 손해보험사업이 분리되게 되었다. 이어 1900년에 구 보험보험업법이 제정되어 상호회사와 주식회사에 한정된 보험사업의 면허주의, 기초서류[21)]인가에 의한 감독방식, 타 업종 · 겸영금지 등을 규정했다. 또한 대장대신(현재 일본의 재무대신. 우리나라의 재경부장관)은 언제라도 보험회사의 업무 또는 장부서류 기타 물건의 검사를 할 수 있도록 하고 보험사업의 실체에 관련하여 계속적인 감독이 행해지는「실체적 감독주의」가 채택되어 왔다.

2. 손해보험

(1) 20개사 체제

1923년 9월 관동대지진의 영향[22)]으로 다시 보험요율의 인하 경쟁이 격화하여 약소 회사의 도산이 속출하게 되었으며 보험사업에 대한 감독이 더욱더 강화되는 내

19) 石田滿『保險業法の研究 I』(文眞堂 · 1989年), pp.22～26.

20) 保險研究所『日本保險業史 · 上巻』, 1980年, pp.172～175.

21) 보험회사경영의 근간에 관련되는 5종류의 서류를「기초서류」라고 하고 있으며 그것에는 정관, 사업방법서, 보통보험약관, 보험료 및 책임준비금산출방법서, 재산이용방법서가 있다.

22) 鈴木辰紀『火災保險契約論』(成文堂 · 1979年), pp.10～12.

용으로 1939년에 보험업법이 제정되었다.

나아가 1942년에는 전시 체제의 일환으로 보험회사의 정리·통합이 이루어져 이것에 의해 1939년에 48개사였던 손해보험회사가 전쟁 종료 시인 1945년에는 16개사로 줄어들었다.

그 후 한국전쟁(6.25동란. 1950년 6월~1953년 7월)때의 경기 호전을 배경으로 손해보험회사도 4개사가 신설되어 이래서 성립한 실질 20개사 체제 [23]는 오키나와의 본토 복귀에 따라 1972년 다이도(大同)화재보험주식회사에 영업이 인가된 것을 제외하고 1979년에 외국보험회사로서 설립된 올스테이트사동차·화재보험주식회사가 1982년에 일본 국내 손해보험회사로서 영업인가를 받기까지 계속되게 된다.

(2) 획일적인 요율

1942년의「통제협정의 실시에 관한 명령」에 의해 그때까지 강제력을 가지지 않았던 협정 요율이 강제력을 가지게 되어 인가 요율이 시작되었다. 제2차 세계대전 후인 1948년 7월에는 (생명보험 또는 손해보험) 계약자 또는 피보험자에 대한 보험료의 할인·환급 기타 특별한 이익 공여를 모두 금지하는「보험모집의 단속에 관한 법률」및「손해보험요율산출단체에 관한 법률」의 두 가지의 단행법이 공포되어(보험보험업법의 통제규정은 삭제), 1948년 11월에는 손해보험요율산정회가 설립되었다. 1951년에 손해보험회사의 각종 공동 행위에 대한 독점금지법의 적용배제조항이「보험보험업법」의 제12조의 3이하에 추가되고「손해보험요율산출단체에 관한 법률」에 의해 산정회 요율에 관해 회원 회사의 준수 의무가 규정되었다.

1964년에는 그때까지 높은 손해율이 계속되고 있던 자동차보험의 채산성의 확보를 목적으로 손해보험 요율 산정회에서 자동차보험요율산정회가 분리·독립한다. 이 같이 손해보험회사에는 독점금지법의 적용이 배제된 전 회사 획일 요율이 강제되고 동시에 그 과정에서 보험약관(보험 상품)도 전 회사통일적인 것이 되는 경향이 보였다.

---

23) 鈴木辰紀「1981年 保険審議會答申について」『保險の現代的課題』(成文堂·1983年), pp.47~72.

3. 생명보험

(1) 상호회사 중심의 20개사 체제

1942년에는 손해보험과 마찬가지로 생명보험회사의 정리·통합이 이루어지고 1941년에 27개사였던 생명보험회사의 숫자는 제2차 세계대전 종전 때인 1945년에는 20개사가 되었다. 그러나 제2차 세계대전 패배의 결과 일본의 생명보험회사의 수지 상황은 27억 엔이나 되는 해외 자산의 상실과 전시 중에 정부가 약속한 전시 보상금의 중단 등에 의해 자기 자본을 충당해도 보험금 지급을 위한 자산이 부족한 상황에 있었다.

이 난국을 타개하기 위해 생명보험 각 회사는 이어서 제2회사의 설립을 단행하여 신규 계약은 이 신설 회사가 인수하는 것으로 하여 보험사업을 신설 회사에 이전했다. 당시의 3개사 이외의 생명보험회사는 모두 주식회사였지만 점령군 총사령부(GHQ)의 요청과 당시의 사회적 상황을 배경으로 하여 제2회사를 신설한 14개사 중 13개사까지가 자본금을 가지지 않는 상호회사로 조직을 변경했다.

그 결과 생명보험회사는 상호회사 16개사, 주식회사 4개사의 20개사 체제로 되어 1976년에 세존생명보험주식회사가 외자계에서는 처음으로 보험업법에 기초하여 일본국내 생명보험회사로서 영업을 개시할 때까지 약 30년간은 이 20개사 체제로 되었다.

(2) 요율규제

생명보험은 사람의 생사에 관한 위험을 그 대상으로 하고 그 보험료는 사람의 생사에 관한 통계 즉 생명표[24]에 기초하여 산출된다. 따라서 사망보험의 경우 생명보험요율[25]은 연령이 많아질수록 생명표의 사망률에 부응하여 높아지게 된다. 그러나 실제로는 보험가입자의 편의를 고려하여 보험료납부액이 보험기간을 통해 매년 일정액이 되는 평준보험료방식이 채용되고 있다.

이 평준보험료방식의 경우 계약 초기의 보험료에는 장래의 순보험료의 일부가 포함

---

24) 安井信夫「生命表」『中央大學商學論叢』第33巻2・3合併號, 1992年4月.

25) 刀彌俊雄・北野實『現代の生命保險』(東京大學出版會・1993年), pp.29～77.

되므로 그 장래의 보험료상당액 등을 책임준비금으로 하여 적립한다. 이와 같은 것에서 순보험료는 생명표와 책임준비금의 규제에 의해 또한 부가보험료는 예정 사업비의 규제에 의해 생명보험요율의 규제가 가능하게 된다. 이와 같은 일본에서의 생명표는 과거에는 국가가 작성한 국민표가 제2차 세계대전 후까지 사용되게 되었다.

그 후 1969년에 경험생명표인 「일본전회사생명표」가 작성되었다(현재는 각 생명보험회사의 경험을 추적한 자료를 생명보험협회에서 제공을 받아 일본 계리사회가 작성한 생명보험표준생명표가 사용되고 있다).

이 생명보험요율의 규제는 보험자간의 과당경쟁을 방지하기 위해 진술한 기초서류인 「보험료 및 책임준비금산출방법서」의 인가와 각종 통달에 의해 행해졌다.

더구나 보수적인 생명보험요율의 사후적인 조정 기능을 가지게 되는 계약자배당에 관해서도 그 재원의 산정 및 배당률의 결정에 대해 재무장관의 승인을 필요로 하게 되었다.[26]

그 결과 생명보험회사에 대해서는 독점금지법의 적용 배제가 없었는데도 불구하고 생명보험요율 및 보험약관(보험 상품)은 손해보험과 마찬가지로 사실상 전 회사가 획일적인 경향을 보여 왔다.

2 각종 제도간의 중복

일본에서의 보험사업은 보험보험업법에 의해 규제되어 왔다. 그러나 각각 상이한 취지의 법률에 기초한 제도가 발전하는 과정에서 일본의 보험제도에는 중복이 생기게 되었다.

1. 보험업법에 의한 보험사업

(1) 손해보험

2003년도 전 손해보험회사의 보험종목별 수입보험료의 구성비는 <표 1>과 같다.

26) 「생명보험회사의 잉여금 또는 이익금의 처분 등에 대해」(1960년 4월 27일 · 1963년 4월 20일 藏銀 제553 일부개정).

〈표 1〉손해보험의 수입보험료의 보험 종목별 구성비(2003년도)

보험종목	수입보험료(천엔)	구성비(%)
자동차보험	3,553,918,139	40.63
자동차배상책임보험	1,201,819,655	13.74
화재보험	1,471,054,788	16.82
상해보험	1,485,479,249	16.98
해상보험	194,094,230	2.22
운송보험	64,767,367	0.74
신종보험	776,930,538	8.88
합　계	8,748,063,966	100.00

자료: 日本損害保險協會(http://www.sonpo.or.jp)

위의 <표 1>에서 알 수 있듯이 손해보험의 종목별 비율은 자배책 보험을 포함한 자동차보험이 50%를 약간 넘고 있다. 손해보험계약의 모집은 대리점 또는 손해보험회사의 사원에 의해 행해지고 있으며 전 보험 종목 합계의 일본국내원수보험사의 정미수입보험료에서 차지하는 대리점 취급의 비율은 약 90%에 이르고 있다.

(2) 생명보험

2003년도의 전생명보험회사의 보험종목별 보유계약의 구성비는 <표 2>와 같다.

<표 2> 생명보험회사의 보험종목별의 보유계약

구분	건수(건)	구성비(%)	금액(백만엔)	구성비(%)
개인보험	13,166,767	81.48	109,341,279	48.90
개인연금보험	1,113,933	6.89	13,241,730	5.92
단체보험	1,613,491	9.99	66,919,293	29.93
단체연금보험	158,295	0.98	31,253,255	13.98
재형보험	32,550	0.20	770,311	0.34
재형연금보험	6,656	0.04	282,687	0.13
의료보장보험	61,777	0.38	1,567,737	0.70
취업불능보장보험	5,367	0.03	212,715	0.10
합계	16,158,836	100.00	223,589,007	100.00

자료 : 生命保険協会(http//:www.seiho.or.jp/toukei/xls/2003kessan/03-1-1syurui.xls)

위와 같이 생명보험에서는 개인보험이 건수 기준으로 보유계약 전체의 81.48%를 점하고 있다. 개인보험의 경우, 제2차 세계대전 전을 포함해서 생명보험 상품의 주류는 양로보험을 중심으로 한 생사혼합보험이었다. 일본에서는 저축을 미덕으로 하는 국민성으로부터 사망하지 않으면 보험금이 지불되지 않는 정기성 상품은 멀리하고, 사망을 하거나, 무사히 만기를 맞이하거나 보험금을 지급하는 양로보험을 오랜 기간 동안 국민들에게 호평을 받았다. 그러나 고령화가 진전되면서 종신보험 등의 생애보장에 대한 욕구가 높아지면서, 그 결과 정기부 종신보험을 중심으로 한 사망보험의 수요가 높아지고 있다.

2. 보험업법에 의하지 않는 보험사업

(1) 공제사업 및 간이보험

제2차 세계대전 후 GHQ에 의해 경제민주화 정책이 추진되어 각종 협동조합법이 성립하고 이들 법률에 기초하는 협동조합보험이 공제사업이라는 이름하에 점차적으로 탄생했다. 이들 공제사업[27]을 보험사업 중에 포함할지 보험사업과 동일하게 규제하려고 하는 주장 내지 시도는 그때까지 몇 번이나 행해졌지만 공제사업이 일정한 근거 법에 기초하여 설립되고 동시에 업종을 확대하고 있었으므로 보험업법하에 이것을 일원화하는 것은 저항도 격렬하여 실현은 곤란했다. 이들 공제사업 가운데 제일 규모가 큰 것은 농업협동조합의 공제사업이지만 동 조합은 농업협동조합법에 기초하여 1952년부터 생명공제사업을 개시했다. 당초는 이용 자격자를 조합원에 한정하고 있었지만 이용 자격을 일반 대중으로 확대함에 따라 생명보험회사와 경합하게 된다. 그 공제사업은 장기공제, 연금공제, 단기공제로 대별되며 모두 생명공제뿐만 아니라 손해공제, 저축 등 폭넓은 종목을 취급하고 있다. 일본 전국의 농업협동조합이 인수하는 이들 공제를 통괄하는 것이 「전국공제농업협동조합연

27) 공제사업에는 농업협동조합공제(농업협동조합법, 농림수산성), 수산업협동조합공제(수산업협동조합법, 농림수산성), 중소기업 등 협동조합공제(중소기업 등 협동조합법, 통산산업성), 소비생활협동조합공제(소비생활협동조합법, 후생성), 삼림조합공제(삼림조합법, 농림수산성), 교통재해공제(지방자치법, 자치성), 노동조합공제(노동조합법, 노동성) 등이 있다(괄호 중은 근거법, 감독관청을 말한다).

합회」(이하, 전공련이라 함)이다. 간이보험(우리나라의 우체국보험)은 1916년에 무진사(찰)의 소액보험을 취급하는 국영독점사업으로서 간이생명보험사보험업법에 기초하여 개시되었다. 당시 생명보험회사는 연지급의 유진사 계약을 중심으로 고액소득자를 주요 대상으로 하는 영업을 하고 있었다. 이와 같은 상황 하에서 저소득자층의 생활조건의 개선과 사회불안의 완화라는 사회정책적인 구제조치의 필요성에서 생명보험회사의 반대를 물리치고 간이생명보험이 탄생했다. 한편 1945년 전후에는 생명보험회사도 무진사의 소액보험과 월납 제도를 도입하게 된다. 그 후 간이생명보험은 보험금한도액의 인상, 상품의 다양화 등을 하고 정기연금을 포함한 다양한 간이보험을 취급하고 있다.

(2) 신탁은행 등

기업연금 시장에서는 새명보험회사와 신탁은행, 전공련이 경합하고 있다. 기업연금의 대표적인 것은 기업이 종업원에게 지급해야 할 퇴직금을 확보하기 위해 1962년에 도입된 적격퇴직연금이다. 기업연금은 2001년10월에 확정거출연금법, 2002년4월에 확정급부기업연금법이 차례로 시행되었다.

적격퇴직연금이란, 법인세법에서 정하는 적격 요건을 만족하고 국세청 장관의 승인을 받아서, 기업이 퇴직금의 전부 또는 일부를 수탁기관인 생명보험회사나 신탁은행과 계약을 체결해서 적립금의 운용에서부터 급부까지를 위탁하는 제도이다. 이 적격퇴직금 등과 같은 기업연금은 급부하는 금액이 사전에 결정되는 확정급부형이다. 이에 대해서 확정거출연금(DC=Defined Contribution,일본판 401k)은 가입자 자신이 금융 상품을 선택해서 운용하고, 그 결과인 미래의 연금 취득액이 가입자 각각의 운용 방법에 의해서 달라는 연금제도이다. 또한, 확정급부기업연금법에 의한 확정급부형의 기업연금을 기존의 후생연금기금, 후생연금기금으로부터 공적연금의 일부를 국가에 대신해서 지급하는 대행부분을 제외한 기금형기업연금, 적격퇴직연금을 개정한 규약형기업연금 세 가지로 재편되었다. 확정급부기업연금법의 시행과 함께, 적격퇴직연금제도는 2012년 3월말에 폐지된다.

3 보험사업에서의 업제(業際)문제

인수 면에서 각 제도간의 중복은 그 원인이 이전부터 존재하고 있었다. 더구나 최근에는 규제 완화에 따른 보험 · 증권 · 은행 상호간의 업제 문제, 소위 업무 영역 문제가 그것에 추가되고 있다.

1. 생·손보 간의 문제

구 보험보험업법(제7조)은 보험회사가 생명보험사업과 손해보험사업을 겸영하는 것을 금지하고 있었다. 한편 일본 상법에서는 생명보험계약(제673조)과 손해보험계약(제629조)에 대해 정의를 하고 있지만 보험업법에는 양 사업의 정의가 없었기 때문에 상해 · 질병보험은 어느 사업에 속하는지가 문제로 되었다. 이 소위 제3분야 보험은 1950년대 중반에 상해보험 및 질병보험에 관해 논쟁이 발생했다. 생명보험업계는 생명보험이라고 주장하고 손해보험업계는 손해보험이라고 주장한 결과 1960년 12월 당시의 대장성(지금의 재무성)에서 「상해보험에 대해서는 생명보험은 다른 보험 종목을 조합시키기로 하고 단독 상품으로서 발매하지 않고, 손해보험에 대해서는 특별히 제한하지 않는다. 질병보험은 원칙으로 생명보험이 취급한다.」라는 재정이 이루어 졌다.

또한 1992년 6월 보험심의회답신에서는 상해 · 질병 · 개호보험에 대해 다음과 같은 견해가 제시되었다. ① 상품의 동질화, 리스크 및 기간 면에서 차이의 축소 등을 고려하여, 양 사업의 겸영을 가능하게 하는 것이 적당하다. ② 정액성, 손해보상성의 구분에도 불구하고 본체로 취급하도록 하는 것이 적당하다는 것 등이었다. 또한 생 · 손보 겸영의 방식으로서는 양자 간의 리스크 차단을 위해 자회사방식이 적당하다고 했다. 자회사 방식으로 리스크를 차단한다는 것은, 즉 태풍 등의 이상위험에 의한 손해보험회사의 도산 등의 위험에 대해서, 장기계약으로 자금량도 많은 생명보험의 계약자를 보호하는 점에 의미가 있다.

더구나 「보험업법」, 「보험모집의 단속에 관한 법률」, 「외국보험사업자에 관한 법률」의 세 가지의 법률을 통일화한 보험업법의 대폭적인 개정이 이루어졌다. 이 신보험업법은 1995년 5월 31일에 국회에서 성립하여 1996년 4월 1일부터 시행되고 있다. 이 신보험업법에서는 보험사업을「생명보험 고유분야(사람의 생사에 관해 정액의 보험금을 지급하는 보험)」,「손해보험 고유분야(일정한 우연한 사고에 의한 손해를 보상하는 보험)」「소위 제3분야(상해 · 질병 · 개호보험)」로 나누어 정의하고 있다.

이 중에서 생명보험 고유분야와 손해보험고유분야의 보험인수는 동일한 보험회사가 취급할 수 없다는 생 · 손보 겸영 금지가 유지되고 있다. 그러나 소위 제3분야에 대해서는 생 · 손보 본체에 의한 상호 진출이 가능하게 되었다(제3조).

나아가 신보험보험업법에 의해 1996년 10월에는 생 · 손보의 상호 진출이 현실로 되어 손해보험회사의 생명보험자회사 11개사, 생명보험회사의 손해보험자회사 6개사가 영업을 개시했다. 이와 같이 생 · 손보 각 회사가 cross marketing(자회사가 모회사의 판매 채널을 활용하는 것)을 추진하는 기반이 정비되었다.

또한 보험회사 업무의 대리가 문제로 되었다. 보험업법에서는 보험회사가 다른 보험회사의 보험업과 관련되는 업무의 대리 또는 사무의 대행(보험업법 시행규칙 제51조)을 하는 것은 인정되고 있었지만 다른 보험회사의 대리점이 되는 것, 즉 보험모집을 행하는 것은 인정되지 않았다. 그러나 2001년 3월 13일자로 보험업법 시행규칙 제51조가 개정되어 보험 업무의 대리에「보험계약체결의 대리(매개를 포함함)」가 추가되었다. 이에 따라 보험회사는 금융청장관의 인가를 얻어 다른 보험회사의 대리점이 될 수 있게 되었다. 이에 따라 생명보험회사가 손해보험회사의 대리점이 되는 등의 업무 제휴가 빈번하게 이루어지게 되었다.[28]

이와 같은 상황이 생명보험과 손해보험의 고유 영역을 넘은 종합보험 그룹의 계속된 탄생으로 이어져, 생명보험과 손해보험, 제3분야 보험의 기능을 병행하는 일체형의 보험상품 등장을 가능하게 하고 있다. 일체형 보험상품은 소비자의 욕구에 맞추어 생명보험과 손해보험을 선택적으로 한 장의 보험증권으로 담보할 수 있어, 보험사고발생 시에는 모든 보험금을 빠짐없이 수령할 수 있다.또한 계약별로 복수

28) 李洪茂「保險業界の再編について」『早稲田商學』第389號(早稲田商學同攻會 · 2001年6月).

의 계약을 일괄해서 관리하는 종합보험구좌의 도입도 진행되고 있다. 이와 같이 보험업계에 있어서 종합금융 서비스를 향한 움직임은 기존의 업무 범위를 사실상 철폐하는 방향으로 진행되고 있다.

2. 타 업태와의 문제

타 업태와의 문제로서는 주로 기업연금과 개인연금의 연금 시장으로 진출 문제가 있었다. 일본의 공적연금제도는 전 국민 공통의 기초 연금으로 국민연금이 위치하고, 여기에 기업의 종업원 등에게는 후생연금이 추가된다.

더구나 기업연금으로서 종업원의 퇴직금을 공적연금에 덧붙인 후생연금기금제도와 세제상 우대되고 있는 세제적격퇴직연금제도를 채용하고 있던 것은 전술한 바와 같다.

이들 덧붙인 부분의 연금은 장래의 연금액이 확정되어 있는 확정급부형의 연금이지만 2001년 6월에 제정된「확정거출연금법」에 의해 도입된 확정거출연금은 이 덧붙힌 부분에 새로운 확정거출형의 연금을 추가한 것이다. 가입자는 투자신탁, 예 · 저금, 주식, 공사채, 보험 상품 등 세 가지 이상의 운용 상품 중에서 투자 상품을 선택하고, 운용에 따라서는 장래 수취 가능한 퇴직금(연금액)에 커다란 차이가 생기게 된다.

이것에 수반하여 적격퇴직연금제도의 신규 도입이 불가능하게 되어 기존의 적격퇴직연금제도도 10년 후에는 폐지되게 되었다.

그 결과 기업연금은 확정거출연금 또는 확정급부연금의 어느 쪽인가를 선택하게 되었다. 확정금부연금법은 2002년 4월부터 실시된 것으로 적격연금에 없는 부족분의 적립의무, 정보개시의무 등이 규정되어 있다.

확정거출연금에서는 기업은 가입자의 연금제도에 관한 관리 및 운용 상품의 제공을 하는「운영관리기관」을 선임할 수 있으며 또한 가입자부금의 자산을 관리하는「자산관리기구」에 대해 기업의 부금을 지급한다. 이「운영관리기관」의 대표적인 업무가 기록보관(record keeping)이라 불리는 확정거출연금제도의 중심적인 업무이다.

생 · 손보 · 은행 · 증권회사 등은 기업으로부터 운영관리기관으로서 수탁하고 제도 도입의 컨설팅, 종업원의 투자 교육에 관한 조언 등의 서비스 제공 및 자사·관련회사의 상품을 제시하는 것에서 고객을 포용할 수 있다. 또한 신탁은행·생명보험회사·손해보험회사·전공련은 자산관리기관이 될 수 있다(확정거출연금법 제8조). 그 결과 기업연금시장에서는 생명보험회사·신탁은행·증권회사가 운영관리기관 또는 자산관리기관의 수탁을 둘러싼 경쟁이 치열해지고 있다.

또한 개인연금형 상품에 대해서는 1980년 은행, 신탁은행, 증권회사의 각 금융회사가 모두 그 다음 해 우정성(郵政省)도 종래의 우편연금을 개정하여 신우편연금을 발매했다. 손해보험업계는 1992년 6월에 연금지급적립상해보험을 발매하는 것에 의해 개인연금 시장에 진출하게 되었다. 연금지급적립상해보험은 기존의 상해보험과 개인연금이 합체된 것이다.

한편 1997년 6월에 개정된(1998년 1월 1일부터 시행) 독점금지법[29]에 따라 50년 만에 지주회사가 해금되었다. 지주회사에는 사업지주회사와 순수지주회사가 있다. 사업지주회사란 자신이 사업을 하면서 산하에 자회사를 소유하는 기업이다. 이것에 비해 순수지주회사란 생산 또는 판매 등의 일반적인 의미에서의 사업을 하지 않고 타 회사의 주식을 소유하는 것에 의해 그 기업을 지배하는 것을 목적으로 하는 기업이다.

이 순수지주회사의 금지는 제2차 세계대전 전과 같은 재벌의 부활을 저지하기 위한 것이었다. 이와 같은 금융지주회사의 해금에 의해 <그림 1> 과 같은 금융그룹이 출현될 것이 예상된다.

〈그림 1〉 금융지주회사의 개략도

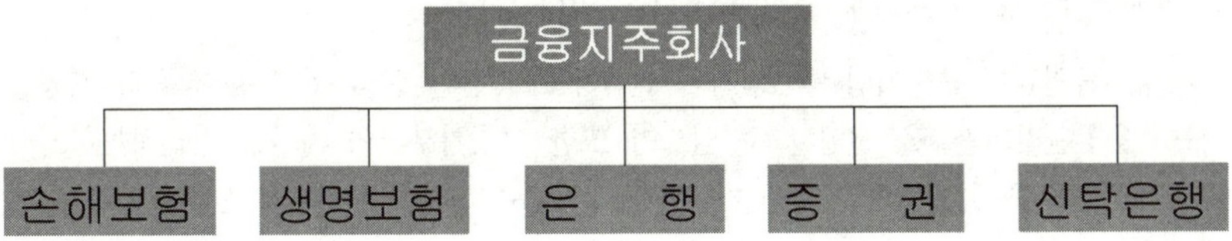

자료 : 필자가 작성.

29) 정확하게는 「사적독점금지 및 공정거래의 확보에 관한 법률」 이다.

최근의 금융정책은 은행 · 증권 · 보험의 구분을 철폐하고 각 금융회사의 종합적인 서비스의 제공을 가능하게 하는 것을 목표로 하고 있으며 그 전제조건이 금융지주회사의 해금이다. 이 점에 관해 보험 업계가 민감하게 반응하고 있는 것이 은행에 의한 보험 판매이다. 특히 생명보험의 모집은 주로 방문판매를 하고 있는 것에 비해 은행은 고객이 스스로 방문하는 곳이다.

거대한 지점망을 구축하고 있는 은행에 의한 보험 판매가 인정되게 되면 각 생명보험회사는 제2차 세계대전 후 막대한 경비를 지급하여 구축한 모집 조직이 붕괴될 것이 우려되기 때문이다. 그러나 보험심의회는 1997년 6월 13일에 최종 보고인을 제출하여 은행 · 보험 · 증권의 상호 진출과 은행에 의한 보험 판매에 대한 해금을 자문했다.

은행과 증권은 자회사를 통한 상호 진출이 인정되었지만[30] 동 보고서에서는 은행 · 증권과 보험의 자회사에 의한 상호 진출도 2001년까지 실시할 것을 명기했다. 주택대부관련의 장기화재보험과 단체신용생명보험의 2종류에 대해서는 은행의 자회사 또는 지주회사 산하의 자매회사인 보험회사의 상품에 한정해 2001년까지 은행의 보험 판매를 인정할 것을 자문했다. 이어 1998년 3월 3일에 개최된 각료회의에서 결정된 「규제완화 3개년 계획」에서는 은행 · 증권의 보험에의 진출은 1998년 12월 1일부터 점차적으로 실시하여 2001년 3월 31일까지 인정할 것이 결정되었다. 보험회사와 증권회사간의 상호 진출은 1998년 12월에 인정되었다.

2001년 4월 1일에는 보험보험업법시행규칙이 개정되어 은행 등이 생명보험모집인, 손해보험대리점 또는 보험중개인이 될 수 있도록 되어 은행에 의한 보험판매가 시작되었다. 은행 등이 판매할 수 있는 보험 상품의 범위는 주택대부관련의 장기화재보험, 채무변제지원보험, 신용생명보험, 해외여행상해보험이었다. 그러나 생명보험에 관해서는 은행 등의 자회사 · 자매회사인 보험회사의 상품을 판매하는 것에 한정한다는 소위 매입처 제한이 있었다. 그 결과 생명보험자회사 등을 가지고 있는

30) 1992년 6월 19일에 「금융제도 및 증권거래 제도를 위한 관계 법률의 정비 등에 관한 법률」이 제정되어 은행과 증권의 상호진출이 가능하게 되어 보통은행과 증권회사의 신탁업무가 가능하게 되었다.

은행은 없었기 때문에 매입처 제한이 없는 손해보험의 은행 판매에서 시작했지만 생명보험에 대해서도 2002년 10월부터는 매입처 제한이 철폐되게 되었다.

3. 우정국민영화

우정국이 취급하고 있는 간이보험은 실질적으로는 민간 보험에 가깝고, 정부로부터 100% 보증과 세금 면제를 받고, 보험 저축 우편의 겸영이 인정되는 등 민간 보험사정과 비교해서 유리하다고 할 수 있다. 한편, 우정성(우리나라 정보통신부) 은 2003년 4월 1일 일본우정공사(우리나라 우정사업본부)로 조직을 변경하여, 수상의 자문기관인 경제재정자문회의는 2004년 4월 26일 보고서에서 2007년까지 단계적으로 민영화를 답신했다. 이에 대해서 정부는 2004년 9월 10일 임시 각료회의에서 우정 민영화의 기본 방침과 우정민영화 추진 본부의 설치를 결정했다.

이 우정민영화의 기본 방침은 2007년4월에 민영화에 착수하고, 2017년3월말까지는 최종적으로 민영화를 실현하는 것으로 하고 있다. 즉, 2007년4월에 일본우정공사를 새롭게 신설되는 지주회사 산하에 창구네트워크, 우정사업, 우편저축, 우편보험(간이보험 : 우리나라의 우체국 보험)의 4개의 회사로 분사화 할 계획이다. 그 후 우편적금회사와 우편보험(간이보험)회사는 민간에게 매각할 계획이다. 이와 같은 일본우정공사의 민영화가 보험업계에 미치는 영향은 상당히 지대할 것으로 예상된다. 일본우정공사는 보험과 적금을 겸영하면서, 전국적인 네트워크를 가지고 있기 때문에 이다. 이 네트워크를 이용해서 실질적으로 결제 기능까지 갖게 되는 것이 관심의 대상이 되고 있다.

4 규제완화와 그 대응

일본에서 보험제도의 역사는 규제 강화의 역사였다. 보험자의 도산과 사기를 방지하기 위해 생명보험사업과 손해보험사업을 분리하여 적절한 숫자의 보험회사, 전 회사 획일적인 보험요율, 여러 준비금의 적립을 강제했다. 이 과정에서 보험 상품의 전 회사 통일화의 경향이 보였다. 이들 경쟁을 배제하는 일련의 조치는 경쟁을 배제하는 보험회사 자신이 바라는 바도 있었다. 이들에 의해 보험자의 도산 가능성은 소멸하고 그것이 공익이 된다는 공식이 성립하는 것같이 보였다.

그러나 보험업법에 의하지 않는 공제 등이 인수 면에서 보험자와 경합하게 되고 또한 소비자의 금리선호의식의 고조는 자산 운용 면에서 업종간의 경쟁을 할 수밖에 없었다. 나아가 산업의 효율화와 소비자 이익을 위해 경쟁이 필요하다는 규제 완화와 자유화라는 오늘날의 흐름도 있다. 이 같은 것을 배경으로 하여 제3분야 보험은 생명보험·손해보험의 본체에 의해 그것 이외는 사업별의 자회사 방식에 의한 상호 진출이 행해지고 나 업종 간에는 업종별 자회사 방식에 의한 상호 진출의 방향이 구상되었다. 이것은 각 회사가 일정한 시장 점유율을 확보할 수 있으며 도산하는 보험회사가 없는 숫자를 의미해 왔던 적절한 숫자의 통제를 곤란하게 하는 것이다. 이와 같은 규제 완화에 대응하기 위해 1996년 4월부터 56년 만에 개정된 신 보험업법이 실시되었다. 더구나 1998년 7월에는 산정회요율의 사용 의무가 폐지되어 손해보험요율의 자유화가 본격적으로 시작되었다.

한편 외국의 금융회사와 경쟁하기 위해서는 금융회사간의 업무 영역을 철폐하여 종합금융상품을 제공하는 것이 필요하다. 이것에 대한 대응이 업종간의 상호 진출이며 지주회사의 해금이었다. 이 같은 최근 일본에서의 금융개혁은 소위 「일본판 금융 빅뱅」이라고 말해지고 있으며 1996년 11월의 「금융시스템개혁」에 관한 수상의 지시로 시작되었다. 이것에 의해 은행, 보험, 증권 등을 포함하여 일괄적으로 상정된 「금융시스템개혁법」이 1998년 6월에 성립(동년 12월 시행)되었다.

이 개혁법에 의해 민간의 금융회사에 대한 검사·감독을 관할하는 「금융감독청(현재의 금융청)」이 총리부의 외부의 부서로서 1998년 6월에 발족했다.

이들 규제완화·자유화는 지금까지 배제해 온 경쟁 원리를 보험 시장에 도입한 것에 불과하며 그 경쟁은 보험회사의 도산 가능성을 전제로 하는 것이다. 따라서 보험회사가 경영 파산에 빠진 경우에 보험계약자를 보호할 조치가 필요하다. 그로 인해 파산 회사의 보험계약의 계속을 지원하는 새로운 제도로서 1998년 12월에 「보험계약자보호기구」가 생·손보 각각에 창설되어 생·손보 전 회사가 동 기구에 가입했다. 동 기구는 가맹회원회사로부터 부담금의 거출을 받아 파산한 회원회사의 보험계약의 이전을 받는 구제회사에 자금 원조를 하든지, 구제 회사가 나타날 전망이 없는 경우에 자신이 파산 회사의 보험계약의 이전을 인수하여 그 유지 · 관리를 한다는 구조이다.

그러나 보험계약자의 피해 확대를 방지하기 위해서는 보험회사의 파산 가능성을 조기에 발견하고 조기시정조치를 강구할 필요가 있다. 이것에 대응하기 위해 금융청이 1998년 12월에 지급여력(solvency margin)비율에 기초한 「조기시정조치제도」의 실시안의 골자를 발표했다. 지금여력이란 보험회사가 보유하는 여러 리스크를 정량화한 것에 대한 지급여력의 비율이다. 지급여력비율의 구분(「100~200%미만」, 「0~100%미만」, 「0%미만」)에 따라 업무개선명령 또는 업무정지명령을 하는 등 파산정지를 위한 조기시정조치에 의해 보험계약자의 보호를 도모한다는 것으로 1999년 4월부터 실시되었다.

이상의 규제 완화 · 자유화는 규제의 목표가 보험회사의 도산 방지가 아니라 경쟁에 의한 보험회사의 초과이윤 방지라는 소비자 중시에 있다는 것을 의미한다. 이것은 시대의 요청이기도 하지만, 현재의 대응책의 실효성은 검증되지 않고 과거 일본이 경험한 경쟁에 의한 폐해를 제거하기 위한 충분한 해결책은 아직 제시되지 않고 있다.

Chapter 5 보험업법의 개정

1 보험업법 개정의 경위

1996년 4월 보험업에 대한 감독 법규인 보험업법이 56년 만에 개정되었다. 개정 이유는 최근 반세기에, ① 경제 환경 및 사회 환경의 변화 · 국민 요구의 변화, ② 금융의 자유화 · 국제화, 규제 완화의 촉진, ③ 보험제도에서의 국제적 조화의 요청의 고조 등 보험업을 둘러싼 환경이 크게 변화했기 때문이다. 전술한 요청에 부응하기 위해 1989년 4월부터 대장대신(당시)의 자문기관인 보험심의회는「보험사업의 위상 및 보험관계법규의 재고」에 착수했다. 동 심의회 등에서 약 6년에 걸쳐 심의된 신 보험업법은 1995년 5월 31일에 성립하여 동년 6월 7일에 공포, 1996년 4월 1일부터 시행되었다.

이번의 보험업법 개정은 전술한 환경 변화의 대응, 보험업의 건전성의 확보, 나아가 장래에 향한 새로운 보험제도의 구축을 목표로 한 의의가 깊은 개혁이라고 할 수 있다.

2 신 보험업법의 개요

신 보험업법은「구 보험업법」,「외국보험사업자에 관한 법률」및「보험 모집의 단속에 관한 법률」을 일체화하여 카타카나를 히라가나로 고쳐 현대어로 고쳤다.

이 법률의 목적은 제1조에「보험업의 공공성에 비추어 보험업을 행하는 자의 업무의 건전하고 적절한 운영 및 보험 모집의 공정을 확보하는 것에 의해 보험계약자 등의 보호를 도모하고 따라서 국민 생활의 안정 및 국민경제의 건전한 발전에 이바지하는 것」으로 되어 있다. 이로 인해 이용자의 입장·국민 경제적 견지·국제성의 세 가지의 시점에서 초안된 신 보험업법에서는, ①규제 완화·자유화의 추진에 의한 경쟁의 촉진·사업의 효율화, ②보험업의 건전성의 유지, ③ 공정한 사업 운영의 확보를 달성하기 위해 여러 제도가 도입되었다. 아래 그 중 대표적인 것을 소개한다(<그림 1>참조).

〈그림 1〉 보험업법개정의 전체상

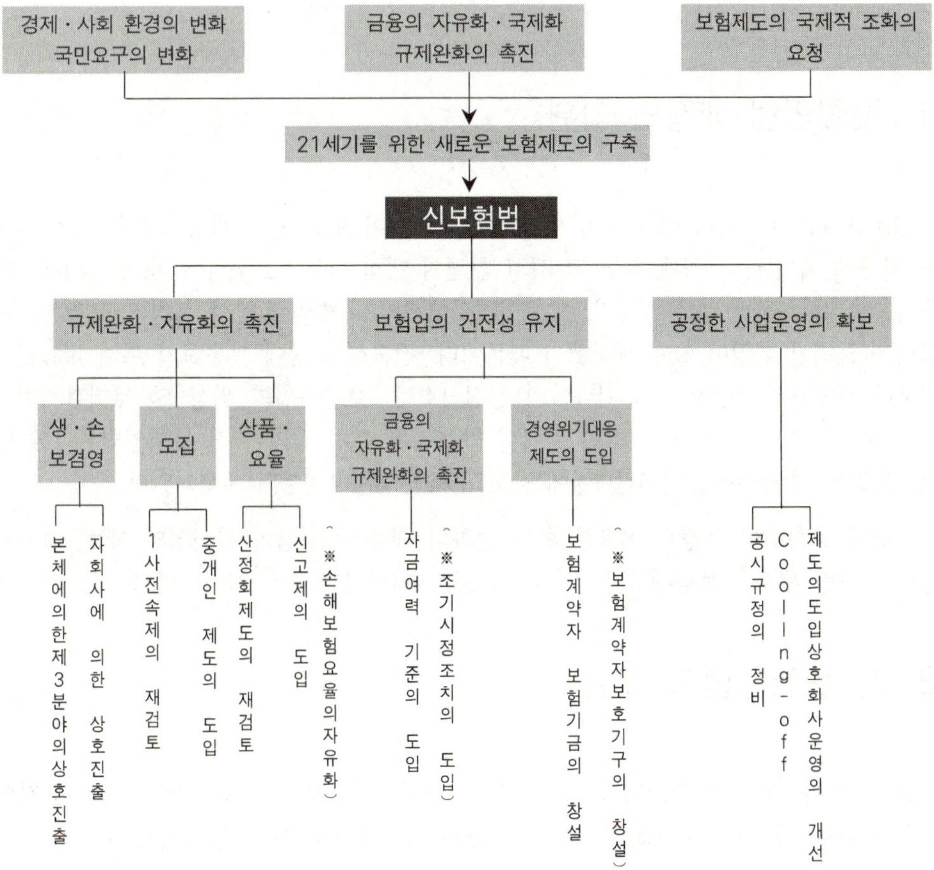

주 : * 표시는 1998년에 개정된 것을 나타낸다.

1. 규제 완화·자유화의 추진에 의한 경쟁의 촉진·사업의 효율화

신 보험업법은 아래에 설명하는 각종의 규제 완화를 추진하는 것이며 계약자의 편리성의 향상을 목표로 하고 있다.

(1) 실질적인 생·손보 겸영의 승인

신 보험업법에서「보험업」은 불특정 다수를 상대로, ① 사람의 생사에 관해, 일정액의 보험금을 지급하는 보험(생명보험 고유 분야), ② 상해·질병·개호보험(소위 제3분야), ③ 일정한 우연의 사고에 의한 손해를 보상하는 보험(손해보험 고유 분야)의 인수를 하는 사업이라고 명확하게 정의되었다(법 제2·3조).

종래는, ① 생명보험 고유 분야와 ③ 손해보험 고유 분야 사이에는 리스크 및 보험기간에 커다란 차이가 있으므로 일본을 포함한 제외국에서는 법률상「생·손보 겸영금지」의 규정을 두는 것이 일반적이었다. 겸영금지의 주요한 이유는 동일 회사가, ① 생명보험 고유 분야와 ③ 손해보험 고유 분야의 양 분야의 보험을 인수하면 예를 들면 손해보험에서 발생한 적자를 생명보험에서 발생한 흑자로 보충하고 그 결과 생명보험 가입자의 이익을 손상하는 위험이 있다고 생각되었기 때문이다.

그러나 자회사·지주회사를 통한 실질적인 생·손보의 상호 진출(법 제3조)을 인정하는 것은 유럽·미국 선진 국가의 추세이며 또한 이미 일본에서도 각종 공동조합에서는 공제로서 사실상의 생·손보 겸영이 이루어지고 있는 점 등에서 신 보험업법에서도 자회사방식(주식의 50%초과를 취득·소유) 및 제휴 방식에 의한 생·손보의 상호 진출(법 제106조), 및 제3분야(상해·질병·개호) 에 대해서는 생·손보 본체의 상호 진출(법 제3호)을 인정하기로 했다(<그림 2>참조).

<그림 2> 신보험업법에서 인정되는 생·손보의 상호진출

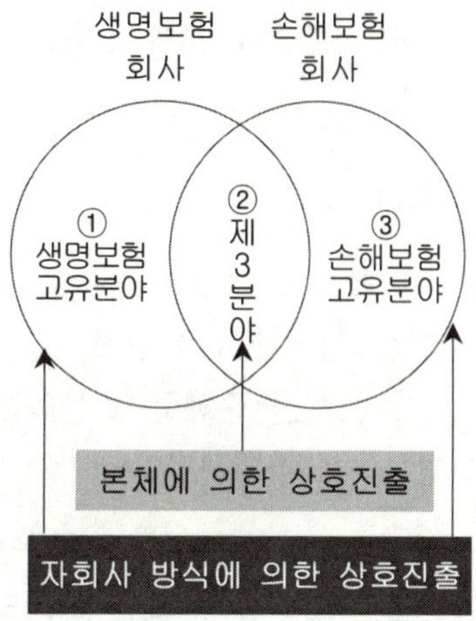

① 자회사에 의한 상호진출

전술한 신 보험업법의 성립·시행의 결과, 1996년 10월부터 생명보험에서는 6개사가 손해보험자회사를 손해보험에서는 11개회사가 생명보험 자회사를 설립·영업을 개시했다. 이 같은 신 보험업법의 생·손보 상호 진출은 cross marketing을 전제로 하고 있다.

Cross marketing이란 자회사가 모회사의 판매채널(영업직원 및 대리점 등)을 활용하는 것이다. 구체적으로 손해보험대리점은 손해보험회사가 설립하는 생명보험자회사의 생명보험모집인을 겸영하고 또한 생명보험모집인은 생명보험회사가 설립하는 손보자회사와 대리점위탁계약을 체결하는 것에서 생·손보의 두 상품을 판매할 수 있다.

보험자회사측에서 보면 모회사의 판매 채널을 유효하게 활용하는 것에서 모집비용을 삭감하고 자회사 경영의 수익성을 노일 수 있다. 또한 종래의 생명보험 또는 손해보험 등 단품 판매에서 생·손보의 두 상품을 동시에 판매하는 것에서 보다 많은 고객을 확보하고 영업력을 강화할 수 있다. 한편 고객 측에서 보면 cross marketing에 의해 대리점 또는 영업직원이라는 단일의 채널에서 생·손보의 두 상품을 한 번에 구입할 수 있다는 편리성이 있다. 그 외에 cross marketing에 의해 자회사의 업무를 모회사의 영업 현장에서 광범위하게 대리·대행하는 것이 가능하게 된다. 이것에 의해 예를 들면 모회사가 자회사의 계약인 수에 수반하는 사무 등을 행할 수 있게 된다.

그런데 신 보험업법에서는 생·손보의 상호 진출이 인정되는 한편, 모·자 보험회사 간에 불공정한 거래가 행해지지 않도록 미리 폐해 방지를 위한 조치(fire wall)가 강구되고 있다(법 제107조).

신 보험업법의 폐해방지 조치로서는 통상의 거래와 현저하게 상이한 조건에서의 모회사와 자회사간의 임원을 겸임하는 것의 금지 등을 들 수 있다.[31)]

② 제3분야의 본체에 의한 상호진출

이번 보험업법 개정에서 제3분야(질병·상해·개호)의 보험에 대해서는 생·손보 본체에 의한 상호 진출이 인정되었다. 이 제3분야의 보험은 생보와 손보의 중간 영역에 위치하므로 생보·손보의 어느 것에 속할지를 둘러싼 논쟁이 있어 1965년에 대장성(당시)은 제3분야의 보험 중 정액 형태인 질병보험을 생명보험, 실손 보상 형태인 상해보험을 손해보험이 중심으로 판매하도록 재정을 했다.

그러나 고령화가 진전됨에 따라 생명보험은「의료보장보험」을, 손보는「의료비용 보험」을 판매하는 등(<그림 3>참조), 제3분야에서 생·손보가 취급하는 상품에 동질화 경향이 현저하게 됨과 동시에 정액성(생명보험) 및 실손 보상성(손해보험)에 기초하여 양자 간의 분야를 조정 하는 것의 의의가 저하되고, 여기에 제외국에서는 자회사·지주회사를 통한 생·손보 겸영이 실질적으로 인정되고 있는 점을 고려해서, 일본에서도 신 보험업법에서 제3분야에 대해서는 생·손보 본체로의 상호 진출이 승인되게 되었다.

단 제3분야로의 경영 의존도가 높은 회사의 경영에 급격한 변화를 초래하여

31) 1998년 금융시스템개혁법에 기초하여 보험회사의 자회사의 범위가 확대되었다. 이에 따라 보험회사와 금융 타 업태(은행 및 증권 등)는 자회사방식으로 상호 진출하는 것이 인정되는 한편 생·손보의 상호진출과 동일한 폐해방지조치가 규정되었다.

해당 회사의 사업 건전성을 손상시키는 일이 없도록 당분간 제3분야로의 진출에 대해서는 대장대신(당시)에 의한 사업면허에 일정한 조건이 부가되도록 하는 격변완화조치가 강구되었다(부칙 제121조. 단 나중에 삭제). 이것은 외국보험회사의 주력 상품이 이 제3분야에 특화되고 있는 것에서 일・미 포괄경제협의에 있어서 미국 측으로부터 강한 요청을 받은 조치라고 할 수 있다.[32)]

〈그림 3〉 제3분야에서의 보험 상품의 영역과 유사성

		취급상품	
		생명보험	손해보험
급부의 기준	정액 급부	의료보험 개호보험 상해보험 재해입원특약 질병입원특약	상해보험 적립상해보험
	손해 보상	의료보장보험	의료비용보험 개호보험 소득보상보험

주 : 점선은 반드시 명확하게 식별할 수 없다는 것을 의미한다.

(2) 계약모집면의 개혁

① 보험중개인제도의 도입

신 보험업법에서는 수상의 등록을 받은 생명보험모집인 및 손해보험대리점 등이 보험모집인이 되는 한편(법 제276조), 보험모집 면에서 규제 완화의 일환으로서 「보험중개인제도」가 도입되었다.

중개인 제도의 도입에는 보험이용자의 편리성을 향상시킴과 동시에 보험모집 면에서 국제적 정합성을 고조시킨다는 목적이 있다. 왜냐하면 보험중개인은 유럽・미국에서는 보험모집제도의 중핵을 이루어지고 있으며 일・미 포괄경제협의에서 미국 측에서 보험중개인제도의 도입이 요청된 것도 동 제도 도입의 하나의 요인이었다. 그때까지는 일본에서 보험의 모집을 할 수 있었던 것은 생명보험모집인 및 손

32) 2001년 1월부터 자회사에 의한 상호진출이 동 년 7월부터 보험회사본체에 의한 상호 진출이 실시되었다.

해보험대리점 등 보험회사 측에 입각하는 것에 한정되어 있었다(구법 제9조).

이것에 대해 보험중개인은 보험회사로부터 위탁을 받지 않고 복수의 보험회사와 고객 간에 보험계약의 매개를 하는 자이다. 따라서 고객 요구에 걸맞은 가장 바람직한 보험 상품을 복수의 보험회사의 상품 중에서 선택하고 계약체결의 매개를 하지만 보험중개인은 보험계약을 체결할 권한을 가지지 않는다.

보험중개인에 관해서는 아래와 같은 규제가 있다. ① 보험중개인이 되기 위해서는 수상의 등록을 받아야 한다(법 제286조). 이 경우 업무수행능력을 판정하는 보험중개인 시험에 합격하는 것이 등록의 전제가 된다. ② 보험중개인은 보험회사와 독립된 존재이므로 고객인 계약자에게 손해를 입히는 경우를 대비해 보험중개인 자신이 배상자력을 확보해야 한다. 그러므로 보험중개인은 보증금(최저 4,000만 엔)을 공탁하도록 의무화하고 있는데 보증금 중 4,000만 엔을 초과하는 부분에 대해서는 보험중개인 배상책임보험으로 대체하는 것이 인정되고 있다.

② 1개사 전속제의 수정

지금까지는 생명보험모집인에 대해「1개사 전속제」라는 원칙이 있었으며 어느 회사의 생명보험모집인이 다른 회사의 위탁을 받아 보험모집을 하는 것은 모집단속법에 의해 엄격하게 금지되어 있었다.

이번 신 보험업법에서는 cross marketing을 전제로 한 생·손보의 상호 진출이 인정된 결과 손해보험의 생명보험 자회사는 모회사의 손해보험상품을 취급하는 손해보험대리점을 자신의 판매망으로 활용하는 것이 생각된다. 그러나 그 손해보험대리점이 이미 다른 생명보험회사의 대리점이 되어 있는 경우에는 1개사 전속제의 규정이 있는 한 생명보험자회사의 상품을 판매할 수 없다.

그래서 업무수행능력에 비추어 보험계약자의 보호를 결여할 우려가 없다고 법령에서 규정하고 있는 것에 관해서는 1개사 전속제의 적용을 배제하고 예외를 인정하게 되었다(법 제282조).

(3) 상품·요율의 다양화

① 신고제의 도입

종래 상품 및 요율의 신설 및 변경을 하는 데는 대장대신(당시)의 인가를 사전에 취득하는 것이 필요하게 되었다(사전인가제도). 그러나 계약자의 요구에 부응한 상품개발 · 요율설정의 탄력화를 진행시키기 위해 신 보험업법에서 비로소 보험 상품 및 요율의 일부에 「신고제」가 도입되었다. 단 이 신고제가 인정되는 것은 보험계약자의 보호를 결여할 우려가 적은 보험, 구체적으로 가계보험 및 산정회 요율의 대상이 아닌 선박보험 및 항공보험 등 기업을 대상으로 한 보험 상품에 한정되고 있다.[33)]

② 산정회제도의 수정

근본적인 보험제도개혁에 따라 45년 만에 「손해보험요율 산출단체에 관한 법률」(요단법(料團法))도 개정되어 손해보험요율제도의 수정이 이루어졌다.

전술한 법률에 기초하여 설립된 요율산출단체(산정회)에 의해 매년 산출되는 순보험 요율(보험금 지급에 충당되는 부분) 및 부가보험요율(보험회사의 경비 등에 충당되는 부분)을 합산한 손해보험요율은 지금까지 대장대신(당시)의 인가를 받아 사용되고 있었지만, ① 위험(risk)의 실체에 맞춘 조기의 요율개정이 행해지지 않아 요율이 경직화되고 있으며, ② 자유화를 통한 보험업계의 경쟁 촉진과 시장의 효율화를 도모하는 필요가 있으며, ③ 미국을 중심으로 한 외국으로부터의 보험의 자유화가 강하게 요구되는 등 산정회 제도의 재고가 이루어졌다.

그 결과 계약자가 보험계약에 관해 오해할 우려가 적은 특정한 대상 물건에 관해 「순율산정회제도」가 도입된 것이다.[34)]

더구나 1998년 산정회 제도의 근본적인 개정이 이루어졌다. 구체적으로는 가맹보험회사에 대한 산정회 요율의 사용의무의 폐지, 산정회와 관련되는 독점금

---

33) 1999년 8월의 개정에 의해 기업을 대상으로 한 보험 상품은 원칙으로 신고제로 되어 신고제의 대상범위는 점차로 확대되고 있다.

34) 순율산정회제도란 산정회가 산출한 순보험 요율에 대해서만 준수의무를 인정하고 부가보험요율을 advisory rate로 하여 참조하는 것에 불과하므로 결과적으로 각 회사가 독자적으로 산출한 요율의 사용을 허용한 것이다.

지법 적용제외조치의 폐지 등이다. 그 결과 산정회의 역할은 가맹보험회사에 대해 순보험 요율을 참고하도록 하기 위해 참고순율(화재, 상해, 임의의 자동보험 등을 대상)을 제공하거나 data bank기능 등을 하도록 되었다.

2. 보험업의 건전성의 유지

규제완화에 따라 경쟁이 촉진되자 보험회사가 직면하는 리스크도 증대하고 경영을 파산하는 회사가 출현할 가능성도 높아지고 있다. 그래서 계약자보호 또는 보험업의 신뢰성 유지의 관점에서 보험회사가 경영의 건전성을 파악·유지해 보험금 지급능력을 확보하기 위해 경영위기 대응제도가 도입되었다.

(1) 보험회사의 건전성의 조기점검

보험회사의 건전성을 조기에 점검하기 위해「지급여력」(solvency margin)기준이 도입되었다(법 제130조). 지급여력비율이란 보험금의 지급능력을 판단하는 하나의 지표이며, 이 지표에 따라 각 보험회사의 경영실체와 재무의 건전성을 평가할 수 있다. 계산 방법은 시행규칙에 따라「통상의 예측을 초월한 각종의 리스크 상당액을 분모, 보험회사가 유지하는 지급여력(보험회사의 자본금 또는 기금 등의 합계액)을 분자」로 하여 산정된다.[35]

1998년 개정에서는 조기시정 조치제도가 도입되어 지급여력비율이 200%미만인 보험회사에 대해 금융청은 업무정지명령 등을 발동할 수 있게 되었다.

(2) 보험회사 경영위기의 대응책

보험계약자를 보호하고 보험 업계의 신뢰성을 확보하기 위해 만일 보험회사가 만일 경영 파산한 경우 보험 업계의 자주적인 상호 원조 제도로서 생·손보 별로「보험계약자 보호기금」이 창설되었다.

이 제도는 경영 위기에 빠진 회사가 보유하는 보험계약의 포괄이전(어느 보험자가 보유하는 보험계약의 전부 또는 일부를 포괄적으로 다른 보험자에게 이전하는 것) 및 흡수합병 등에 따라 당해 보험회사의 보험계약을 인계하는「구제보험회사」에

35) 2001년 지급여력비율을 계산할 때 금융상품에 관련되는 시가 등을 고려하는 등 그 계산 방법은 점차로 재고되고 있다.

대해 자금면의 원조를 하는 것이다. 그 외에 부담금의 수납·관리 및 사업 참가자에 대한 자금대부 등의 업무가 있다.

구 보험업법에서도 경영파산회사에 대한 조치로서 합병 및 청산 등 방법 이외에 보험계약의 강제적인 포괄이전이라는 제도도 있었지만(구 법 제124조) 이 구 제도에서는 파산회사의 계약을 이전받은 보험회사의 계약자 이익이 저해될 우려가 있었기 때문에 전술한 제도가 신설된 것이다. 그러나 만일 구제보험회사가 나타나지 않아 보험회사가 파산한 경우 업계의 자주적인 상호원조제도인 보험계약자 보호기금에서는 충분한 계약자 보호를 도모할 수 없다. 그래서 1998년 구제보험회사가 나타나지 않는 경우에도 계약자에게 일정액의 지급을 보상하는「계약자보호기구」가 창설되었다.36) 동 기구에는 모든 보험회사가 강제 가입하고 있으며 전술한 기금과 마찬가지로 부담금을 사전에 거출하게 되어 있다(<그림 4>참조).

〈그림 4〉 계약자보호기구의 개략도

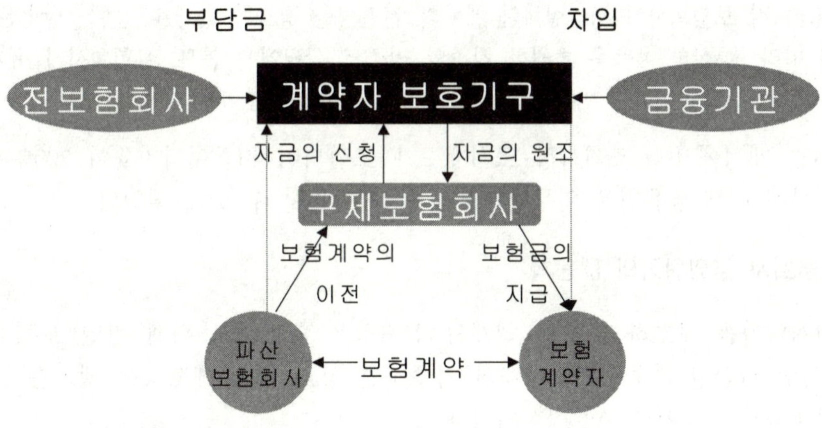

주 : ―은 구제보험회사가 있는 경우
…은 구제보험회사가 없는 경우

36) 보험계약은 원칙으로 책임준비금의 90%까지 보상되는 한편 예정이율 등의 계약조건의 변경이 인정되고 있다.

3. 공정한 사업운영의 확보

(1) 상호회사운영의 개선

신 보험업법은 구 보험업법과 마찬가지로 보험업을 영위할 수 있는 주체를 주식회사와 상호회사의 두 형태로 하고 주식회사에서 상호회사로의 조직변경(법 제68조~84조) 및 상호회사에서 주식회사로의 조직변경(법 제85조~96조)을 인정했다. 또한 주식회사의 최저자본금 또는 상호회사의 최저 기금이 10억 엔으로 되었다(법 제6조).

생명보험회사에 흔히 보여 지는 상호회사는 보험계약자를 사원으로 하고 사원 상호를 위해 보험사업을 하는 사단법인이다(법 제18조). 최근 사원(계약자)수가 증가함에 따라 상호회사의 최고의사결정기관인 「사원총회」의 개최 및 운영이 곤란하게 되어 유명무실화되었다. 상호회사에서의 경영점검기능을 강화하기 위해 종래도 정관규정에 기초하여 소위 사원총대회가 사원총회를 대신하여 개최되었다는 경위가 있는데 구 보험업법은 이것을 「사원총회를 대신하는 기관」으로 규정함에 불과하고 또한 그 운영방법 등도 사원총회에 관한 규정의 준용에 따른다고 규정하고 있었다.

신 보험업법은 이것을 개정하여 사원총회의 대체 기관이 사원 중에서 선출되는 사원총대를 구성원으로 하는 사원총대회라고 하는 취지를 명백히 규정함과 동시에 그 운영 방법에 관해서도 구체적으로 명문화했다(법 제42조 제1항).

그 외에도 사원총회 및 총 대회에서 사원의 의견을 보다 강하게 반영시키기 위해 사원의 제안권, 총회소집청구권 및 총회검사역 선임청구권 등 소수사원권의 행사요건이 대폭으로 완화되었다.

예를 들면 이사의 선임 및 해임 등, 총대회의 부의사항으로 추가할 것을 청구하는 제안권에 관해 구 보험업법에서는 원고적격으로 하고 사원 총수의 1/100이상을 필요로 한 것에 대해, 신 보험업법에서는 6개월 전부터 계속하여 사원이었던 자로 1/1000이상(비율요건의 완화), 1,000명 이상의 사원(절대수 요건의 도입) 또는 3명 이상의 총대라는 요건으로 완화되었다. 또한 사원의 대표소송에 관해서는 구 보험업법에서는 원고적격으로 하여 사원의 3/100이상이라는 엄격한 요건을 충족해야 했지만 신 보험업법에서는 주식회사에 비추어 사원의 단독권으로서 인정되었다(법 제51조제2항).

(2) cooling off제도의 도입

계약자 보호의 관점에서「쿨링오프제도(계약철회청구권)」가 도입되었다(법 제309조). 쿨링오프제도란 계약자가 보험계약을 체결해도 그 계약이 계약자에 있어 납득이 가지 않는 경우에는 무상으로 해제할 수 있는 제도를 말한다.

구체적으로는 보험계약자 및 보험계약신청자는 「쿨링오프」등에 관한 내용을 기재한 서면을 교부받은 날 또는 계약신청을 한 날의 어느 쪽인가 늦은 날로부터 기산하여 8일 이내라면 서면으로 계약신청을 철회 또는 해제할 수 있다. 보험기간이 1년 이하의 보험계약 등은 쿨링오프의 적용 제외가 된다. 쿨링오프제도는 생명보험계약에 대해 자주적으로 실시되었지만 이번 개정으로 손해보험계약에서도 계약자의 법정권리로서 도입되게 되었다.

(3) disclosure 규정의 정비

보험계약자가 보험회사를 선택하기 위한 자료로서 보험회사의 업적 및 재무에 관한 설명 서류를 개시하는 요청이 고조되었다. 이러한 요청에 부응하기 위해 신보험업법에서는「일반인에게의 정보공개(disclosure)에 관한 규정」이 신설되었다(법 제111조). 보험회사는 사업연도별로 업무 및 재무에 관한 사항을 설명한 서류를 본·지점에 두고 공시해야 한다. 이것에 의해 각 보험회사의 경영 투명성이 고조되어 경영의 효율화가 촉진된다고 생각된다.

3 향후의 과제

1996년에 근본적인 보험업법 개정에서는 자유화 및 규제 완화를 촉진하는 것에 의해 기업 경영의 효율화 및 소비자의 편리성의 향상이 목표로 되었다. 이들 목표를 달성하기 위해 여러 보험의 자유화가 진행되어 왔다. 그 이후도 금융시장의 활성화를 도모하기 위해 제정된 금융시스템개혁법에 기초하여 보험·은행·증권 간의 상호 진출이 인정된 외에 손해보험요율의 자유화 등이 이루어졌다.

실제로 손해보험요율이 자유화되었다고 하여 외국계 손해보험회사는「위험세분화형 자동차보험」을 판매하고 그것에 이어 일본의 거대 손보 회사가 동종의 자동차보험을 판매하게 되었다. 또한 이 리스크세분화형 자동차보험에 대응하는 다른 거대 손해보험회사가 인신 상해보상보험을 포함한 자동차보험상품을 개발하는 등 손보업계에서는 지금까지 없던 치열한 경쟁이 확대되고 있다. 한편 생보업계에서는 1997년에 제2차세계대전후 처음으로 생명보험회사가 파산하고 또한 그 이후 몇 개 회사가 파산하는 등 업계 전체가 중대한 위기를 맞이하고 있다. 생명보험업계의 신뢰성의 확보 및 보험계약자 보호의 관점에서 보험회사의 파산을 회피하기 위한 조기시정조치제도의 도입 및 사후처리대책으로서의 보험계약자 보호기구의 창설 등 보험업법의 일부가 개정되었다. 이 같이 보험업을 둘러싼 환경의 변화에 신속하게 대응하기 위해서도 보험업법의 개정은 적절하게 이루어질 필요가 있다.[37)]

37) 그 외에도 1997년에「보험지주회사」, 2000년에「은행 등의 일부보험 상품의 창구판매의 해금」및「보험 상호회사의 주식회사화」등에 대해 새롭게 규정되어 있는 바와 같이 시대의 흐름에 따른 보험업법개정이 이루어지고 있다.

Chapter 5 일본의 제조물 책임

20세기에 들어 확립된 대량생산·대량 판매·대량 소비 시스템과 과학기술의 진보에 의해 우리들의 생활은 물질적으로 풍부하고 쾌적하게 되었다. 그러나 그 한편으로 이러한 시스템 하에서 제도된 제품에 결함이 있는 경우 그 피해는 대규모이며 심각한 것이 된다.

따라서 결함제조물에 의한 피해자의 구제시스템이 정비되는 것은 중요한 일이며 그 의미에서 일본에서도「제조물 책임법」이 1995년 7월 1일부터 시행된 것은 대단히 의의가 크다고 할 수 있다.

제조물책임(product(s) liability : PL)이란 결함제조물에 의해 소비자 또는 제3자가 생명·신체 또는 재산에 손해를 입은 경우, 그 제조물의 제조·판매에 관여한 사업자가 피해자에게 져야할 법률상의 손해배상책임을 말한다. 종래 결함제조물에 의한 피해자는 이 종류의 책임을 추궁하는 경우, 민법(제709조의 불법행위 및 제415조의 채무불이행)에 기초하여「제조업자 등의 과실의 존재」라는 주관적 사항을 입증할 필요가 있었지만 제조물책임법의 시행에 의해 피해자는「결함의 존재」라는 객관적 사항을 입증하면 되게 되었다.[38)]

우리들 생활이 제조물의 존재 없이는 생각할 수 없는 것이라면「제조물 책임법」은 본래 우리들의 생활과 가장 가까운 법률의 하나이며 그것을 이해하는 것은 대단히 중요하다고 할 수 있다. 아래에서는 동법의 내용, 입법 후의 상황, 생산물배상책보험의 내용에 관해 설명한다.

38) 이것에 추가하여 민법에 기초한 경우는「과실과 손해의 인과관계」를, 또한 제조물 책임법에 기초한 경우는「결함과 손해와의 인과관계」를 입증할 필요가 있다.

1 제조물책임법의 내용

일본의「제조물 책임법」은 겨우 6개의 조문과 2개의 부칙으로 구성되는 간결한 것이지만 그 적은 조문 중에 중요한 규정이 포함되어 있으므로 그 조문이 어떻게 해석되는지를 이해하는 것이 중요하다. 아래의 해설은 기본적으로 입법자의 해석을 근거로 하고 있다.[39]

제조물 책임법

제1조 (목적) 이 법률은 제조물의 결함에 의해 사람의 생명, 신체 또는 재산에 관련되는 손해가 발생한 경우에 제조업자 등의 손해배상의 책임에 관해 규정하는 바에 따라 피해자의 보호를 도모하고 따라서 국민 생활의 안정 향상과 국민경제의 건전한 발전에 기여하는 것을 목적으로 한다.

본 조는 결함제조물에 의한 피해가 발생한 경우「피해자의 보호」를 본 법의 주요 목적으로 하고 있으며 그것에 의해「국민 생활의 안정 향상과 국민경제의 건전한 발전에 기여할 것을」목적으로 하고 있다.

제2조 (정의) 이 법률에 있어「제조물」이란 제조 또는 가공된 동산을 말한다.

본 조의 제1항은 본 법의 대상인「제조물」을「제조 또는 가공된 동산」으로 정의하고 있다. 민법의 규정에 따르면「동산」이란 부동산 이외의 모든 유체물을 말한다.[40] 따라서 토지 및 건물 등의 부동산은 본 법에서 말하는「제조물」에는 포함되지 않는다. 또한 유체물이 아닌 전기, 열 등의 에너지, 소프트웨어, 서비스의 제공 등도 본 법의 대상 외로 된다.

또한 「제조물」은「제조 또는 가공된 동산」이므로 주로 미가공의 농산물·축

---

39) 주로 經濟企劃廳國民生活局消費者行政第一課編『逐條解說 製造物責任法』(社團法人商事法務研究會·1994年)의 해설에 따르고 있다.

40) 민법 제85조 및 제86조 제2항.

산물·수산물을 의미하는 미가공의 동산은 본 법의 대상 외로 된다.

이 경우「제조 또는 가공」과 미가공의 구별이 중요하게 되지만, 일반적으로「제조」란 원재료를 가공하여 새로운 물품을 만드는 것이며「가공」이란 원재료의 본질은 유지하면서 새로운 속성을 부가하여 가치를 부가하는 것이 된다.[41] 이러한 개념에서 가열(굽거나, 삶는 등), 맛의 첨가(조미, 소금절이 등) 등은「제조 또는 가공」에 해당하는 것에 비해 절단, 냉장, 냉동, 건조 등은 미가공에 해당한다고 생각되며 구체적으로는 생우유, 냉동·냉장의 고기·생선은 미가공으로 되어 본 법의 대상 외로 되며, 한편 생우유, 햄소시지 등은「제조 또는 가공」되어 있는 것으로서 본 법의 대상에 포함된다.

또한 중고품 및 폐기물도「제조 또는 가공된 동산」인 한 원칙적으로 본 법의 대상에 포함된다.

2. 이 법률에 있어「결함」이란 당해 제조물의 특성, 그 통상 예견되는 사용형태, 그 제조업자 등이 당해 제조물을 인도한 시기, 기타의 당해 제조물에 관련되는 사정을 고려하여 당해 제조물이 통상 가지는 안전성을 결여하고 있는 경우를 말한다.

일반적으로 제조물의 결함에는 제조 과정에서 조악한 재료가 혼입되거나 조립상 실수가 있었다는 원인에 기인하여 설계·사양대로 제조되지 않았기 때문에 안전성을 결여한다는 제조상의 결함, 설계 단계에서 안전성을 충분히 배려하지 않았기 때문에 안전성을 결여한다는 설계상의 결함, 유용성과의 관계에서 제거할 수 없는 위험성이 존재하는 경우에 그 위험성에 의한 사고를 소비자 측에서 회피하기 위한 적절한 정보가 제공되지 않았다는 지시·경고상의 결함이라는 세 가지의 유형이 존재할 경우 이들 모두의 유형에 본 항의 정의가 적용된다.

본 항에서「결함」이란「당해 제조물이 통상 가져야 하는 안전성을 결여하고 있는 것」으로 정의되고 있다. 따라서 부품에 결함이 있어 전화 제품이 작동되지 않는 등 안전성에 관계가 없는 것은 본 항에서 말하는「결함」에 해당되지 않는다.[42]

41) 內閣法制局法令用語研究會編 『法律用語辭典』(有斐閣 · 1993年), pp. 138, 783.

「통상 가져야 할 안전성을 결여하고 있는」지의 여부를 판단할 때는「당해 제조물의 특성」,「그 통상 예견되는 사용 형태」,「당해 제조물을 인도한 시기」기타의 사정이 고려된다.

「당해 제조물의 특성」에 관해 말하면 예를 들면 의약품에는 통상 부작용이라는 위험성이 수반되지만 그것을 상회하는 효용이 있다면 결함은 존재하지 않는다고 판단될 것이다. 다음으로「그 통상 예견되는 사용 형태」에 대해서 말하면 예를 들면 다리미는 보통 의류의 주름을 펴기 위해 사용되는 것이므로 그것을 신체를 따뜻하게 하기 위해 사용하여 화상을 입은 경우에는 이와 같은 사용 형태는 통상 예견할 수 없다고 하여 다리미에는 결함이 없었다고 판단될 것이다. 또한 「당해 제조물을 인도한 시기」에 관해 말하면 예를 들면 최근의 자동차에는 에어백이 장비되어 있는 것이 보통인데 그 사실을 근거로 장비하고 있는 자동차가 거의 없었던 시대에 인도된 자동차를 결함차라고 할 수 없다고 생각된다.

3. 이 법률에 있어「제조업자 등」이란 다음에 해당하는 자를 말한다.

① 당해 제조물을 업으로 하여 제조, 가공 또는 수입한 자(이하, 단지「제조업자」라 한다)

② 스스로 당해 제조물의 제조업자로서 당해 제조물에 그 성명, 상호, 상표 기타의 표시(이하,「성명 등의 표시」라 한다)를 한 자 또는 당해 제조물에 그 제조업자로 오인하게 하는 성명 등의 표시를 한 자

③ 전술한 ①, ②의 자 이외에 당해 제조물의 제조, 가공, 수입 또는 판매와 관계되는 형태 기타의 사정에서 보아 당해 제조물에 그 실질적인 제조업자로 인정할 수 있는 성명 등의 표기를 한 자.

본 항에서는 본 법에서의 책임을 져야 할 주체인「제조업자 등」의 범위를 규정하고 있다.

제①호에서 당해 제조물의 제조·가공업자에게 추가하여 수입업자를 책임 주체로 하여 규정하고 있지만 이것은 국내시장에 그 결함에 수반되는 위험을 반입한 책임이 있는 것,

42) 이 같은 경우에는 민법 제570조의 하자담보책임에 기초한 배상청구가 가능하다.

또한 피해자가 해외의 제조업자의 책임을 추궁하는 것은 곤란하다는 것에 따른다.

그 한편으로 판매업자는 원칙적으로 책임 주체에서 제외되고 있다. 단 최근에는 거대 판매 · 유통업자가 다른 업자에게 제조를 위탁하여 그 제품에 자사의 브랜드 명을 붙인 OEM제품[43]이 널리 유통되고 있지만, 소비자가 거대 업자의 이름에 신뢰를 하여 그와 같은 제품을 구입하고 있다면 당해 제품의 결함에 의해 발생한 손해에 관해 판매업자가 전혀 책임을 지지 않는 것은 불합리하다고 할 수 있다. 그래서 제② 호 및 제③호에서 이와 같은 판매업자도 책임 주체에 포함시키도록 규정하고 있다.

제②호에 해당하는 자는 자신이 제조, 가공, 수입을 하지 않아도 당해 제조물에 제조업자 또는 수입업자로서 표시를 한 자 또는 분명히 이것과 오인되는 표시를 한 자, 예를 들면「제조원○○」,「수입원××」등 직함으로 자기의 성명 등을 표시한 자 또는 특별한 직함은 첨부하지 않고 자기의 성명 등을 표시한 자이다.

제③호에 해당하는 자는 자신이 제조, 가공, 수입을 하지 않아도「당해 제조물의 제조, 가공, 수입 또는 판매와 관련되는 형태」등을 고려하여「실질적인 제조업자로 인정할 수 있는 성명 등의 표시를 한 자」이며, 예를 들면「발매처○○」,「판매처○○」등 직함에서 자기의 성명 등을 표시한 자로 당해 제조물의 제조업자로서 사회적으로 인지되고 있는 자를 들 수 있다.

> 제3조 (제조물책임) 제조업자 등은 그 제조, 가공, 수입 또는 전 조 제3항의 제②호 또는 제③호의 성명 등의 표시를 한 제조물로서 그 인도한 것의 결함에 의해 타인의 생명, 신체 또는 재산을 침해한 때는 이것에 의해 발생한 손해를 배상할 책임을 진다. 단 그 손해가 당해 제조물에 대해서만 발생한 때는 이 범위에 속하지 않는다.

본 조는 손해배상의 책임 요건을 종래의「과실」에서「결함」으로 변경한 것이며 인도한 제조물의 결함에 의해 타인의 생명, 신체, 동산을 침해한 경우「제조업자 등」은 과실의 유무에 관계없이 그 손해에 대한 배상 책임을 진다는 취지를 규정하고 있다.

---

43) Original Equipment Manufacturing(OEM)제품으로 제조를 위탁한 기업이 유통기업인 경우에는 private brand상품이라 불리고 있다(出牛正芳編著『基本マーケティング用語辭典』(白桃書房 · 1996年)).

또한 당해 제조물 자체 만에 손해가 발생하고 당해 제조물 이외에 대한 손해(확대손해)가 발생하지 않은 경우, 「제조업자 등」은 본 법에 기초하여 배상책임을 지지 않아도 되지만 확대 손해가 발생한 경우에는 당해 제조물 자체의 손해도 포함하여 배상책임을 진다는 취지도 규정되어 있다. 예를 들면 전기제품이 결함에 의해 발화했다고 상정하여 연소된 것은 그 전기제품만이며 가옥에는 전혀 손해가 발생하지 않은 경우는 전자에 해당하고 전기제품뿐만 아니라 가옥도 연소된 경우는 후자에 해당한다.

제4조 (면책사유) 전 조의 경우에 제조업자 등은 다음 각호에 열거하는 사항을 증명 했을 때는 동 조에 규정하는 배상책임을 지지 않는다.

① 당해 제조물을 그 제조업자 등이 인도한 때에 과학 또는 기술에 관한 식견으로는 당해 제조물에 그 결함이 있는 것을 인식할 수 없었던 경우.

② 당해 제조물이 다른 제조물의 부품 또는 원재료로 사용된 경우에 그 결함이 오로지 당해 다른 제조물의 제조업자가 행한 설계의 지시에 따른 것에 의해 발생하였고 한편 그 결함이 발생한 것에 대해 과실이 없는 경우.

본 조는「제조업자 등」이 제3조에 규정된 배상책임을 면하는 경우에 관해 규정하고 있다.

제①호는 당해 제조물을 인도한 때「과학 또는 기술에 관한 식견」으로는 그 결함을 인식할 수 없었다는 것을 입증한 경우, 「제조업자 등」은 배상책임을 면한다고 규정하고 있다. 이와 같은 규정을 「개발위험의 항변」이라 부르는데, 이를 입법 과정에서 소비자 측은 피해자 구제의 관점에서 그 도입에 강하게 반대했지만 결국 이 종류의 규정이 없으면 신제품의 개발 등이 저해된다는 산업계의 주장을 고려하여 도입되었다는 경위가 있다. 또한 여기서 사용되고 있는「식견」이라는 말은 객관적으로 사회에 존재하는 지식의 총체, 즉 초보적인 지식에서 최고 수준의 지식까지 모든 것을 의미한다고 해석된다. 따라서 개발 위험의 항변의 인부(認否)에 관해서는 인도한 때에 당해 제조업자가 가진 지식이 아니라 그 당시에 입수 가능한 최고 수준의 지식이 기준이 된다.[44]

제②호에서는 다른 제조물의 부품 및 원재료로서 사용된 제조물의 제조업자는 부품 및 원재료의 결함이 다른 제조물(완성품)의 제조업자의 설계상의 지시에 따른 것에 의해 발생하고 그것에 관해 자기에게 과실이 없다는 것을 입증할 수 있다면 그 결함에 의해 발생한 손해에 대한 배상책임을 면한다고 하고 있다.

제5조 (기간의 제한) 제3조에 규정하는 손해배상의 청구권은 피해자 또는 그 법정대리인이 손해 및 배상의무자를 안 때부터 3년간 행사하지 않을 때는 시효에 의해 소멸한다. 그 제조업자 등이 당해 제조물을 인도한 때부터 10년을 경과한 때도 동일하다.

2. 전 항 후단의 기간은 신체에 축적된 경우에 사람의 건강을 저해하게 되는 물질에 의한 손해 또는 일정한 잠복 기간이 경과된 후에 증상이 나타나는 손해에 관해서는 그 손해가 발생한 때부터 기산한다.

민법의 불법행위에 의한 손해배상의 청구권은 피해자 또는 그 법정대리인이 손해 및 가해자를 안 때부터 3년간 행사하지 않으면 시효에 의해 소멸하고 또한 불법행위가 행해진 때부터 20년이 경과한 경우에도 소멸한다고 규정되어 있다.[45] 본 조에서는 본 법에 기초한 손해배상청구권소멸의 시효기간에 관해 전자에 대해서는 불법행위와 동일하게 3년간으로 했지만, 후자에 대해서는 제조물을 인도한 때부터 10년간으로 하고 있다. 이것은 제조물의 통상의 내구용기간이 10년인 것을 고려한 결과이다.

단 제조물의 결함에 의한 손해 중에서도 장기간에 걸쳐 서서히 진행되는 것은 손해가 발생한 때 인도한 후 10년 이상 경과하고 이미 책임이 소멸되어 있을 경우도 있을 수 있다. 그래서「신체에 축적된 경우에 사람의 건강을 해치는 물질에 의한 손해」(축적손해) 및「일정한 잠복 기간이 경과된 후에 증상이 나타나는 손해」(지발(遲發)손해)에 대해서는 10년이라는 기간은 손해가 발생한 때부터 기산한다고 규정하고 있다. 이 규정은 일본의 공해 사건에서 이 종류의 손해가 발생한 것을 근거로 한 것이다.

---

44) 이것에 의해 본 항변이 인정될 가능성은 매우 낮다고 할 수 있다(小林秀之『製造物責任法』(新世社 · 1995年)), p.51).

45) 민법 제724조.

제6조 (민법의 적용) 제조물의 결함에 의한 제조업자 등의 손해배상의 책임에 관해서는 이 법률의 규정 이외에도 민법의 규정에 따른다.

본 조는 본 법에 있어 규정이 없는 것(과실상계, 손해배상의 범위 등)에 관해서는 민법의 규정을 보완적으로 적용할 것, 또한 본 법에 기초한 청구 외에 여전히 민법(불법행위, 채무불이행)에 기초한 청구도 가능하다는 것을 의미한다고 해석된다.

부칙

1. (시행기일 등) 이 법률은 공포일로부터 기산하여 1년을 경과한 때부터 시행되고 이 법률의 시행 후에 그 제조업자 등이 인도한 제조물에 대해 적용된다.

본 법은 1994년 7월 1일자의 관보로 공포된 것으로 1995년 7월 1일부터 시행되고 있으며 본 법의 대상이 되는 것은 1995년 7월 1일 이후에 「제조업자 등이 인도한 제조물」이 된다.

2. 생략

2 입법 후의 상황

국민생활센터 및 각지의 소비생활센터가 접수한 불평상담 중 제조물책임법의 대상이 될 가능성이 있는 확대손해를 수반한 제품 사고에 관련되는 불평상담건수는 동 법 시행 전에 비교해 시행 후에는 크게 증가하고 있다[46]. 이것에서 소비자의 제품 안전에 관한 의식의 고조를 알 수 있음과 동시에 제조업자의 제품 안전의 노력에도 불구하고 결함 제품에 의한 사고는 여전히 무시할 수 없는 수준으로 발생하고 있다는 것이 추측된다.

결함 제품에 의한 사고를 둘러싼 분쟁이 발생한 경우 가해자인 제조업자와 피해자의

46) 표1참조

표1 국민생활센터 및 전국 소비생활센터 등이 접수한 제품 관련 사고에 관한 상담 건수의 추이

상담 교섭으로 쌍방이 납득할 수 있는 처리를 하는 것이 우선이라 생각되지만 양자의 사이에는 당해 제품에 관해 가진 지식 및 정보의 양에서 커다란 차이가 있다는 것을 생각하면 재판과 같이 제3자에 의한 분쟁 처리는 대단히 유용한 수단이 된다.47)

제조물책임법의 시행에 의해 피해자가 소송을 통해 가해자의 책임을 추궁하는 것이 용이하게 되었다고 판단되었지만, 국민생활센터가 파악하고 있는 한에서는 제조물책임법에 근거해서 제기된 소송은 동법시행으로부터 약 9년(2004년9월1일 현재)간 58건으로, 동법시행전에 비해 현저한 증가는 보이지 않는다48). 재판에는 시간 및 비용이 너무 소요된다든지 책임의 입증에 수반되는 부담이 무겁다는 등은 종래부터 지적되어 온 문제이므로 여전히 피해자가 소송 제기에 소극적이 될 수밖에

	년도	소비자생활상담의 년도 별 총 건수	총 건수 중에 제품관련 사고와 관련된 상담 건수	총 건수 중에 확대손해가 발생한 상담건수	총 건수 중에 센터에서 처리가 완료된 건수
법 시행 1년 전	1994	234,022	4,261	419	298
법 시행 1년 후	1995	274,076	6,833	1,719	1,378
법 시행 2년 후	1996	351,139	8,346	2,503	2,013
법 시행 3년 후	1997	400,511	7,922	5,226	4,400
법 시행 4년 후	1998	415,347	6,890	4,701	3,973
법 시행 5년 후	1999	467,110	7,053	4,716	4,000
법 시행 6년 후	2000	547,145	9,461	5,727	4,822
법 시행 7년 후	2001	655,899	8,385	5,141	4,346
법 시행 8년 후	2002	873,649	10,201	6,467	5,361
법 시행 9년 후	2003	1,371,316	8,045	5,086	4,176

(주1)「제품과련사고에 관한 상담」은 「위해・위험」에 관한 상담 중 공적인 업무 관련을 제외하고, 「확대손해」가 발생한 상담이다.

(주2)1994년도부터 1996년도까지의 소비생활상담의 연도별총건수 이외의 각 항목은 자료수집 항목의 변경 이전이었으므로 수집방법이 다르다.

(자료)独立行政法人 国民生活ｾﾝﾀｰ「製造物責任法施行9年目の製品関連事故に係る消費生活相談と訴訟の動向」(http://www.kokusen.go.jp)

47) 經濟企劃廳國民生活局消費者行政第一課編 『紛爭の迅速な解決に向けて—苦情處理委員會のあり方に關する研究會報告書—』(大藏省印刷局・1995년), p.5.

48) 전게 각주46)에 게재된 자료.

없다는 것이 그 요인의 하나라고 생각된다.

1998년 1월 1일에 시행된 새롭게 개정된 민사소송법에서 청구액이 30만엔 이하의 사건에서는 원칙적으로 1기일(期日)로 심리가 종료되고 즉일 판결을 하는 소액소송제도가 신설되거나 상대방 및 제3자의 수중에 있는 증거를 수집하기 위한 제도가 확충되었으며, 2000년 10월에 자력이 부족한 자에 대해 변호사비용 선대 등의 원조를 하는 민사법률 부조제도를 충실히 하기 위해 민사법률 부조법이 시행되었으며, 또한 2002년 3월에는 일본 국민에게 이용하기 쉬운 사법제도 구축의 한축이 되는 사법제도개혁추진계획 등이 책정되어 전술한 재판에 대한 문제는 서서히 시정되고 있지만 분쟁처리수단의 선택 안을 증대시키는 의미에서도 저렴성 · 편리성 · 중립성 · 전문성 · 투명성을 구비한 재판 이외의 제3자에 의한 분쟁처리, 소위 재판외 분쟁처리제도(Alternative Dispute Resolution : ADR)의 정비가 필요하다.

예를 들면, 국민생활센터 및 각지의 소비생활센터, 또한 각 업계가 설립하는 민간의 PL센터 등[49])이 이미 재판 이외의 분쟁처리기관으로서 역할을 하고 있지만, 전자에 대해서는 전문지식을 가진 인재를 확보할 것, 또한 후자에 대해서는 대개의 센터가 도쿄(東京)에만 있으므로 이를 이용하는 이용자의 불편함을 해소하고 중립적인 운영을 하는 것이 향후의 과제라고 할 수 있다.

또한 기술 진보로 제품의 구조가 복잡화됨에 따라 전문지식을 가지지 않는 피해자측에 있어 결함의 존재 및 결합과 손해와의 인과관계의 입증이 더욱더 곤란하게 된 것을 생각하면 재판외 분쟁처리제도와 마찬가지로 저렴성 · 편리성 · 중립성 · 전문성 · 투명성에 대비한 제품 사고의 원인규명기관의 정비도 필요하게 될 것이다.

49) 자세한 종류에 관해서는 내각부국민생활소비자기획과의 홈페이지(http://www.consumer. go.jp) 및 동경도 소비생활문화국 소비생활부생활안전과 상품안전계의 홈페이지(http://www. anzen.metro.tokyo.jp) 등을 참조.

3 생산물배상 책임보험의 내용

제조업자 등이 피해자로부터 손해배상청구에 대비한 수단으로서 가장 일반적인 것은 손해보험회사가 판매하고 있는 생산물배상책임보험이다.[50] 이 보험은 배상책임보험 보통보험약관에 생산물특별약관과 각종의 특별 조항을 첨부하는 형태로 인수된다. 이 보험의 주요한 내용은 다음과 같다.[51]

1. 담보되는 손해

이 보험은 피보험자가 다음과 같은 사고에 의해 타인의 신체・생명을 해하거나 타인의 재물을 손괴한 것에 대해 피보험자가 법률상의 손해배상책임을 부담하는 것에 의해 입은 손해를 보상하는 것이다.

① 피보험자가 제조 또는 판매한 생산물이 타인에게 인도된 후에 그 생산물에 기인하여 발생한 사고.

② 피보험자가 행한 일의 종료 또는 포기를 한 후에 그 일의 결과에 기인하여 발생한 사고(배선 공사의 불량에 의한 감전사고 등).

2. 보상되는 손해의 범위

이 보험에서 보상되는 손해의 범위는 다음과 같다.

① 피보험자가 피해자의 재산적 손해(일실이익, 치료비, 수선비 등) 및 정신적 손해(위자료)에 대해 지급해야 할 손해배상금.

---

50) 이 명칭은 이 보험이 일본에 도입된 당시 product liability가 제조물책임이 아니라 생산물책임으로 번역된 것에 따른다고 생각된다(大羽宏一「製造物責任法と賠償責任保険の役割」森宮康・古瀬政敏・大谷孝一編『現代保險論集 鈴木辰紀先生古稀紀念』(成文堂・2001年), p.420).

51) 羽成守・島田公一・青木荘太郎編 『ハンドブック製造物責任對策(PLD)—賠償請求とクレームの實務對策—』(ぎょうせい・1996年), pp.247~251 ; 小林秀之責任編著・東京海上研究所編『新製造物責任法大系 Ⅱ [日本編]』(弘文堂・1998年), pp.513~523.

② 피보험자에게 의무화되어 있는 손해 확대의 방지경감조치에 필요한 비용(구상권의 보전·행사에 필요한 비용 등).

③ 소송, 중재, 화해, 조정에 대해 피보험자가 미리 보험회사의 승낙을 얻어 지출한 쟁송 비용.

④ 보험회사는 피해자로부터의 손해배상청구를 직접 해결할 권리를 가지고 있지만 이 같은 경우에 피보험자가 보험회사에 협력하기 위해 지출한 비용.

3. 대상이 되는 생산물

전술한 제조물 책임법에서의「제조물」외에 동 법에서는 대상 외로 되어 있는 미가공의 농산물·축산물·수산물도 인수 대상이 될 수 있다.

4. 피보험자

제조물 책임법에서 말하는「제조업자 등」외에 판매업자, 설치·수리업자 등도 피보험자로 할 수 있다.

5. 보험기간

보험기간은 원칙으로 1년이다.

6. 보험사고

보험사고는 피보험자가 제조·판매한 생산물 및 행한 업무의 결과에 기인하여 발생한 사고에 의한 타인의 생명·신체의 피해 및 타인의 재물에 손괴이고, 이들이 보험기간 중에 발생한 경우에 피보험자가 부담하는 손해배상책임에 대해 보험금이 지급된다.[52)]

7. 면책사유

주요한 면책사유는 다음과 같다.

52) 특약에 의해 피해자로부터의 손해배상청구를 보험사고로 하는 경우도 있다.

① 보험계약자, 피보험자의 고의.

② 전쟁, 변란, 폭동, 소요, 노동쟁의.

③ 지진, 홍수, 분화, 해일 등의 자연재해.

④ 피보험자와 제3자간에 미리 손해배상에 관해 특별한 협정(위약금의 협정 및 구상권의 일방적 포기 등)이 있는 경우 그 협정에 기초하여 부담하는 배상책임.

⑤ 생산물 · 일의 목적물 자체의 손괴에 대해 부담하는 배상책임.

⑥ 피보험자가 고의 또는 중대한 과실에 의해 법령에 위반하여 제조 · 판매 또는 인도한 생산물(식품위생법에서 사용이 금지되어 있는 원료를 고의로 사용한 식품 등) 또는 행한 일의 결과에 기인하여 부담하는 배상책임.

⑦ 생산물의 회수 · 검사 · 수리 · 교환 등의 조치(리콜조치)에 필요한 비용.[53)]

⑧ 일본 국외에서의 사고 및 일본 국외의 법원에 제기된 손해배상청구소송

8. 보상한도액

통상 대인배상에 관해서는, ① 피해자 1명당, ② 1사고 당, ③ 보험기간 중의 보상한도액이 대물배상에 관해서는, ① 1사고 당 및 ② 보험기간중의 총보상한도액이 설정된다.

9. 보험료

일반적으로 보험료는 보험기간 중에 피보험자가 제조 · 판매하는 생산물의 매출액에 보험요율을 곱하여 산출된다. 보험요율은 대상으로 하는 생산물의 종류 및 그 위험도, 과거의 연간매출액, 과거의 사고 경력, 보상한도액, 면책금액(자기부담액) 등을 기초로 결정된다.

---

53) 이들 조치에 필요한 비용은 생산물회수비용보험(통칭, 리콜비용보험)에서 보상된다.

Chapter 7 보험회사의 파산과 계약자의 보호

1 보험계약자 보호의 필요성

보험계약자가 보험회사로부터 보험 상품을 구입하는 목적은 다음과 같이 요약할 수 있다. ① 장래 발생할 가능성이 있는 불확실한 비용(손해)을 보험료라는 형태의 일정 금액과 상환으로 보험회사에 이전하기 위해서이다. 이것은 보험제도가 가진 보험 고유의 기능이며 이 점에 한정하면 보험이 다른 금융상품과 경합하는 일은 없다. ② 장래 발생할 가능성이 있는 수급권을 확보하기 위해서이다. 이 점에서는 보험이 다른 금융상품과 경합할 경우도 있다. 예를 들면 종업원의 퇴직금의 지급을 목적으로 하는 퇴직연금은 기업 내에 적립할 수 있지만 종업원의 수급권을 확보하기 위해 보험회사 또는 신탁은행과 선택적으로 계약을 체결하는 것도 가능하다. 즉 보험회사는 안전한 저축기관적인 역할도 해 왔다. 보험계약자의 계약체결의 목적은 장래에 대한 것이며 보험회사의 영속을 전제로 하는 것이다. 따라서 계약 당시의 보험계약의 효력은 보험회사의 파산의 경우에도 유지되어야 한다고 되어 왔다.

한편 최근 보험회사의 파산이 빈발하여 이 경우 보험금 삭감 등이 가능하게 되었다. 이것은 보험계약자에게는 보험회사를 선택할 권리가 있다는 논리에 의한 것이다.

그러나 보험계약자에게 보험회사의 경영의 건전성을 파악하기 위한 충분한 정보가 부여되지 않는 상황 하에서 보험회사가 파산하는 경우에는 보험계약자는 보험회사의 파산에 대응하기 위한 유효한 수단을 가지지 않는 것이 문제가 된다. 그러므로 보험회사의 파산에 있어서는 보험계약자를 보호하기 위한 제도가 필요하다.

2 보험회사의 파산원인

일본에 있어서 제2차 세계대전 후의 보험회사의 파산은 생명보험회사 7개사와 손해보험회사 2개사인데 이들은 1997년 이후의 최근 수년간에 집중하여 발생했다. 2004년 8월 현재, 국내 보험회사로서 국내에서 보험업을 하고 있는 보험회사 수는 파산보험회사를 포함해서 생명보험회사가 37개사, 손해보험회사가 29개사[54]이다. 이 같은 보험회사의 숫자에서 보면, 생명보험회사는 최근 5년간에 약 20%가 파산한 것이 된다. 이와 같이 보험회사가 최근 수년간에 집중적으로 파산한 원인은 한마디로 말하면 보험회사가 경영 판단을 잘못했기 때문이라고 할 수 있다. 그 이유는 생명보험회사의 숫자로 약 20%가 파산했다고 하지만 약 80%는 파산하지 않고 있기 때문이다. 이 보험회사의 주요한 파산 원인은 다음과 같은 사외적 요인과 사내적 요인으로 분류하여 생각할 수 있다.

1. 사외적 요인

보험회사가 파산한 사외적 요인으로서 다음과 같은 경제사회적인 환경의 변화가 생각된다.

(1) 예정이율

예정이율이란 간단하게 말하면 보험이율에 반영된 책임준비금의 운용 이율을 말

54) 이것 이외에도 재보험전문회사 3개사, 외국손해보험회사 22개사가 일본국내에서 영업을 하고 있다.

한다. 이것은 주로 장기계약인 생명보험의 요율산출을 할 때 이용되는 것인데 손해보험 중에도 보험기간이 장기인 적립형 보험·개호보험 등에 이용되고 있다. 이제까지의 예정이율은 보험기간 중에는 고정되는 일종의 고정금리였다. 따라서 예정이율이 변경되어도 그것은 새로운 계약에 대해 적용되는 것이며 기존 계약은 계약당시의 예정이율이 계약종료시까지 적용된다. 그 결과 특히 보유 자산이 많은 생명보험회사를 중심으로 전술한 총자산 이율이 평균예정이율을 하회하는 소위 역마진 문제가 발생했다.[55] 생명보험의 예정이율의 추이는 <표 1>과 같다.

〈표 1〉 생명보험의 예정이율의 추이

(단위 : %)

보험기간	1985년	1990년	1993년	1994년	1996년	1999년	2001년
20년 이상	5.5	5.5	4.57	3.75	2.75	2.0	1.5
10년 이상	6.0	5.5					
10년 이하	6.25	5.75					

자료 : 각종자료에서 추출하여 작성.

1996년에 보험업법 개정을 할 때 보험회사가 파산하기 전에 행정 명령에 따라 계약 조건을 변경할 수 있는 조항[56]과 상호회사의 경우에 보험금을 삭감할 수 있는 규정[57]이 보험계약자의 재산권 보호라는 이유로 삭제되었다. 그 결과 보험회사는 파산 전에 예정이율을 포함한 기존의 보험계약의 계약 조건을 변경할 수 없게 되었다. 이것에 대해 2003년8월부터 개정보험업법이 시행되어 보험회사가 파산하기 전에 기존의 보험계약에 대해서도 예정이율을 인하할 수 있게 되었다. 그러나 이전에 예정이율은 통달 등에 의해 규제된 것이며 각 보험회사가 자유롭게 결정할 수 있는 것은 아니었다. 현재는 고시에 의해 규제는 되지만[58] 국채의 이율 등이 변동

55) 거대생명보험 7개사의 개인보험·개인연금계약의 약 70% 이상이 역마진 상태이다 (NIKKEINET:http://www.nikkei.co.jp/spl/nt36/2002093e002y54730.html(2002.9.30)).

56) 1996년 개정 이전의 보험보험업법 제10조 제3항에 규정된 것으로 기초서류인가(동 조 제1항)에 부수하는 조항과 함께 주식회사와 상호회사에 적용할 수 있었다.

57) 1996년 개정 이전의 보험보험업법 제46조에 의해 정관에 의한 보험금삭감 등이 가능했다. 실제로 상호회사조직의 각 보험회사의 정관에는 보험금삭감이 규정되어 있다.

58) 1998년 총리부·대장성 고시 제1호.

한 경우는 각 보험회사가 자유롭게 변경할 수 있다.

즉 과거 3년간 발행된 10년 만기 국채의 응모자 이율의 평균치와 과거 10년간 발행된 10년 만기 국채의 응모자 이율의 평균치 중에서 낮은 이율에 소정의 안전율을 부과한 수치를 예정이율로 할 수 있다. 이것은 금리는 항상 변동하는 것이며 장기의 고정 금리인 예정이율은 장기적인 관점에서 예정이율을 결정할 필요가 있다는 논리를 전제로 한 것이다. 그러나 예정이율을 국채 이율의 10년간의 평균치를 기준으로 하여 결정하는 방법에는 금리가 계속 상승하는 국면에서는 예정이율이 금리보다 조금씩 상승하기 때문에 보험회사의 수익의 안전성이 확보되지만 금리가 계속 하락하는 국면에서는 예정이율이 금리보다 높게 유지되므로 보험회사의 수익을 악화시키는 구조적인 문제점이 있다.

(2) 자산운용환경의 악화

자산운용환경의 악화에 의해 총자산 이율이 저하된 것이 생각된다. 총자산 이율의 추이는 <표 2>와 같다.

〈표 2〉 생명보험회사의 총자산이율의 추이(일반계정)

(단위 : %)

년도	1991년	1992년	1993년	1994년	1995년	1996년	1997년	1998년	1999년	2000년	2001년
이율	5.02	4.35	3.88	2.91	3.36	2.93	2.48	2.01	2.31	2.15	1.25

자료 : 生命保險文化センター 『生命保險ファクトブック』, 2002年9月, p.29.

이 같이 자산이율이 저하된 원인은 다음과 같다.

① 저금리

거품경제 붕괴 후 기업의 도산이 빈발함에 따라 은행의 불량 채권이 급증했다. 이 은행의 불량 채권의 문제를 해결하기 위해 은행의 예금조달비용을 낮게 억제하려는 목적과 함께 1999년 2월부터는 0금리정책 또는 실질 제로금리정책이 실시되고 있다. 0금리정책이란, 단기금융시장에 자금을 풍부하게 공급하고 단기시장금리가 수수료를 제외하고 0%가 되도록 하는 것이다. 이와 같은 금리의 추이는 <표 3>과 같다.

〈표 3〉 우대금리의 년도별 추이(년말기준)

(단위 : %)

구분＼년도	1990년	1991년	1992년	1993년	1994년	1995년	1996년	1997년	1998년	1999년	2000년	2001년
단기	8.250	6.625	4.500	3.000	3.000	1.625	1.625	1.625	1.500	1.375	1.500	1.375
장기	8.280	7.320	6.600	5.460	4.000	2.625	2.625	2.625	2.500	2.375	2.500	2.375

자료 : 일본은행(www.boj.or.jp).

이 같은 저금리에 의해 보험회사의 대부금리도 저하하여 그 결과 자산운용이율이 저하하는 원인이 되었다.

② 주가

1989년 이후 주가는 계속 하락했다. 동경증권거래소 1부 상장기업의 대표적인 종목 225개의 주가를 가중 평균하여 산출되는 일경(日經)주가지수의 추이는 <표 4>와 같다.

〈표 4〉 일본경제주가지수의 추이(년말 종가기준)

(단위 : 엔)

년도	1989년	1990년	1991년	1992년	1993년	1994년	1995년	1996년	1997년	1998년	1999년	2000년	2001년
지수	38,915	23,848	22,983	16,924	17,417	19,723	19,868	19,361	15,258	13,842	18,934	13,785	10,542

자료 : chart. yahoo.co.jp.

보험회사는 제2차 세계대전 후 신 계약의 증가로 보험료 수입이 증가했기 때문에 주식을 구입하는 일은 있어도 매각하는 일은 거의 없었다. 이 같이 하여 보험회사가 보유하는 주식은 취득 가격으로 장부에 기재되어 있어 보험회사의 경영이 어렵게 되었을 때 보유 주식의 매각으로 비밀 이익(실제 가액이 장부상의 가액보다 많은 자산)을 실현시켜 손실의 보전 등에 사용되어 왔다. 그러나 주식시장의 혼미가 계속되는 가운데 이 이익도 계속 감소했다.

③ 부동산

1989년 이후 부동산의 가격도 계속 하락하고 있다. 토지의 공시 시가의 연별 변동율은 <표 5>와 같다.

〈표 5〉 부동산가격의 연별변동률

(단위 : %)

년도 / 구분	1988년	1989년	1990년	1991년	1992년	1993년	1994년	1995년	1996년	1997년	1998년	1999년	2000년	2001년
상업지	61.1	3.0	4.8	4.1	-6.9	-19.0	-18.3	-15.4	-17.2	-13.2	-8.2	-10.1	-9.6	-8.0
주택지	68.6	0.4	6.6	6.6	-9.1	-14.6	-7.8	-2.9	-5.0	-3.4	-3.0	-6.4	-6.8	-5.8

자료 : 土地總合 library (www.tochi.nla.go.jp).

이 같은 부동산가격의 하락은 은행뿐만 아니라 보험회사의 불량채권도 증가시키는 요인으로 되었다.

(2) 평균수명의 연장 등

평균수명 등의 연장에 의해 종신연금 등의 수지가 악화된 것이 생각된다.

① 평균수명

일본인의 평균수명은 <표 6>과 같이 변화하고 있다.

〈표 6〉 0세의 평균여명의 연차별 추이

(단위 : 세)

년도	남	여	년도	남	여
1930	44.82	46.54	1970	69.31	74.66
1936	46.92	49.63	1975	71.73	76.89
1947	50.06	53.96	1980	73.35	78.76
1952	59.57	62.97	1985	74.78	80.48
1955	63.60	67.75	1990	75.92	81.90
1960	65.32	70.19	1995	76.38	82.85
1965	67.74	72.92	2000	77.72	84.60

자료 : 生命保險文化センター 『2001年度生命保險ファクトブック』, 2002年3月, p.84.

평균수명의 신장은 사망보험의 수익성을 높이는 한편으로 연금보험 등 생존보험의 수익성을 악화시키는 요인으로 되었다.

② 계약자의 불신

보험회사의 파산이 빈발하고 보험금 등이 감액되자 보험계약자들은 다음으로 파산의 가능성이 높은 보험회사를 예측하여 그 보험회사에 가입하고 있던 보험계약을 해약하기 시작했다. 그 결과 재무 상태가 비교적으로 열악한 보험회사는 파산에 이르게 되었다. 특히 2000년의 생명보험회사 4개사의 파산에는 생명보험회사에 대한 보험계약자의 불신감이 크게 영향을 미치고 있다.

2. 사내적 요인

보험회사가 파산한 원인에는 전술한 사외적인 요인 이외에 다음과 같은 사내적인 요인(경영판단의 실패)이 생각된다.

(1) 상품정책

상품정책의 실패는 대부분의 보험회사에서 그 예를 볼 수 있지만 예정이율이 높은 저축성보험을 중점적으로 판매한 보험회사가 파산했다. 특히 연금보험의 비율이 높은 보험회사의 경우, 평균수명의 신장에 의해 그 수지는 더욱 악화되었다. 예를 들면 1997년 4월에 제2차 세계대전 후 처음으로 파산한 닛산(日産)생명의 경우, 개인연금의 보유계약고가 1987년의 2,400억엔에서 3년 후인 1990년에는 10배인 2조 4,700억엔에 이르고 있었다.

쿄에이(協榮)생명도 1985년에 예정이율 6.5%였던 양로보험을 공립학교의 교직원 또는 자위대원에게 적극적으로 판매한 것이 파산의 원인이 되었다. 또한 2000년 5월에 파산한 다이이치(第一)화재도 장기적립보험을 적극적으로 판매한 결과 화재보험과 상해보험을 중심으로 하는 적립형 보험의 수입보험료가 수입보험료 전체의 60%에 이르고 있었다.

(2) 자산운용

주가, 부동산가격, 금리가 하락하는 환경 하에 주식과 대부금의 비율을 줄이고 장기국채의 비율을 높인 보험회사는 비교적으로 높은 자산 수익율을 유지할 수 있었다.

한편 최근 경기 혼미의 영향을 강하게 받고 있는 금융·부동산·건설·유통업계에 대한 대부가 많은 보험회사는 거액의 불량채권을 안게 되었다.

예를 들면 2000년 10월에 파산한 치요다(千代田)생명은 1982년에 화재가 발생한 뉴

저팬 호텔의 최대의 채권자이기도 했지만 동 호텔에 대한 700억엔의 대부금을 회수할 수 없게 된 것이 파산의 원인이 되었다. 1999년 6월에 파산한 토호(東邦)생명도 non-bank에 대한 대부금을 회수할 수 없게 되는 등 불량채권이 파산의 원인이 되었다.

(3) 거대위험

2001년 11월에 파산한 다이세이(大成)화재는 미국의 재보험인수총대리점을 통해 항공기 재보험을 인수하고 있었지만, 2001년 9월에 발생한 미국의 테러 사건에 의한 보험금 지급액이 약 744억엔이 된 것이 파산의 원인이었다. 동 사는 미국의 총대리점을 통해 인수한 항공기 보험의 재보험의 리스크 분산을 행하지 않은 것이 파산의 원인이 되었다.

3 보험계약자 보호제도와 그 적용

보험회사의 파산 때 보험계약자를 보호하는 제도는 파산처리 중에 노출된 문제점을 해결하기 위해 다음과 같이 개정되어 왔다.

1. 조기시정조치

지급여력(solvency margin)비율에 기초한 조기시정조치는 1999년 4월부터 실시될 예정이었지만 닛산생명의 파산처리로 보험회사의 정보 공개가 문제로 되었기 때문에 1998년 6월부터 각 보험회사의 지급여력비율이 공개되고 있다.

〈표 7〉 보험회사의 조기시정조치

구분	지급여력 비율	내용
제1구분	100%이상 200%미만	경영의 건전성을 확보하기 위해 합리적으로 인정되는 개선계획의 제출 및 그 실행의 명령
제2구분	0%이상 100%미만	계약자 배당의 금지 또는 억제, 신계약의 계산기초(예정이율 등)의 변경 등의 명령
제3구분	0%미만	기한을 부여한 업무의 전부 또는 일부의 정지명령

자료 : 필자작성.

조기시정조치[59]란 지급여력비율이 200%미만의 보험회사에 대해 단계적으로 경영개선명령 등을 발동하는 제도이다.

즉 파산 가능성이 있는 보험회사를 지급여력비율에 따라 조기에 발견하고 행정명령으로 파산을 방지하려는 것이다.

2. 보험계약자보호기금

(1) 구조

1996년의 보험업법 개정 전까지는 보험회사의 파산을 전제로 한 보험계약자 보호제도는 존재하지 않으며 보험회사의 합병 또는 청산보다도 보험계약을 지속시키는 것이 보험계약자 보호에 중요하다는 취지에서 보험계약의 포괄이전이 규정되었다(구 보험업법 제124조).

그러나 수익성이 저조한 보험계약을 특정 보험회사에 이전하는 것에는 문제가 있으며 나아가 보험계약의 포괄이전을 받은 보험회사의 계약자 이익을 저해할 우려가 있었다. 이것에 대응하기 위해 1996년 개정보험업법에 기초하여 생명보험과 손해보험은 리스크가 상이하다는 이유로 생명보험과 손해보험은 각 업계별로「보험계약자보호기금」을 설립하고 1996년 4월 1일부터 업무가 개시되었다.

동 기금은 파산보험회사가 보유하는 보험계약의 이전을 받은 구제보험회사[60]에 자금을 원조하는 것에 의해 보험계약의 포괄이전을 원활하게 하는 것에 목적이 있었다. 동 기금의 가입은 각 보험회사의 임의였지만 사실상 모든 보험회사가 가입했다. 동 기금에서의 자금 원조를 받을 수 있는 것은 파산보험회사와 구제보험회사 쌍방이 동 기금에 가입하고 있는 경우에 한정되었다.

생명보험은 생명보험협회가 손해보험은 일본손해보험협회가 보험계약자보호기금의 운영주체로 되었다. 지원금은 우선 은행 등의 금융기관에서 차입하여 지급하고 각 회사

---

59) 보험보험업법시행규칙 제88조 제1항, 총리부 · 대장성령 제1호.
60) 보험보험업법 제210조 제3항.

의 부담금은 사후 일정 기간 내에 거출되게 되었다(손해보험의 경우는 10년 분할지급).

각 보험회사의 부담금은 생명보험의 경우는 직전 3사업연도의 수입보험료와 책임준비금의 비율을 단순 평균한 것에 비례한 금액으로 하고 손해보험의 경우에는 직전 연도의 수입보험료와 보험계약준비금액, 총자산, 보유계약고를 고려하여 계산된 것이었다. 이와 같은 지원금에는 생명보험 2,000억엔, 손해보험 300억엔의 한도액이 설정되었다. 이것은 보험회사 1개사가 파산한 경우를 상정한 것이다.

(2) 적용사례

보험계약자 보호기금이 계약자 보호에는 너무나 불충분하다는 것이 증명되는데 그다지 시간은 걸리지 않았다. 동 기금이 설립된 후 1년 후인 1997년 4월에 제2차 세계대전 후 처음으로 파산한[61] 닛산(日産)생명의 보험관리인인 생명보험협회가 동 회사의 1996년도의 결산 종료 후 자산의 사정을 시작하여 경영 내용을 파악한 결과 채무초과액은 당초 발표된 1,853억엔을 훨씬 상회하는 3,000억엔에 이르는 것이 판명되었다.

이 같은 상황 하에서 생명보험협회는 보험계약자보호기금이 지원금 한도액인 2,000억엔을 출자하는 새로운 회사의 설립을 계획하고 닛산생명과 역사적 관계가 깊고 비상근 이사를 파견하고 있는 닛산히타치그룹에 500억엔의 출자를 요청했다. 그러나 투자채산성이 없다는 것을 누구보다도 잘 알고 있던 동 그룹은 신회사의 출자를 계속 거절했다. 또한 닛산생명을 인수하려고 하는 보험회사도 없었다.

이 같은 상황 하에서는 보험계약자보호기금이 기능하지 않을 것이 판명되었기 때문에 보험계약자보호기금은 닛산생명의 기존계약을 유지·관리할 회사를 설립하고 그것에 닛산생명의 기존 계약을 이전하기로 하고 닛산생명의 영업권을 먼저 매각하기로 했다. 그러나 3,000억엔의 채무 초과액이 보험계약자보호기금의 지원한도액인 2,000억엔을 초과하고 있는 것이 커다란 문제였다.

1997년 6월에 대장성의 인가를 얻어 발표된 닛산생명의 파산처리 대책은 다음과

61) 제2차 세계대전 후 닛산생명의 파산 전에 1968년에 필리핀의 손해보험회사인 캐피털사가 파산한 것이 유일한 예이다.

같다. ① 생명보험계약자보호기금은 3,000억엔의 채무초과액 중 2,000억엔만을 지원하고 나머지 1,000억엔은 향후 5년간의 수익(영업권)으로 상각한다. ② 기존 계약에 대한 향후의 예정이율을 일률적으로 2.75%로 인하한다. ③ 조기해약공제제도를 만들어 보험계약자가 파산 후에 계약을 해약하는 것을 방지하기 위해 파산 후 7년간은 일정한 공제율(1997년의 5%에서 매년 2%씩 인하한 비율)을 해약환급금에 곱한 금액을 공제하는 제도가 채용되었다. 이것에 의해 삭감되게 된 보험금과 연금액의 삭감율은 <표 8>과 같다.

〈표 8〉 닛산(日産)생명의 보험금 · 연금액 삭감률(%)

구분	계약연도				
	1996	1994	1992	1990	1988
정액보험(10년 만기)	◎	◎	4.75	3.75	2.75
의료보험(10년 만기)	◎	1	◎	◎	◎
정기부종신보험 (10배형 · 60세 지급완료)	◎	3	12	13	9
양로보험(20년 만기)	◎	9	21	20	9
종신보험 (60세 지급완료 · 65세 연금개시)	◎	21	45	44	43

주 : ◎(변화가 없다는 것을 나타낸다)

자료 : 日本經濟新聞, 1997年6月21日.

예를 들면 1992년에 계약 체결된 종신연금의 경우 당초 약속한 연금액의 45%가 삭감되어 55%만이 지급된다는 것이었다. 이와 같은 삭감율은 파산시점까지의 적립금인 책임준비금은 보험계약자보호기금에서의 지원과 구제보험회사의 영업권매입금액에 의해 100%(전액)보상되었지만, 기존 계약에 대한 예정이율을 일률적으로 2.75%로 인하하여 연금액을 재계산한 결과이다. 예정이율은 1992년 당시 종신연금 5.5%(<표 1>참조)의 약 절반인 2.75%로 인하하게 되었지만 예정이율이 가진 위력을 증명하는 결과가 되었다.

이 같은 처리결과는 보험계약자에게는 너무도 충격적이었다[62]. 하지만 한편으로

62) 닛산생명파산 당일의 기자회견에서 대장대신은 「계약자는 당연히 전면적으로 보호된다. 최대한 처리되도록 하는 것은 당연하다」 고 발언하고, 향후 보험회사의 파산은 없도록 한다는 의

닛산생명은 계약자가 주주의 자격도 겸하고 있는「상호회사」였기 때문에 보험금을 지급하는 재원이 부족한 경우에는 보험금의 삭감과 보험료의 인상 등은 당연한 것이다. 그러나 계약자는 상호회사란 상호부조정신에 입각하여 설립되며 이익금의 대부분이 계약자에게 환원되는 것으로 인식하고 있었다.[63] 따라서 이 같은 닛산생명의 파산처리의 결과는 생명보험회사에 대한 계약자의 불신감은 크게 고조시켰다.

3. 보험계약자보호기구

(1) 구조

전술한 보험계약자보호기금은 발족 후 약 1년 3개월에 닛산생명의 파산처리에 기금을 전부 사용하여 그 후 기능을 하지 못하게 되었다. 또한 구제보험회사가 나타나지 않는 경우 보험계약자보호기금이 기능하지 못하게 되는 것에 대응하기 위해 1998년 6월 개정보험업법[64]에 의해 새롭게「손해보험계약자 보호기구」와「생명보험계약자 보호기구」가 1998년 12월 1일에 각각 설립되었다.

① 생명보험계약자 보호기구

일본국내에서 사업을 하는 모든 생명보험회사가 강제가입하고 부담금은 사전에 거출된다. 구제보험회사가 나타나지 않는 경우에는 파산회사의 보험계약을 생명보험계약자보호기구에 이전하고 동 기구가 보험계약의 관리 및 처분을 한다. 구제보험회사가 나타나는 경우에는 파산회사의 보험계약을 구제보험회사에 이전하고 동 기구가 구제보험회사에 자금 원조를 한다. 일본 국내에서의 원수보험계약은 책임준비금의 90%가 보상된다. 일정액을 보상하는 미국과 달리 일

미에서「닛산생명은 최초이며 최후의 예이다」라는 설명도 잊지 않았다. 생명보험협회회장도 이것에 부응하도록「닛산생명은 특수한 예이다」라고 말하고 있다.

63) 생명보험 상호회사의 경우 정관에는 이익금의 80%(손해보험은 60%)이상을 계약자 배당으로 환원한다고 규정되어 있었다. 이것이 2002년에 생·손보 모두 20%로 인하되었다(보험보험업법 시행규칙 제29조 등).

64) 보험업법 제259~270조.

정률로 한 것은 보험업계의 부담을 경감시키기 위한 조치였다.[65)]

또한 보험계약의 이전 등이 행해질 때는 예정이율 등의 계약 조건을 변경할 수 있다. 더구나 보험계약의 계속을 위한 집단유지의 관점에서 계약내용변경후의 해약환급금에 대해 일정 기간, 특별한 공제를 하는 제도인 조기해약공제제도를 설정할 수 있다. 재원한도액으로서는 4,600억엔이 설정되어 매년 460억엔씩 4,600억엔이 되기까지 적립하기로 했다. 이것은 전술한 닛산생명정도의 보험회사 2개사의 파산처리를 상정한 것이었다. 적립금을 상회하는 구제보험회사에 대한 지원금이 필요한 경우에는 연간 부담액의 10배까지 차입할 수 있게 되었다.

② 손해보험계약자보호기구

손해보험을 영위하는 회사 모두(재보험전문회사 등 보험업법에 의해 가입 의무가 없는 일부의 회사를 제외한다)가 가입하고 부담금은 사전에 거출된다. 구제보험회사가 나타날 경우에는 보험계약을 구제보험회사에 이전하고 동 기구가 구제보험회사에 자금 원조를 한다.

구제보험회사가 나타나지 않는 경우에는 손해보험계약자보호기구가 파산한 손해보험회사의 보험계약의 이전을 받아 보험계약의 관리 및 처분을 한다. 재원한도액으로서는 500억엔이 설정되며 매년 50억엔씩 500억엔이 되기까지 적립하기로 했다. 손해보험계약자보호기구의 보상 내용은 다음과 같다. 자배책 보험, 가계지진보험은 100% 보상된다.

자동차보험, 화재보험(개인과 소규모 기업자), 상해보험, 의료비용 보험, 개호비용보험은 보험금 또는 책임준비금의 90%가 보상된다. 법인이 계약자인 보험계약은 동 기구의 보상대상 외로 되며 이 경우에는 파산한 보험회사의 재산 상태에 따라 보험금 등을 수취하게 된다.[66)] 또한 보험계약의 이전 등이 행해질 때는 예정이율 등의 계약조건의 변경, 조기해약공제제도를 설정할 수 있다.

---

65) 保險審議會「支拂保障制度に關する報告書」, 1997年.

66) 다이세이(大成)화재의 경우 2002년 8월 31일 동경지방법원의 인가결정을 받은 보상 대상외 계약의 변제율은 77.03%였다(동 사 홈페이지 참조).

(2) 적용사례

보험계약자 보호 기구를 설립한 약 6개월 후인 1999년 6월 4일 토호(東邦)생명이 파산했다. 토호생명의 채무초과액은 당초 발표된 2,000억엔보다 많아 최종적으로 6,500억엔에 이르렀다. 이와 같은 상황 하에서 1999년 12월에 발표된 처리대책은 생명보험계약자 보호기구가 3,800억엔을 부담하고 나머지는 구제보험회사의 파산보험회사에 대한 영업권매입금액과 계약자 부담으로 처리하기로 했다. 계약자 부담은 책임준비금의 10%삭감과 예정이율을 일률적으로 1.5%로 인하하고 조기해약공제제도(15~2%)를 8년간 설정하기로 했다. 그 처리 결과는 <표 9>와 같다.

〈표 9〉 토호(東邦)생명의 보험금·연금액의 삭감률(%)

구 분	가입연령	계약건수							
		1997	1996	1995	1994	1993	1992	1991	1990
일시지급 양로보험 (10년 만기)	20	16	15	14	20	21	21	18	14
	40	16	15	14	20	21	21	18	14
일시지급 종신보험 (10년 만기)	20	50	49	65	65	75	80	79	79
	40	40	39	53	52	62	67	66	65
종신보험 (60세 지급 만료)	20	31	32	46	47	57	62	62	63
	40	27	27	40	41	51	57	57	57
정기부종 신보험 (10배형·10년 갱신 60세 지급만료)	20	18	18	20	21	25	23	24	24
	40	17	17	21	22	28	31	32	33

자료 : 日本經濟新聞, 1999年12月22日.

<표 9>와 같은 파산처리결과는 책임준비금의 삭감이 없이 예정이율만이 2.75%로 인하된 닛산생명의 경우보다도 보험계약자에 있어 가혹한 것이었다. 예를 들면 일시지급 양로보험에 1992년에 가입한 경우 당초 약속된 보험금의 80%가 삭감되어 20%만이 지급되게 되어 조기 해약하는 경우에는 이 금액에서 최대 15%가 공제된다는 것이었다.

생명보험회사의 파산은 이것에 그치지 않고 토호생명의 파산과 2000년 5월 31일에 다이하쿠(第百)생명이 파산했다. 동 회사도 채무초과액이 파산당초 발표된 1,222억엔에서 3,200억엔으로 증가했다. 동 회사의 채무초과액의 처리는 생명보험계약자보호기구가 1,450억엔을 부담하고 나머지는 영업권매입금액과 계약자 부담으로 처리되었다.

계약자부담으로서는 책임준비금 10%삭감과 평균예정이율의 4.46%에서 일률적으로 1.00%로 인하가 이루어졌다. 그 결과 개인연금의 경우는 연금액이 최대 83%까지 감액되어 조기해약공제도 10년간 최대 20%가 설정되었다.

또한 동 년 8월 28일에는 다이쇼(大正)생명이 파산했는데 채무초과액은 당초 발표된 12억엔에서 2001년 2월에 처리대책이 발표된 때는 365억엔으로 증가했다.

전술한 다이하쿠생명의 파산처리의 결과 생명보험계약자보호기구의 재원은 공적자금한도액을 제외하면 487억엔이 남아 있는 것에 불과했다.

다이쇼생명의 채무초과액은 생명보험계약자보호기구의 재원의 한도액 내의 267억엔을 동 기구가 부담하고 나머지는 영업권 매입금액과 계약자 부담으로 처리되었다.

4 보험회사의 파산처리

1. 파산처리의 절차

당초 보험회사의 파산처리는 보험업법에 기초한 행정절차에 따른 것이었다. 행정절차는 감독관청에서 보험관리인이 선임되어 보험계약의 이전 등으로 포함한 업무와 재산관리에 관한 계획을 작성한다.

작성된 계획은 감독관청의 승인을 얻은 후에 총대리(주주총회)의 결의, 보험계약자로부터의 의의신청 등의 절차를 거친 후 보험계약의 이전 등이 행해진다. 이와 같은 행정절차의 기준으로서 전술한 지급여력비율에 의한 조기시정조치가 설정된다.

행정절차에서는 채무초과 등으로 파산상태인 것을 당국이 인정한 후 보험회사의 청산을 전제로 자산과 부채를 정밀하게 조사하기 때문에 사후적으로 채무초과액 등 손실이 팽창하여 그 결과 보험금의 감액에 연결되는 것이 통례였다. 이와 같은 행정절차는 그 절차가 번거롭고 많은 시간이 소요되어 채무초과액이 당초 발표된 것 보다 증가되는 것이 문제점으로 지적되어 왔다.

전술한 행정절차의 문제에 대응하기 위해 2000년 6월부터 보험회사의 파산처리에 갱생절차를 적용할 수 있도록 되었다.

갱생절차란 금융기관에 대한 재건형의 도산절차로「금융기관 등의 갱생절차의 특례 등에 관한 법률」(이하, 갱생특례법)에 의한 파산처리이며, 갱생특례법이란 회사 갱생법을 금융기관에 적용하기 위한 법률이다. 보험회사를 포함한 금융기관은 보험계약자(예금자) 등과 같은 채무자가 많고 채무삭감 등을 내용으로 하는 갱생계획에 대한 채권자의 동의를 첨부하는 것이 어렵다. 따라서 갱생특례법은 방대한 예금자가 있는 은행 등 금융기관의 갱생절차를 용이하게 하기 위해 설정된 법률이며 이것에 따르면 은행의 경우는 예금보험기구가 예금자를 대리 할 수 있다.

2000년 6월 개정에서 동 법을 개정하여 보험회사도 그 대상에 추가하는 것에 의해 보험계약자보호기구가 보험계약자를 대리 할 수 있게 되었다. 따라서 지금까지는 채무초과 등으로 파산 상태에 있는 것을 금융 당국이 인정하지 않으면 파산처리를 개시할 수 없었지만 갱생 절차에서는 채무초과 전에도 처리가 가능하게 되었다.

이 같이 갱생특례법에서는 채무초과에 빠지기 전에 파산처리를 개시할 수 있다. 이에 따라 보험회사의 보험업의 계속이 곤란하게 된 경우에는 내각총리대신(수상)에게 서면으로 신청할 것을 의무화했다.[67] 여기서 말하는 보험업의 계속이 곤란한 경우란 다음과 같다.[68]

첫째로, 보험회사의 재산으로는 채무 변제를 할 수 없을 때 또는 이와 같은 사태가 발생할 가능성이 있는 경우이다.

둘째로, 보험금의 지급을 정지한 경우 또는 정지할 가능성이 있는 경우이다.

셋째로, 이사회에 제출된 계리인의 의견서에 보험업의 계속이 곤란하다는 취지의 의견이 기재되어 있고 그 요인을 해소하기 위한 조치가 불가능한 경우이다.

갱생절차는 법원에 그 개시를 신청하는 것에서 시작된다. 당해 보험회사가 법원

67) 보험보험업법 제241조 제3항.

68) 보험계약자 등의 보호를 위한 특별한 조치 등에 관한 명령 제1조의 2.

에 신청하지만 이 신청이 없는 경우에도 금융청이 채권자인 계약자를 대신하여 법원에 갱생절차를 신청할 수 있다. 법원은 보전관리인을 선임하여 보험계약의 해약 접수 및 신규계약의 정지를 명령하고 갱생절차의 개시를 결정한다.

갱생절차에서는 법원이 갱생관재인을 선임하여 갱생관재인의 지휘 하에 계약자가 수취하는 보험금 및 연금의 삭감율 등을 포함한 갱생계획을 책정한다. 책정된 갱생계획은 관계인 집회에 문의한 후 법원의 인가를 받는 것에 의해 확정된다.

보험 상품의 보호범위는 종래의 파산처리의 경우와 동일하며 해약은 갱생계획이 실시되기까지 할 수 없지만 보험금의 지급은 계속된다. 또한 갱생절차에는 「생명보험계약자보호기구」 또는 「손해보험계약자보호기구」 가 계약자를 대리하여 참가하므로 개개의 계약자가 이러한 절차를 수행할 필요는 없다.

이 갱생특례법에 의한 파산처리는 조기처리라는 이점이 있는 한편 보험계약자에 있어서는 계약상대처인 보험회사가 갑자기 법적처리절차에 들어갈 우려가 있다.

2. 채무초과액의 처리

보험회사의 파산처리는 채무초과액의 처리에 초점을 맞추고 있다. 논리적으로 생각되는 채무초과액의 처리는 다음의 순서로 행해진다. ① 구제보험회사가 나타나는 경우에는 구제보험회사가 지급하는 영업권의 매입액에 의해 보충된다. ② 영업권의 매입액으로 부족한 금액은 책임준비금을 삭감하는 것에 의해 보충된다. 보험계약자보호기구의 보상대상인 보험계약의 책임준비금의 삭감율은 최대 10%까지이다. ③ 이것으로도 부족한 경우에는 부족액 전액이 보험계약자보호기구의 부담이 된다. 실제로 행해진 파산보험회사의 채무초과액의 처리는 <표 10>과 같다.

〈표 10〉 파산보험회사의 채무초과액의 처리(2002년 9월 30일 현재)

단위 : 억엔

회사명	파산시기	채무 초과액	책임준비금의 삭감률(%)	영업권	보호기구 부담	구제보험회사
닛산(日産)생명	1997.4.25	3,000	없음	1,000	2,000	아오바생명(프)
토호(東邦)생명	1999.6.4.	6,500	10	2,400	3,663	GE에디슨(미국)
다이이치(第一)화재	2000.5.1.	1,300	10	없음	400	계약자보호기구
다이하쿠(第百)생명	2000.5.31.	3,200	10	1,470	1,450	메뉴라이프·센츄리(캐나다)
다이쇼(大正)생명	2000.8.28.	365	10	70	267	다이와(大和)생명(아자미생명)
치요다(千代田)생명	2000.10.8	3,119	10	3,200	0	AIG스타생명(미국)
쿄에이(協營)생명	2000.10.20	6,895	8	3,640	0	지브라울트생명(미국)
도쿄(東京)생명	2001.3.23	342	0	325	0	T&D 파이낸셜생명
다이세이(大成)화재	2001.11.22	945	10	300	53	손해보험 저팬

자료 : 各付け投資情報センター『R&I Ratings』2001, p.4 등의 각종 자료에서 발췌하여 작성.

3. 예정이율과 영업권

보험계약자의 부담은 책임준비금의 삭감 이외에도 장래의 예정이율 인하가 있다. 이것에 의해 기존 계약의 소위 역마진이 해소되어 구제보험회사가 파산보험회사의 보험계약을 인계할 수 있도록 하기 위해서다.

이 예정이율의 인하의 폭과 영업권매입금액에는 밀접한 관계가 있다고 보여 진다(<표 11> 참조). 즉 예정이율의 인하의 폭을 크게 하면 기존 계약의 장래의 수익성이 향상되므로 그 만큼 구제보험회사의 영업권의 매입금액을 크게 할 수 있기 때문이다. 따라서 예정이율을 낮게 하고 영업권매입금액을 크게 하는 것에 의해 보험계약자보호기구의 부담액을 적게 하는 것도 가능하게 된다.

보험계약자에게는 책임준비금의 90%가 보상될 뿐이며 예정이율은 제한 없이 변경할 수 있기 때문이다. 즉 예정이율 · 책임준비금 삭감액 · 영업권매입금액 · 계약자보호기구의 부담액은 상호 밀접하게 관련성이 있다.

더구나 갱생특례법에 의한 경우 보험계약자보호기구가 계약자를 대행하고 있으므로 신속한 파산처리를 위해서라고 하지만 파산처리에 관한 의사결정에 보험계약자는 관여할 수 없다.

〈표 11〉 예정이율인하 등(2002년 9월 30일 현재)

단위 : 억엔

회사명	파산시기	채무 초과액	예정이율(%)	영업권	보호기구 부담	조기해약 공제(%)	절차
닛산(日産)생명	1997.4.25	3,000	일률적으로 2.75	1,000	2,000	15~3(7년)	행정 절차
토호(東邦)생명	1999.6.4	6,500	일률적으로 1.50	2,400	3,633	15~2(8년)	
다이이치(第一)화재	2000.5.1	1,300	적립 0.3~1.63 개호 2.0	0	400	15~3(7년)	
다이하쿠(第百)생명	2000.5.31	3.200	일률적으로 1.00	1,470	1,450	20~2(10년)	
다이세이(大正)생명	2000.8.28	365	일률적으로 1.00	70	267	15~2(8년)	
지요나(千代田)생명	2000.10.8	3,119	일률적으로 1.5	3,200	0	20~2(10년)	갱생 절차
쿄에이(協榮)생명	2000.10.20	6,895	일률적으로 1.75	3,640	0	15~2(8년)	
도쿄(東京)생명	2001.3.23	342	일률적으로 2.60	325	0	20~2(10년)	
다이세이(大成)화재	2001.11.22	945	0.25~1.05	300	53	15~3(10년)	

자료 : 各付け投資情報センター『R&I Ratings』2001, p.4 등의 각종 자료에서 발췌하여 작성.

<표 11>에서 확인할 수 있는 바와 같이 각각의 보험회사가 가지고 있는 자산과 보험계약의 구성 등은 다르다고 해도 치요다(千代田)생명 · 쿄에이(協榮)생명 · 도쿄(東京)생명의 경우 계약자 보호기구의 부담이 없어지게 되어 영업권매입금액이 급증하고 있다는 것을 알 수 있다.

사실 전술한 3개사의 경우 생명보험계약자 보호기구의 재원이 바닥이 나 충분한 지원을 하기 위해서는 공적자금한도를 사용하든지 생명보험업계가 추가부담을 해야 하는 상황이었다.

또한 생명보험업계가 사실상 파산하지 않는다는 보험회사의 계약자 부담으로 이 시점까지 부담한 부담금은 생명보험계약자 보호기금에서 2,000억엔과 생명보험 계약자 보호기구 설립 때 4,600억엔, 그리고 동 기구의 추가부담금 1,000억엔을 합계하여 7,600억엔에 이르고 있다.

한편 파산한 보험회사의 보험계약의 해약이 급증하는 것을 방지하기 위해 조기 해약공제가 이루어지고 있다. 조기해약공제는 구제보험회사를 배려하고 파산보험회사의 보험계약을 구제보험회사에 이전하는 것에 의해 특히 생명보험계약은 연령이 많음에 따라 가입이 어렵게 되므로 보험계약을 지속시키는 것이 보험계약자의 이익이 된다는 논리에 의한 것이다. 그러나 파산하지 않는 보험회사의 계약은 계약 당시의 예정이율이 유지되는 것에 비해 파산한 보험회사의 계약이전을 받은 구제보험회사의 보험계약은 예정이율의 인하가 행해지고 해약도 제한된다. 그 결과 일본에서의 보험시장은 파산한 보험회사의 계약이전을 받아 안정적이며 동시에 수익성이 있는 보험회사와 해약의 가능성이 높은 불안정한 기존 계약의 높은 예정이율에 의한 역마진 상태에 있음에도 불구하고 파산하지 않는 보험회사가 병존하게 되었다.

더구나 지금까지의 파산처리에 있어 손해보험회사는 청산 또는 합병되었지만 생명보험회사는 합병 등이 적어[69] 상이한 경쟁 조건을 가진 보험회사간의 계약획득 경쟁은 파산처리이전보다도 격렬하게 전개된다는 새로운 문제점이 남아 있다.

69) 李洪茂「保險業界の再編について」『早稲田商學』第389號, 2001.

Part Ⅱ 각론

各論

제 8 장 화재보험
제 9 장 자동차 보험
제 10 장 신종보험
제 11 장 해상보험
제 12 장 생명보험
제 13 장 사회보험

Chapter 8 화재보험

1 화재보험의 역할

화재보험의 역할에는 여러 가지 있지만 여기서는 다음 세 가지만을 지적하고자 한다. ①「경제생활의 안정」, ②「신용의 증대」, ③「손해의 예방」이다. 아래에서는 이들 순서대로 설명한다.

1. 경제생활의 안정

보험은 우리들의 경제생활의 안정에 모두 도움이 되는 성질을 가지고 있는데 그 중에서도 화재보험은 만일의 화재 발생에 의해 신속하게 소정의 보험금을 지급해 주는 결과 재해자로서는 입은 재해의 신속한 복구가 가능하게 된다.

이와 같이 손해를 입은 재해자가 용이하게 종래대로의 안정된 경제생활에 복귀할 수 있도록 하는 의미에서「경제생활의 안정」을 화재보험의 첫 번째로 하는 동시에 가장 중요한 역할로 간주하는 것은 타당할 것이다.

화재보험도 최근에는 화재 위험 외에 낙뢰, 파열·폭발이라는 각종의 위험을 포함하여 담보하는 것 외에 점포 및 공장 등이 재해를 당한 경우에는 그 직접의 손해인 물적 손해에 대한 보상 외에 그 간접 손해인 영업 또는 사업 중단(휴지) 중의 수익손해(순이익 및 경상비의 상실), 또한 가계의 경우에는 가옥의 소실에 수반하는 임대 수입의 상실 등도 계약자가 희망에 따라 담보하는 외에 동일하게 간접 손해인 각종의 비용손해(임시생계비, 잔존물처리비용 등) 도 포함하여 담보하게 된다.

따라서 그 만큼 만일의 경우 보험가입자의 경제생활의 보장도 한층 완전에 가까운 것이 된다고 할 수 있다.

이와 같이 만일 화재 위험을 당해도 지급되는 보험금에 따라 과거대로의 신속한 복귀가 가능하기 때문에 사람들의 사업 의욕도 왕성하게 되며 따라서 화재보험의 존재는 단지 사적 경제의 안정이라는 소극적인 영역을 벗어나 보다 적극적으로 국민경제의 안정과 성장에 크게 공헌하고 있다.

화재를 당한 주택 및 공장 · 점포 등이 몇 개월 이내에 원래대로 복구되어 종래대로 경제활동을 회복할 수 있는 것도 화재보험의 덕택이라고 할 수 있다. 만약 이 세상에 화재보험이 없었다고 가정하면 이들 재해자는 그 다음 날부터 불안 하게 될 것이다.

2. 신용의 증대

1591년에 함부르크의 맥주양조업자가 만든 화재보험조합이 금융편의의 획득을 목적으로 하고 있었던 것과 같이 화재보험의 가입은 공장 · 작업장 등의 재산이 만일 화재에 의해 소실해도 지급되는 보험금으로 즉시 복구하고 조업의 신속한 재개가 가능하다는 점에서 대부해 준 금융기관에서 보아도 매우 안전도가 높은 우량대부라는 것이 된다.

더구나 개인으로 새롭게 사업을 개시하는 경우 또한 새롭게 주택을 건설하는 경우에도 융자에 의해 건설되는 공장 · 점포 · 창고 · 주택 등에 화재보험이 붙여져 그 결과 만일 이들이 화재에 의해 소실되어도 융자한 금융기관에는 화재보험에서 우선하여 보험금이 지급된다는 처리가 일반화되고 있다.

이 같이 융자대상 물건의 만일의 소실 위험과 그것에 수반하는 채무의 변제 불능이라는 위험이 화재보험의 존재로 완전하게 해소된다면 금융기관도 개인에 대한 융자가 비교적 용이 하게 될 것이다. 이런 의미에서 융자를 촉진(신용의 증대)하는 화재보험의 역할의 중대성을 간과해서 안 될 것이다.

3. 손해의 예방

화재보험에 의해 화재 위험의 개선, 화재의 예방·진압이 촉진되는 면이 있다. 화재보험 본래의 기능은 화재에 의한 손해를 보상하여 경제생활의 안정에 기여하는 것이지만 이것은 어디까지나 화재를 당한 사후의 처리이다. 사회적으로나 경제적으로 보아도 화재의 발생을 사전에 예방하고 발생한 화재를 신속하게 진압하여 손해 확대를 방지하는 것이야 말로 최선의 대책이다.

이 점 미국에서는 공장 관계의 화재보험 단체가 일찍부터「예방이 제1, 보험은 제2」(Prevention first, insurances second)를 슬로건으로 하여 화재를 미연에 방지하는 것을 최대의 목적으로 노력해 왔다.

특히 건물의 구조, 설비, 소방시설 등이 개선된 경우에는 화재보험 요율을 즉시 인하하는 소위 계발적(啓發的) 요율산정방식을 채용하고 있는 경우에는 화재보험의 존재의 덕분이며 화재 위험의 개선이 촉진되어 화재의 예방, 손해의 경감에 도움이 되는 것은 분명하다.

일본도 제2차 세계대전 후 미국을 모방하여 화재보험업자가 기술과나 방재과 등 방재전문의 부서를 신설하여 보험 가입자의 희망에 따라 또는 자사의 계약인수의 필요에서 보험의 대상물에 대한 예비 조사를 하고 위험의 개선·손해의 방지에 관한 보고와 권고를 하고 또한 손해보험협회 내에 안전방재부를 두어 화재의 예방·손해의 방지에 대해 일반 사회에 계몽선전활동을 전개 하고, 나아가 소방자동차를 기증 하는 등 이 방면에 크게 일조를 한 것은 일본의 화재보험의 커다란 진보라고 할 수 있다.

2 화재보험의 역사

세계의 보험은 영국을 중심으로 한 영리주의보험 계보와 독일을 모국으로 하는 상호주의보험 계보로 대별된다. 그래서 아래에서도 이들 세계의 2대 조류의 원천인 영국과 독일의 화재보험의 발전을 살펴보고 그 다음으로 일본의 경우에 대해 설명하고자 한다.

1. 영국의 화재보험

(1) 런던 대화재와 화재보험의 출현

영국의 화재보험은 당시 런던시의 85%에 해당하는 13,200가옥을 4주야에 걸쳐 소실시킨 1666년 9월 2일의 유명한 런던대화재(영국에서는 이 대화재를 "Great Fire"라고 함)를 계기로 탄생했다.

종래는 이 런던대화재의 다음 해인 1667년에 니콜라스 버본(Nicholas Barbon)이라는 의사가 영국 최초의 화재보험 영업을 개시했다고 되어 있었지만 최근의 연구에서는 그것을 잘못이며 실제로는 이 버본 외에 3명이 영리를 목적으로 1681년 9월에 설립한 Fire Insurance Office라는 합자회사가 영국에서 최초의 화재보험회사라고 되어 있다. 영국에서는 동 년 11월에 런던시가 중심이 되어 시민 상호의 부조라는 입장에서 시영의 화재보험을 실시하는데 시(市)가 이런 종류의 위험한 상사 부문에 관여하는 것에 대한 반발이 강해 결국 런던시의 공영보험은 발족 후 1년 정도에 해산했다.

더구나 3년 후인 1684년에 영국에서 두 번째의 민간 화재보험회사인 Friendly Society사가 William Hale과 Henry Spelman에 의해 창립되어 영업을 개시하지만 동 회사는 회사명의 「우애조합」과는 반대로 창업자인 2사람에게만 유리한 영리성이 강한 것이었다. 다음으로 나타난 것은 1696년에 창업한 Hand-in-Hand사이다. 동 회사는 이전의 Friendly Society와는 달리 완전한 상호주의의 회사로 매우 저렴한 비용으로서의 화재보험의 제공에 성공하고 있다.

(2) 동산보험의 등장

전술한 바와 같이 17세기말의 런던에서는「대화재」를 계기로 Fire Insurance Office, Friendly Society, Hand-in-Hand의 3개사가 영업을 하고 있었는데 3개사는 모두 건물의 화재보험만을 취급하고 동산은 담보하지 않았다. 그러나 얼마 되지 않아 영국 최초의 동산보험의 인수가 소화기의 발명자로 알려진 Charles Povey에 의해 1706년에 개시된다.

Povey가 동산의 화재보험을 인수하기 위해 만든 Exchange House Fire Office의 영업은 2년 후에 현재도 실제로 존재하는 명문회사인 Sun Fire Office에 인계된다. 동 회사는 동 회사의 인수 물건의 소화와 화재시의 동산의 반출을 원조하기 위해 제복 차림에 소정의 뱃지를 붙인 30명의 튼튼하고 정직한 젊은이를 항상 고용하고 있었다고 한다.

1714년 동일하게 가재와 상품의 화재보험 인수를 목적으로 한 Union Fire Insurance Office가 영업을 개시하고 또한 1717년에는 Westminster Fire Office사가 웨스트민스터지구에 소재한 건물의 화재보험 인수를 목표로 한 영업을 개시한다. 또한 1720년에 영국의 보험 역사상 저명한 2대 칙허회사인 London Assurance와 Royal Exchange Assurance가 설립된다.

양 회사는 설립된 다음 해(1721년)부터 화재보험의 인수도 개시하여 이래서 영국의 화재보험은 양 회사의 창설에 의해 비로소 주식조직의 근대적인 보험회사를 가지게 되었다.

2. 독일의 화재보험

(1) 화재공제조합

일반적으로 화재보험의 시작은 중세 프랑스 왕조시대에 발생한 길드에 있었다. 이 길드는 중세에 유럽 대륙의 북부에 존재한 공제조합으로 그 주요한 것은 사람의 사망 및 화재 발생 때에 구제를 목적으로 하는 것이었다. 15세기에 화재의 공제만을 목적으로 하는 화재공제조합(Brandgilde)가 슈레스비히=홀슈타인지방(덴마크에 인접한 독일 북부의 주)에 발달하고 그 후 다른 독일 북부 지방에도 이것에 모방하는 것이 빈발했다.

그 중에서도 1591년 에 함부르크에서 100명의 맥주양조업자가 만든 함부르크화재보험조합(Hamburger Feuerkontrakt)이 유명하다.

17세기에 동 시(市)는 대소 다수의 화재를 당해 이 타격을 위해 이들 공제조합은 대단한 어려움에 빠지게 되어 드디어 1676년에 이들 조합을 통합하여「시영」의 건물보험기관인 함부르크일반화재보험금고(Hamburger General Feuerkasse)가 설립된다. 세계에서 이 화재보험금고는 공영화재보험의 최초라고 말해지고 있다.

(2) 공영화재보험의 발달

한편 독일은 신구 양 크리스트 교도의 항쟁에 근거한 30년 전쟁(1618~1648년)의 전장으로 된 결과 국토의 피폐가 현저하고 생산 기구는 장기간에 걸쳐 파괴되고 제후의 재원이 고갈되었기 때문에 각 영주는 무언가 특별한 재원 획득 대책을 찾아야 했다.

그래서 전술한 함부르크화재보험금고의 예를 모방하여 화재보험 제도를 실시하는 것이 각 영주의 관심을 모을 것이라 생각했다. 그 결과 우선 프러사에서 1781년에 베를린시 시영의 화재보험소(Feuersozietät)가 설립된 것을 계기로 국가 각지에 관영 또는 공영의 화재보험소가 계속 출현한다.

이어 독일의 각 지역(잭슨왕국, 우르텐베르크왕국 등)에서 이 종류의 관·공영의 화재보험소가 계속 설립되어 1820~30년경까지는 독일국내의 대부분의 국토에서 건물에 대한 관·공영의 화재보험 제도가 완비되게 되었다.

그 대부분은 보험의 가입 강제와 재건축 의무를 건물 소유주에게 부과했다.

(3) 민영보험의 대두

한편 독일은 1861년에 건물의 화재보험의 민영이 허용되게 된 결과 지금까지 오로지 동산담보의 인수와 관·공영보험의 초과위험 재보험의 인수만을 하고 있던 민영의 보험회사도 건물의 화재보험 인수를 개시하여 이래서 19세기말에는 동산보험의 인수증가 등으로 인해 계약금액상에서는 민영회사가 관·공영단체의 그것을 훨씬 능가하기까지 된다. 원래 독일의 관·공영 화재보험은 전술한 바와 같이 시민의 경제적 필요에 따라 실시되었다기보다는 각 시·군·읍 또는 연방정부의 재정정책 내지 공안정책으로서 실시된 것이었으므로 사기업의 발달과 함께 화재보험도 점차로 민영조직으로 이행해 현재로는 공영보험도 건물의 화재보험 부문에서 역사적인 발자취와 지위를 차지하는데 그치고 있다.

3. 일본의 화재보험

(1) 폴 마이에트의 국영보험안(案)

일본에 근대적 보험사업이 도입되는 것은 메이지(明治)이후의 일이다. 화재보험의 필요성도 메이지유신이후 조금씩 인식되고 있지만 그 중에서도 1876년 1월에 당시의 도쿄(東京)의학교(현재의 동경대학의학부의 전신)에 독일어와 라틴어의 교사로서 초빙되어 내일한 독일인의 경제·통계학자인 Paul Mayet가 행한 강연이 커다란 자극이 되었다.

마이에트는 당시 일본인의 화재에 의한 참상을 목격하고 1878년 4월 13일에 도쿄시바(東京芝)공원 내의 천광원(天光院)에서 개최된「동아자연인문독일학회」의 예회(例會)에서 강연에서 일본도 그의 모국인 독일의 예를 모방하여 화재·지진·폭풍·홍수·병재(兵災)의 5위험에 대해 국영의 건물강제보험을 실시해야 한다고 주장한다. 그가 행한 강연의 내용은「일본가옥보험론」이라는 소책자로 정리되어 그는 이것을 당시의 정부 관계자 및 지인에게 배포하는데 그 배포를 받은 자 중에 그 때의 대장경(지금의 재무장관)인 오쿠마시게노부(大隈重信)도 포함되어 있었다. 오쿠마는 마이에트의 제언을 지지하고 그를 대장성 전속의 고문으로 맞이하여 성내에 화재보험조사부를 설립하고 예의국영강제보험의 준비를 진행시키고 있다.[70)]

그러나 1880년 2월에 오쿠마 이후의 대장경으로 되어 동 보험의 실시에 노력하고 있던 사노츠네토미(佐野常民)가 1881년 10월의 정변 때 오쿠마와 함께 공직을

70) 마이에트가 제언한 상세란 동 제안을 둘러싼 찬부양론의 자세한 내용에 대해서는, 森莊三郎『經濟資料·日本家屋保險國營論』(有斐閣·1926年) 참조.

사임한 후 이전부터 이 종류의 국영보험계획에 반대한 내무경인 마츠가타마사요시(松方正義)가 대장경이 되기에 이르러(1881년 10월 22일) 마이에트들이 추진해 온 국영가옥보험안도 드디어 좌절되게 된다.

이것은 마이에트가 지지한 독일류의 관영주의가 마츠가타(松方) 들이 지지한 영국류의 민영우선의 주장에 패배한 결과이지만 의회의 조기 개설과 홋카이도개척사의 관유물 불하문제와 관련되어 발생한 「1881년의 정변」71)의 영향도 간과할 수 없다.

(2) 동경화재의 탄생과 요율인하경쟁

이상과 같은 경위로 가옥의 국영강제보험계획은 실현되지 않았지만 이때의 조사를 근거로 이윽고 민영의 화재보험회사가 출현한다.

1887년에 창설한 동경화재보험주식회사가 그것이다(동 회사는 현재의 야스다(安田)화재의 전신이다). 이어 1891년에는 메이지(明治)화재(동 회사는 후에 동경해상보험회사와 합병하여 오늘날의 동경해상이 된다)가 또한 다음에는 일본화재가 탄생한다.

1892년경부터 닛소(日淸)전쟁(1894~1895)에서 일본의 경제는 금융 완화와 전쟁 승리 경기로 사업열이 대단히 고조되어 화재보험 · 해상보험을 경영하는 회사가 다수 신설되었다. 그러나 그 결과는 보험회사 간에 과도한 경쟁을 유발하여 화재보험요율은 부당하게 저하하고 도산하는 회사가 속출했다.

이래서 드디어 보험회사도 손해보험 사업을 완전히 자유경쟁에 맡길 경우 함께 도산할 것이 분명하다는 것을 깨닫고 1907년에 「화재보험협회」를 조직되어 화재보험요율의 협정을 시행한다.

이 협정은 어느 정도 업계의 혼란을 방지하지만 계속되는 대화재(1907년의 하코다테(函館)의 대화재, 1909년의 오사카(大阪)북구의 대화재 등)로 인해 경영에 타격을 받은 보험회사 중에는 자위상 요율 인하에 의해 계약을 확보하게 된 결과 다시 요율 인하 경쟁이 발생하여 그로 인해 도산한 회사가 4개사에 이르렀다.

---

71) 「1881년의 정변」의 자세한 내용에 대해서는, J.C.リブラ著, 正田健一郎譯『大隈重信―その生涯と人間像―』(早稲田大學出版部 · 1980年) 의 제3장 참조.

그 후 이율(二率)협정시대[72]를 거쳐 드디어 1917년에 이번에는 일본에서 영업중인 외국회사도 포함한 모든 손해보험회사를 망라한 「대일본연합화재보험협회」가 설립되어 최저 요율을 협정하고 동시에 일반적인 요율인하를 하고 있다.

(3) 관동대지진과 지진약관

이상과 같은 요율인하경쟁과 요율협정·인상을 반복해 온 당시의 일본화재보험사업에 커다란 변혁을 초래한 것이 1923년 9월 1일의 관동대지진이다. 이 지진에 의해 이재를 당한 화재보험의 계약고는 당시의 금액으로 18억 8,000만엔이라는 거액이며 한편 전술한 연합화재보험협회 가맹내국회사의 정미자산은 전체로 겨우 2억 3,400만엔에 불과했다. 그런데 현재도 그러하지만 당시도 화재보험의 보통보험약관에는 소위 「지진면책조항」이 있으며 지진에 의한 손해에 대해서는 계약상 이것을 모두 면책하고 했기 때문에 보험회사는 당연한 것으로서 화재에 의한 것을 포함한 지진손해에 대해 보험금의 지급을 거절했다.

그러나 이것에 대해서는 일본 국내의 일부에 이러한 면책조항은 일본과 같은 지진국가에서는 당연히 무효라는 주장도 있어 드디어 이 문제는 정치문제로 된다. 그로 인해 보험회사는 결국 정부의 요청에 의해 일정액(보험금액의 5% 내지 10%, 총액으로 7,142만엔)을 위로금으로 계약자에게 지급하고 이것에 대해 정부는 저리·장기의 조성금 6,356만엔을 각 회사에 융자하는 것에서 드디어 결론을 보게 된다.[73]

단 이 최장 50년 연부·이자복리 년 4%의 정부조성금변제의 무거운 짐이 그 후의 불황시대를 통해 장기에 걸쳐 일본손해보험회사의 경리를 압박하게 된다.

---

72) 화재보험협회에 소속되지 않았던 오사카(大阪)화재, 코베(神戶)해상대재(大災) 외에 신흥의 3개사는 「화재보험동명회」를 만들어 요율협정을 하고 동시에 이 동명회는 화재보험협회와 제휴하여 요율의 저하를 방지하려고 했지만 그 때 동명회 소속회사는 보험협회소속회사요율보다 15%인하된 요율로 계약하는 것이 허용되었다. 이것이 즉 이율협정이다.

73) 자세한 것에 대해서는, 「現代日本産業發達史ＸＸＶⅡ 保險」第8章第2節「關東大震災と損害保險業界」참조.

(4) 제2차 세계대전의 전후

전술한 바와 같은 각종의 고난은 있었지만 일본의 손해보험 사업은 단기간에 급속한 발달을 보았다고 할 수 있다.

특히 제2차 세계대전 이전에는 런던을 비롯하여 세계 각지에 영업망을 가지고 또한 투자를 세계적으로 행하여 세계 일류의 보험회사와 비교해도 손색이 없는 실력과 명성을 얻기까지 이르렀다.

그러나 제2차 세계대전과 그 패배는 일본의 손해보험 사업을 혼란에 빠뜨리고 오랜 기간 동안 축적한 자산은 상실되고 특히 해외의 영업망 및 재외 자산의 상실은 각 회사에 커다란 타격을 주었다.

그러나 손해보험사업의 전쟁 후의 회복은 의외로 빨라 전시 중에 통제는 철폐되는 한편 전쟁 후에 새롭게 도입된 독점금지법 하에서도 손해보험사업은 그 특수성을 인정받아 일본손해보험협회의 재편성과 함께 손해보험요율산정회가 법률에 기초하여 설립된 결과 이것을 통한 화재보험 기타의 요율협정이 인정되게 되어 이후 순조롭게 발전하여 오늘날의 융성을 구축한 것이다.

3 화재보험의 종류와 내용

현재 일본에서 판매되고 있는 화재보험에는 여러 가지 있지만 여기서는 그 중 주요한 네 가지에 관해 소개한다. 즉 ①보통화재보험, ②주택화재보험, ③주택종합보험, ④장기종합보험의 네 가지이다(또한 이들 각 독립의 화재보험계약에 보험계약자의 희망에 따라 부대되는 각종의 「특약」에 대해서는 다음 절에서 설명한다).

1. 보통화재보험

이 「보통화재」라는 것은 일본에서 화재보험이 처음으로 판매된 1888년 이래 오늘날까지 계속하여 판매되고 있는 것으로 화재보험으로서는 가장 오래되었으며 화재보험의 원형이라고도 할 수 있다. 이 보험은 종래 오랜 기간 동안, ① 담보위험이 「화재위험만」이며, ② 이 보험에서 담보되는 물건은 주택 · 점포 · 공장 · 창고 등 화재보험의 대상이 될 수 있는 모든 물건에 이르고 있다는 두 가지 점을 특징으로 했지만 이들 특징은 최근의 개정에서 점차로 상실되었다.

즉 「화재위험만 담보」 라는 제1의 특징은 보통화재에서도 1979년 4월 1일부터 「낙뢰」 와 「폭발 · 파열」 의 위험을 당연하게 담보하게 된 결과 소멸(그 후 1984년 6월 1일부터는 풍재(風災), 우박재해, 설재(雪災)(단 어느 경우도 손해액이 20만 엔 이상인 때에 한정된다)가 담보되고 있다)하고, 또한 제2의 특징인 「모든 종류의 건물과 수용 동산담보」 라는 특징도 1973년 11월 1일부터 전용 주택과 가재가 「보통화재」 의 대상에서 벗어나 신설한 「주택화재」 의 대상으로 되어 소멸했기 때문이다.

더구나 1984년 6월 1일부터는 이제까지 1종류였던 보통화재보험약관이 물건의 종류별로 「일반물건용」, 「공장물건용」, 「창고물건용」 의 3종류로 분화되고 각 물건별로의 리스크에 대응할 수 있도록 되었다.

이들 결과 오늘날의 보통화재가 담보하는 것은 공장 · 창고 · 점포 · 사무소 등 주택을 제외한 모든 건물과 그 수용 동산이며 그 대상 범위의 확대로 보통화재는 여전히 화재보험의 중심적 존재라는 것을 알 수 있다.

이 보통화재에서는 물적 손해에 대한 보험금(이것을 약관에서는 「손해보험금」 이라 한다)의 지급 외에 각종 비용손해가 함께 담보된다.

이하 점포 · 사무소 등을 대상으로 하는 「일반물건용」 을 예로 비용손해의 담보 내용을 설명한다.

(1) 임시비용보험금

이것은 보험의 목적물인 건물 또는 가재가 전술한 화재 기타의 담보위험에 의해 손해를 입은 때 임시적으로 지출을 필요로 하는 여러 비용(구체적으로는 숙박비, 교통비 등)에 충당하기 위한 것으로 그 지급되는 금액은 물적 손해에 대해 지급되는 「손해보험금」 의 30%상당액(단 1회의 사고에 대해 1구내별로 500만엔을 한도로 한다)이다.

(2) 잔존물처리비용보험금

이것은 전술한 각종 담보위험에 의해 피해를 입은 보험의 목적물의 잔존물을 처리하는데 필요한 비용(구체적으로는 반출, 청소비 등)을 보상하는 것으로 지급되는 금액은「손해보험금」의 10%상당액의 범위 내에서의「실손액」(실비)이다.

(3) 실화(失火)위자료비용보험금

피보험자가 보험의 목적물인 자신의 건물에서 발생한 화재, 파열 · 폭발에 의해 제3자의 소유물에 멸실, 훼손, 오손의 손해를 입힌 경우에 피보험자에 대해 지급되는 것으로 지급되는 금액은 재해를 당한 제3자의 세대수에 각 20만엔을 곱한 금액인데 보험금액의 20%를 한도로 한다.

(4) 상해비용보험금

이것은 전술한 화재 기타의 담보위험이 구체화된 경우에 피보험자, 그 친족 또는 사용인(피보험자가 법인인 때는 그 이사 또는 기타의 기관에 있는 자 또는 종업원) — 또한 약관에서는 이들의 자를「상해비용지급대상자」라고 부르고 있다 — 이 그 사고에 의해, ① 중상을 입었든지, ② 그 사고의 직접의 결과로서 재해의 일부터 180일 이내에 사망했든지, ③ 이로 인해 후술하는 바와 같은 후유장애가 발생한 때 한정해 지급된다.

이 경우에「중상」이란「14일 이상의 입원 또는 30일 이상 의사 치료를 필요로 한 상해」를 말한다. 또한 지급 대상이 되는 후유장애는 다음의 8가지이다. ① 양쪽 눈의 실명, ② 씹는 경우나 언어 기능의 전폐, ③ 신경계통의 기능 또는 정신에 현저한 장해를 남기고 보통 때의 간병이 필요한 때, ④ 흉복부 장기의 기능에 현저한 장해를 남기고 보통 때의 간병이 필요한 때 ⑤ 양 상지의 무릎관절 이상으로 상실, ⑥ 양 상지의 기능전폐, ⑦ 양하지를 무릎관절 이상의 상실, ⑧양하지의 기능전폐.

전술한 바와 같은 상해 사고가 전술한 상해비용 지급 대상자의 어느 쪽에 발생한 결과, ⓐ 그들의 자가 사망했든지, 전술한 바와 같은 후유장애의 희생이 된 경우에는 1명당 보험금액의 30%, ⓑ 전술한 바와 같은「중상」을 입은 때는 1명당 보험금액의 2%가 지급되지만 1회의 사고에 대해 1명당 각 1,000만엔이, 또한 1구내 5,000만엔이 한도이다.

(5) 지진화재비용보험금

지진화재에 의해 반소(半燒)이상의 손해가 발생한 경우에 임시적으로 발생한 비용의 보상으로서 보험금액의 5%가 지급된다(단 1사고 1구내별로 300만엔이 한도이다).

(6) 수선부대비용보험금

화재 등으로 보험의 목적물이 재해를 당한 경우 그 복구에 있어서 발생한, ① 손해 원인의 조사비용, ② 손해의 범위의 조사비용, ③ 임시 수선비용 등을 담보한다. 지급액은 보험금액의 30% 또는 1,000만엔 중에서 낮은 금액을 한도로 하고 필요하고 유익한 비용과 보험회사가 인정한 금액이다.

(7) 손해방지비용보험금

화재 등의 손해확대의 방지·경감에 필요한 비용(예를 들면 소화약제 등의 재취득 비용)이 담보된다. 단 손해보험금과 합산하여 보험금액을 한도로 한다.

또한 종래는 잔존보험금액방식을 채용하고 있었지만 1990년 4월부터는 손해보험금이 보험금액의 80%상당액 이상의 손해를 입은 경우 이외에는 보험금액이 감액되지 않는 자동 복원 방식으로 되었다.

2. 주택화재보험

이「주택화재」는 1973년 11월 1일부터 발매된 주택과 가재만을 대상으로 하는 보험으로 보통화재와 동일하게, 화재보험 외에「낙뢰와 폭발(파열을 포함한다)」및「바람·벼락·설재(雪災)」의 위험을 담보한다.

또한 각종 비용 보험금에 대해서도 보통화재보험의 경우와 마찬가지로 담보된다(단「수선부대비용보험금」은 제외된다).

그 지급액은 다음과 같다.

① 임시비용보험금 … 손해보험금의 30% 상당액(단 1사고 1구내 100만 엔 한도).

② 잔존물처리비용보험금 … 보통화재(일반 물건 용)와 동일하다.

③ 실화위로비용보험금 … 보통화재(일반 물건 용)와 동일하다.

④ 상해비용보험금 … 보통화재(일반 물건 용)와 동일하지만 1구내 5,000만 엔의 한도액은 없다.

⑤ 지진화재비용보험금 … 보통화재(일반 물건 용)와 동일하다.

⑥ 손해방지비용보험금 … 손해보험금과 합산하여 보험금액을 초과해도 지급되는 점이 보통화재(일반 물건 용)와 다르다.

3. 주택·점포종합보험

종합보험은 1장의 보험증권으로 화재와 동시에 많은 위험을 합쳐서 담보하는 것이다. 일본의 화재보험에서는 주택과 가재를 대상으로 한 주택종합보험(약칭하여 「주총(住總)」이라 한다)과 점포 · 사무소 · 작업장 등과 그 수용 동산을 대상으로 한 점포총액보험(약칭하여 「점총(店總)」이라 한다)이 있다. 이 종합보험의 특징은 담보위험과 담보되는 이익(피보험이익을 말함—후술하는 p177 참조)과의 양면에서 담보범위의 확장으로 이것에 의해 가입자는 비교적 저렴한 비용으로 폭넓은 담보 혜택을 받을 수 있는 이점이 있다.

우선 담보위험의 확장 면에서는 주총을 예로 설명하면 보통화재 · 주택화재가 담보하고 있는

①「화재 · 낙뢰, 폭발(파열)」,「풍재, 벼락재해, 설재」 위험 외에, ② 건물 외부에서 물체의 낙하, 비래(飛來), 충돌 또는 도괴, ③ 급배수 설비에 발생한 사고 또는 피보험자의 자가 점유하는 호실에서 발생한 사고에 수반하는 누수, 방수 또는 일수(溢水)에 의한 수손(水損), ④ 소요 및 이것에 유사한 집단행동 또는 노동쟁의에 수반하는 폭력행위 또는 파괴 행위가 담보되고 있는 외에, ⑤ 도난에 의해 보험의 목적물(대상)인 가재에 대해 발생한 도취, 훼손 또는 오손의 손해 및 도난 때에 가재 이외의 보험의

목적물에 대해 발생한 훼손 또는 오손의 손해도 함께 보상되고 있다.

이 종합보험에서 담보되는 것은 전술한 각종의 위험에 의해 보험의 목적물인 주택 또는 가재에 발생한「물적 손해」만은 아니다. 그 외에 아래와 같은 각종의 손해가 함께 보상된다.

1) 1개 또는 1세트의 가액이 30만엔을 초과하는 귀금속 · 미술품으로 보험증권에 명기된 물건(명기물건. 명기되지 않으면 보험의 목적물에는 포함되지 않는다)의 도난. 단 지급한도액은 1사고에서 1개 또는 1세트별로 100만엔으로 한다.

2) 통화 또는 예 · 저금증서의 도난에 의한 손해(단 이 경우 지급보험금의 금액은 통화의 경우에는 1회의 사고에 대해 1구내별로 20만엔을 한도로 한다. 또한 예 · 저금증서의 경우에는 1회의 사고에 대해 1구내별로 200만엔 또는 가재의 보험금액 중에서 낮은 금액을 한도로 한다).

(3) 수해 보험금

1984년 6월의 개정에 의해 수해보험금과 바람 · 우박 · 설재 보험금으로 분리되어 ① 보험의 목적물인 건물 또는 가재가 수해에 의해 각각 가액의 30%를 초과하는 손해를 입은 경우, ② 위의 ①에 해당하지 않는 경우에 보험의 목적물인 건물이 수해에 의한 상상(床上)침수(이 경우의 상상침수란 다타미 등이 깔린 기거(起居)에 필요한 마루를 넘는 침수를 말한다)를 입은 결과, 보험의 목적물인 건물 또는 가재에 손해가 발생한 경우에 보험금이 지급된다.

지급되는 보험금의 액은 ①의 경우에는 수해에 의해 피보험자가 입은 손해의 70%이다(물론 보험금액이 지급 한도이다). 또한 ②의 경우에는 보험금액의 5%(1사고에 대해 1구내별로 100만엔을 한도)를 지급하지만 1995년 2월부터는 상상(床上)침수로 손해액이 15%이상 30%미만의 경우에는 보험금액의 10%(1사고에 대해 1구내별로 200만엔을 한도)를 지급하게 되었다.

(4) 임시비용보험금, (5) 잔존물처리비용보험금, (6) 실화위로비용보험금, (7) 상해비용보험금, (8) 지진화재비용보험금에 대해서는 내용 · 지급액 · 지급조건 모두 주택화

재보험의 경우와 동일하다.

또한 전술한 각종의 비용보험금은 모두 보험금액 이외의 범위에서 지급된다. 따라서 보험의 목적물인 건물 또는 가재가 전손인 경우에도 그것과는 별개로 덧붙여 지급된다.

(9) 반출가재손해보험금

주택종합보험에서는 보험의 목적물인 가재가 여행·행락·쇼핑 등을 위해 보험증권기재의 건물에서 일본국내의 다른 건축물 내에 일시적으로 반출되고 있는 동안에 화재 기타「주총」으로 담보하고 있는 위험에 의해 손해를 입은 경우 소위「반출가재손해보험금」을 지급한다. 반출가재손해에 대해 지급되는 보험금의 액은 보험의 목적물인 가재의 보험금액의 20%상당액의 범위 내에서 실손액인데 1회의 사고에 대해 100만엔을 한도로 한다.

또한 이 경우에는 전술한 ① 임시비용보험금, ② 잔존물처리비용보험금, ③ 실화위로비용보험금, ④ 상해비용보험금, ⑤ 지진화재비용보험금은 지급되지 않는다. 이 종류의 반출가재에 대한 담보제공은 주총·점총·장총(長總)(후술함), 단지보험 등 종합보험에 고유한 것으로 보통화재 및 주택화재에는 없다.

점포종합보험의 담보내용은 주총의 그것과 기본적으로 차이가 없으므로 여기서의 설명은 생략한다.

4. 장기종합보험

장기종합보험은 일반적으로「장총」으로 약칭되며 1968년 4월 1일부터 발매되었다. 이 장총의 특징은

① 담보내용은 전술한 주택종합보험의 그것과 거의 동일하다.

② 보험기간은 10년, 5년 또는 3년 — 이 경우는 어느 쪽을 선택할지는 보험가입자의 자유이다 — 등 상당히 장기간이다(일반의 화재보험에서는 보험기간은 1년이 보통이다).

③ 담보기간 중에 1회의 사고에서 보험금액의 80%를 초월하는 보험금의 지급이 있는 경우에는 별도이지만 — 이 경우에는 전손으로 하여 보험금액 전액이 지급되므로 그 사고 발생시를 통해 이 보험은 종료한다 — 그러하지 않은 경우에 10년, 5년 또는 3년의 계약 만기시에, ⓐ「만기환급금」으로서 보험금액의 10%상당액이 지급되는 외에, ⓑ 적립보험료의 만기 시까지의 운용이익이 예정이율(2002년 7월에서는 1.05%정도. 회사에 따라 다르다)을 상회한 때는 그 만큼「계약자배당금」으로서 덧붙여 지급된다.

④ 장총을 부보 할 수 있는 것은 전용 주택, 점포・사무소 등과의 병용 주택과 그 수용 가재・집기・비품이다. 이상과 같이 이 보험은 저축성이 매우 강한 보험임과 동시에 보험금액의 10%상당의 만기환급금을 지급하는 것에서 계약자가 싫어하는, 보험료를 지급하고 사고가 발생하지 않으면 아무런 의미가 없다는 느낌을 해소하는 것을 목적으로 하는 점에 특색이 있다.

또한 이 장총과 기본적으로 동일한 구조를 가지고 있는 적립형 보험으로「화재상호보험」—소위「마루마루보험」— (1963년 6월 발매),「건물갱생보험)」(1963년 11월),「건물갱생종합보험」(1991년 5월),「만기환급종합보험」(1977년 6월),「정액지급적립가정보험」(1984년 6월),「적립맨션・단지종합보험」(1984년 7월),「적립점포휴업보험」(1984년 11월) 외에「적립단지보험」(1984년 8월),「적립생활종합보험」(1989년 11월),「적립행복가정보험」(1991년 11월) 등이 있다.

4 화재보험의 특약

전 절에서 설명한 화재보험의 각종 기본 계약에는 보험가입자의 희망에 따라 그들의 기본 계약에「임의」또는「원칙자동부대」등의 형태로 부가되는 각종의『특약』이 있다. 본 절에서는 수많은 이들『특약』중에서 주요한 두 가지를 선정하여 설명한다.

1. 지진보험(특약)

일본의 지진보험은 1964년 6월에 발생한 니이가타(新潟) 지진을 계기로 1966년 6월 1일에 탄생했다. 일본은 주지하고 있는 대로 환태평양지진대의 위에 있으므로 이제까지 1923년 관동대지진을 비롯하여 많은 대지진에 의한 참화를 경험해 왔다. 지진위험은 1회의 지진이 야기하는 평균 손해액의 파악이 어려우며 지진 예측이 실질적으로 불가능하며 나아가 역(逆)선택의 위험이 크기 때문에 본래적으로 보험에는 친숙되기 어려운 이상 위험이다.

그럼에도 불구하고 일본과 같은 지진국가에서 손해보험기업이 취급하고 있는 화재보험이 지진위험을 면책으로 하고 그로 인해 지진에 의한 재해자에 대해 전혀 구제의 손을 벌리지 않는 것은 가령 민간의 영리기업이라도 바람직하지 않다는 입장에서 전술한 바와 같이 1964년의 니이가타지진을 계기로 구체적으로는 1966년 6월 1일부터 발매되었지만 이 보험에는 다음과 같은 많은 제약조건이 부과되었다. 즉,

(1) 지진보험에서 담보되는 것은 주택과 주택에 수용되어 있는 가재뿐이며 따라서 공장, 점포, 창고 등과 그들에 수용된 동산류는 지진보험의 담보에서 모두 제외되었다.

(2) 담보위험은「지진, 분화 또는 이들에 의한 해일을 직접 또는 간접의 원인으로 하는 화재, 손괴, 매몰 또는 유실」로 되었지만 보험금의 지급조건을「전손만」에 한정했다.

(3) 지진보험의 보험금액을 지진보험이 부대되는 화재보험계약 — 지진보험은 독립의 상품으로서는 발매되지 않고「특약」으로서 각종의 화재보험계약에 부대한다는 방법이 채용되었다 — 의 보험금액의 30%로 하고, 동시에 주택과 가재의 쌍방에 대해 각각 1건당의 지급한도액이 설정되었다.

(4) 보험가입자 측에서 역(逆)선택의 위험을 방지하기 위해 당초는 지진보험을 주택종합보험과 점포종합보험에만 자동부대하고 그 결과 이들 종합보험에 가입하는 이상은 싫든 좋든지를 불구하고 지진보험의 가입이 강제된다는 상당히 극적인 조치가 채용되었다.

(5) 1회의 지진(72시간 이내에 발생하는 지진은 모두 1회의 지진으로 간주된다)에 대한 보험금의 총 지급액에 일정한 상한을 설정하여 1회의 지진에 대해 지급해야 할 보험금의 총액이 이 총 지급 한도액을 초월하는 것이 분명하게 된 때는 그 초과 비율에 따라 각 가입자에게 지급해야 할 보험금의 액을 비례적으로 감액하게 되었다.

(6) 민영손해보험회사가 인수한 지진보험의 재보험을 국가(정부)가 대규모로 인수하게 되었다.

2. 지진보험의 개정

이상과 같이 일본에서 최초의 지진보험에는 지진보험금을 지급하는 경우를 제한하거나, 지급해야 할 보험금의 액을 제한하는 각종의 조치가 몇 번이나 시행되었다.

특히 그 중에서도 문제시된 것은 지진보험금의 지급을 주택 및 가재가 「전손」된 경우에만 한정한 점에서 이 엄격한 보험금지급조건은 이제까지도 대지진이 발생할 때마다 문제로 되어 왔지만 1978년 6월에 발생한 미야기(宮城)현 먼 바다 지진에서는 지진보험을 둘러싼 이들 문제점이 일거에 현재화하여 그들이 강력한 여론이 되어 정부에 지진보험의 근본적 개선을 요구하게 되었다. 그 중에서도 문제로 된 점은, ① 전술한 엄격한 보험금지급조건, 즉 「전손만」 담보라는 조건을 계약시에 알려지지 않았다는 재해 계약자가 적지 않게 존재한 점, ② 「전손」의 해석이 보험회사에 따라 다양하며 그것도 재해자 측의 불만을 증대시킨 점, ③ 가재의 전손은 가재가 주택과 함께 전소(全燒)가 아닌 한 실제로는 발생할 수 없는 가혹한 지급조건인 것이 판명된 점 등이다.

이상의 결과, 일간지를 필두로 매스컴의 대부분이 당시 발매 중의 지진보험을 「결함상품」이라 단정하고 조급한 개선을 요구했기 때문에 정부도 드디어 고심하여 약 2년에 이르는 검토의 결과 다음과 같은 개정을 1980년 7월 1일부터 실시하게 되었다. 즉,

(1) 건물에 대해서는 종래의 「전손만 담보」 외에 「반손담보」를 추가하여 이 반손의 경우에는 지진보험의 보험금액의 50%를 지급한다. 또한 가재를 수용하

는 건물이 전손·반손이 된 경우에는 가재에 대한 지진보험금액의 10%를 지급한다(<표 1>참조).

(2) 이전부터 저렴하다고 말해지고 있던 지진보험의 보험금액을 증액하기 위해 ① 지진보험이 부대되는 주요한 계약(이것에는 주택화재보험, 주택종합보험, 장기종합보험 등 각종의 것이 있다)의 보험금액의 30% 내지 50%의 범위 내에서 계약자가 임의로 금액을 선택하게 한 것 외에, ② 종래의 1건 당 지급한도액(주택=240만엔, 가재=150만엔)을 변경하여 주택의 그것을 1,000만엔으로, 가재의 그것을 500만엔으로 대담하게 증액했다.

이상과 같이 1980년 7월부터 일본의 지진보험에는 근본적이라 할 수 있는 개선이 이루어졌지만 그래도 동경을 중심으로 하는 관동지방남부의 인구밀집지대에 대지진이 다시 발생한다고 가정한 경우 현재의 지진보험으로 충분하게 대처할 수 있을 지는 의문시되고 있었다. 그 이유는, ① 지진보험계약의 50% 가까이가 동경을 중심으로 하는 남쪽 관동의 1도(都)3현(顯)에 집중하고 있다는 점, ② 대지진이 동경을 엄습한 경우 피해의 정도는 전문가도 예측이 곤란할 정도이며 그와 같은 상황 하에서 과연 충분히 원활하게 지진손해의 사정 및 지진보험금의 지급이 가능할지 크게 의문시되기 때문이다. 그 의미에서는 일본의 지진보험이 만일의 대지진에 대해 충분히 유효하게 기능할 수 있을지는 여전히 미지수라고 해도 좋을 것이다.[74)]

(3) 1995년 1월 17일 오전 5시 46분에 한신(阪神)지방을 강타한 소위「한신(阪神)·아와지(淡路) 대지진」(M7.2=정식명칭「1995년 효고(兵庫)현남부지진」)은 일본 국민 모두에게 직하형 지진의 두려움을 실감시켰다.

동 지진은 사망자·행방불명자 6천명 이상, 부상자 4만 명이상, 건물의 전체 붕괴 10만 채, 반 붕괴 10만 8천 채, 도로 피해 9,400개소라는 방대한 피해를

---

74) 지진보험의 자세한 내용에 관해서는, 鈴木辰紀「地震災害と保險」(同著『保險の現代的課題』(成文堂·1983年) 第2章所收) 및 同 「保險批判管見(4)」(同著『續·保險の現代的課題』(成文堂·1986年) 第9章所收』의 p.184이하 참조.

입었지만 소중한 지진보험은 대부분 도움이 되지 않았다고 할 수 있다. 그 이유는 동 지역이 지진과는 무관한 지역이라고 잘못된 풍설로 인해서 지진보험의 보급률이 극단적으로 저조했던 것이다(당시의 지진보험의 보급률은 전국 평균하여 7.27%였다 — 1994년 12월 3일 현재 — 것에 비해 효고현의 보급률은 겨우 3.04%였다).

그 결과 동 지진에 대한 지진보험금의 지급상황은 건수 65,186건, 지급총액 783억 엔 정도, 1건당의 평균지급액은 120만 엔에 그쳤다(1996년 9월 20일 현재).

(4) 이 한신·아와지 대지진을 계기로 지진보험에는 다음 네 가지의 개정이 이루어졌다(1996년 1월 1일 현재).

① 인수한도액의 인상. 종래의 한도액, 가옥 1,000만엔, 가재 500만엔이 각각 가옥 5,000만엔, 가재 1,000만엔으로 대폭으로 증액되었다(가옥은 종래의 5배, 가재는 종래의 2배로).

② 한신·아와지 대지진으로 불평을 산 가재에 대한 보상 내용을 다음과 같이 개정했다.

㉮ 가재의 반손(半損)에 대한 종래의 「수용건물이 전손 또는 반손인 때 가재의 보험금액의 10%를 지급한다」라는 방식을 개정하여 가재자체의 피해정도에 따라 가재의 반손을 인정하고(손해비율 30%이상 80%미만), 그 경우에는 가재보험금액의 50%를 지급하기로 했다. 종래의 「가옥의 손상정도」를 기준으로 한 가재의 반손 인정방식과 가옥이 전·반손으로 인정되어도 가재의 지급액이 가재의 지진보험금액의 10%만이라는 보상내용은 모두 한신·아와지 대지진에서 계약자의 커다란 불평을 샀던 점이다. 타당한 개정이라 할 수 있을 것이다.

㉯ 가재의 일부손해에 대해서도 종래의 「가옥의 일부손해를 기준으로 한다」는 인정방식을 고치고 가재자체의 일부손해(10%이상 30%미만)를 기준으로 하고 그 경우에는 가재의 지진보험금액의 5%를 지급하는 방식으로 고쳤다.

③ 1지진 당의 총 지급 한도액을 종래의 1조 8,000억엔에서 3조 1,000억엔으로 대폭으로 인상했다.

④ 보험요율의 개정. 건물은 평균하여 8%요율을 인하했다. 이것은 도시의 연소(延燒)율 저하 등의 요인에 따른 것이다. 가재는 보상내용의 개선에 수반하여 모든 등지·구조에서 요율이 평균 31% 인상되었다. 또한 건물과 가재의 보험요율이 일체화되었다. 이것은 종래의 변칙적인 보상내용(가옥의 전·반손의 경우 가재의 보험금액의 10% 지급)이 개선된 결과이다.

지진보험의 보상내용(1997년 1월 1일 개정의 전후비교)

<table>
<tr><th colspan="3">개정전</th><th colspan="2">개정후</th></tr>
<tr><th colspan="2">손해의 정도</th><th>지급보험금</th><th>손해의 정도</th><th>지급보험금</th></tr>
<tr><td colspan="2">가재의 경우
(손해비율의 80%이상)</td><td>보험금액
× 100%</td><td>가재의 전손
(손해비율의 80%이상)</td><td>보험금액
× 100%</td></tr>
<tr><td rowspan="2">가재가 전손이 되지 않는 경우</td><td>수용건물이 전손·반손의 경우</td><td>보험금액
× 10%</td><td>가재의 반손
(손해비율 30%이상 80% 미만)</td><td>보험금액
× 50%</td></tr>
<tr><td>수용건물이 일부손해인 경우</td><td>보험금액
× 5%</td><td>가재의 일부손해(손해비율 10%이상 30%미만)</td><td>보험금액
× 5%</td></tr>
</table>

지진보험요율

(보험기간 1년, 보험금액(1,000엔)) (단위 : 엔)

<table>
<tr><th rowspan="2">건물의 구조물 / 목적별 / 등지별</th><th colspan="2">비목조</th><th colspan="2">목조</th></tr>
<tr><th>건물</th><th>가재</th><th>건물</th><th>가재</th></tr>
<tr><td>1</td><td colspan="2">0.50</td><td colspan="2">1.20</td></tr>
<tr><td>2</td><td colspan="2">0.70</td><td colspan="2">1.65</td></tr>
<tr><td>3</td><td colspan="2">1.35</td><td colspan="2">2.35</td></tr>
<tr><td>4</td><td colspan="2">1.75</td><td colspan="2">3.55</td></tr>
</table>

〈등지의 지역별〉

1등지 : 홋카이도(北海道), 후쿠시마(福島), 시마네(島根), 오카야마(岡山), 히로시마(廣島), 야마구치(山口), 카가와(香川), 후쿠오카(福岡), 사가(佐賀), 카고시마(鹿兒島), 오키나와(沖繩)의 각 도현

2등지 : 아오모리(青森), 이와테(岩手), 미야기(宮城), 아키타(秋田), 야마가타(山形), 이바라기(茨城), 토치기, 군

마(群馬), 니이가타(新潟), 토야마(富山), 이시카와(石川), 야마나시(山梨), 톳토리(鳥取), 후쿠시마(福島), 에히메(愛媛), 코치(高知), 나가사키(長崎), 쿠마모토(熊本), 오이타(大分), 미야자키(宮崎)의 각 현.

3등지 : 사이타마(埼玉), 치바(千葉), 후쿠이(福井), 나가노(長野), 기후(岐阜), 아이치(愛知), 미에(三重), 시가(滋賀), 쿄토(京都), 오사카(大阪), 효고(兵庫), 나라(奈良), 와카야마(和歌山)의 각부현.

4등지 : 도쿄(東京), 시나가와(神奈川), 시즈오카(静岡)의 각 도현

(5) 단지 이번의 개정에서도 지진보험이 진정으로 일본국민을 위한 지진보험으로 변신했는지는 의문이 있다. 특히 지진보험을 종래대로 화재보험 등 주 계약의 「특약」으로 하고 더구나 지진보험의 보험금액을 주계약인 각종 화재보험 계약의 보험금액의 30%~50%의 범위 내에서 선정되게 할 수 있는 방식을 답습한 점이다.

이것으로는 예를 들면 2,000만 엔의 지진보험에 들려고 한다면 주계약인 각종의 화재보험에 4,000만 엔에 들어야 한다. 이 점은 가입자의 역(逆)선택을 저지하기 위해 필요한 것이지만 과연 지진보험에 2,000만 엔에 들기 위해 감히 4,000만 엔의 화재보험에 들 것인가? 평균보급률이 15% 정도인 지진보험의 보급률(2002년 3월말에 16.2%)을 인상하기 위해서도 지진보험을 주계약에서 독립시키는 것이 최소한 필요하다고 할 수 있을 것이다.

3. 가액협정보험(특약)

이 특약은 1975년 11월 1일부터 발매된 것이다. 이 특약을 탄생시킨 원동력이 된 것은 이전부터 계약자간에 강하게 존재하고 있던 「비례보상」 방식적용의 불만이다.

보험금액(보험증권기재의 금액으로 보험자와 보험계약자가 약속한 보험자의 보상책임에 대한 계약상의 최고한도액을 말한다)이 손해시의 보험가액(피보험이익—후술—을 금전으로 견적한 것으로 소위 그것의 실제가격)을 하회하고 있는 경우 그 보험을 「일부보험」이라 하고 손해 시에 보험이 그와 같은 일부보험인 것이 판명된 때는 보험자는 발생한 손해의 전액은 보상하지 않고 보험금액의 보험가액에 대한 비율(이 비율을 일반적으로 「부보율」 또는 「부보비율」이라 한다)만을 보상한다.

일부보험의 경우의 이와 같이 손해보상의 방법을 「비례보상」이라 부르고 각국

의 보험계약법도 일부보험의 경우 보상 방식으로서는 이 방식을 정당한 것으로 승인하고 있다.[75]

그러나 실제 문제로서 생각한 경우 이 비례보상 방식에는 여러 문제점이 있다. 첫째, 계약체결 시에는 충분한 만큼의 보험금액을 계약하더라도 그 후 물가상승으로 인해 모르는 사이에 일부보험이 되는 경우가 적지 않다. 둘째, 일반의 보험가입자에게 주택 및 가재에 대해 정확한 평가(견적)를 하도록 기대하는 것은 가혹한 면이 있다. 셋째, 「일부보험」이라든지 「비례보상」이라는 개념에 대해 보험계약자의 대부분이 아무것도 모르고 있으며 한편으로 이 점에 대한 업계의 PR도 결코 충분하다고는 할 수 없다.

이상의 점에서 일부보험의 경우에 비례보상을 적용하여 손해의 일부를 피보험자에게도 부담시키려는 것에 대해서는 보험계약자 측의 반발이 강해 일본에서도 최근에는 보통화재이외의 주택화재, 주·점총, 장총 등에서는 서비스로서 「80% 공동보험」을 도입하여 보험금액이 손해시의 보험가액의 80%에 도달해 있으면 비례보상을 적용하지 않고 발생한 손해의 전액을 지급한다는(단 보험금액을 한도로 한다) 완화 조치가 강구되었다.

그러나 최근에는 물가의 계속적인 상승, 그 중에서 건축자재 및 건축 관계 노동자의 임금의 상승은 필연적으로 건물의 가액을 끌어 올려 그것에 수반하여 일부보험이 빈발하고 나아가 장기보험의 보급은 이 경향에 한 층의 박차를 가하게 되었다.

이 종류의 보험계약자 측으로부터 불평이 1975년 6월 27일의 보험심의회 담신 중에서 구체적으로 거론되어 그것을 근거로 업계도 이 「가액협정보험」이라는 전액보상방식의 특약을 고안하여 발매에 단행했다. 그러면 이 특약에 관해 간단하게 소개한다.

① 이 특약은 보통화재, 주택화재, 주택종합, 점포종합, 단지(團地)보험에 부대하여 인수되며 이 특약을 부보한 경우에는 보험금액 이하의 손해는 전액이 보상되며 나아가 보험의 목적물인 건물 또는 가재가 전손이 된 경우에는 손해보험금의 10%상당액(단 1사고 1구내 200만엔 한도)이 「특별비용보험금」

---

75) 일부보험과 비례보상의 원칙의 자세한 내용에 관해서는, 鈴木辰紀「インフレーションと火災保險」(同著『損害保險研究』(成文堂 · 1977年) 第9章所收) 참조.

으로 덧붙혀 지급된다.

② 보험의 목적물은 전용주택 · 병용주택외에 사무소, 점포 등의 건물과 그들의 건물에 수용되어 있는 가재이다.

③ 이 특약을 부대하여 계약을 인수할 때는 계약체결 시에 보험의 목적물의 가액(건물의 경우에는 재조달가액, 즉 동 종류의 건물의 신축가액, 가재는 재구입가액 또는 시가액)을 평가하여 그 금액을 보험증권에 기재한다. 계약체결 후에 증축 · 개축 · 일부붕괴 · 일부멸실 등의 이유로 보험의 목적물의 가액이 현저하게 증가 또는 감소한 때는 재평가하여 평가액을 수정한다.

④ 계약 시에 부보비율을 보험자와 보험계약자간에 약정하고 동시에 그「약정부보비율」을 보험증권에 기재한다. 건물과 가재란, 각별한 부보비율로 할 수 있다. 약정부보비율의 변경을 보험기간 중에는 원칙으로 행하지 않기로 한다.

⑤ 보험금액은 전술한 평가액에 약정한 부보비율을 곱하여 얻어지는 금액이다.

⑥ 이 특약에서는 전술한 대로 손해시의 신가(가재시가방식의 경우에는 가재에 대한 시가)를 기초로 손해는 보상되지만 보험금액 미만의 분손은 모두 전액 보상되게 되므로 이 특약에서는 계약 체결 이후의 인플레이션에 의한 물가 상승을 걱정할 필요는 없다.

⑦ 그러므로 남는 문제는 계약시의 평가액이 실제의 신가 또는 시가보다 과소이거나 계약시의 평가액이 그 후의 물가 상승에 의해 과소하게 된 경우에 전손이 발생하면 계약 시에 협정한 신가와 실제의 신가와의 차액(가재시가방식의 경우에는 계약 시에 협정한 시가와 실제의 시가와의 차액)을 보험계약자는 자기 부담해야 한다는 점뿐이다.

위의 ①에서 언급한 전손시 만에 지급되는「특별비용보험금」은 전술한 것을 배려한 하나의 조치라고 생각할 수 있다. 또한 이와 같이 계약시의 평가액이 과소인 경우에는 보험자로서는 일부보험으로서 할증을 할 것을 할증을 하지 않는 경우도 있다.

⑧ 이 특약에서는 약정부보비율의 고저(高低)에 따라 보험요율에 차이가 있다.[76)]

5 보험가입자의 주의사항(1)-계약성립까지

1. 화재보험계약의 4요소

화재보험계약은 당사자의 일방이 화재위험 등에 의해 입은 손해를 보상할 것을 약속하고 상대방이 이것에 대해 보수를 제공할 것을 약속하는 것으로 성립하는 손해보험계약이다. 이것을 나누어 설명하면 화재보험계약은 다음의 네 가지의 요소로 성립된다.

즉 ① 당사자, ② 손해발생의 원인인 화재위험 기타의 피보험위험, ③ 손해발생의 근원인 피보험이익(insurable interest), ④ 위험인수의 대가인 보험료가 그것이다. 화재보험계약이 유효하게 성립하기 위해서는 당사자 간에 적어도 이들 4요소에 대한 합의가 존재하는 외에 화재위험 기타의 피보험위험 및 계약에 규정된 피보험이익이 실제로 존재할 것이 필요하다.

이 둘 중「피보험이익」이라는 것은 손해발생의 원천을 말하며 통상은 건물이라든지 동산이 그렇다고 해도 좋지만 전술한 바와 같이 현재의 화재보험은 이들 건물 및 동산자체의 경제적 가치의 멸실·훼손을 담보하는 외에 그 간접손해인 기업수익이라든지 소실된 흔적의 처리비용 등도 담보하게 되어 있다.

그러면 화재보험에서 보호되는 진정한 대상도 건물이라든지 동산 등 현존의 물건 자체가 아니라 그들을 통해 소유자 및 기타의 이해관계자가 가지고 있는 일종의「이해관계」(만일 사고가 발생하면 손해를 입는다는 특정인과 특정물간의 이해관계)라는 식으로 이해되게 된다.

그리고 이 이해관계(이해관계라고 해도 사고가 발생하면 손해를 입는다는 오로지 마이너스면 만의 관계로, 엄밀히는 이익을 포함하지 않는 손해만의 관계라고 할 수 있다)가 피보험이익이며 그것이 화재보험에서 보호되는 진정한 대상이므로 이것을 일본 상법에

---

76) 이「특약」의 자세한 내용에 관해서는, 鈴木辰紀「インフレーションと火災保険」(同著『損害保険研究』(成文堂·1977年) 第9章所收)의 第5節(p. 182以下)참조.

서는「보험계약의 목적」이라 하고 그 발생의 토대인 건물 및 동산은 이것을 「보험의 목적」이라 하여 양자를 구별하고 있다. 현대에는 화재보험으로 담보되는 것도 단지 물건 자체의 경제적 가치에 그치지 않는 다는 것을 분명히 인식할 필요가 있다.

2. 화재보험계약의 당사자

화재보험계약의 관계자로서는 ① 보험자(insurer), ② 보험계약자(subscriber), ③ 피보험자(insured)의 3자가 있으며 그 중 전 2자가 계약의 당사자이다. ①의 보험자는 보험사고가 발생한 경우에 손해보상의 의무를 지는 자이며 일본에서 보험자로 될 수 있는 자는 일정한 요건을 구비한 주식회사 또는 상호회사에 한정된다(보험업법 제6조 참조). ②의 보험계약자란 자신의 이름으로 보험자와 보험계약을 체결하고 보험료지급의무를 지는 자를 말한다.

이것에 비해 ③의 피보험자란 전술한 피보험이익의 귀속주체이며 만일 보험사고가 발생한 경우에는 그것에 의해 발생하는 손해보상을 받을 권리를 가진 자를 말한다. 일반적으로는 보험계약자는 동시에 피보험자인 경우가 보통이지만 반드시 그러하지 않고 양자가 별도의 인격인 경우도 있다. 이와 같이 양자가 별도 인격의 경우, 그 보험을 총칭하여「타인을 위한 화재보험계약」이라 한다.

3. 고지의무와 위반의 효과

보험에 가입하려는 자에게는「고지의무」라는 보험계약에 고유의 의무가 있다. 이것은 보험자로 하여금 인수위험을 정확하게 평가·측정시키는 필요가 있기 때문이며 보험가입희망자가 위험(또는 위험사정)에 대한 보험자 측의 부지(不知)에 편승되는 일이 없도록 한다는 배려에서 계약 성립전의 보험가입희망자에 대해 법이 특별히 부과한 의무인데 현재 화재보험 실무에서는 보험자가 미리 작성한 「화재보험신청서」에 보험계약자가 정확하고 성실하게 기입하여 회답하면 그것으로 고지의무는 달성된 것이 된다.

이 화재보험신청서의 기재에 오류가 있거나 그 오류가 보험자의 위험 측정을 크게 혼란시키는 성질의 것이며 나아가 오기 또는 기재 누락이 보험계약자의 「고의 또는 중대한 과실」에 의한 것으로 간주된다면 만일 보험사고가 구체화된 경우에도 보험금의 지급을 전혀 받을 수 없는 경우가 있으므로 주의가 필요하다.

4. 전부보험·일부보험·초과보험

손해보험계약에는 ① 보험가액과 ② 보험금액이라는 두 가지 중요한 개념이 있으며 이 양자의 조합 여하에 따라 ① 전부보험, ② 일부보험, ③ 초과보험이 발생한다.

「보험가액」(insurable value)이라는 것은 전술한 바와 같이 일반적으로는 피보험이익을 금전으로 견적한 금액이라고 말해지지만 요컨대 일정한 피보험이익에 화재 기타의 위험사고가 발생한 경우에 피보험자가 입을 손해의 최고 견적액을 말한다.

이것에 비해 「보험금액」(sum insured)이란 보험계약자가 보험계약상 임의로 선택할 수 있는 금액이며 보험료 산정을 위한 한편의 기준임과 동시에 보험자가 부담하는 손해보상책임의 보험계약상의 최고한도액을 말한다. 이상과 같은 보험가액과 보험금이 일치하는 경우를 전부보험(full insurance)이라고 하고 이것에 비해 보험금액이 보험가액에 미치지 못한 것을 일부보험(under insurance), 반대로 보험금액이 보험가액을 초과하고 있는 것을 초과보험(over insurance)이라고 한다. 그리고 사고발생시에 전부보험인 것이 이상적이지만 계약체결 시에 평가의 오류 또는 계약체결후의 보험가액의 인상 등 여러 이유에서 손해발생시에 전부보험인 것은 오히려 드물다.

손해발생시에 전부보험인 것의 이점은 전손의 경우이든 분손의 경우이든 피보험자가 입은 손해의 전액이 보상된다는 점이다. 이것에 비해 일부보험의 경우에는 원칙으로 비례보상의 적용이 있으므로 손해의 전부는 보상되지 않고 피보험자 자신도 손해의 일부를 부담하게 된다(전술한 「가액협정보험」 특약이 있으면 별도이다 (p173-p175참조).

반대로 초과보험의 경우에는 그 초과 부분은 무효이다(일본상법 제631조). 또한 가령 계약체결 시에는 초과보험이 아니어도 손해발생시에 초과보험이라면 그 초과 부분에 대해서는 손해보상이 이루어지지 않는다(일본 상법 제638조).

5. 보험의 목적물의 범위

건물을 화재보험에 붙인 경우, 타다미, 건구(建具), 전기 · 가스 · 난방 · 냉방 시설 등 건물에 고정되어 있는 부속물은 그것들이 피보험자의 소유에 속하는 한 원칙적으로 건물의 일부를 구성한다. 이 점은 문, 울타리, 헛간, 담 등 건물의 외부에 부속하는 건물에 대해서도 동일하다.

단「보통화재」·「점총」의 경우는 예외이며 이 경우에는 문, 담, 울타리, 헛간 등 건물의 외부에 존재하는 부속물에 대해서는 이들을 담보하는 취지의 특별한 기재가 보험증권에 없는 한 이들은 보험의 목적물에 포함되지 않는다(보험 실무에서는 이와 같은 특별한 기재가 없는 한 보험의 목적물로는 되지 않는 물건을『명기물건』이라 한다).

또한 건물을 화재보험에 붙이는 경우에는 ① 소유자, ② 점유자, ③ 소재지, ④ 건물의 마루 면적, ⑤ 층수, ⑥ 구조, ⑦ 용도 등을 명시하여 계약상 그 건물을 특별히 지정한다. 그러므로 보험증권 또는 보험신청서에 기재되어 있는 건물의 소재지가 실제와 다르거나 주택으로 기재된 것이 실제로는 점포 또는 사무소인 경우 계약은 무효로 될 우려가 충분히 있다.

또한 만약 계약체결 후에 전술한 바와 같은 변경이 발생한 경우에는 보험은 실효된 것으로 취급될 우려가 충분히 있다(변경에 대해 보험자의 승인배서를 취득하고 경우에는 별도이다).

동산을 화재보험에 가입한 경우에는 다음의 것은 특별히 보험증권에 명기하여 계약하지 않는 한 담보되지 않는다. ① 통화, 예 · 저금증서(현금자동예금지급기용카드를 포함) — 단 종합보험의 경우는 다르다 —, 유가증권, 인지 · 우표류. ② 귀금속, 보석, 옥석, 서화골동, 조각 기타의 미술품, ③ 고본, 설계도, 도안, 증서, 장부 등. ④ 자동차(자동 3륜차 및 자동 2륜차를 포함한다). 화재보험일반을 통해 이들을 원칙으로 보험의 목적물에서 제외하고 있는 것은 이들 대부분이 ⓐ 재해 후에서는 보험가액의 평가가 곤란하므로(서화골동, 미술품, 고본 등), ⓑ 예측할 수 없는 고가품의 혼입을 배제하기 위해, ⓒ보험사기를 예방하기 위해서이다. 또한 동산을 보험에 가입한 경우에는 계약체결 후의 내용물의 변경·대체는 원칙으로 자유이다. 또한 가재를 보험에 가입한 때는 피보험자와 생계를 함께 하는 친족의 소유물은 원칙으로 보험의 목적물 중에 포함된다. 이것은 손해의 사정에 있어 피보험자자신에게 속하는 것과 그것 이외의 명확하게 구별하는 것이 실제상 곤란하기 때문에 채용된 조치이다.

더구나 동산을 보험에 가입한 경우에는 피보험동산이 계약상 지정된 건물 또는 구내에 존재하지 않을 때는 원칙으로 보험에 의한 담보는 받을 수 없다(단 이 점「주택종합」과「점포종합」의 경우, 더구나 단지 및 맨션의 주인을 대상으로 한 종합보험인「단지보험」의 경우 및「장총」의 경우에는 예외이며 이들 보험에서는「반출가재」의 보상금의 지급이 있다는 것은 전술한 바이다(p.165)).

6. 면책사유

화재보험자는 보험의 목적물인 건물 또는 동산에 화재 기타의 담보위험이 발생하여 손해가 발생한 이상 그 손해를 보상하는 것을 원칙으로 하지만 예외로서 보상의 책임에 임하지 않는 경우가 있다. 일반적으로 이것을 면책사유(또는 면책위험)라 하지만 화재보험에서의 면책사유의 주요한 것은 다음과 같다.

(1) 보험계약자·피보험자의 고의 또는 중대한 과실, 법령위반

(2) 사고 때 보험의 목적물의 분실 또는 도난

(3) 지진, 분화 또는 이들에 의한 해일(이들 지진 관계의 여러 위험에 의한 손해는 전술한 지진보험에서 보상된다)

(4) 전쟁, 혁명, 내란, 폭동 등

(5) 핵연료 물질 또는 핵연료 물질에 의해 오염된 것의 방사성·폭발성 기타의 유해한 특성에 의한 사고 등. 이들 면책사유는 보통화재, 주택화재, 주총에 공통의 것이다.

이외에 주총, 점총, 장총, 단지보험에 고유한 면책사유로서, ①보험계약자 또는

피보험자가 소유 또는 운전하는 차량, 적재물과의 충돌 또는 접촉, ② 보험의 목적물이 옥외에 있는 동안에 발생한 도난, ③ 반출가재인 자전거의 도난 등이 있다.

6 보험가입자의 주의사항(2)-계약성립후

1. 위험증가통지의무

보험자가 손해보상책임을 부담하는 기간을 「보험기간」이라 하지만 이 보험기간 중(보다 정확히는 계약 성립 후)에도 보험계약자·피보험자에게는 「위험증가통지의무」라는 특별한 의무가 있다.

이 의무의 내용은 계약체결시의 위험사정이 그 이후에 보험계약자들의 행위 등의 결과 변화하고 계약체결시의 그로 인해 보험자가 인수한 위험이 현저하게 악화·증대한 경우에 보험자에게 계약조건을 수정할 기회와 권리를 부여하기 위해 인정되고 있는 것으로(구체적으로는, ① 현저하게 증가한 위험에 알맞은 추가보험료의 지급의 청구, 또한 발생한 위험의 현저한 증가가 추가보험료의 지급으로 보상될 수 있는 종류의 것이 아닌 때는, ② 계약의 해제 등), 그 근거는 고지의무의 그것과 동일하다. 화재보험실무에서는 아래의 경우에 보험자에의 통지와 보험증권에의 승인배서를 보험자에게 요구하도록 보험계약자들에게 요청하고 있다.

즉 ① 보험의 목적물의 양도, ② 보험의 목적물인 건물 또는 보험의 목적물을 수용하고 있는 건물의 구조 또는 용도의 변경, ③ 보험의 목적물을 다른 장소에 이전할 것(단 화재 기타의 담보위험을 피하기 위한 때는 5일간에 한정해 예외적으로 담보는 계속된다).

이상은 주택화재, 주택종합의 경우의 위험증가통지사유이다. 이것에 비해 보통화재와 점포종합보험에서는 이상의 외에, ④ 타 보험의 체결, ⑤ 15일 이상의 수리, 증·개축 등도 통지사유로 하고 있다. 보험계약자들이 이들 보험증권 중에 통지·승인배서청구사항으로 되는 여러 사정의 발생을 알면서 보험자에의 통지와 승인배서의 청구를 해태한 중에 화재 기타의 담보위험이 구체화된 경우에는 그 손해는 보험자에 의해 보상되지 않으므로 주의해야 한다.

2. 손해방지의무

보험자가 보상책임을 지는 사고가 발생하든지 그 발생이 불가피하다고 판단되는 상황이 발생한 경우 보험계약자에게는 손해의 방지·경감에 노력해야 할 의무가 발생한다.

이것은 화재보험이 붙여져 있다고 하여 손해방지상 최적의 지위에 있는 보험계약자들에게 수수방관하는 것을 허용하게 된다면 화재보험이 존재하기 위해 소중한 초기소화가 허술하게 되어 재화의 쓸데없는 소실을 초래하거나 화재손해 등의 보상을 약속하고 있는 보험자간의 관계에서도 분명한 신의측 위반에 해당되기 때문이다. 이와 같은 관점에서 법은 보험계약자·피보험자에 대해 만일의 사고 발생의 경우 손해의 방지·경감에 노력하도록 요청하고 있다.

보험계약자들이 「고의 또는 중대한 과실」로 이 의무를 위반한 경우에는 보험자는 그 위반이 없었더라면 방지·경감할 수 있었을 손해의 금액을 공제한 잔액으로 보험자가 보상책임액을 결정하기 위한 기초인 진정한 손해액으로 간주하고 있다. 즉 보험계약자들이 당연하게 방지·경감할 수 있었을 손해에 대해서는 보상하지 않는 것이다. 단 보험계약자들에게는 자신의 건강을 위험에 노출해서까지 손해의 방지에 노력할 필요는 전혀 없다. 주의의 상황에 따라 가능한 범위의 것을 행사할 수 있으면 그것으로 충분하다.

3. 사고발생통지의무, 손해설명·증명의무

보험자가 담보하고 있는 화재 기타 위험이 구체화된 경우 보험계약자·피보험자는 신속하게 그 취지를 보험자에게 통지해야 한다.

더구나 이것에 추가하여 특정되는 사고원인, 손해의 명세와 그것을 증명하는 서류, 또한 특히 보험자로부터의 요구가 있으면 그것이 합리적 요구인 한 관계 서류의 제출에 응해야 한다. 보험계약자들이 정당한 이유가 없는데도 불구하고 이들 의무에 위반하거나 보험자에게 제출할 서류에 알고 있는 사실을 기재하지 않고 또는 부실한 것을 기재한 때(예를 들면 손해액의 과도한 과장, 은닉한 구조물의 재해 주장, 보험자에게 제출할 증거서류의 위조·변조 등)는 「실권」이라 하여 피보험자는 모처럼 획득한 보상청구권을 전부 상실될(박탈될) 우려가 있으므로 주의할 필요가 있다.

7 화재보험의 현상과 향후의 과제

1. 화재보험의 개황

화재보험은 1888년 창업 이래 극히 최근까지 일본의 손해보험 종목 중 가장 중요한 지위를 차지해 왔다. 특히 1960년경까지는 시종 변함없이 손해보험의 원수보험료의 과반수를 화재보험만으로 확보해 왔다. 그런데 그것 이후 화재보험의 상대적 지위는 급속하게 저하하여 최근에는 대략 15%정도를 점하고 있다(<표 1>참조).

이와 같은 화재보험의 지위의 상대적 저하를 초래한 것은 강제보험인「자배책보험」을 포함한 자동차보험의 급속한 성장이다. 덧붙혀 자동차보험은 2003년도에 강제·임의를 포함하면 양자가 원수정미보험료 수입의 54.3%를 차지하고 이에 비해 화재보험의 그것은 16.8%로 과거의 화재보험과 자동차보험의 지위는 완전히 바꾸어 졌다. 이 같은 화재보험과 자동차보험의 상대적 지위의 교체는 선진국에서의 경향을 보아도 당연한 것으로 이해되며 그 의미에서도 양자에 있어 두 번 다시 역선은 있을 수 없다고 생각된다.

이상과 같이 일본의 화재보험의 손해보험전체에 차지하는 상대적 지위의 저하는 최근에 현저한 특징의 하나이지만 이것을 금액 면에서 보면 2003년도의 화재보험 전체의 원수정미보험료는 1조 4,710억엔으로 이 숫자를 10년전의 1993년도의 화재의 원수정미보험료 1조 8,218억엔과 비교하면 최근 10년간에 금액적으로는 3,508억엔, 비율로서는 19.3%의 감소라는 것을 알 수 있다(<그림 1>참조).

다음으로 화재보험의 종목별의 구성비를 보면 <표 2>가 제시하는 대로 제1위는 월납을 포함한 보통화재(63.6%)이며 적립형인 화재보험(장총, 화재상호, 건물갱신, 만기환급종합 등)(30.1%)이 잇따르고 있다.

〈표 3〉 보험종목별 원수정미보험료 구성비의 추이

년도	화재	해상·운송	자동차	자배책	상해	신종
1951	66.3	29.0	4.3	—	0.2	0.2
1955	60.8	27.3	6.9	3.8	0.3	0.9
1960	50.1	27.6	13.0	7.1	0.4	1.8
1965	37.6	16.5	17.3	23.8	0.7	3.6
1970	26.4	10.5	22.9	34.1	2.6	3.5
1975	27.9	11.1	26.7	24.3	4.2	5.8
1980	26.1	8.7	30.6	17.8	10.7	6.1
1985	21.5	5.3	27.3	15.8	24.7	5.4
1990	19.4	3.4	27.6	13.5	28.0	8.1
1993	18.4	3.1	33.2	10.1	28.2	7.0
1995	18.2	3.0	34.6	10.1	26.7	7.4
1998	18.4	2.9	37.1	9.9	23.9	7.8
2001	17.1	2.8	41.6	11.2	18.4	8.9
2003	16.8	3.0	40.6	13.7	17.0	8.9

주 : 日本損害保険協會『ファクトブック』에 의해 작성. 또한 원수정미보험료란 원수수입보험료에서 (gross) 제 환급금을(예 : 해약환급금)을 공제한 숫자이며 적립형 장기보험료에 대해서는 수입적립보험료를 포함하고 동시에 만기환급금은 공제하지 않는다.

〈그림 1〉 화재보험 원수정미보험료 및 증수율의 추이

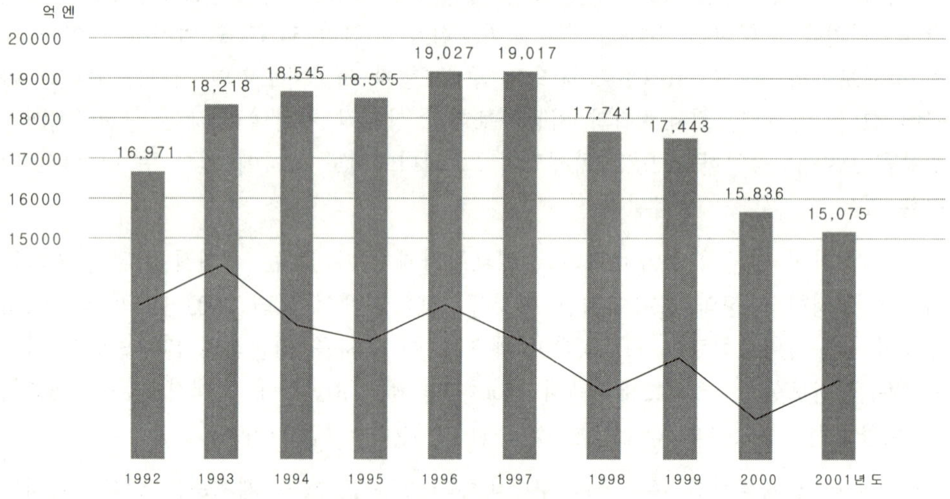

주 : 1. 화재상호보험, 건물갱신보험 및 만기환급장기보험을 포함한다.
2. 적립보험(저축형보험)의 적립보험료를 포함한다.

자료 : 『日本の損害保険・ファクトブック』 2002, p.21.

〈표 2〉 화재보험종류별원수보험료(2002년도)

보험종류	보험료(천엔)	구성비(%)
보통[1]·월납	956,053,399	63.6
각종 적립형	452,247,247	30.1
지 진	94,870,087	6.3
합 계	1,503,170,752	—

주 : 여기에 말하는「보통」에는 보통화재 외에 주택화재, 주총·점총 등이 포함된다.
자료 : 『インシュアランス損害保険統計號』(保険研究所發行).

2. 화재보험요율의 인하와 종합보험의 등장

제2차 세계대전 후부터 오늘날까지 계속되고 있는 현저한 사실로서 화재위험 특히 대화재위험이 현저한 감소와 그 반영으로서 화재보험요율의 수년별의 인하라는 사실을 지적할 수 있다.

이와 같은 화재보험요율의 계속되는 인하는 도시 구조의 개선, 건물의 불연화의 촉진, 도시를 중심으로 한 소방력의 강화와 난방·주방 시설의 현저한 개량 등 각종 요인의 결실이 야기한 화재손해율의 현저한 저하의 반영이며 그것 자체는 대단히 바람직한 일이다.

그러나 그로 인해 화재보험의 증수(增收)율은 해가 갈수록 저하의 경향을 보이고 있는 것도 또한 사실이며 1961년 이후 제3절에서 설명한 바와 같은 각종의 종합보험(주총·점총·장총 등)이 점차적으로 안출·발매된 점도 이 항상적인 증수율 저하의 제지책이 되었다고 할 수 있다.

Chapter 9 자동차보험

1 자동차보험의 역할

1. 자동차의 보급

자동차의 보급 대수가 7,700만대를 넘어(7,770만대 — 2003년 12월 말. 그 외에 원동기부착자전거는 1,024만대 — 2002년 12월말 — 가 있다) 자동차의 운전면허소유자가 7,747만명(2003년 12월말)이나 되는 오늘날 자동차는 우리들의 다리로서 우리의 생활에 하루라도 없어서는 안 될 귀중한 존재가 되고 있다. 19세기말 유럽에서 최초로 탄생한 후 오늘날까지 약 1세기 동안에 자동차는 각국에서 그 당시까지의 주요 교통기관이었던 마차, 기차, 전차 등을 계속하여 누르고 오늘날 볼 수 있는 같이 압도적 우위를 확립했다.

오늘날 세계 자동차의 최고 선진국은 미국이며, 동 국가에는 2억대가 넘는 자동차(2억 2,545만대 : 2002년. 단 이 숫자는 4륜차 만을 가리키며 3륜차, 경 · 자동 1륜차를 포함하지 않는다 — 이하 동일 —)를 보유하고 있다.

이에 비해 일본은 2002년 12월말에 7,399만대의 자동차를 보유하고 있으며 보유대수 면에서는 세계의 제2위를 자랑하고 있다. 이하 제3위는 독일(4,822만대), 제4위는 이탈리아(3,768만대), 제5위는 프랑스(3.514만대), 제6위는 영국(3,292만대), 제7위는 러시아(2,435만대), 제8위는 스페인(2,305만대), 제9위는 브라질(2,009만대), 제10위는 멕시코(1,888만대)로 되고 있다.

2. 자동차의 쾌적함

오늘날 자동차가 세계에서 중요한 교통기관이 될 수 있었던 것은 여러 이유를 생각할 수 있지만 그 중에서도 다음의 점이 그 근본이라고 생각한다. 그것은 자동차가 보유하고 있는 자유자재 · 쾌적함을 들 수 있다.

즉 도로만 있으면 아니 도로가 없더라도 평탄한 지면만 있으면 언제라도 어디에도 자유롭게 달릴 수 있는 자유자재의 편리함을 들 수 있다. 종래의 교통기관인 철도에는 이러한 자유자재의 편리함이 없다. 즉 철도를 이용하는 경우에는 사람은 가장 가까운 역까지 걷든지 전차로 가든지 자동차로 가든지 하여 철도역까지 가지 않으면 철도의 이용은 불가능하다. 이 점은 물자 수송의 경우에도 마찬가지이며 가장 가까운 역까지의 수송과 거기서 화물차로의 환적 작업이 불가결하다.

이것에 비해 자동차는 문전에서 문전까지 현관에서 현관까지 자유자재로 사람이나 물건을 운반한다. 따라서 번거로운 환승이나 환적도 필요 없다. 즉 그 만큼 낭비시간 및 비용을 줄이고 따라서 그 만큼 보다 빠르고 보다 확실하게 목적지에 도달할 수 있다. 이와 같은 환승과 환적이 필요 없는 편리함이야말로 자동차가 철도의 우위에 있는 최대의 이유라고 할 수 있다.

그러나 모든 것이 그러하지만 자동차가 자지고 있는 자유자재로운 편리함, 어디든지 갈 수 있는 쾌적함이 반대로 원수가 되는 면이 있다. 그것은 자동차가 어디에도 달릴 수 있다는 이점과는 반대로 철도는 궤도상에서만 달릴 수 있게 되지만 자동차는 보행자와 동일한 노면을 함께 달릴 수 있기 때문에 부드러운 육체로 되어 있는 인간을 좇으면서 달린다는 결과가 되었다. 종래는 겨우 사람, 마차 및 우차정도만이 달리던 도로에 갑자기 속도감이 있는 철로 만든 상자가 차륜에 실리어 달리고 있으므로 그 위험은 자명하다.

자동차도 그 탄생기에는 보행자의 안전을 고려하여 시속 4마일(1마일≒약 1.609㎞. 그러므로 4마일≒약 6.436㎞)이상으로 달려서는 안 된다는 속도제한이 있으며 또한 자동차의 선도자가 자동차의 약 50m 전방을 낮 동안에는 붉은 깃발을 밤에는 붉은 램프를 가

지고 자동차를 선도하고 사람들에게 미리 자동차의 통행을 알리도록 의무화했다.77)

이래서 자동차는 사람의 빠른 걸음 정도 이상의 속도로 달리는 것이 금지되고 있었지만 그것도 순식간의 일로 결국 자동차는 일분일초를 다투는 스피드광 시대를 지나 오늘날에는 시속 100~200㎞정도는 가볍게 달릴 수 있는 고속자동차의 시대로 되고 있다.

3. 사고 희생자의 발생

그 결과 무엇이 발생했는가에 대해서는 사람 및 물자가 순식간에 목적지에 운반되게 된 반면 시속 100~200km라는 고속으로 달리는 자동차는 자동차에 의해 부상당하는 사람이 계속해서 나오게 되고 또한 자동차의 소유자 자신도 다른 자동차와의 충돌, 건조물・전주 등과의 충돌・접속으로 생명을 잃게 되는 사례가 빈발한 것이다.

덧붙여 현재 약 2억대 이상이라는 세계 최고의 자동차보유대수를 자랑하는 미국에서 자동차의 희생자가 어느 정도 되는가에 대한 통계자료를 보면 20세기부터 즉 1901년에서 1976년까지 76년간에 미국의 자동차에 의한 사망자 수의 총수는 200만 명, 부상자는 약 1억 명으로 되고 있으며 이 200만 명이라는 사망자의 숫자는 미국이 1775년의 독립전쟁 이후의 모든 전쟁에서의 전사자 수(64만 명)의 3배를 초월하는 것이다.78)

또한 미국에서는 오늘날에도 1년간에 약 4만 명이 자동차 사고로 사망하고 약 303만 명이 부상을 당하고 있다(이상의 숫자는 모두 2001년의 것이다).79)

그러면 자동차의 보유 대수로 세계 제2위를 자랑하는 일본의 경우는 제2차 세계대전 종료(1945년 8월)후에 자동차가 본격적으로 보급되기 시작하여 특히 1965년 이

77) 자동차의 운전에 관해 규정한 1865년 영국의 법률에서는 자동차 — 당시는 아직 가솔린자동차가 발명되기 이전의 것이므로 여기에 말하는 자동차는 증기자동차를 말한다 — 의 운전을 할 때는 승무원을 3명 이상으로 하고 그들 중 1명은 자동차의 약 60야드(1야드는 약 0.9m이므로, 60야드는 약 54m에 해당한다) 전방을 붉은 깃발을 가지고 달리며 자동차의 진행을 통행인에게 알리도록 의무화하고 있었다.

78) アメリカ合衆國議會技術評價局『將來における自動車交通システムの利用と特性の變化に關する技術評價』第2巻技術報告書(日本交通政策研究會・1981年), p.252.

79) 損害保險料率算出機構『自動車保險の概況』(2002年版), p.58.

후 문자 그대로 자동차 시대에 돌입하게 되는데 종전의 다음 해인 1946년부터 2000년까지 55년간에 자동차 사고에 의한 사망자의 누계는 55만 1,496명, 부상자는 3,149만2,064명이 되고 있다. 2003년 1년간에 자동차 사고에 의한 사망자 수는 7,702명, 부상자에 있어서는 118만168명으로 많은 수를 헤아린다.[80)]

이와 같은 방대한 숫자의 사고 희생자와 그 유족의 경제적 구제라는 측면에서 자동차보험이 담당해 온 역할은 결코 적은 것은 아니다. 그러므로 자동차보험의 역할을 간단하게 말하면 그것은 모터리제이션의 진행과 함께 빈발한 많은 사고희생자와 그 유가족에 대한 경제적 보장의 제공이라고 해도 좋을 것이다.

2 자동차보험의 역사

1. 자동차의 개량·보급과 사고 다발

19세기 종반에 가까운 1886년에 독일에서 Gottlieb Daimler와 Carl Friedrich Benz가 각각 별도로 세계에서 처음으로 가솔린자동차를 발명한 이래 사람들은 이 도로를 달리는「생물」을 조금이라도 쾌적한 승차물로 하기 위해 악전고투해 왔다. 초기의 자동차는 소음이 많고 운전석을 주위를 둘러싸는 것도 없이 지붕 및 프론트 유리조차 없었다.

그 때문에 자동차의 운전은 춥고 비가 내리면 그대로 젖는 상태이었다. 또한 당시는 자동차에 예비의 타이어를 싣지 않았기 때문에 타이어의 수리에 반나절이나 걸리는 일도 드물지 않았다.

---

80) 일본의 경우 문제는 1970년을 절정으로 이후 순조롭게 감소하고 있는 교통사고가 여기에 와서 다시 증가하기 시작하고 있다는 점에서 사망자수에 대해서는, 1980년 이후 부상자에 대해서는 1978년 이래 계속 증가하고 있다(이 점의 상세한 내용에 대해서는 p.?의 <표 1>을 참조). 또한 제외국의 교통사고에 의한 사망자수는 미국 41,611명, 독일 7,772명, 프랑스 8,487명, 영국 3,564명(모두 1999년의 숫자)이다.

그러나 그와 같은 자동차도 전술한 Daimler 및 Benz, 나아가 영국의 Henry Royce 및 Charles Stewart Rolls 등 많은 사람들의 노력에 의해 점차적으로 개량되어 이윽고 오늘날 볼 수 있는「소형의 호텔」과 같은 쾌적함을 구비한 고속자동차의 출현을 보게 된 것이다. 이래서 제1차 세계대전(1914~1918)후에 사람들의 기대에 부응할 수 있는 자동차가 드디어 출현하여 당시 일반적으로 타고 다녔던 마차를 대신함과 동시에 분명하게 자동차는 고속이라는 쾌적함이 초래한 위험한 면을 보이기 시작했다. 즉 자동차는 20세기에 살고 있는 사람들에게 있어서 현대 생활의 쾌적함과 부(富)의 상징임과 동시에 그것은 놀라운 흉기도 될 수 있다는 것을 증명한 것이다.

2. 자동차손해배상책임보험의 강제화

제1차 세계대전 후 일찍이 자동차라는 문명의 편리한 기계의 은혜를 받은 유럽·미국에서 자동차에 의한 사고 희생자의 구제 문제가 자주 논의되게 되었다. 그 결과 유럽·미국에서는 1910년대부터 30년대에 자동차의 소유자에게 손해배상책임보험의 가입을 강제하는 것으로, 빈발하는 사고 희생자를 구제해야 한다는 움직임이 활발해져 각국에서 동 보험의 강제화가 계속되어 실행되고 있다. 즉 1912년의 노르웨이, 1917년의 덴마크, 1929년의 뉴질랜드와 스웨덴, 1930년의 영국, 1932년의 스위스, 1939년의 독일 등이 그 예이다.

더구나 제2차 세계대전 후에 동 보험을 강제화한 국가로서는 1955년의 룩셈부르크와 일본, 1956년의 벨기에, 1959년의 프랑스, 1962년의 스페인, 1963년의 네덜란드, 1969년의 이탈리아(단, 실시는 1971년)를 들 수 있다.

이상과 같이 자동차는 많은 사람의 피땀 흘린 노력의 결과 우리들의 기대대로의 승차물이 되어 보급되기 시작함과 동시에 그것이 초래하는 폐해의 면도 크게 부각되어 그로 인해 많은 국가의 자동차손해배상책임보험이 계속하여 강제화 되고 피해자의 경제적 구제에 일찍이 강구된 것은 매우 상징적인 일이라고 할 수 있다.

3. 자동차보험의 등장

일본에 자동차가 비로소 수입된 것은 1899년 2월이며[81] 그 8년 후인 1907년에는 일본산의 제1호차가 완성되고 있다.[82] 그런데 자동차보험이 세계에서 처음으로 판매되기 시작한 것은 1896년의 영국으로 되어 있다. 따라서 이 세상에 가솔린자동차가 등장하여 (1886년) 10년 후에는 자동차보험이 모습을 나타내게 되었다.

한편 일본에서는 1914년 2월에 도쿄해상(東京海上)사(현재의 도쿄해상니찌도화재〈東京海上日動火災〉 사의 전신)가 자동차보험의 영업인가를 취득한 것이 처음이며 이 당시 일본의 자동차 보유대수는 겨우 1,000대 정도이며 자동차보험영업개시의 목적도 일본 국내의 자동차보험영업을 위해서이기보다 미국에서의 자동차보험의 재보험을 인수한 것이 주요한 목적이며 일본 국내에서는 극히 한정된 고객으로, 기업 소유의 자동차에 대한 보험인 수에 그치고 있었다.

그 후 자동차의 보유 대수도 점차로 증가하여 1921년에는 10,000대의 대수를 넘고 더구나 1924년에는 27,000대, 1930년에는 107,000대, 그리고 1938년에는 22만대를 기록하고 있다.

그러나 제2차 세계대전 전의 일본에서는 자동차의 절대 수가 적었으며 안이한 인수 경쟁의 결과 손해율이 상승하고 도산하는 회사가 나오는 등으로 인해 손해보험 각 회사 모두 자동차보험에 대해서는 적극적 경영은 하지 않고 화재·해상보험의 고객에게 서비스 차원에서 자동차보험을 판매한 정도였다. 이와 같이 제2차 세계대전 이전의 일본의 자동차보험에는 특징적인 것은 없고, 수입보험료 전체에 차지하는 비율도 2.1%정도로 문자 그대로 미미한 것이었다.

그런데 전후 이 양상은 일변하고 있다. 즉 일본은 전후의 모터리제이션의 진전의 속도는 빨랐으며 패전 후인 1945년에 겨우 11만대였던 것이 10년 후인 1955년에는 150만대, 10년 후인 1965년에는 812만대, 1975년에는 2,914만대로 되고 2003년 말에

---

81) 미국제 프로그레스호(삼륜·가솔린기관부착).

82) 土高 善多『自動車保険·激動の10年』(自動車保険ジャーナル社·1978年), p.16.

는 7,773만대를 넘고 있다. 일본은 전후의 자동차보험의 급성장은 이상과 같은 자동차의 급속한 보급과 그것에 수반하여 빈발하고 있던 자동차사고 희생자의 급증에 보조를 맞춘 것이라는 점은 후술하는 <표 1>을 보면 알 수 있을 것이다.

이래서 자동차보험이 전 손해보험에 차지하는 비중 자체도 확연하게 변화하고 <표 1>의 오른쪽 난에서 알 수 있는 바와 같이 1968년 이후는 손해보험의 전 수입보험료 중에서 50% 정도를 자동차보험(자배책 보험을 포함)만으로 열거될 정도가 되었다. 이것만을 보아도 실로「자동차보험의 시대」라는 것을 알 수 있을 것이다.

4. 1945년대의 자동차보험

1947년 2월에 종래 각 회사가 운용하고 있던 자동차보험의 보통보험약관이 통일되어 또한 자동차보험요율의 협정이 이루어지고 있다. 1948년 11월에는「손해보험요율 산정회[83)]」가 설립됨과 동시에 차량보험요율은 산정회 요율이 되고 있다. 더구나 1951년에는 무사고할인[84)], 우량할인의 제도도 실시되어 오늘날의 자동차보험료 할인제도의 모체가 형성된다.

다음으로 1945년대에 자동차보험의 배경에 관해 언급하면 1949년에 연합군 총사령부에서 제시한 연간 300대 이내라는 승용차에 대한 생산 제한이 해제된 것에 수반하여 일본산 승용차의 생산이 본격화되어 자동차의 보유 대수도 급속히 증가하고 있다.

동시에 자동차보험료 수입도 대폭으로 증가해 1954년도에는 38억 4,000만엔에 이

83) 손해보험요율산정회는 1948년 7월에 공포된「손해보험요율산출단체에 관한 법률」에 기초하여 설립된 특수법인이며 손해보험사업의 건전한 발달을 도모함과 동시에 보험계약자 등의 이익을 보호하기 위해 공정한 손해보험요율을 산출할 것을 목적으로 하고 있다. 또한 1964년「자동차보험요율 산정회」의 발족에 따라 자동차보험과 자배책 보험(자동차의 강제보험)의 요율산정은 그 사업 범위에서 제외되었지만 2002년 7월에「손해보험요율 산정회」와「자동차보험요율 산정회」는 통합되어 새롭게 「손해보험요율산정기구」가 발족했다.

84) 무사고할인은 자동차보험에 있어 과거 1년간 또는 그 이상의 보험기간 중 무사고인 경우에 그 차량의 다음 연도 보험료에 적용하는 할인으로 무사고의 연수에 따라 누진되며 현재는 다음 연도의 10%할인에서 시작하여 14년 연속무사고인 경우의 60%할인을 최고로 한다.

르고 있다. 그러나 자동차보험이 손해보험 전체에 차지하는 비중은 여전히 적어 1954년도에도 7.1%에 불과했다. 또한 담보 종목별로 보아도 중심은 차량보험이며 동 보험이 자동차보험전체의 68.1%를 차지하고 있었다.

한편 자동차보유대수의 증가에 따라 교통사고가 급증하고 그 결과 사고 피해자의 구제가 커다란 사회문제로 되었다. 그리고 자동차사고 피해자의 구제를 목적으로 한「자동차손해배상보장제도」의 검토가 1945년 후반부터 본격화되고 있다.

5. 자배법의 성립과 자배책 보험

1955년대 가장 중요사항은 1955년 7월의 자동차손해배상보장법(이하 「자배법」이라 함)의 제정이다. 동 법은 급증하는 자동차 사고의 피해자 구제와 가해자 측의 배상자력의 확보를 목적으로 하여 자동차의 선진국인 유럽 · 미국, 그 중에서도 구서독의 도로교통법을 참고로 기초된 것인데 동 법의 제정 · 시행에 의해 일본의 자동차사고피해자의 구제는 획기적인 변모를 이루고 있다.

즉 이 법률에 의해, ① 자동차를 자기를 위해 운행의 목적으로 사용하는 자(이 자를 일반적으로「운행공용자」라고 부름)의 책임을 실질적으로 무과실 책임에 가까운 정도로 강화함과 동시에, ② 그 자가 만일 인신사고를 일으킨 경우에도 피해자로의 손해배상에 따르도록 강제보험인 자배책 보험(「자동차손해배상책임보험」의 약칭)으로의 가입을 의무화했다.

이로 인해 대개 자동차에 의한 사고의 희생이 된 자 또는 그 유가족은 대부분 예외 없이 가해자인 상대방으로부터 손해배상을 받을 수 있음과 동시에 적어도 강제보험인 자배책 보험의 보험금액의 범위 내에서는 원칙으로 확실하게 손해보상을 받을 수 있도록 되었다.[85)]

85) 자배법 성립시의 국회에서 논의한 자세한 내용에 관해서는, 鈴木辰紀『自動車保險の現代的課題』(成文堂 · 2000年) 第4章「自賠法成立前夜考」참조.

〈표 1〉 자동차보유대수, 교통사고건수, 사망자수, 부상자수, 전종목 보험료에 대한 자동차보험의 구성비

구분 년별	보유대수 (천대)		교통사고건수		사망자수		부상자수		자동차보험의 구성비 (자배책 포함)(%)
	대수	지수	건수	지수	사망자수	지수	부상자자	지수	—
1945	114	0.8	8,706	—	3,365	20	9,094	—	—
1950	414	2	33,212	—	4,202	25	25,450	—	3.3
1954	1,338	7	93,869	—	6,374	38	72,390	—	7.1
1955	1,502	8	93,981	—	6,379	38	76,501	—	10.7
1958	2,404	13	288,193	—	8,248	49	185,396	—	13.6
1960	3,404	18	449,917	—	12,055	72	289,156	29	20.2
1962	4,992	26	479,825	—	11,445	68	313,813	32	24.7
1964	6,985	37	557,183	77	13,318	73	401,117	41	39.4
1965	8,123	43	567,286	79	12,484	74	425,666	43	41.4
1968	14,022	74	635,056	88	14,256	85	828,071	84	50.8
1970	18,919	100	717,080	100	16,765	100	981,096	100	57.1
1972	23,869	126	659,283	92	15,918	95	889,198	91	55.3
1974	27,870	147	490,452	68	11,432	68	651,420	66	50.3
1975	29,143	154	472,938	66	10,792	64	662,467	63	51.3
1978	35,179	186	463,761	65	8,783	52	592,971	61	52.0
1980	37,333	197	476,677	66	8,760	52	598,719	61	48.4
1982	42,678	225	502,261	70	9,073	54	626,192	64	46.3
1984	46,417	245	518,642	72	9,262	55	644,321	66	45.1
1985	48,268	255	552,788	77	9,261	55	681,346	69	43.1
1988	55,137	291	614,481	85	10,344	61	752,845	76	38.4
1990	60,498	312	643,097	89	11,227	67	790,295	80	41.4
1993	66,279	350	724,675	101	10,942	65	878,633	89	43.4
1995	70,106	371	761,789	106	10,679	64	922,677	94	44.7
1997	72,857	385	780,399	109	9,640	58	958,925	98	45.2
1998	73,688	389	803,878	112	9,211	55	990,675	101	47.0
1999	74,582	394	850,363	118	9,006	54	1,050,397	107	49.0
2000	75,525	399	931,934	130	9,066	54	1,155,697	118	51.2
2001	76,271	403	947,169	132	8,747	52	1,180,955	120	52.8
2002	76,893	406	936,721	131	8,326	50	1,167,855	119	53.9
2003	77,731	411	947,408	132	7,702	46	1,180,168	120	54.3

주 : 1. 자동차보유대수는 운수성(運輸省)자료에 따른다(원동기부착자전거, 소형특수자동차를 포함하지 않음). 숫자는 년도 말 현재의 대수.
2. 교통사고는 경찰청자료에 따른다(1월~12월).
자료 : 自動車保險料率算定會.

이상의 자배책 보험의 실시에 의해 이후 일본의 자동차보험의 구성은 <표 2>와 같이 ① 강제보험과 ② 임의보험으로 구별된다.

〈표 2〉 자동차보험의 구성

- 자동차보험 (Automobile Insurance)
  - ① 강제대인배상책임보험=자배책 보험(약칭)
  - ② 임의보험
    - ⓐ 인신 상해 보상보험
    - ⓑ 대인배상보험(①의 강제보험에서의 급부를 초월하는 부분을 보상하는 보험)
    - ⓒ 대물배상보험
    - ⓓ 탑승자상해보험
    - ⓔ 차량보험
    - ⓕ 운전자보험 외

그래서 다음에서는 우선 강제보험인 자배책 보험에 관해 고찰하고 이어서 임의의 자동차보험에 관해서 고찰하기로 한다.

3 자동차보험의 종류와 내용

1. 자배책 보험(강제보험)

(1) 자배책 보험의 내용

강제보험인 자배책 보험에 대해 해설하는 데는 그 이전에 동 보험 탄생의 모법인 자배법(자동차손해배상보장법을 말한다 — 이하 동일)에 대해서 언급해야 하지만 동 법의 내용은 동시에 자배책 보험의 내용에 해당하므로 아래에 설명하는 자배법에 대한 해설은 동시에 자배책 보험의 내용 해설이 된다.

자배법에 대해서는 앞에서도 언급한 대로 자동차 사고의 급증에 따른 사고 피해자의 구제라는 긴급한 사회적 요청에 부응하기 위해 유럽·미국 각국의 동종의 입법, 특히 구서독의 도로교통법을 모법으로 하고 그것에 일본 독자의 개량을 추가하여 1955년에 제정 · 공포되었다. 이 자배법의 성립에 의해 자동차의 인신사고를 둘러싼 문제의 처리는 획기적인 변모를 보게 된다. 아래에 그 중의 주요 내용을 지적한다.

① 과실 책임에서 무과실 책임으로

자동차보험을 둘러싼 민사상의 배상책임을 자동차에 의한 「인신사고에 한정하고」 있지만 종래의 민법의 입장, 즉 과실책임주의(민법 제709조)를 수정하여 준무과실책임주의로 변경하여 그 결과 및 자동차에 의해 인신사고를 초래한 이상, 자동차의 「운행 공용자」 (자배법 제3조에 말하는 『자기를 위해 자동차를 운행용으로 제공하는 자』를 일반적으로 이렇게 부른다)는 원칙으로 배상 의무를 면할 수 없게 되었다.[86)]

이것은 자동차라는 위험물을 사회에 달리게 하여 그 운행에서 이익을 얻고 있는 이상 자동차의 운행 공용자는 종래의 일반적 민사책임보다 무거운 책임을 부담해도 어쩔 수 없다는 것이며 오히려 부담해야 당연한 것이라는 견해에 근거하고 있다.

② 자배책 보험의 강제가입

이상과 같은 무거운 책임을 자동차의 운행 공용자에게 부과한 것만으로는 자동차 사고의 피해자의 구제라는 점에서는 충분한 것은 아니다. 사고 피해자의 구제를 위해서는 전술한 가중된 책임에 플러스하여 그 책임을 부과하기 위한 뒷받침인 배상자력을 가해자에게 부과해야 한다. 그래서 자배법은 대개 자기를 위해 자동차를 운행용으로 제공하는 자는 반드시 대인배상의 강제보험인 「자배책 보험」에 가입할 것을 의무화하고(자배법 제5조) 만일 이것을 해태한 때는 6개월 이하의 징역 또는 5만엔 이하의 벌금을 부과한다는 제재를 하고 있다(동 법 제87조).

86) 자배법은 자동차의 운행공용자의 책임에 대해 정면에서 무과실책임이라고 단정하고 있는 것은 아니지만 동법 제3조 단서가 운행 공용자에 대해 이하 세 가지의 입증책임을 부과하고 있는 점에서 이 같이 불리고 있다. 그 세 가지란, ① 자기 및 운전자가 자동차의 운행에 관해 주의를 해태하지 않을 것, ② 피해자 또는 운전자 이외의 제3자에 고의 또는 과실이 있어야 하며, ③ 자동차에 구조상의 결함 또는 기능의 장해가 없어야 한다는 세 가지의 입증책임이다.

③ 자동차 보유자의 책임 집중

자배법은 「보유자」와「운전자」라는 두 가지의 중요한 개념을 도입하고 있다. 여기서 보유자란『자동차의 소유자 기타 자동차를 사용하는 권리를 가진 자로 자기를 위해 자동차를 운행용에 제공하는 자』를 말하고, 또한 운전자란『타인을 위하여 자동차의 운전 도는 운전의 보조에 종사하는 자』를 말한다(동 제2조3, 4항).

자배법은 자동차의 운행에 수반하는 민사상의 배상책임을 자동차의「소유자」에 집중하고 자동차의 소유자와 운전자가 다른 경우(예를 들면 택시회사와 동 회사에 고용되어 있는 택시운전자의 경우 등)에는 전술한 가중된 무거운 민사책임은 자동차의 소유자인 택시회사에 부과되며 동시에 자배책 보험을 체결할 의무를 지는 것도 운행공용자인 자동차의 소유자이다.

운전자 자신의 책임에 대해서는 종래대로의 과실책임(민법 제709조)이 적용되며 더구나 그는 소유자가 체결한 자배책 보험의 은혜를 당연하게 받는 것으로 되므로(자배법 제11조) 그 자신은 동 보험에 가입할 의무는 없으며 따라서 동 보험의 보험료를 부담할 필요는 없다.

이래서 자배법에서는 자동차의 소유자에 비해 실제로 사고의 발생에 관여하는 운전자가 우대되는 것에 불과하다는 비판이 나오고 있지만 이 비판은 정당하지 않다고 생각된다.

④ no loss & no profit 원칙

자배책 보험은 발족 당초부터 민영손해보험회사의 취급에 위임되었지만 동 보험이 자동차사고 피해자의 신속·확실한 구제를 지상명령으로 하는 사회보장적 색채가 농후한 보험이므로 동 보험은 취급을 가령 민영손해보험회사에 맡긴다고 해도 동 보험에서 이익을 거두는 것은 허용되지 않는다는「no-loss, no-profit의 원칙」이 도입되었다.[87]

87) 자배법 제25조는 1996년 12월에 이하와 같이 개정되어 그때까지 동 조에 존재했던「영리의 목적의 개입」이 있어서는 안 된다는 문언은 삭제되었지만 그 견해에 변경은 없다. 「[자배책보험(공제)의 보험요율(공제부금율)은] 능률적인 경영 하에서 적정한 원가를 보상하는 범위 내에서 가능한 낮은 것이어야 한다」. 또한 참고를 위해 자배책 보험료의 구성도를 아래에 설명한다.

영리를 목적으로 하는 민영의 손보 기업에 이와 같은 영리의 개입을 허용하지 않는 자배책 보험의 취급을 인정한 것은 이윽고 여러 모순이 되어 나타나지만 일본의 민영 손보 기업으로서도 당시 이 보험을 다른 기관에 박탈당하는 참기 어려운 것과, 한편 민영 손보 기업에게 이 보험의 취급을 인정하게 되면 민영 손보 기업이 가진 광범한 전국적 영업망과 노하우를 즉시 활용할 수 있다는 민영손보 측과 국가 측과의 이해의 타협으로서 이 비영리를 목표로 하는 뛰어난 사회보장적인 자배책 보험이 본래 영리 추구를 목적으로 하는 민영 손보 기업에서 취급하게 된 것이다.

〈그림 1〉 자배책보험의 기준요율의 구성비율 (14. 4 요율)

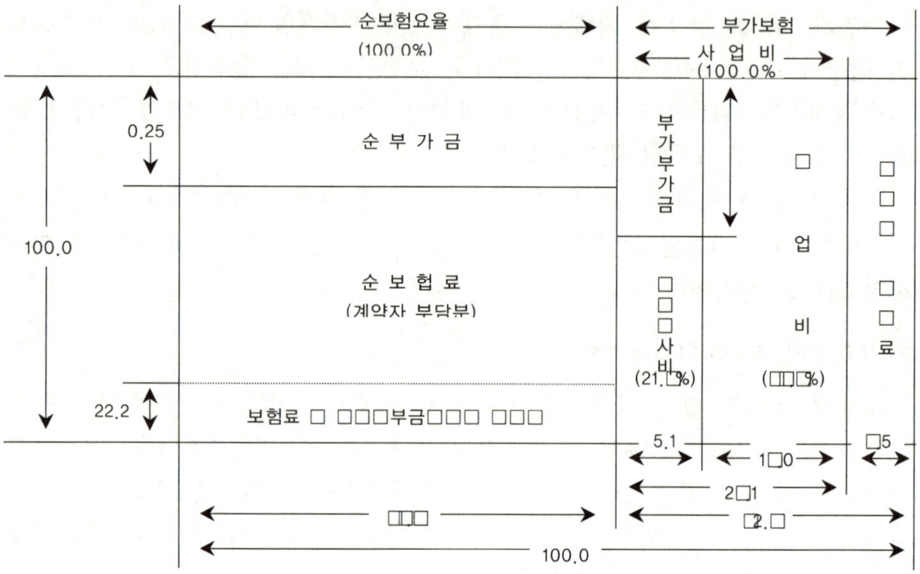

주 : 1. 모든 계약을 1년 계약으로 한 경우의 구성비이다.

2. 실제의 계약에는 2~5년 계약이 있으므로 수입보험료에 차지하는 순보험료의 구성비율은 더욱 크다.

3. 원동기부착자전거에는 보험료 등 충당교부금은 교부되지 않는다.

⑤ 정부에 의한 60% 재보험인수의 폐지

전술한 대로 자배책 보험이 자동차사고 피해자의 구제라는 사회보장적 색채가 농후한 보험이라는 점, 동 보험의 발족 시에는 손해율이 장래 과연 어느 정도의 것이 될 지를 둘러싸고 불안 재료도 적지 않았으며 더구나 보험회사의 자배책 보험인수와 보험금지급에 대해 일정한 양식의 보고를 받고 그 내용을 직접 점검하는 것에서 자배책 보험 인수회사의 사업 운영 상황을 파악·감독할 필요에서 원동기부착자전거의 경우를 제외하고 자배책 보험의 보험 책임의 60%를 정부가 재보험으로서 인수하게 되었지만 정부재보험의 필요성은 이제 희박해졌으며 동 제도는 2002년 3월말로 폐지되었다.

⑥ 풀제도

자배책 보험은 강제보험이며 보험회사에 계약의 인수의무가 부과되어(동 제24조), 위험선택의 여지가 없을 뿐만 아니라 보험요율은「no-loss no-profit의 원칙」이 적용되고 있으므로 모든 보험회사(자배책 공제를 인수하고 있는 협동조합을 포함)는 자배법 제28조의 4의 규정에 의해 순보험료 부분을 공동으로 풀로 그것을 일정한 비율로 각 회사에 재분배하는 것으로 리스크의 평균화와 보험수지의 균형을 도모하고 있다.[88]

⑦ 정부에 의한 보장사업의 직영

ⓐ 가해자가 뺑소니를 했기 때문에 누가 가해자인지 불명한 경우

㉠ 가해자가 누구인지는 알고 있지만 그 자가 자배책 보험에 들어 있지 않은 경우(도난차에 의한 사고의 경우에는 가해자가 파악되어도 그 자동차(도난차)에 부보되어 있는 자배책 보험은 원칙으로 그 가해자(자동차의 도취자)를 위해서는 작동될 수 없으므로 이 도난차에 의한 사고의 경우도「무보험차에 의한 사고」로 되는 경우가 적지 않다)

㉡ 가해자가「고의로」대인사고를 일으킨 경우 등 본래라면 자배책 보험에서의 지급이 불가능한 사례에 대해서도 피해자의 망라적 구제의 견지에

88) 농업협동조합 및 동 연합회에 대해서는 경과조치로서 1996년 12월 1일부터 10년간 자배법 제28조의 4의 적용은 유예되고 있다.

서 정부가 「자동차손해배상보장사업」을 직영하고 다른 경우에 가까운 보장금을 지급하는 것으로 피해자의 구제에 실수가 없도록 배려가 이루어지고 있다.

자배책 보험의 기타의 특색으로서

ⓐ 면책사유를 보험계약자 또는 피보험자의 악의의 경우에만 제한하고 있으며(동 제14조),

ⓑ 피해자의 손해보험회사으로의 직접청구권을 인정하고 있으며(동 제16조 제1항),

ⓒ 가도금(假渡金)제도가 있을 것[89](제 17조), (d) 보험금 지급액은 1사고 무제한일 것 등을 들 수 있다. 전술한 이외의 자배책 보험의 특징, 즉 차량검사 링크제, 내입금제도, 친족 간 사고의 담보 등의 문제에 대해서는 다음의 「자배책 보험의 변천」에서 설명한다.

(2) 자배책보험의 변천

① 차량검사 링크제도의 채용

1955년 12월 1일 자배법의 시행 이래 강제보험인 자배책 보험의 가입 상황은 특히 소형자동2륜차(총배기량이 250cc를 초월하는 오토바이)와 경자동차(총배기량이 360cc 이하의 자동차를 말함 — 당시)를 중심으로 생각한 것 보다 못하고 자동차의 평균 가입율은 당시 74내지 79%에 불과했다. 그래서 자배법의 취지인 피해자 구제를 철저하게 하는 취지에서 강제보험인 자배책 보험의 가입율 향상을 목표로 하여 1962년 8월 1일에 도로운송차량법 등 관계 법령의 개정에 의해 등록 및 차체 검사를 받을 때는 차량 검사 기간을 완전하게 커버하는 「자배책 보험 증명서」의 제시를 필요로 하는 제도가 설정되어 자배책 보험의 100%부보가 도모되었다.[90]

89) 가도금(假渡金)제도는 자배법 제17조에 규정된 제도이며 피해자들이 의료비 및 장의비 등 당좌의 출비에 충당하기 위한 것이다. 그 금액은 정령으로 규정되며 현재는 사망의 경우 290만엔, 상해는 그 정도에 따라 5만엔, 20만엔, 40만엔의 3단계로 되어 있다.

90) 또한 경자동차는 1973년 9월까지는 차량검사제도의 대상차종이 아니었지만 전술한 바와 같은 취지로 동 년 10월 이후는 경자동차 중 대부분을 차지하는 3륜 자동차 이상의 경자동차가 차량검사대상자동차로 되었다. 그러므로 현재도 차량검사대상차가 아닌 것은 원칙으로 2륜의 경

이 소위「차량검사 링크제」의 채용에 의해 자배책 보험의 가입율은 당연한 것이지만 현저하게 개선되었다.

② 자배책 보험금액의 증액개정

자배책 보험의 보험금액(지급한도액을 말함 — 이하 동일)은 <표 3>과 같이 자배책 보험 발족 당시인 1956년 2월 1일에는 사망자 1명에 대해 30만엔, 부상자 1명에 대해 중상 10만 엔, 경상 3만 엔이었지만 그 후 10회의 개정을 거쳐 오늘날에서는 사망자 1명에 대해 3,000만 엔, 부상자 1명에 대해 120만 엔, 후유장해자에 대해서는 그 장해의 정도에 다라 75만 엔에서 3,000만 엔까지의 보험금액이 정해지기에 이르고 있다.

그러므로 사망의 경우의 보험금액만을 보면 과거 35년(1956~1991년)간에 계 10회의 개정에 의해 정확하게 100배의 증액이 이루어지게 된다. 이 동안에 물가 상승률은 약 6배, 임금의 그것은 약 20배이다. 그러므로 이 하나만을 보아도 전후의 고도경제성장기를 통해 일본 경제의 충실과 관민일치로 사고 희생자 구제에 대한 열의를 느낄 수 있는 것이다.

이상과 같이 자배책 보험의 지급 한도액은 과거 10회의 개정으로 오늘날 보는 상당한 고수준에 이르고 있었지만 그것이 자동차사고 희생자가 입은 인신손해의 전액이 담보되는 것이 아니라 어디까지나 자배책 보험의 보험금액을 지급 한도로 하는 일부담보이므로 그 지급한도액을 초월하는 부분에 대해서는 가해자가 자배책 보험에서 지급되는 금액을 초과하는 부분을 보상하는 보험인「임의의」대인배상 보험이나 후술하는「인신 상해 보상보험」에 미리 가입하지 않는 한 이「초과부분」의 배상(보상)은 실제로는 좀처럼 받을 수 없다는 중대한 문제가 남아 있다. 또한 2002년 4월 1일부터 항상 또는 수시의 간병을 필요로 하는 최고중도후유장해자(구체적으로는 후유장해 등급 제1급 3·4호 해당자와 동 2급 3·4호 해당자를 말한다)의 궁핍한 형상에 배

자동차(총배기량이 125cc이상 250cc이하의 오토바이, 스쿠터종류)와 총배기량이 125cc이하의 원동기부착자전거(소위 자전거 종류. 총배기량 50cc이하의 것을 제1종, 50cc이상 125cc이하의 것을 제2종이라 함)뿐이다.

려하여 전자에게는 4,000만 엔이 후자에게는 3,000만 엔이 지급되게 되었다. 이래서 이들 항상 수시의 간병을 필요로 하는 최고중도후유장해자는 다른 1·2급 해당자에 비교해 1급은 1,000만 엔, 2급은 410만 엔 많게 지급되게 되었지만 최고중도후유장해자의 궁핍한 형상을 생각하면 시기적절한 조치였다고 평가되고 있다.

〈표 3〉 자배책 보험금액의 변천

(단위 : 엔)

실시 연월일 / 사항		1956 2.1.	1960 9.1.	1964. 2.1.	1966. 7.1	1967. 8.1	1969. 11.1	1973. 12.1	1975. 7.1.	1978. 7.1	1985. 4.15	1991. 4.1.	2002. 4.1
사망	사망	30만	50만	100만	150만	300만	500만	1,000만	1,500만	2,000만	2,500만	3,000만	3,000만
	사망에 이르기까지의 상해			30만	50만	50만	50만	80만	100만	120만	120만	120만	120만
상해	중상	10만	10만	30만	50만	50만	50만	80만	100만	120만	120만	120만	120만
	경상	3만	3만										
간병을 필요하는 후유장해 (별표1)	제1급												4,000
	제2급												3,000
후유장해	제1급			100만	150만	300만	500만	1,000만	1,500만	2,000만	2,500만	3,000만	3,000만
	2			87만	131만	266만	444만	888만	1,332만	1,776만	2,186만	2,590만	2,590만
	3			75만	113만	235만	392만	784만	1,175만	1,567만	1,898만	2,219만	2,219만
	4			64만	96만	206만	343만	682만	1,030만	1,373만	1,637만	1,889만	1,889만
	5			53만	80만	177만	295만	590만	884만	1,179만	1,383만	1,574만	1,574만
	6			43만	64만	150만	250만	500만	750만	1,000만	1,154만	1,296만	1,296만
	7			33만	50만	125만	209만	418만	627만	836만	949만	1,051만	1,051만
	8			26만	39만	101만	168만	336만	504만	672만	750만	819만	819만
	9			19만	29만	78만	131만	261만	392만	522만	572만	616만	616만
	10			13만	20만	60만	101만	201만	302만	403만	434만	461만	461만
	11			9만	13만	45만	75만	149만	224만	299만	316만	331만	331만
	12			5만	7만	31만	52만	104만	157만	209만	217만	224만	224만
	13					20만	34만	67만	101만	134만	137만	139만	139만
	14					11만	19만	37만	56만	75만	75만	75만	75만

③ 내입금 제도의 실시

자배책보험에서도 보험금은 총 손해액이 확정되고 난 이후 지급되는 것이 방침인데 상해사고로 치료가 상당히 장기간에 걸친 경우에는 피해자·가해자 쌍방의 부담을 조금이라도 가볍게 하고 피해자의 구제와 피보험자(가해자)보호의 결실을 거두도록 하기 위해 1966년 4월 1일 이후 이미 발생한 손해액이 10만엔 이

상인 것이 확인된 경우에 보험금의 내입금을 실시하기로 했다. 또한 이 제도는 보험회사측이 자주적으로 단행한 서비스제도인 점에 주목할 가치가 있다.

④ 원동기 부착자전거의 강제부보

자배법 제정 당시에는 원동기 부착자전거(총배기량이 125cc이하의 바이크 종류의 것)는 자배법의 대상인「자동차」의 정의 중에 포함되지 않았지만 원동기 부착자전거의 보급과 고성능화에 따라 사고 건수도 증가하고 이들 피해자의 구제가 문제로 되었기 때문에 1966년 10월 1일 이후 원동기 부착자건거도 자배책 보험의 강제부보의 대상이 되게 되었다. 또한 원동기 부착자전거는 오늘날에도 차량검사 대상차가 아니므로 자배책 보험 가입 차에는 차체에 스티커를 첨부시키는 것과 경찰관에 의한 가두 지도로 부보율의 향상을 도모하고 있다. 그러나 부보율은 그다지 바람직하지 않다. 그래서 원동기 부착자전거의 자배책 보험 가입율의 향상을 목표로 1995년 4월 1일 이후 4년과 5년의 장기보험요율이 신설되었다.

원동기 부착자전거의 자배책보험(공제) 가입상황의 추이표

(단위 : 천대)

연도말	125cc이하의 원동기부착자전거 수	책임보험 등 가입차량 수	가입률	무보험(무공제) 차량수
1997	11,528	8,764	76.0	2,764
1998	11,261	8,753	77.7	2,508
1999	10,981	8,697	79.2	2,284
2000	10,699	8,447	79.0	2,252
2001	10,472	8,323	79.5	2,149
2002	10,244	8,119	79,3	2,125

⑤ 친족 간 사고의 담보

친족 간 사고란 부부, 부(모)자, 형제 등의 근친자 간에 있어서, 이들 중의 한편이 자동차에 의해 다른 한편을 사상시킨 경우의 사고를 말한다. 이 종류의 사고에 대해 자배책 보험을 인수하는 쪽인 손해보험회사측은 오랜 기간 동안 보험금의 지급을 거부하고 있었다.

그 지급 거부의 이유를 간단하게 말하면 다음과 같다. 즉 부부, 부(모)자, 형제

등의 근친자 상호간에는 불법행위에 근거한 손해배상책임은 발생하지 않으며 또한 가령 이것이 발생한다고 해도 근친자간에서는 이 종류의 권리를 법에 호소하기까지 행사하는 것은 권리의 남용에 해당하므로 허용되지 않는다는 것이다.

손해보험회사는 이상과 같은 입장에서 가령 교통사고의 피해자이더라도 이들의 근친자에게는 자배책 보험금의 직접청구는 인정되지 않는다는 견해를 고집하고 있었다. 그러나 이와 같은 견해를 근거로 한 자배책 보험금의 지급거부에 대해서는 이것을 불복으로 하는 많은 소송이 제기되어 그 결과 보험회사 측의 주장을 부정하는 하급심판결이 나온 결과 드디어 1972년 5월 30일의 최고재판결과에서 이 문제에 최종적인 결말이 나오게 된다.

전술한 최고재판 결과는『처(妻)는 타인인가』사건[91]에 관해 피해자인 처의「타인성」을 최종적으로 긍정하고 교통사고의 피해자인 처가 남편의 불법행위의 결과 입은 인신손해에 대해 남편이 가입하고 있던 자배책 보험에서 손해배상을 받을 권리를 승인한 것이다.

이 최고재판 결과를 근거로 운수성 및 일본손해보험협회도 동년 10년 23일에 친족 간 사고에 대한 종래의 취급을 변경하게 되어 업계로서도 동년 11월 1일 이후 친족 간의 사고에 대해서도 원칙으로 자배책 보험금의 지급에 응한다는 일대전환이 이루어진다.

교통사고 희생자의 폭넓은 구제라는 관점에서는 진실로 타당하고 기뻐해야 할 전환이었다고 할 수 있다. 단 이상의 것은 어디까지나 자배책 보험에 대한 것만의 방침 전환이며 자배책 보험에서 지급되는 금액을 초과하는 부분을 보상하는 보험인「임의의」대인배상보험에서는 오늘날에도 친족 간사고(단 부부, 부(모)자간의 사고에 한정)에 대해서는 보험금을 지급하지 않으므로 이 점에 주의할 필요가 있다.

---

91) 「처는 타인인가」사건의 개요는 다음과 같다. 남편이 자동차의 조수석에 처를 동승시켜 운전 중 남편의 과실에 의해 처에게 전치 6개월을 필요로 하는 상해를 입혔다. 그래서 처는 입은 손해에 대해 남편의 자배책 보험의 인수보험회사를 상대로 직접청구의 방법으로 배상금의 지급을 요구한 것이다. 동 사건의 자세한 내용에 관해서는, 美津昭子「妻は他人か」(ジュリスト別冊)『損害保險判例百選』, pp.126~127)참조.

2. 임의자동차보험

(1) 임의자동차보험의 구성

임의자동차보험은 크게 나누면, 일반적으로 단품판매「자동차보험」(Basic Automobile Policy : BAP)(<그림 2>참조)과 세트상품으로 대인사고의 시담대행을 중심으로 하는「자동차종합보험」(Package Automobile Policy : PAP)(<그림 3>참조), 나아가 대물사고에도 시담대행을 도입한「자가용자동차종합보험」(Special Automobile Policy : SAP)(<그림 4>참조) 등 3가지로 분류되지만, 현재 실무에서는 후술하는 보상 중시의「인사상해보상보험」을 중핵으로, 여기에 PAP 또는 SAP을 부가한 형태의 각종의 종합보험이 각 보험사 별로 다양한 명칭으로 판매되고 있다.

다만 여기서는 설명의 순서로 시계열 순으로 BAP, PAP, SAP의 순으로 소개하고 마지막에 TAP를 예시하여 보상 중시 형태인 이 새로운 보험에 관해 소개한다.

〈그림 2〉 일반자동차보험(BAP)의 구성

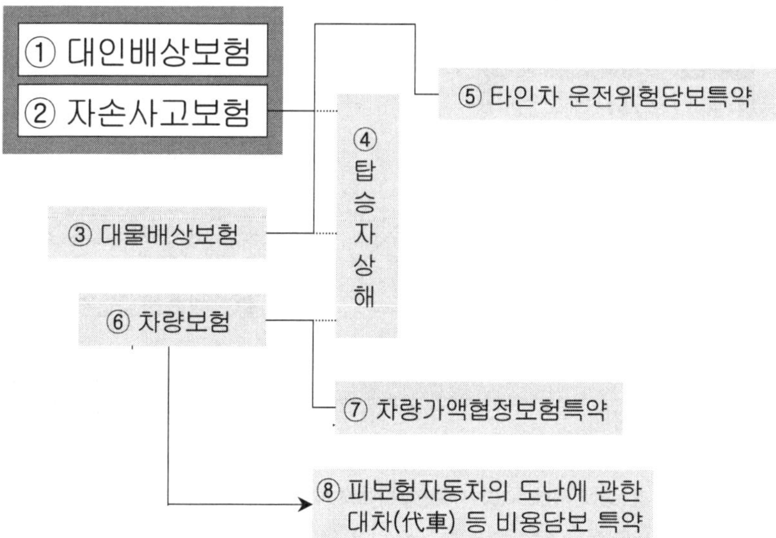

➡ 해설

위의 각 보험특약은 대부분이 임의로 선택할 수 있지만 다음과 같은 예외가 있다.

첫째, ④의 탑승자상해보험은 단독으로는 계약이 불가능하고, 반드시, ①의 대인배상보험이나 ③의 대물배상보험 또는 ⑥의 차량보험 중의 어느 쪽인가를 특약으로 계약해야 한다.

둘째, ②의 자손사고 보험(특약)(, pp. 221-223 참조)은 ①의 대인배상보험에 자동 부대되고, ②를 단독으로 계약하는 것은 불가능하다.

셋째, ⑤의 타인 자동차 운전위험담보특약은 피보험자동차가 자가용보통 · 소형 · 경사륜(輕四輪)승용차 아니면, 자가용소형 · 경4륜 화물차 어느 쪽이며, 소유자 및 배상책임보험의 기명피보험자가 개인인 경우, 피보험자동차에 부보 되어 있는 ①, ③의 배상책임보험, ②의 자손사고보험에 한해 피보험자가 운전 중의 타인 자동차에 자동적으로 부대된다.

넷째, 자가용보통 · 소형 · 경4륜 승용차와 자가용소형 · 경4륜 화물차의 5차종은 모두 ⑦의 「차량가액협정보험특약」(p.227 참조)과 ⑧의「피보험자동차의 도난에 관한 대차 등 비용담보특약」이 부과된다.

〈그림 3〉 자동차종합보험(PAP)의 구성

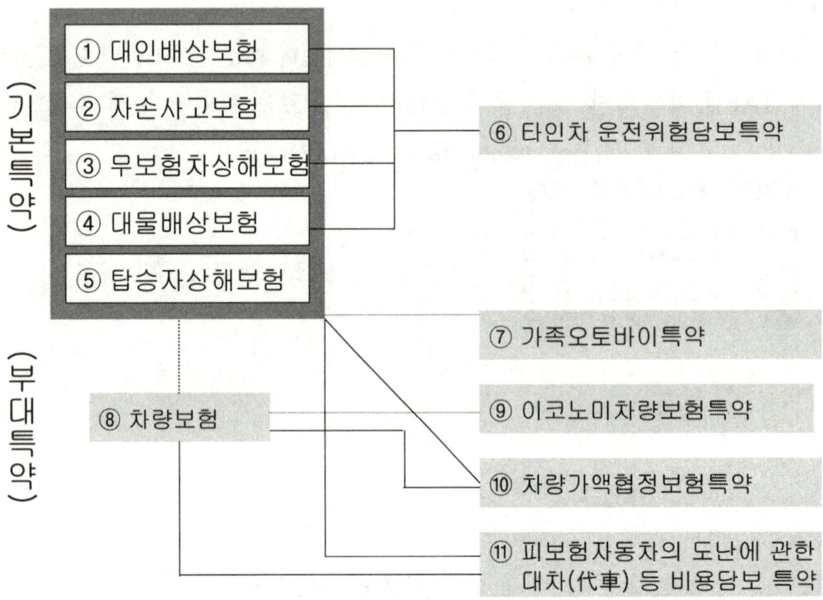

➡ 해설

첫째, 위의 기본계약(5종)중에, 어느 특정 종목만을 선택하여 계약하는 것은 불가능하다.

둘째, ⑦에 가족오토바이특약(p. 216 참조)과 ⑧에 차량보험은 기본계약을 한 경우에 임으로 부대할 수 있다. 또한 ⑧에 차량보험에는 ⑨의 이코노미차량보험특약을 임의로 부대할 수 있다(더욱이 가족오토바이특약과 이코노미 차량보험특약을 임의부대 가능한 것은 PAP와 다음에 소개하는 SAP에 경우뿐이다).

셋째, 무보험차상해보험(p. 223이하 참조)이 부보되어 있는 것도 PAP와 SAP만으로 일반의 자동차보험(BAP)에는 부보 되어 있지 않다.

넷째, 기본계약이 되어있는 피보험자동차가 자가용 보통·소형·경4륜 승용차 아니면, 자가용소형·경4륜 화물차 어느 쪽이든 소유자 및 배상책임보험의 기명피보험자가 개인인 경우는 ①에 대인, ②에 자손사고, ③에 무보험차상해, ④에 대물에 대해서, ⑥에 타인차 운전위험담보특약이 자동부대된다. 여기에 추가해서 이 보험(PAP)에 상세한 내용에 대해서는 이하를 참조하기 바란다.

〈그림 4〉 자가용자동차종합보험(SAP)의 구성

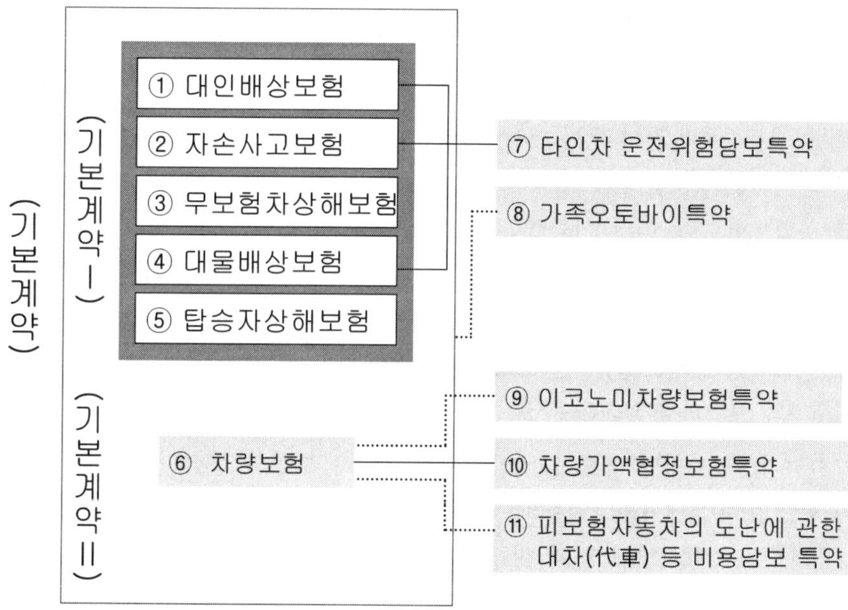

➡ 해설

첫째, 기본계약 I 또는 II를 어느 한쪽을 일방적으로 선택할 수가 없다. 왜냐하면 기본계약은 기본계약 I 과 II로 구성되어있기 때문이다.

둘째, ⑧에 가족오토바이특약과 ⑨에 이코노미차량보험특약은 기본계약을 한 경우 임의로 부대할 수 있다.

셋째, 기본계약이 되어져 있는 피보험자동차가 자가용보통·소형·경4륜승용차 아니면 자가용소형·경4륜화물차의 소유자 및 배상책임보험의 기명피보험자가 개인인 경우는 ①의 대인, ②의 자손사고, ④의 대물에 관해서, ⑦의 타인자동차 운전위험담보특약이 자동 부대된다. 이 보험(SAP)의 상세한 내용에 대해서는 이하를 참조하기 바란다.

(2) PAP와 SAP

① 자동차종합보험(PAP)

1976년 1월 1일부터 발매된 이 세트 보험은, 일반적으로 영어표기(Private Automobile Policy)의 머리글자를 따서 PAP라고 부르다가, 1991년 7월 1일부터 대상 차종이 확대되어 영업용 차량을 포함하게 되어, 명칭을 종래의「자가용자동차보험」에서「자동차종합보험」(Package Automobile Policy)으로 변경되었다. PAP 특징의 하나는 보험자에 의한 시담 대행과 보험자에 대한 피해자의 직접청구권이 인정되고 있는 것이다. 단, PAP에서의 시담 대행은 SAP와 달리 대인배상에 한정되어 있다.

이 보험의 개요는 다음과 같다. (1) 가정용, 업무용, 개인소유, 법인소유에 관계없이, 영업용승용차(전세차량・택시)와 영업용화물차를 포함한 모든 차량을 대상으로, (2) 대인, 대물, 자손사고, 무보험차 상해 및 탑승자상해의 5가지의 보험이 세트로 된 종합보험으로, 이것 이외에도 희망하면 차량보험 및「가족오토바이특약」(후술)을 임의 부대할 수 있다. 또한 차량보험에는「이코노미차량보험특약」(후술)을 임의적으로 부대할 수 있다. (3) 대인은 1사고당 무제한(unlimited)이며, 대인사고의 경우에 피해자와 시담교섭을 원칙으로 보험자가 대신해주 는 한편, (4) 대인의 경우는 피해자가 보험회사에 대해 직접 손해배상청구를 할 수 있다.

자동차종합보험의 개요는 이상과 같지만, 이 보험의 전신인 자가용자동차보험이 탄생한 1976년 1월 1일부터, 새롭게 ① 자손사고보험과 ② 무보험차상해보험이 등장했다. 이러한 양 보험에 대한 내용에 관해서는 다음 절에서 소개한다.

여기에서는 PAP 및 SAP에 임의 부대 가능한「이코노미차량보험특약」과「가족오토바이특약」에 관해서 간단히 소개하기로 한다.

1980년 10월 1일부터 판매 된「이코노미차량보험 특약」은, 보험료가 상대적으로 비싸다라고 하는 느낌 때문에 보급률이 한 자리 수까지 떨어진 차량보험을 어떻게든 개선하고자 하는 움직임으로부터 만들어진 것으로 그 내용은 이하와 같다. 첫째, 이 보험은 자동차종합보험 또는 자가용자동차종합보험의 차량보험계약에만 세트로 가능하며, 둘째, 담보위험을 상대 자동차가 확인 가능한 경우에 자동차 상호간의 충돌과 접촉사고에 한정하고 있다.

1981년 8월 1일부터 판매된「가족오토바이특약」은 근년 일반가정 중 승용차와 가족오토바이 양쪽을 보유하는 가족이 증가하고 있어, 가족오토바이의 보급대수는 판매 당시에도 1,100만대를 넘어 있었다.

그러나 임의보험 가입률은 6.5%(대인)로 승용차에 비교해서 현저하게 낮은 것이었다. 이러한 배경으로 저렴한 보험료로 게다가 계약 절차가 간단한 상품을 신설해 보급률 확대를 의도했던 것이 이 특약이다.

이 특약은 PAP 또는 SAP(이들을「주 계약」이라고 한다)에 임의 부대하는 것으로 피보험자와 그의 가족이 소유 · 사용 · 관리하는 가족오토바이를 피보험자동차로 간주해 그 가족오토바이에 의한 대인 대물배상사고 및 자손 · 무보험차상해사고(PAP의 경우), 대인 · 대물배상사고 및 자손사고(SAP의 경우, 타인차 운전 중의 무보험차 상해사고는 주 계약에서 담보되고 있다)를 주 계약의 조건에 따라서 보상하는 특약이다.

② 자가용자동차종합보험(SAP)

1982년 10월 1일부터 대인배상사고이외에 대물배상사고에도 보험자의 시담대행을 채택한「자가용자동차종합보험」이 판매되었다. 업계가 이와 같이 사고빈도가 월등히 높은(대인의 약10배)대물배상사고에까지 시담대행을 채택해 면탈급부형 상품의 확대를 의도한 것은 구미 제국에 있어서 대인 · 대물을 구분 없이 배상책임보험은 면탈 급부형 상품이 주류라는 점과 이와 같은 면탈 급부형 상품이 더 한층 충실해져 종래의 주력 상품이었던 PAP와 교체될 수 있는 매력적인 상품을 창조해, 이것을 통해서 자동차보험을 더한층 보급시켰다고 할 수 있다.

이 보험의 개요는 다음과 같다. 첫째, 대상 자동차는 ①자가용보통, ②동 소형, ③동 경4륜 승용차, ④동 소형화물, ⑤동 경4륜 화물차 5차종, 둘째, 대인·대물 모두 배상사고의 시담교섭을 원칙으로 보험자가 대행해 준다. 셋째, 차량보험을 기본계약으로 집어넣고 자동차보험 전 담보종목(6종목) 세트화를 실현시켰다(더욱이 SAP에 차량보험을 세트화한 것은 대물 시담 교섭을 원활히 진행할 필요가 있기 때문이라고 한다). 넷째, 무보험차 상해보험 담보내용을 확충하고, PAP에서는 이 보험으로부터 담보되는 것은 원칙적으로「피보험자동차에 탑승중인 사람」으로 제한하고[92] 있는데 비해, 이 SAP에서는 이상의 것 이외에 피보험자들[93]이 ①보행 중 및 ②타인 자동차에 탑승 중에도 본 보험에 의한 담보가 확산되려고 한다.

③ 인신상해 보상보험의 등장

ⓐ 1998년 7월 1일부터 자동차 보험요율이 완전 자유화되어 자동차보험업계는 두 가지의 현저한 현상이 나타났다. 그 하나가, 아메리칸홈사 등 외자계에 의한「리스크 세분형 자동차 보험」의 판매이다.「리스크 세분형 자동차 보험」의 특징은, 자가용자동차종합보험(SAP)을 기본으로 하고, 30세 이상의 우량 운전자를 대상으로 보험료를 최대한 30% 에서 40% 할인한 저가격을 무기로 한 판매 전략을 취한 것으로, 이것은 명확하게 1998년 7월 1일부터 자동차 보험요율 자유화를 기화로 삼아 일본 보험사에 대한 가격 경쟁을 공공연하게 도전한 것이다. 즉 저가격을 무기로 일본국내의 우량 운전자를 끌어들이려는 책략이라고 할 수 있다.

ⓑ 이상과 같이 외자계 보험사의 격렬한 가격 공세에 대한 대응책으로 일본 보험사가 택한 것은 동경해상보험사가 1998년 10월 1일부터 판매를 개시한「종합자동차보험」(Tokyo Automobile Policy : TAP)으로 지금까지 대부분의 손해보험회사가 동종 보험의 발매에 단행하고 있다. 이상과 같은 일본의 자동차 보험업계는 현재, 저가격을 무기로 우량고객을 끌어들이고자 하는 외자계와 고품질을 무기로 외자계에 대항하려는 일본 보험사와 격렬한 전쟁터가 되고 있다. 더욱이 최근에는 저가격을 주력 상품으로 하는 와자계(예 : 아메리칸홈사)가 일본 보험사의 무기인「인신상해 보상보험」(후술) 등을 담보내용으로 하

---

92) 단「타인 자동차 운전위험담보특약」이 적용되는 경우, 타인 자동차를 운전 중도 포함된다.

93) 여기에 말하는「피보험자들」에는 이하의 사람들이 포함된다. ① 기명피보험자, ② 기명 피보험자의 배우자, ③ 기명피보험자 또는 그 배우자의 동거의 친족, ④ 기명피보험자 또는 그 배우자의 별거의 미혼의 자녀, 및 상기 이외의 자로 피보험자동차에 탑승 중인 자. 이 중 최후의 자 이외의 피보험자에 관해서는 피보험자동차에 탑승중인지 여부를 불문하고 무보험자동차에 의해 입은 손해가 보상된다.

고, 상술한 저가격을 표방하고 있기 때문에 「저가격 대 고품질」이라고 하는 경쟁의 도식도 무너져가고 있는 듯이 인식되고 있다.

ⓒ 이하에서는 동경해상보험사에「종합자동차보험」(TAP)을 예로, 신보험에 대해서 소개하지만, 보험사별로 그 명칭이 각양각색이므로「인신상해보상보험」을 중심으로 한 보상중시형의 종합보험이 중점적으로 팔리고 있는 것은 전술한 대로이다(예 : 손보japan사는 One, 미쯔이스미토모(三井住友)사는 Most, 아이오이사는 IAP, 닛폰고아(日本興亞)사는 쿨막스 등).

ⓓ TAP는 종래의 PAP또는 SAP를 기본으로 여기에「인신상해 보상보험」을 부가한 것인데, TAP의 중핵인「인신상해 보상보험」의 최대의 특징은, 종래의 자동차보험이 모두 책임보험 방식, 즉, 보험가입자가 자동차사고의「가해자」가 되었을 경우의 배상책임을 보험자가 대신하는 배상책임보험 중심의 구조를 가지고 있었던 것에 비해, 이 TAP의 중핵이 되는「인신상해 보상보험」은 보험가입자가 사고에 피해자가 된 경우에, 피해자인 보험 가입자의 과실을 일절 문제시하지 않고, 보험가입자가 입은 손해의 전액을 피보험자(또는 유족)에게 즉시 지불하는 점에 있다. 즉 종래의 자동차보험이 사고의 피해자인「제3자를 위한 보험」(Third Party Insurance ; 제3당사자형보험) 이였다면, 인신상해 보상보험은「제1당사자인 피보험자 자신을 위한 보험」(First Party Insurance; 제1당사자형보험)이라는 점에 최대의 특징과 매력이 있다(더욱이, 이 경우 제2당사자와 보험자를 지징하는 것으로,「제2당사자형 보험」이라는 표현은 하지 않는다).

ⓔ 종래형의 책임보험방식의 결점은 ①책임의 유무와 금액을 재판상 또는 재판 이외에서 확정하는 것이 필요불가결 한 것, ② 변호사 비용, 치료비증명 비용, 보험회사의 손해조사비등의 간접 경비가 상당한 거액이 되고, 이들이 ③직접적으로 피해자 구제에 충당되어지는 비용(지급 보험금 총액)의 85%에 달해, ④보상제도 전체 비용의 약45%를 점하기 때문에, 비효율적이라는 결점이 지적되어 왔다.[94]

ⓕ 종래형의 책임보험방식의 제2의 결점은, 과실상쇄 적용이 있다. 종래의 책

임보험방식에서는 배상책임의 유무와 금액을 확정하는 경우는 언제나 피해자의 과실유무와 과실비율이 문제가 되어, 확정까지는 많은 시간과 노력이 들어가기 때문에 피해자의 신속한 구제(보험금지급)가 불가능했다.

ⓖ 제3의 결점으로는 피해자는 자기의 과실분에 대해서는 손해의 회수가 되지 않고, 자기 부담을 할 수밖에 없다. 그 결과, 피해자(유족)는 때에 따라서는 비정한 입장이 되었다. 예를 들면, 자동차간에 앞부분이 충돌한 경우, 그것만으로 쌍방에 50%씩 과실이 인정되는 것은 드문 일이 아니었다. 이 경우, 충돌 결과, 사망한 사람의 총 손해금액이 7,000만 엔 아니면 8,000만 엔이라고 인정되어도, 과실 비율이 50%씩 인정되면, 유족이 받을 수 있는 분은 반액인 3,500만 엔 또는 4,000만 엔으로 감액된다. 그리고 남은 3,500만 엔 또는 4,000만 엔(피해자 자신의 과실분)에 대해서는 가해자로부터도 가해자에 자배책 보험과 대인배상보험 인수보험사로부터도 회수가 안 된다. 이상이 과실상쇄를 재판기준에 따라서 적용해온 종래형 자동차 보험(BAP, PAP, SAP)의 경우이다. 1998년 10년부터 동경해상보험사가 판매를 시도한 TAP가 중핵으로 하고 있는 「인신 상해 보상보험」은 과실상쇄라고 하는 난문을 배제하기 위한 것으로, 이점에서는 획기적인 것이다.

ⓗ 이상에서 논술한 것 같이 TAP의 중핵이 되고 있는「인신상해 보상보험」의 목적은 첫째로 책임 확정과정에서 확대된 금액의 비용부담, 둘째로 과실상쇄를 위해서 발생한 시간적인 구제의 지연, 셋째로 과실상쇄를 위해서 발생한 지급보험금의 삭감이라고 하는 종래형의 책임보험방식이 안고 있는 3대 결함을 극복하고, 그것을 통해서 피해자의 신속하고 확실한 구제를 실현하는 데 있다.

ⓘ 현재, TAP는「가정용 종합자동차보험」과「사업용 종합자동차보험」으로 대별되고 있지만, 이하에서는「가정용 종합자동차보험」을 예로 설명하겠다.

---

94) Atyah, Accident, Compensation and the Law, 3rd ed., 1980, p. 511. 西嶋梅治「人身傷害補償條項つき自動車保險の特色と問題點」(損害保險研究第61卷第1號), p. 14.

가정용종합자동차보험약관의 구성

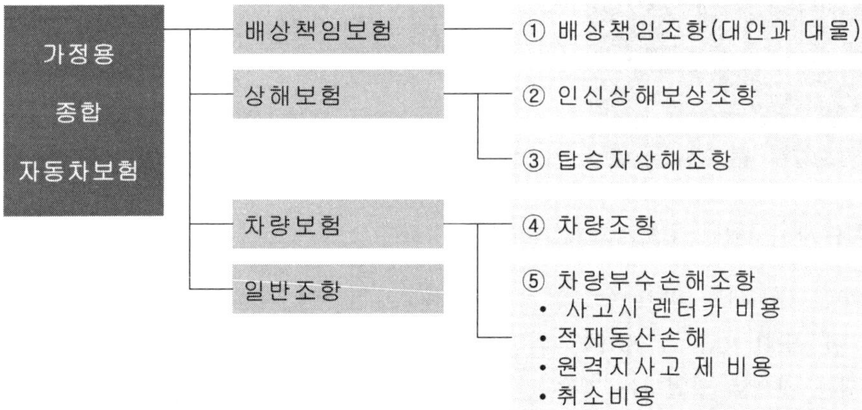

위에서 본 TAP의「가정용종합자동차보험」은 ① 대인과 대물 두 가지의 배상책임보험, ② 인신 상해보상보험, ③ 탑승자상해보험, ④ 차량보험, ⑤ 차량부수상해보험의 5종목으로 구성되어 있다.

그리고 아래에서 보는 것과 같이 보험가입자는 이 중에서 전부 또는 일부를 임의로 선택하는 것이 가능하다. 보험가입자가「TAP 베스트」을 택한다면 상기의 ①~⑤의 보험을 전부 취득 할 수 있는 것에 대해서, 다음의「TAP 베스트S」을 선택한 경우에는 ③의 탑승자상해보험만은 담보되지 않고,「TAP플랜」을 선택하면 ④, ⑤의 차량 관련의 보상은 없고, 더욱이「TAP플랜S」에서는 ①의 배상책임과 ②의 인신 상해 보상만이 제공되고 차량관계와 탑승은 제외된다. 이것들은 즉, 상기의 4종류의 선택 안은 보험가입자의 희망에 맞추어 과부족 없이 보험담보를 선택 가능하며, 담보를 적게 하면 그것에 상응해서 보험료도 저렴하게 되므로 합리적이라는 것이다(<표 5>참조).

〈표 5〉 종합 자동차보험의 선택범위

TAP베스트	상기①~⑤의 보상이 세트되어 있다.
TAP베스트S	상기①, ②, ④, ⑤의 보상이 세트되어 있다.
TAP플랜	상기①~③의 보상이 세트되어 있다.
TAP플랜 S	상기①, ②의 보상이 세트되어 있다.

(4) 자손사고보험과 무보험차 상해보험

1976년 1월부터 대인배상보험은「자손사고보험」이 자동 부대되는 것으로 되었다는 점, 또한 PAP 및 SAP의 대인배상보험에 한해「무보험차 상해보험」이 자동 부대되는 것으로 되었다는 것은 앞에서 소개했지만, 여기서는 이러한 양 보험에 대해서 구체적으로 해설한다.

① 자손사고보험

ⓐ 1976년 1월 1일부터 BAP, PAP의 양 대인배상보험에 자동부대의 형태로 판매된 이 보험[95]은, 피보험자동차의 보유자, 운전자[96] 및 탑승자가, 그 자동차 사고로부터 사상되어, 그 결과 발생한 손해에 대해서 자배책 보험, 자배책 공제 및 자동차손해배상보장사업 중 어느 것으로도 보상되지 않는 경우의 손해를 보상대상으로 한다.[97] 구체적으로는 ① 전신주에 충

95) 이 자손사고보험이 1982년 10월 1일에 판매한 자가용자동차종합보험(SAP)의 대인배상 보험에도 자동 부대된다는 것은 전술한 바와 같다.

96) 더욱, 피보험자 중 보유자·운전자에 대해서는 피보험자동차에 탑중 중일 뿐만아니라 자동차 밖에 있는 동안에는 피보험자동차에 치인 경우도 보험사고로 처리된다(自動車保険料率算定會編『自動車保險論』第15版, p.154).

97) 자손사고의 피해자 구제에 대해서는 1973년 11월의 자배책 보험심의회답신에서 문제되어, 더욱 1974년 10월의 재단법인 교통유아육영회의 교통유아가정의 생활실태조사에 있어서 자손사고를 위해 보상금을 수취할 수 없었던 경우가 27.4%나 된 것이 크게 크로즈업되어 1975년 6월의 보험심의회 답신에 그 필요성이 지적된 것이 본 보험창설의 계기가 되었다(東京海上火災保險株式會社編『損害保險實務講座⑥自動車保險』, pp.177~178 참조) 고 할 수 있다.

돌하는 등의 자동차 단독사고, ② 차량 대 차량의 사고로 상대 차량이 자배법 제3조 단서의 무책 3조건을 입증할 수 있는 경우, ③ 차량 이외에서 유도중의 운행 공용자나 운전보조자가 피보험자동차에 치인 경우, ④ 피보험자동차의 운행 중 비행물에 의해 운전자나 동승자가 부상한 경우, 등을 거론할 수 있다.

ⓑ 이 보험에서는 이하의 것들이 모두 면책으로 되고 있다. ① 피보험자의 고의, 무면허 등의 무자격 운전, 음주 아니면 마약 · 대마초 · 아편 · 환각제 · 신나 등의 영향으로 정상적인 운전이 불가능한 위험이 있는 상태에서 운전, 정당한 권리를 가진 사람의 승낙 아니면 운전, 피보험자의 투쟁행위 · 자살행위 · 범죄행위 등에 의해서 그 본인에 의해 발생한 손해, ② 상해가 그 보험의 보험금을 수취해야만 되는 사람의 고의에 의해 발생한 경우는 그 사람이 수취해야만 하는 금액, ③ 평상의 생활 또는 업무에 지장이 없는 정도의 경미한 부상에 기인한 창상(創傷)전염병(단독(丹毒), 임파선염, 패혈증, 파상풍) 에 의한 손해, ④ 전쟁, 외국의 무력행사, 혁명, 정권탈취, 내란, 폭동, 지진, 분화, 해일에 의한 손해, ⑤ 핵연료물자의 방사성, 폭발성 그 이외의 유해 특성의 작용, 또는 그것들의 특성에 기인한 사고, 방사선 조사(照射) 또는 방사선오염에 의한 손해, ⑥ 이상의 제 사유(④의 전쟁 이하의 것을 가리킨다)에 수반해서 발생한 사고, 또는 그것들에 동반해서 질서의 혼란에 근거해서 발생한 사고로 의한 손해, ⑦ 자동차수리업, 주차업 등의 자동차 취급업자가 피보험 자동차를 업무로서 수탁하고 있는 동안에 피보험자에게 발생한 손해.

ⓒ 이 보험의 보험금액은 이하와 같다. ① 사망보험금. 피보험자 1명당 1,500만 엔, ② 후유장해보험금. 피보험자 1명 당 50만 엔부터 1,500만 엔까지 (피보험자의 직업, 사회적 지위, 나이 등은 관계없이, 오직 신체에 발생한 장해 정도에 상응해서 후유장해보험금의 지급액을 결정한 『후유장해별 등급표』에 의해 14단계로 나뉘어져있다)로 되어 있다.

ⓓ 의료보험금. 1회의 사고에 피보험자 1명 당 100만 엔을 한도로 하고, 정상적으로 생활 또는 업무에 종사할 수 있을 정도로 치료가 된 날 까지 치료일수에 대해서 ① 입원한 일수에 1일당 6,000엔 ② 입원 아니면 치료일수에 1일 당 4,000엔을 의료보험금으로 지급한다. 피보험자가 의료보험금을 받는 기간 중에 별도로 의료보험금을 받을 정도의 상해를 입어도, 중복해서 수취를 할 수는 없다. 또한 1회의 사고에 기준으로 하나의 상해에 대해서는 휴유장해 보험금과 의료보험금을 합계해서 수취가 가능하지만, 사망의 경우에는 후유장해보험금이나 의료보험금도 사망보험금 1,500만 엔에 흡수된다.

ⓔ 개호비용보험금. 1981년 8월부터 상시 간병을 요하는 중도후유장해자 및 여기에 준하는 사람에 대해서는 개호비용보험금이 지급되도록 되었다. 이 보험금은 상술한 후유장해보험금과는 별도의 구성으로 중도후유장해 정도에 상응해서 350만 엔 또는 200만 엔이 지급된다.

② 무보험차 상해보험

ⓐ 이 보험은, 피보험자 보호를 강화한 것이라고 할 수 있다. 즉, 보험가입자가「무보험차」인 타인 자동차에 의해서 사망 또는 후유장해 라고 하는 인신손해를 입은 경우에 그 손해를「실손보상」의 원칙에 의거해서 보상하는 것이 이 보험이다. 따라서 보험자는 보험가입자에게 손해를 전보한 한도에서 보험가입자가 가해 제3자에 대해서 갖고 있는 손해배상청구권을 대위 취득한다. 더욱이 전술한 것과 같이, 동일한 무보험차상해보험이라고 해도 PAP와 SAP와는 담보조건 및 담보범위가 다르므로, 이하에서는 PAP의 무보험차 상해보험에 관해서 논하고, SAP에 관해서는 각주에서 간단히 언급하는 것으로 한다.

ⓑ 여기서 말하는「무보험자동차」는 이하와 같이 각각의 경우를 포함한 특수한 개념이므로 주의를 요한다. 즉, ㉠ 상대 자동차에 대인배상보험 등이 전혀 체결되어 있지 않은 경우이다. 즉, 상대 자동차에 대인배상보험(공제), 자동차운전자손해배상책임보험(소위 운전보험을 말함- p.228 참조)이나

타인 자동차 운전위험담보특약에 의해 보상되는 대인배상보험(공제)이 없는 경우이다. ㉡상대 자동차에 대인배상보험(공제)은 있지만, 피해자에게 손해의 보상이 불가능한 경우이다. 즉 상대 자동차에 보험자의 일반면책사유가 있다든가, 운전자연령조건위반 · 운전자한정위반이 있는 경우도, 그 상대자동차는 무보험자동차로 간주된다. ㉢상대 자동차의 대인배상보험(공제)등의 보험(공제)금액이 피보험자동차의 대인배상보험의 보험금액에 달하지 않는 경우에도, 상대 자동차는 무보험자동차로 간주된다. 더욱이 ㉣상대 자동차를 들이받고 도망가는 등 상대 자동차가 불명확한 경우에도, 그 상대 자동차는 무보험차로 간주되어 진다.

ⓒ 이상과 같이 가해의 상대방이 불명확하고, 상대방이 충분한 배상자력이 없는 경우에, 상대 자동차의 소유 · 사용 · 관리에 기인한 피보험자동차(타인 자동차 운전위험담보특약이 적용되는 경우에는 타인의 자동차)에 탑승중의 피보험자의 생명[98]을 해친 경우 아니면 후유장해를 입은 경우에는 그것에 의해 피보험자 또는 그 부모, 배우자 또는 자녀가 입은 손해로, 상대방배상의무자가 법률상 부담해야만 한다고 인정되어 지는 배상책임액에 대해서 보상하는 것이 이 보험이다.

ⓓ 이 보험의 보험금액은 피보험자동차의 대인배상보험의 보험금액과 동액(단, 대인배상보험의 보험금액이 무제한인 경우는, 2억 엔으로 한다)으로 1사고당 한도액은 없고, 더욱이 보험금액에 대해서는 자동복원제가 택해지고 있다. 또한, 이 보험에서 보험자가 면책이 되는 위험은, 먼저 「자손사고보험」의 경우와 큰 차이가 없지만, 무보험차 상해보험에 고유의 면책사유로서 이하의 것이 있다. 즉, 다음의 어느 쪽이 배상의무자가 되는 경우에는 보험금을 지급 하지 않는다. ① 피보험자의 부모, 배우자 또는 그 자

98) 전술한 바와 같이 SAP에서는 「피보험자동차에 탐승중의 자」 외에, ① 보행중, ②다른 자동차에 탑승 중, 무보험자동차사고에 의해 사망 또는 후유장해를 입은 ⓐ 기명 피보험자, ⓑ 그 배우자, ⓒ 양자의 동거의 친족, ⓓ 양자가 별거한 미혼의 자녀가 담보된다.

녀, ② 피보험자의 사용자(단, 피보험자가 그 사용자의 의무에 종사 중에 발생한 사고에 한정된다), ③ 피보험자의 사용자의 의무로 무보험자동차를 사용하고 있는 다른 사용인(단서 조항은 동일하다).

지급보험금 = { 배상의무자가 피보험자 또는 그 부모, 배우자나 그 자녀가 입은 손해에 대해서 법률상 부담해야 하는 것으로 인정되어진 손해배상책임금액 + 손해방지비용 또는 청구권행사 절차비용 }

− { 자배책 보험 등에서 지불되는 금액 + 배상의무자가 보험금청구권자에 대해 법률상의 손해배상청구를 부담하는 것에 의해 입은 손해를 보상하는 대인배상보험 등이 있는 경우는 그 보험금액 또는 공제금액 + 보험금 청구권자가 배상의무자로부터 이미 취득한 손해배상 금액 + 보험금 청구권자가 그 손해에 대해 배상의무자 이외의 제3자로부터 이미 취득한 회수금이 있는 경우는 그 금액 }

지급한도액 = 보험증권 기재의 보험금액 − 배상의무자가 보험금 청구권자에 대한 법률상의 손해배상책임을 부담하는 것에 의해 입은 손해를 보상하는 대인배상보험 등이 있는 경우는 그 보험금액 또는 공제금액

(5) 탑승자상해보험, 차량보험, 운전자보험

이하에서는 지금까지 설명을 생략한 상기 3종의 보험에 대해 간단히 설명하기로 한다. 하지만 대인과 대물의 양 배상책임보험에 관해서는 지면 관계로 설명을 생략한다.

① 탑승자상해보험

ⓐ 이 보험은, 피보험자동차에 탑승중의 사람이 피보험자동차의 운행에 기인해서 급격 동시에 우연한 외래 사고 등[99]으로 사상한 경우에 보험금(사망

99) 1993년 4월 1일부터 「비래(飛來)중 · 낙하중의 타 물체와의 충돌, 피보험자동차의 낙하 및 화재 · 폭발을 원인으로 하는 급격하고 우연한 외래의 사고에 의해 피보험자가 입은 손해」에 대해서는 운행기인성을 불문하고 담보하게 되었다. 이점은 자손사고보험에 관해서도 동일하다.

보험금, 좌석벨트 장착자 특별보험금[100], 후유장해보험금, 중도후유장해 특별보험금 등, 의료보험금)을 지급하는 것이다. 이 보험은 원래 신종보험인 상해보험이 자동차보험에 도입된 것으로, 자배책 보험, 대인배상보험, 무보험차 상해보험, 자손사고보험 등의 각종 자동차보험 이외에 건강보험, 노동자재해보상보험 등의 사회보험, 더욱이 생명보험이나 각종의 상해보험 등에서의 지급되는 보험금과는 무관계로 약속한 보험금이 지급된다.

ⓑ ㉠ 사망보험금은, 피보험자가 상해의 직접적인 결과로서 사고발생일로부터 180일 이내에 사망한 경우에 지급된다. ㉡ 좌석벨트 장착자 특별 보험금에 관해서는 각주(?)를 참조해 주기 바란다. ㉢ 후유장해보험금은 피보험자의 상해의 직접의 결과로서 사고발생일로부터 180일 이내에 후유장해가 발생한 경우에는 보험금액에 『후유장해별 등급표』 소정의 비율을 곱한 금액이 지급된다(피보험자가 사고발생일로부터 180일을 넘어 더욱이 치료를 요하는 경우에는 그 기간(180일)이 종료하는 전일에 의사진단으로부터 후유장해의 정도를 결정한다). ㉣의 「중도후유장해특별보험금」은 1991년 7월 1일부터 추가담보된 것으로 간병을 필요로 하는 중복후유장해를 입은 피보험자에 대해, 보험금액과는 별도의 범위에서 보험금액의 10%에 상당하는 금액(단 100만 엔을 한도로 한다)을 특별보험금으로 지급한다. ㉤ 의료보험금은 입원치료일수 1일당 보험금액의 1.5/1000(단 1일당 15,000엔이 지급한도이다), 통원치료일수 1일당 보험금액의 1/1,000(단 1일당 10,000엔이 지급한도이다)이 지급된다. 단 사고발생일로부터 180일이 한도이다. 또한 1회의 사고에 대해 의료보험금과 후유장해보험금을 지급하는 경우는 그 합계액이 지급되지만, 사망보험금을 지급할 경우에는, 의료보험금이나 고도장해보험금도 사망보험금으로 흡수된다. 더욱이 이 보험에서 보험자가 면책되는 손

100) 이 「좌석벨트 장착자 특별보험금」은 피보험자가 좌석벨트장착중의 사고에 의해 사고발생일로부터 180일 이내 사망하고, 그 피보험자에 대해 「사망보험금」이 지급될 때, 보험금액과는 별도로 보험금액의 30%에 상당하는 액(단 300만엔을 한도로 한다)을 특별보험금으로 지급하는 것이다.

해는 자손사고보험의 경우와는 차이가 없으므로 설명은 생략한다.

② 차량보험

ⓐ 이 보험은 충돌, 접촉, 추락, 전복, 물건의 비래, 물건의 낙하, 화재, 폭발, 도난, 태풍, 홍수, 해일 그 이외의 우연한 사고에 의한 피보험자동차에서 발생한 손해를 보상하는 것이다. 그러나 다음과 같은 사유로 발생한 손해는 보상되지 않는다. 즉, ㉠ 보험계약자, 피보험자, 소유권 유보 조항부 매매계약에 의한 피보험자동차 매입자의 고의 또는 무자격·음주·마약류의 영향 하에서의 운전, ㉡ 전쟁, 혁명, 내란 또는 폭동, ㉢ 지진, 분화 또는 해일, ㉣ 핵연료 물자의 방사성, 폭발성 그 외의 유해한 특성의 작용 또는 그러한 특성에 의한 사고, ㉤ 핵연료 물자 이외의 방사성조사(照射) 또는 방사성오염, ㉥ 압류, 수용, 몰수 등 공권력의 행사, ㉦ 사기 또는 횡령, ㉧ 보험계약자, 피보험자, 보험금을 수취해야 할 사람 또는 법정대리인 등에 의한 무자격, 음주 또는 마약류 등의 영향 하에서 운전, 등이 이 보험의 면책사유이다.

ⓑ 이 보험에서 보험자가 보상하는 손해금액은 「손해가 발생한 곳 및 시간에 의해서 피보험자동차의 가액에 의해 정한다」 고 보통보험약관은 규정하고 있지만, 피보험자동차의 차량 검사증기재의 용도가 특수용도인 경우를 제외하고, 자가용승용차(보통·소형·경4륜) 및 자가용화물차(소형·경4륜)에 관해서는, 「차량가액협정보험특약」 이 자동 부대되고 있으므로, 실제는 다음과 같이 결정된다. 즉, 피보험자동차가 초년도 등록 후 1년 미만의 경우는, 신차 가격을 보험가액으로 하고 더불어 그 가액을 보험금액으로 한다. 또한 상기 이외의 경우는 시장판매가격을 보험가액으로 하고, 더욱이 그 가액을 보험금액으로 한다. 그러므로 실제는, 신가보험과 가액협정보험으로 손해보상이 되어지는 것이라고 말할 수 있다. 단, ㉠ 피보험자동차가 항공기 또는 선박에 의해 운송되는 동안에 발생한 손해(단, 그 선박이 정규의 인가를 받은 페리보트의 경우는 별도로 한다), ㉡ 피보험자동차에 존재하

는 결함, 마멸, 부식, 녹, 그 외의 자연소모, ㉢ 고장손해, ㉣ 피보험자동차로부터 떼어내어 차량상에는 없는 부품, 부속품 또는 부속기계장치에 의한 손해, ㉤ 타이어에 발생한 손해 등은 모두 전보되지 않는다.

ⓒ 보험자가 전손에 대해서 보험금의 지급을 한 경우는, 피보험자가 피보험자동차에 대해서 가지고 있는 모든 권리를 대위 취득한다. 또한 피보험자동차의 일부가 도난당한 경우, 보험자가 그 손해를 보상한 경우는, 보험자는 지급보험금의 손해액에 대한 비율로, 피보험자가 도난당한 물건에 관해 가지고 있던 권리를 대위 취득한다.

③ 운전자보험

ⓐ 이 보험(정식명칭은 『자동차운전자손해배상책임보험』 이라고 한다)은 일본의 경제가 고도 성장기에 들어가 자동차사고도 증가경향에 있음에도 불구하고, 운전면허증 소지자 수와 자동차보유 대수와의 갭이 현저했던 1968년에 개발되었다. 즉, 이 보험은 운전면허는 가지고 있지만, 자신의 자동차는 갖고 있지 않은, 오직 타인의 차량을 빌려서 운전하는 사람을 위한 보험이라고 말 할 수 있다. 물론, 일반의 자동차보험(BAP)에서도, 자동차종합보험(PAP) 또는 자가용자동차종합보험(SAP)에서도 기명피보험자의 승락(명시 또는 암시의)을 얻고 피보험자동차를 사용 · 관리 중에 사람은 「허락피보험자」로 인정되기 때문에 이러한 사람들은 기명피보험자가 체결한 보험계약의 은혜를 입는다고 말 할 수 있다.

그러나 타인의 자동차를 운전하는 사람은 그 타인인 기명피보험자가 계약하고 있는 보험의 보험금액이 충분하지 않거나, 운전연령조건에 위반하고 있는 경우 등에는, 만족할 만한 보험보호를 받을 수는 없다. 여기에서 당연히 자기 자신을 기명피보험자로 하는 보험을 가입하지 않으면 안심할 수 없게 된다.

ⓑ 이 보험에는, ㉠ 대인배상보험, ㉡ 자손사고보험(대인배상보험에서 자동 부대

되고 있다), ⓒ 대물배상보험, ⓔ 탑승자상해보험(이 탑승자 상해보험은 피보험자가 ㉠의 대인배상보험 ㉢이나 의 대물배상보험을 쌍방 또는 둘 중에 어느 것을 계약한 경우는 그 특약으로 가입하는 것이 가능하다)이 포함되어 있다.

ⓒ 보험금액은, ㉠ 대인배상보험에서는, 1명당 보험금액은 최저 1,000만 엔에서 2억 엔까지 증액 할 수 있다. 2억 엔을 초과하는 것에 대해서는 무제한으로 한다. 1사고당 보험금액은 없다. ㉡ 자손사고보험의 내용은 전술한 것(본서 pp.221-223)과 같다. ㉢ 대물배상보험에서는 면책금액이 없는 계약과 면책금액을 3만 엔으로 하는 계약이 있고, 전자는 1사고당 보험금액을 최저 100만 엔까지 증액 가능하고, 후자는 1사고 당 보험금액을 최저 20만 엔까지 증액 가능하다. ㉣ 탑승자상해보험에서는, 1명당 보험금액은 임의로 약정되고, 1사고당 보험금액은 아니다.

(6) 자동차보험의 복잡화에 대한 대응

1998년 7월부터 자동차보험요율에 대한 완전 자유화의 영향을 받아 자동차보험에 주류가 인신 상해 보상보험을 중핵으로 하는 보상 중시형 보험으로 이행하고 있다고 말할 수 있다. 즉, BAP→PAP→SAP→TAP의 흐름이다. 말을 바꾸면, 제공되는 보험도 한층 복잡화되었다는 것을 의미한다.

이는 자동차보험이 보이지 않는 상품(invisible merchandise)이라고 하는 내용 파악이 어려운 상품으로 인식되는 보험으로, 그 난해함이 지금 절정기에 달하려고 하고 있다. 따라서 자동차보험 구입 희망자가 자신이 사려고 하고 있는 자동차보험의 내용을 확실히 이해하기 위해서는 어느 정도의 끈기가 필요로 할 것이다. 이 점으로부터 자동차보험을 제공하는 보험회사는 자사가 제공하는 자동차보험의 내용에 관해 친절하고 정확한 설명, 명쾌한 자료 제공이 요구된다고 할 수 있다.

4 자동차보험의 현상과 향후의 과제

(1) 다음의 제1그림 에서 보는 바와 같이, 보험종목별 원수정미보험료 구성비에 차지하는 자동차보험의 비율은 20년 전인 1983년(이것은 정확하게는 년도를 말함 — 이하 동일)에는, 자배책 보험과 임의의 양자를 합해 46.5%로 절반 가까이 차지하고 있었으나, 10년 전인 1993년에는 양자에서 43.4%까지 떨어졌다. 그러나 10년 후인 2003년에는 반대로 54.3%로 크게 증가하고 있다. 이것은 다른 보험종목, 특히 최근의 화재보험 · 상해보험의 부진의 반영이기도 하다. 이것은 제1그림에서 보면 명료하다.

(2) 2003년도 자배책 보험을 포함한 원수정미보험료(수입적립보험료를 포함)총액은 8조 7,481억 엔으로 그 중에 40.6%에 해당하는 3조5,539억엔을 임의자동차보험이 또 13.7%에 해당하는 1조2,018억 엔을 자배책 보험이 확보하고 있다. 또한 제1그림에서 보는 것과 같이, 현재 일본의 손해보험에 있어서 40.6%의 임의 자동차보험이 1위이며, 17.0%의 상해보험이 2위로 되고 있다.

(3) 자동차 사고에 의한 연간 사상자 수는 1970년을 절정기로 하고 이후는 감소경향을 계속하고 있다가, 1978년 이후는 사고발생건수, 부상자수가 전년에 비해 미비하지만 증가하기 시작해, 자동차 사고의 증가 경향이 확연하게 나타나고 있다(자세한 사항에 대해서는 p.?의제1표 참조). 2003년 자동차 사고 발생건수는 94만 7,408건, 사망자는 7,702명, 부상자는 118만168명으로 1일 평균 2,596건의 사고가 발생하여 21명이 사망하고, 3,233명의 부상자를 냈다.

(4) 2003년 3월 말에 자동차보험(임의) 보급률에 관해서 제2그림 또는「교통사고 발생건수 · 사상자수의 추이」에 관해서는 제3그림을 참조하기 바란다.

【그림1 원수정미보험료의 보험종목별 구성비의 추이】

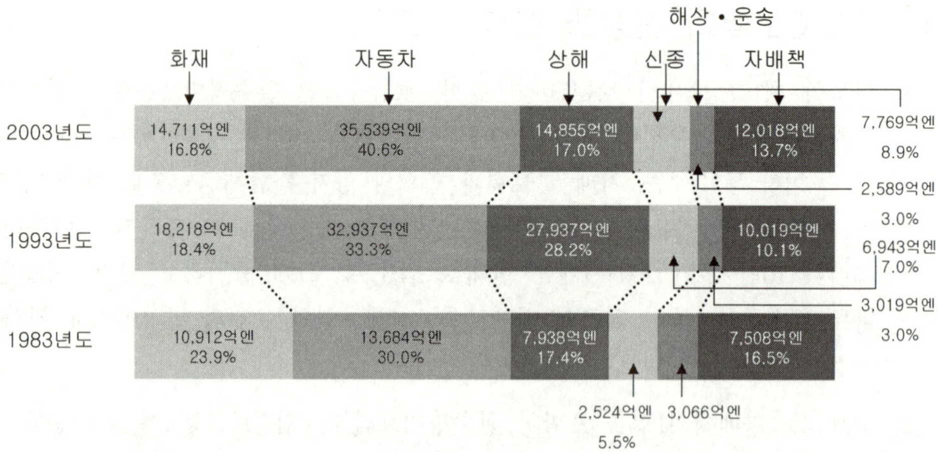

자료 : 『日本の損害保険・ファクトブック』, p.20.

【그림2 자동차보험보급률】

(2003년 3월말)

대인배상보험	%	대물배상보험	%
자가용보통화물차	87.1	자가용보통화물차	86.0
버스	86.0	자가용승용차	77.2
자가용승용차	77.4	자가용소형화물차	76.0
자가용소형화물차	76.6	버스	76.2
영업용화물차	64.7	경4륜자동차	62.3
차량보험	**%**	**탑승자상해보험**	**%**
자가용승용차	44.3	자가용보통화물차	71.6
버스	42.7	자가용승용차	69.0
자가용소형화물차	29.9	자가용소형화물차	64.5
자가용보통화물차	26.9	버스	61.3
경4륜자동차	26.4	경사륜자동차	65.1

주 : 가입율은 국토교통성자료에 의한 자동차보유대수를 분모로 하고 자동차보험계약대수를 분자로 하여 산출한(원동기부착자전거에 관련되는 숫자는 포함하지 않는다)것이다.

자료 : 損害保険料率算出機構調べ.

【그림3 교통사고발생건수 및 사상자의 추이】

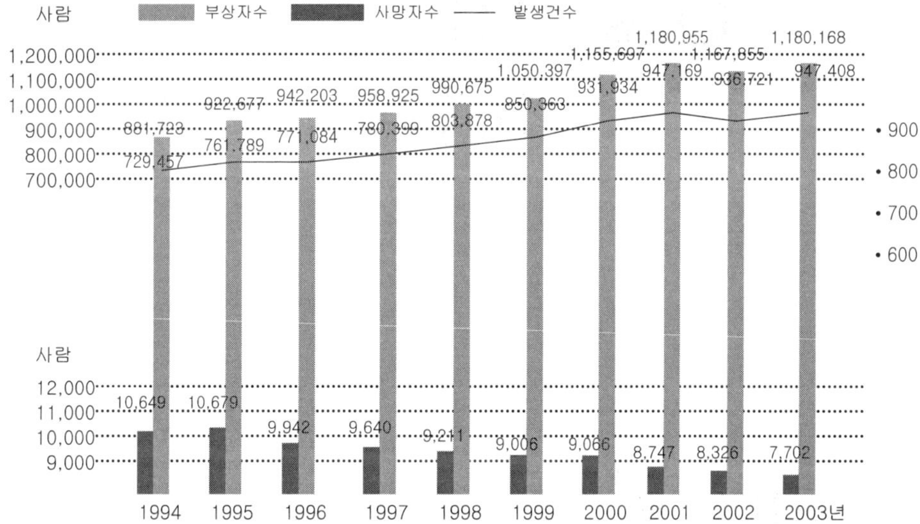

자료 : 경찰청자료에서 발췌.

Chapter 10 신종보험

1 신종보험의 역할

1. 신종보험의 의의

신종보험이란 무엇인가? 엄밀히 동시에 이론적으로 신종보험에 대해 정의를 내리는 것은 곤란하다. 예를 들면, 이익보험은 예전에 신종보험의 한 종목이었는데, 현재에는 화재보험에 부대한 특약 형식을 취하고 있으므로, 화재보험의 종목으로 분류하고 있다.

또한, 자동차보험은 예전에 신종보험에 포함되었으나, 현재에는 신종보험으로부터 독립한 별개의 보험 종목으로 되었다. 더욱이, 상해보험도 예전에는 신종보험으로 분류 되었지만, 지금은 법률상, 질병개호보험과 함께 제3분야에 속하는 보험으로 분류되고 있다. 『일본의 손해보험 fact book(2004년판)』에서도 신종보험과는 별도로 상해보험이라는 항목으로 통계상 처리되고 있는데, 본서에서는 편의상 신종보험에 포함해서 언급하기로 한다.

이와 같은 의미에서, 신종보험의 정의와 분류는 극히 유동적인 것이다. 후술하는 바와 같이 신종보험에는 각양각색의 종류의 보험 종목이 포함되어 있다. 신종보험자체가, 유동적이고, 동시에 다종다양한 종목으로부터 구성되어 있는 점으로부터 이것을 이론적으로 정의하는 것은 곤란한 것으로 보고 있다. 따라서 신종보험이라고 하는 용어는 이론적・체계적인 분류 용어가 아니라 보험 성립의 역사적 경과를 거쳐서 오래 전의 손해보험 종목에 대해 비교적 역사가 짧은 손해보험의 총괄적 명칭으로 이해되고 있다.101)

단적으로 말하면 신종보험은 해상보험, 운송보험, 화재보험 및 자동차보험 이외의 손해보험을 총칭하는 것이다.

2. 신종보험의 역할

<표 1>은 2001년도부터 2003년도까지의, 손해보험 종목의 원수정미보험료와 그 구성비의 추이를 표시한 것이다.

1996년도까지를 개략적으로 말하면 손해보험의 원수정미보험총액은 점차적인 증가 경향을 보이다가, 그 후 일본 경제 침체의 영향으로 서서히 감소하기 시작했다. <표 1>에서 알 수 있듯이 상해보험을 포함한 신종보험의 원수정보험료 및 구성비는 모두가 체감 경향을 나타내지만, 손해보험 종목 중에서는 원수정미보험료 및 구성비 모두 자동차보험에 이어서 비교적 커다란 비중을 차지하고 있는 것을 알 수가 있다.

최근 교통기관은 비정상적으로 발달, 도시는 점점 과밀화 방향으로 비대화되었다. 이 때문에 사람들의 생명・신체가 생활환경의 변화・악화에 의해 사고를 당할 기회가 종전 보다 월등히 증가하고 있다. 한편, 식품이나 음료에 이물질 투입, 의약품의 부작용, 결함주택이나 결함제품 적발 등 사고가 증가하고 있다. 단적으로 말해 신종보험은 이와 같은 사회・산업구조의 변동과 함께 위험이나 이해관계에 대응한 새로운 보험이라고 말할 수 있다. 예를 들면, 사람들의 생명・신체의 상해, 질병과 상해에 의한 소득 상실, 제3자에 대한 배상책임, 신용 보증 계약상의 불이행 등의 리스크에 대처하는 보상 수단으로서 신종보험이 개발된 것이라고 할 수 있다. 종전의 전통적인 손해보험에서는 보상 대상이 될 수 없었던 각양각색의 리스크나

---

101) 木村榮一・高木秀卓・庭田範秋『保險の知識』(有斐閣・1980年), p.139.

경제적인 이해관계에 대응해 보험 상품·서비스를 제공하는 점에 신종보험의 역할이 존재한다고 생각되어진다.

〈표 1〉 손해보험종목의 원수정미보험료와 구성비의 추이

보험종목 \ 년도	2001년		2002년		2003년	
	금 액 (백만엔)	구성비 (%)	금 액 (백만엔)	구성비 (%)	금 액 (백만엔)	구성비 (%)
화재	1,507,526	17.1	1,493,409	16.8	1,471,055	16.8
해상/운송	250,727	2.8	251,189	2.8	258,862	3.0
선박	63,072	0.7	57,957	0.6	59,136	0.7
화물	124,143	1.4	130,442	1.5	134,959	1.5
운송	63,512	0.7	62,790	0.7	64,767	0.8
자동차	3,676,513	41.6	3,605,362	40.5	3,553,918	40.6
신종	2,409,176	27.3	2,358,001	26.5	2,262,410	25.9
자배책	986,577	11.2	1,190,710	13.4	1,201,820	13.7
합계	8,830,521	100.0	8,898,672	100.0	8,748,064	100.0

자료 : 『日本の損害保険・ ファクトブック(2004年版)』에서 발췌. 단, 이 FACT BOOK은 상해보험과 신종보험의 종목이 개별적으로 계산되어 있지만, 여기서는 양 종목을 합산했다.

2 신종보험의 역사

1. 신종보험의 생성발전

(1) 「위험이 없으면 보험도 없다」 라고 말하듯이, 보험은 오랜 시대로부터 각양각색의 리스크를 전제로 발생한 것이다. 특히 신종보험은, 18세기 후반부터 19세기 초반에 걸쳐 영국에서 일어난 산업혁명과 밀접한 관련이 있다. 지금까지 수공업 중심이었던 영국에서 각종의 실용적 기계가 발명되어, 기술적으로도 한층 정교해져 기계공업이나 중공업이 현저하게 발전하게 되었다. 같은 시기에 기선이나 증기기관차 등의 교통기관도 등장하게 되고 사람들은 지금까지 경험하지 못했던 기술적 편리함을 향유하고, 물질적으로도 예측할 수 없는 은혜를 받게 되었지만, 한편으로는 기계공업의 발전이나 산업기술상의 진보와 함께 새로운 리스크에 직면하게 되었다. 여기에

신종보험에 대한 관심이 높아져 이것에 대한 수요가 발생하게 되었던 것이다.[102)]

(2) 일본에서는 1904년 요코하마화재해상보험(주)(현재 닛세이도와손해보험(주)의 전신의 일부 · 도와(同和)화재해상보험(주))에 의해 창설되었던 신용보험이 신종보험의 시초였다.[103)] 1908년에는 다이이치(第一)기관(주)(현재(주) 손해보험저팬의 전신의 일부 · 야스다(安田)화재해상보험(주))가 기관보험을, 1911년에는 일본상해보험(주)(현재(주) 손해보험저팬 전신의 일부 · 닛산(日産)화재해상보험(주))이 상해보험영업을 개시했다.[104)] 다이쇼(大正)시대에 들어와 1914년에는 동경해상화재보험(주)이 자동차보험을, 이어서 1916년에는 일본화재보험(주)(현재 일본교와(興亞)손해보험(주)의 전신 일부 · 일본화재해상보험(주))이 도난보험을 개발하고 또한 1926년에는 유리보험이 동경해상화재보험(주)에서 개발되었다. 쇼와(昭和)시대에 들어와서 항공보험이 1936년에, 1938년에 풍수해보험이 인가되어 신종보험의 종목도 다양화하는 경향을 나타냈지만 태평양전쟁의 발발과 함께 민영의 신종보험은 점차로 후퇴할 수밖에 없었다.[105)]

보험시장 그 중에서도 신종보험시장은 전쟁으로 괴멸적 타격을 입었음에도 불구하고, 전후 무엇보다 빨리 경주마보험이 동경해상화재보험(주)에 의해 개발되었다. 이는 1947년 11월의 일이다. 1950년에 중앙건설업심의회가, 건설업계의 건전한 발전을 의도해서, 미국의 본드 시스템을 일본에 도입하고자 제창한 결과, 1951년 보험업법이 개정되었다. 동법 개정에 의해, 매매, 고용, 청부, 그 외의 계약에 근거한 채무의 이행과정에서 피해를 입을 수 있는 채권자의 손해를 보상하는 내용의 보험사업이 인정되어 1951년에 입찰보증보험 및 이행보증보험이 인가되었다.[106)]

1956년에는 기계·조립보험, 이어서 1958년에는 선객상해배상책임보험이 인가되어 신종보험 종목이 한층 확대되었고 1965년 이후에 신종보험의 눈부신 발전을 하였다. 그 중에서도 1965년 이후 신종보험에서는 다양한 리스크에 처해 있는 고객들의

---

102) 東京海上火災保險(株)編『新損害保險實務講座 · 第8巻新種保險(上)』(有斐閣 · 1969年), p.2.

103) 東京海上火災保險(株)編, 전게서, p.3.

104) 東京海上火災保險(株)編, 전게서, p.3.

105) 東京海上火災保險(株)編, 전게서, p.3.

106) 大正海上火災保險(株), 『保證 · 信用保險の理論と實務』(海文堂 · 1979年), p.14.

니즈에 대응해서 다양한 보험 상품이 개발되었다. <표 2>에서는 일본에서1989년 이후에 인가된 신종보험의 보험종류, 보험종목(보험상품명) 및 인가 년도(해당 보험 종목으로 최초로 인가를 받은 년도를 포함)를 나타내는 일람표이다.

(3) 1985년에는 의료비용보험이 발매되었다. 질병이나 부상으로 일본국내병원에 입원한 경우 보통은 건강보험조합이나 각종공제조합 등 공적의료보험제도를 이용하지만 이런 경우 치료비 일부를 자기가 부담하는 것은 어쩔 도리가 없다. 이 보험에서는 우선 이러한 자기부담액을 보험으로 보상하는 것을 목적으로 하고 있다. 그 이외에 이 보험은 공적의료보험제도에서 급부되지 않는 차액 병상료나 시중간호비용, 더욱이 고도선진의료비용도 지급 대상으로 한다.

이 보험에서는 몇 가지 특징이 있다. 첫째, 이 보험이 공적의료보험제도에서는 부담되지 않는 일정의 비용에 관해 이것을 급부대상으로 하고 있는 것으로부터 공적의료보험에서 담보되지 않는 비용의 부담을 의도하고 있는 점으로부터, 공적의료보험의 보완적 기능을 달성하는 것에 주목되어지고 있다.

둘째, 이 보험에서는 의료비용의 자기부담(실손)이 보상된다. 지급한도 일수나 지급한도액 조건은 있지만 치료비용, 차액병상·시중비용 등의 비용에 관해서는 어느 것이든 가입자가 자기가 부담한 실손액이 지급된다.

셋째, 이 보험은 생명·신체를 대상으로 한 소위 인보험 분야에 속하는 보험이지만 그 실체는 비용·이익보험의 하나라고 할 수 있다. 지금까지도 손해보험 분야에서는 상해보험을 중심으로 가족상해보험을 시작으로 적립을 세트한 적립가족상해보험, 적립패밀리교통상해보험 등 인보험 분야에 속하는 보험을 발매해 왔지만, 이 의료비용보험은 상해보험이 아니고, 비용 · 이익보험의 하나라는 것, 또한 공적의료보험의 보완적 기능이라고 하는 관점으로부터, 종전에 인보험 분야의 보험과는 다른 차원의 보험으로 자리하고 있다.

〈표 2〉 신종보험일람표

보험종류	보험종목(보험상품명)	인가년도
신용보험	보증인신용보험	메이지37
	축산물거래신용보험	1988
	미곡거래신용보험	1989
	거래신용보험	1994
	소비자credit신용보험	1998
보일러터보셋트보험	보일러보험	메이지41
상해보험	터보셋트보험	메이지41
	보통상해보험	메이지44
	학교여행종합보험	1989
	여성보험	1989
	신적립여성보험	1989
	실년(實年)장기상해보험	1990
	안심생활상해보험	1990
	연금지급적립상해보험	1992
도난보험	적립sunrise상해종합보험	1993
	단체장기상해소득보상보험	1994
유리보험	적립그룹포괄상해보험	1994
항공보험	적립better life상해보험	1994
풍수해보험	new family life종합보험	1997
동물보험	적립new family life종합보험	1997
노동자재해보상책임보험	건설업자준기명상해보험	1998
	living cost보상보험	1998
	full guard보험	1998
보증보험	신식중독종합보상보험	1999
	상해종합보험(미래스켓치)	2000
	신종합보상보험	2000
	여성전용상해보험	2000
배상책임보험	신형소득보상보험(medicover)	2000
	스토커대응형여성전용상해보험(Lady Guard)	2001
	해외여행보험	2001

	student care	2001
	경영 protect	2002
	상해질병보험『VIV』	2002
	신・해외여행보험『off!』	2002
	단체상해보험	2003
	특정일반단체상해보험	2004
	도난보험	대정5
	집에딱맞는가재안심플랜	2003
	유리보험	대정15
	항공기보험	1936
	풍수해보험	1938
	경쟁마보험	1947
	노동자재해보상책임보험	1949
	리스크관리대응형노재종합보험	2000
	노무keeper	2003
	신・노재종합보험『ラクダ勞』	2003
	이행보증보험	1951
	입찰보증보험	1951
	공공공사이행보증보험(이행본드)	1995
	주택하자보증책임보험	1999
	배상책임보험	1953
	회사임원배상책임보험	1990
	환경오염배상책입보험	1992
	자원봉사활동보험	1996
	외국법사무변호사배상책임보험	1996
	폐기물배출사업자용환경오염배상책임보험	1997
	골프시합보험	1997
	보험중개인배상책임보험	1997
	전문직업인배상책임보험(포괄직업배상책임보험)	1998
	전문직업인배상책임보험(통관업자배상책임보험)	1998
	주택건물거래주임자배상책임보험	1999
	은행배상책임보험	1999

	식품사고종합보험	2000
	금융거래배상책임보험	2000
	홈페이지플러스	2000
	IT사업자용배상책임보험	2000
	e-리스크보험	2000
	의료폐기물배출자책임보험	2001
	종합배상책임보험	2001
	사립학교직업배상책임보험	2001
	간호직배상책임보험	2001
	IT업무배상책임보험 · SLA보상보험	2002
	맨션재건축사업배상책임보험	2002
	산업배출자책임보험	2002
	복지사업자종합보상플랜	2003
	신 · 유어선업자종합보험	2003
	개인정보취급사업자보험	2004
기계보험	기계보험	1956
	조립보험	1956
	조업개시지연보험	1990
선객상해배상책임보험	선객상해배상책임보험	1958
원자력보험	원자력시설배상책임보험	1960
	원자력운송배상책임보험	1960
건설공사보험	건설공사보험	1960
	토목건조물보험	1991
	ESCO종합보험	2000
	건설공사보험(개정)	2003
동산종합보험	동산종합보험	1961
	임대종합보험	1992
	엑스트라네트종합보험	1998
	은행업무보상보험	2000
	비즈니스종합보험	2001
	사업종합보험	2002
상해상호보험	보통상해상호보험	1969

비용 · 이익보험	교통상해상호보험	1969
	비용 · 이익보험	1982
	개호비용보험	1989
	적립개호비용보험	1990
	네트워크중단보험	1990
	긴급귀국비용보험	1990
	생산물회수비용보험	1990
	레져 · 서비스시설비용보험	1990
	약정이행비용보험	1992
	지적재산권소송비용보험	1994
	약정이행비용보험(단체종합보상제도비용보험)	1998
	개호휴업비용보험	1998
	실업비용보험	1999
	개호보상보험	2000
	신개호비용보험(WELL2000)	2000
	암보험,의료보험,개호보험	2001
	적립형암보험,적립형의료보험	2001
	개호보상보험(ふれ愛スクラムII)	2001
	리콜비용보험	2001
	토양오염정화보험	2001
	기상데리바티브보험	2002
	암중점의료보험「SURE」	2002
	에코 에너지 데리바티브	2002
	의료보험DR	2003
	개호특약첨부건강장기보험	2003
	태풍데리바티브TM	2003
	성인의료보험	2004

자료 : 『損害保険研究』, 『insurance(損保版)』, 『損害保険改正年報 』 등의 자료로부터.

(4) 1984년 6월에는 지적재산권소송비용보험이 새롭게 인가되었다. 이 보험은 지적재산권이 타인에 의해서 침해된 경우나 타인의 지적재산권을 침해한 경우에 발생하는 손해배상청구 등의 소송 또는 중재에 관해서, 피보험자가 소송비용, 변호사

비용, 감정비용 등의 비용 부담에 의한 손해를 보상하는 보험이다.

이 보험에서는 다음과 같은 특징이 있다. 첫째는 이 보험이 특허권, 실용실한권, 의장권 및 상표권의 4가지의 지적재산권을 대상으로 하고 있다는 것이다. 둘째는 자신의 지적재산권이 타인에 의해서 침해된 경우뿐 아니라 또한 타인의 지적재산권을 자신이 침해한 경우에도 어느 쪽이든 보험금이 지불된다. 더욱이 지적재산권의 침해에 의한 소송 또는 중재에 관한 비용에 관해서는 국내외를 망라해서 발생한 비용손해가 이 보험에 의해서 보상되는 구조로 되어 있다.

(5) 민간개호보험

① 손해분야의 개호보험 1989년에는 개호비용보험이 발매되었다. 이 보험은 보험자가 노환으로 누워 있는 상태나 치매 상태에 빠져 일상생활에서 간병이 필요한 상태로 180일을 초과한 경우, 간병을 위해 실제 지출된 의료비용에 대해 보험금을 지급한다.

이 보험의 내용은 ① 의료비용·개호시설비용보험금, ② 개호제비용 보험금, ③ 임시비용보험금 3종류로 구성되어 있지만, ①에서는 주로 병원이나 개호시설에 대해서 지급된 비용에 대해, 보험금이 지급된다. ②에서는 재택, 병원, 개호시설 등에서 각각의 개호상태에 준해서 일정한 할인액의 보험금을 지불하는 것이다. ③에서는 휠체어, 침대 등 개호기구의 구입비용, 욕실에 손잡이를 부착한다든지, 계단에 단을 없애는 등의 주택 개조에 필요한 비용을 부담하는 것이다.

주지한 것처럼 2000년에 공적개호보험제도[107]가 창설되었는데 다음해 2001년의 제3분야에의 상호참여를 계기로 해서 손해보험분야에서는 종래의 개호보험을 수정해서, 보다 내용이 충실한 새로운 개호보험상품을 제공하게 되었다. 이 신개호보험은 명칭과 내용면에서 회사에 따라 약간의 차이가 있지만, 그 중요한 특징으로서, 예를 들면, 첫째, 대상이 되는 요개호상태를 공적개호보험의 중도·경도 요개호상태까지 확대한 점, 둘째

107) 공정개호보험제도에 관해서는 본서 제Ⅱ부제6장 사회보험의 공적개호보험을 참조.

는 종래 개호보험금을 지불 받기위해서는 요개호상태의 일정기간(180일)이상의 계속을 필요로 했는데 이 기간을 90일 또는 130일로 단축한 점, 셋째는 보험금 지불방법에서 종래는 실손 보상방식이 채용되었지만 정액급부방식도 도입된 점, 넷째는 현금급부 이외에도 현물급부적 서비스 제공을 한층 확충한 점 등이 들 수 있다.

② 생명보험분야의 개호보험 생명보험 분야에서는 개호보장보험의 명칭을 사용하는 경우가 많은데, 개호보험의 계약 방식에는 주계약으로서 계약하는 방법과 개호보장이외의 보장을 내용으로 한 생명보험(주계약)에 특약으로서 부대하는 두 가지 방법이 있다. 주계약으로서의 개호보험에는 피보험자가 계약에서 정한 소정의 요개호상태가 된 경우에 일시금이나 연금을 지불하는 것이다. 반대로 피보험자가 요개호상태가 되지 않고 사망한 경우에는 사망보험금이 지불된다.

개호급부의 종류로서는 첫째 개호일시금, 둘째 개호연금, 셋째 첫째와 둘째의 병용의 세 가지 방식이 있다. 첫째는 피보험자가 요개호상태가 된 경우, 예를 들면 개호용품의 구입, 교환, 주택이나 욕조 손잡이 등 부속시설의 개조수리 등, 일시적으로 자금을 필요로 하는 경우에 지급된다. 둘째는 피보험자가 요개호상태가 된 경우 예를 들면 공적개보험의 자기부담 1할 부분, 공적개호보험의 이용한도나 대상외의 서비스 등, 계속적으로 자금을 필요로 하는 경우에 지불한다. 여기에는 요개호상태가 계속되는 한 지불하는 종신연금과 일정기간으로 한정해서 지불하는 기간한정연금의 두 종류가 있다.

③ 이들 민간개호보험은 2000년에 공정개호보험이 실되기 이전부터 일부제공・판매되었는데, 기본적으로 민간개호보험은 공적개호보험의 서비스나 내용을 보완하는 기능과 역할을 수행하는 보험으로 주목되고 있다.

공적개호보험에서는 재택개호서비스에 관해서는 개호서비스의 10%, 시설개호서비스에 대해서는 10% 플러스 식사비 등을 서비스이용자가 부담해야 한다. 여기서 자기부담부분을 민간개호보험에서 담보해 주는 것을 생각 할 수 있다. 공적개호보험에서 인정된 한도를 넘어서는 서비스나 공적개호보험에서는 급부 대상이 되지 않는 서비스를 이용한 경우의 비용에 대해서는 일부 또는 전부가 자기 부담으로 되므로, 필요한 서비스 비용의「보상한도가 넘는 추가되는 서비스」또는「급부대상에서 제외되는 것의 추가서비스」부분을 민간개호보험에서 보상하려는 것이다.

한편, 공적개호보험의 적용을 받지 못하는 경우를 생각할 수 있다.고령자가 개호인정의 결과, 자립상태로 판정을 받은 경우에는, 공적개호보험의 급부 대상이 되지 않는다. 또한, 제2호피보험자에 대해서는 만일 요개호상태가 되어도 뇌졸중이나 초로기 치매 뇌혈관질환 등과 같은 특정의 질병에 근거한 것이 아니면, 보험급부를 인정받지 못한다. 당연히, 어쩔 수 없이 본인이 부담을 해야 하는데, 이와 같은 경우에 민간개호보험의 서비스를 이용할 수가 있다.

또한, 공적개호보험의 적용을 받기 위해서는, 일정의 급부조건을 만족시켜야 할 필요가 있다. 그 조건의 한 가지로 연령 제한이 있는데, 40세미만의 사람이 만일 요개호상태가 된 경우에도 공적개호보험에서는 개호서비스의 대상으로부터 제외된다. 따라서 이런 경우에는 10세부터 보험금이 지급되는 민간개호보험을 이용할 수도 있다.

3 신종보험의 종류와 내용

1. 신종보험의 분류

(1) 신종보험에는 각양각색의 보험 종목이 있지만, 이것을 대상별로 분류하면, 다음의 5종으로 대별할 수 있다. 즉,

① **인체, 동물의 사망·상해에 관한 보험** - 예를 들면 상해보험, 소득보상보험, 동물보험 등이 여기에 포함된다.

② **배상책임에 관한 보험** - 이 보험에는 예를 들면, 개인배상책임보험, 생산물배상책임보험, 노동재해종합보험 등이 포함된다.

③ **재물의 멸실·손해에 관한 보험** - 이 보험에 속하는 주요한 보험종목으로는 예를 들면 동산종합보험, 요트· 모터보트종합보험, 비즈니스종합보험 등이 있다.

④ **채권보전, 신용보완에 관한 보험** - 이 보험에 포함되는 주요한 보험종목으로는 예를 들면, 입찰 · 이행보증보험, 주택대출보증보험, 신원신용보험, 신용보험 등이 있다.

⑤ **비용·이익보험에 관한 보험** - 여기에 속한 보험종목으로는 현재, 의료비용보험, 개호비용보험, 실업비용보험, 지적재산권소송비용보험 등이 인가되어 있다.

(2) <표 3>에는 20013도 신종보험의 보험종목별 보험료와 그 구성비를 표시하고 있는데 그 중에서도 특히 상해보험의 점유 비율이 크다는 것을 알 수 있다. 이 이외에도 배상책임보험, 동산종합보험, 노동자재해보상책임보험, 항공보험 및 비용 · 이익보험이 상대적으로 높은 구성비를 표시하고 있지만 본서에서는 이 중에서 주요한 보험 종목을 중심으로 이하에서 신종보험의 종류와 내용에 관해 개설하도록 한다.

〈표 3〉 2003년도 신종보험종목별 원수정미보험료 및 구성비

보험종목	2003년도	
	보험료(백만엔)	구성비(%)
상해보험	1485,479	65.66
동산종합보험	113,212	5.00
배상책임보험	356,603	15.76
노동자재해보상책임보험	75,685	3.35
도난보험	20,343	0.90
유리보험	1,838	0.08
항공보험	48,103	2.13
풍수해보험	252	0.01
보증보험	11,026	0.49
신용보험	30,568	1.35
보일러·터보세트보험	2,528	0.11
동물보험	3,007	0.13
기계보험	32,281	1.43
여객상해배상책임보험	814	0.04
건설공사보험	34,450	1.52
원자력보험	10,874	0.48
비용·이익보험	35,367	1.56
합계	2,262,410	100.00

자료 : 『日本の損害保険·FACT BOOK(2004年版)』에 의함. 단, 동 FACT BOOK에서는 상해보험과 신종보험의 종목이 개별적으로 계산되어있지만, 여기서는 두 종목을 합산했다.

2. 신종보험의 종류와 내용

(1) 인체, 동물의 사망·상해에 관한 보험

① 인체, 동물의 사망 상해에 관한 보험

ⓐ 상해보험의 의의 : 이 보험은 피보험자가 급격 동시에 우연한 외래의 사고에 의해서 상해를 입은 경우에 약정 보험금을 지급하는 보험이다. 즉, 상해의 직접적인 결과로서 발생한 부상·수술·후유장해·사망사고에 대한 보험금이 지급되는 것이다.

· 입원·수술·통원보험금 - 이 보험금은, 피보험자가 상해의 결과로서 일상의 생활 또는 업무를 할 수 없게 되어 동시에 의사의 치료를 받은 경우에 지급되는 것으로 여기에는 더욱이 입원보험금(사고 일로부터 180일을 한도로 1일에 입원보험금 일액(日額))과 수술보험금(사고 일로부터 180일을 한도로 수술 종류에 대응해서 입원보험금 일액의 10배, 20배 또는 40배 금액), 및 통원보험금(사고 일로부터 90일을 한도로 1일에 통원보험금 일액)에 나뉘어서 지급한다. 또한 상해보험 중에도 해외여행상해보험 및 학동단체상해보험에 있어서는 치료를 위해 지출한 비용이 치료실비보험금으로 지급되어진다.

· 후유장해보험금 - 이는 사고 일로부터 180일 이내에 후유장해가 발생한 경우에 그 장해 정도에 준해서 사망·후유장해보험금액의 일정비율(3%-100%)의 금액을 지급한다. 사고일로부터 180일을 초과하는 후유장해의 치료를 요하는 경우에는 그 기간이 종료하기 전일에 의사의 진단을 근거로 후유장해의 가능성을 검토한 후에, 후유장해 정도를 결정하고 보험금이 지급되어진다.

· 사망보험금 - 이것은 상해가 원인으로 사고발생일로부터 180일 이내에

사망한 경우에 보험금액전액을 지급하는데, 입원·통원보험금과 후유장해·사망보험금에 관해서는 양자의 보험금의 성질이 다르다는 점과 양자가 보험요율상 별도 계산된다는 점에서, 후유장해 ·사망보험금은 입원·통원보험금과는 무관하게 지급하도록 되어있다.

② 상해보험의 성격

일본의 상해보험은, 1911년 일본상해보험(주)(현재 (주) 손해보험쟈판의 전신의 일부와 닛산(日産)화재해상보험(주))에 의해서 창설된 이래, 단독상품으로는 손해보험의 한 종목으로서 분류되어 왔다. 하지만, 상해의 대상이 생명·신체인 점 또한 보험금급부가 정액·준정액급부방식을 택하고 있는 점, 더욱이 대위권이 원칙적으로 부정되고 있다는 점으로부터, 상해보험은 일반의 손해보험과 약간 성질을 달리 하고 있다.

ⓐ 보험사고 : 상해보험은 피보험자가 급격 동시에 우연한 외래의 사고에 의해 신체에 상해를 입은 경우에 보험금을 지급하므로 상해보험의 보험사고는 급격 동시에 우연한 외래의 사고이다. 따라서 급격·우연·외래의 3요건을 충족시키지 못하는 사고에 의해서 신체에 상해가 발생하는 경우는 보험사고로 인정되지 않는다. 예를 들면, 각종 직업병, 일광욕, 구두에 쓸려서 난 상처, 동상 등은 상해사고로서 인정되지 않는다. 이것에 비해 생명보험에서의 보험사고는 사람의 생사 자체이다. 상해보험에도 사망사고에 대한 보험금을 지급하는 경우가 있지만, 이것은 어디까지나 전술한 상해사고의 결과일 뿐, 사망 자체를 보험사고로 하는 것은 아니다. 이 점에서 생명보험에서 사망은 사망 자체가 본래, 확정된 것이지만, 사망발생 시기만이 우연성을 가지고 있다는 점에서 사망 그 자체가 보험사고로서 생각되어지고 있다. 이와 같은 의미에서 상해보험의 보험사고는 생명보험의 그것과는 성격을 달리하는 것으로 일반의 손해보험과는 동질의 것[108]이라고 할 수 있다.

ⓑ 보험금급부 : 이미 논술한 것과 같이 상해보험에 있어서 사망보험금, 후유

108) 木村榮一編, 전게서, p.239.

장해보험금 및 입·통원보험금 3종의 보험금이 지급되어지지만, 제2자에 관해서는 정액·준정액급부가 행하여지고 있다. 또한 후자는 실제에 지출된 의료비와는 무관하게 치료보험금(일액(日額))과 치료 일수와의 관계에서 지급되므로 광의의 손해보상이라고 한다. 하지만 엄밀하게 말하면 정액급부, 손해급부의 어느 쪽도 아니다. 그러나 일반적으로는 상해보험의 보험급부는 손해보험 보다는 오히려 생명보험의 성격을 가지고 있는 것[109]으로 인식되고 있다. 또한 상해보험에서는 보험가액의 개념이 없고, 이런 까닭에 초과보험의 문제도 발생하지 않으므로, 상해보험에서는 건강보험, 노재보험, 생명보험 등의 급부나 제3자로부터 손해배상금의 수령과는 무관하게 보험금이 지급되는 것으로 되어 있다.

ⓒ 대위권 : 일반 손해보험에서 보험회사가 보험금을 지급한 경우에는 지급금액을 한도로 보험계약자 또는 피보험자가 제3자에 대해 가지고 있는 권리를 취득하는 소위 대위권이 보험회사에 인정되어지고 있다(상법 제662조). 이 점에 대해 생명보험에서는 대위권이 인정되지 않고 있지 않다. 상해보험에 있어서도 일반적으로 보험자의 대위권은 부정되고 있다.

상해보험에서는 이와 같은 원칙으로, 보험자의 대위권을 부정하고 있음에도 불구하고 조난조사비용, 치료실비보험금 등에 관해서는 보험자에 대위권을 인정하고 있는 것도 있다.

이상과 같이 상해보험은 생명보험, 손해보험 양자의 성격이 함께 갖추어져 있어서, 생명보험 및 손해보험의 분류와는 별도로 제3분야 보험이라고 하고 있다. 이와 같이 생명보험 및 손해보험의 경계선상에 위치한 보험으로는 상해보험에만 한정되어 있지 않다. 이 것 이외에도 질병·의료보험이나 개호보험 등도 있고 이러한 상해·질병·의료·개호 등의 보험을 모아서 일반적으로 제3분야 보험이라고 불러지고 있다.

109) 木村榮一編, 전게서, p.239.

① 상해보험의 종류 :

ⓐ 주로 일상생활에 있어서 상해사고를 보상하는 상해보험

㉠ 보통상해보험 - 이 보험은 국내외를 관계하지 않고 피보험자가 일상생활을 영위하는 과정에서 입은 상해사고에 대해서 보험금을 지급하는 보험이다. 따라서 가정 내의 상해사고는 물론 직장 내, 근무, 통학 중에 상해사고가 보상되고 상해보험의 기본을 구성하고 있다. 지급보험금의 종류로는 사망보험금, 후유장해보험금, 입원보험금, 수술보험금 외에도 특약에 의해서 통원보험금, 타인에 대한 배상책임보험금 등이 있다.

㉡ 가족상해보험 - 담보되는 위험의 범위는 전술의 보통상해보험과 동일하지만, 이 보험에서는 피보험자 본인뿐만 아니라 배우자 및 가족 등 자족전원의 상해사고에 대해서도 보험금이 지급되었다. 또한, 가족의 누군가가 제3자에 대해서 법률상의 배상책임(개인배상)을 부담한 경우에도 특약에 의해서 보험금이 지급된다.

㉢ 단체상해보험 - 보통상해보험 중에 특히 단체를 대상으로 하는 경우의 보험으로 단체상해보험이 있다. 이 경우, 피보험자인 구성원이 어떠한 단체에 속하는가에 의해, 예를 들면 공통단체상해보험, 스포츠단체상해보험, 학동단체상해보험 및 실버인재센터 상해보험 등으로 나뉘어져 있다.

ⓑ 주로 교통사고에 의한 상해사고를 보상하는 상해보험

㉠ 교통사고상해보험 - 이 보험에서는 일본 국내에 기차·전차·자동차·항공기·선박 등의 교통기관에 탑승 중에 입은 상해사고를 비롯하여 도로통행 중에 구조물·공작물 등에 도괴나 낙하 또는 화재, 폭발 등에 의해 상해사고가 보험금지급 대상이 된다.

㉡ 패밀리교통상해보험 - 이 보험은 1장의 보험증권으로 가족 전원을 피보험자로 보상하는 것으로 주계약으로는 교통사고에 의한 상해 및 건물화재에 의한 상해에 대해서 보험금을 지급한다. 또한 특약으로 피보험자가 일상생활에 있어서 법률상 부담이 불가피한 손해배상책임을 보상

하도록 되어 있다. 이와 같이 가족 단위로 교통사고에 의한 상해를 중심으로 한 보상을 목적으로 하는 점에 이 보험의 특색이 있다. 이 보험에서 보상하는 가족 중에는 구체적으로 피보험자 본인, 배우자, 생계를 함께 하고 있는 동거 친족 이외에 별거의 미혼의 자녀도 포함된다.

㉢ 적립패밀리 교통상해보험 - 상해보험에서는 당초, 보험기간 중에 상해사고가 발생하지 않으면 보험료는 소멸되었으나, 그 후에 이와 같은 소멸성의 상해보험에 저축성을 가미한 소위 적립형 상해보험이 등이 있다. 적립패밀리 교통상해보험은 그 중에 하나이다.

이 보험에는 보험기간을 3~10년으로 정하고 보험기간 만료 시에 소정의 만기 환급금이외에 적립부분의 운용 이익이 예정이율을 초과한 경우에 계약자배당금을 지급하도록 되어 있다. 이것이 이 보험의 특징이다. 또한 이 보험에서는 보험기간 중 사고를 당해 보험금을 수취해도 만기환급금이나 계약자배당금은 일절 영향을 받지 않는다. 동종의 장기적립형보험으로는 예를 들면 건강생활적립상해보험 이나 적립어린이종합보험, 신적립여성보험 등이 있다.

㉣ 연금지급적립상해보험 - 일정기간 보험료를 적립한 후에 매년 급부금을 연금으로 지급하는 적립형상해보험과 개인연금을 조합한 연금지급적립상해보험이 탄생했다. 이 보험은 보험기간 만료까지의 기간에 상해에 의한 사망·후유장해를 보상함과 더불어 보험기간 도중부터 약정한 급부금을 연금으로 지급하는 적립보험이다.

ⓒ 주로 여행 중에 발생하는 상해사고를 보상하는 상해보험

㉠ 국내 여행 상해보험 - 이 보험에서는 피보험자가 일본 국내의 여행 도중에 상해사고를 입었을 때는 보험금이 지급된다. 이 보험(주보험)에는 배상책임담보, 휴대품손해담보, 조난수색구조비용담보, 임시비용담보, 부재주택가재도난담보의 각종 특약을 부대한 국내 여행 중의 상해사고에 따른 다양한 리스크가 보상된다.

㉡ 해외여행상해보험 - 이 보험은 여행자가 해외여행 중에 입은 상해사고에 대해서 보상하는 보험이다. 이 보험에서는 특히, 해외여행 중의 상

해사고에 의한 의사의 치료를 받은 경우의 치료비용 이외에 특약에 의해서 질병, 배상책임, 휴대품 손해, 또는 상해사고를 입은 피보험자의 수색·구원·이송 등에 의한 임시비용 등이 보상된다.

㉢ **보통상해보험이외의 보험** - 예를 들면 낚시를 목적으로 자택을 출발해서 귀가할 때까지의 여행 도중에 발생한 상해, 낚시도구손해, 배상책임, 수색구조비용을 일괄해서 보상하는 낚시보험이나 피보험자인 대학생이 재적하는 대학의 정규과정 중(강의, 실험, 실습, 연습, 또는 실기에 의한 수업을 받고 있던 중), 또는 과외활동 중에 입은 상해사고를 보상하는 학생 교육연구 재해 상해보험이 있다. 또한 학생 생활을 하는 도중에 입은 사고를 종합적으로 보상하는 보험으로 학생종합보험도 있지만, 이 보험에서는 상해사고 이외에 특별비용, 개인배상책임, 임차인배상책임 등에 의한 출비에 대해서 보험금이 지급된다.

㉣ **소득보상보험** - 이 보험은 국내외를 불문하고 또는 취업중·취업외를 불문하고, 피보험자가 상해 또는 질병에 의한 취업 불능한 상태로 된 경우에 피보험자가 상실한 소득을 보상하는 보험이다. 이 보험에서는 피보험자의 취업 불능이 상해 이외에 질병을 원인으로 발생한 경우에도 보상하도록 되어 있다. 만약 보험기간 중에 사고가 발생하지 않으면, 연간보험료의 일정 비율이 무사고 환급금으로 계약자에게 돌려주게 되어 있다. 특히 취업 불능에 의한 소득의 상실에 대해 보험금을 지급하는 점에서 종래의 상해보험과는 성격을 달리한다.

소득보상보험에서는 특히 다음 것에 주의를 요한다. 이 보험의 보험사고는 피보험자의 취업 불능이라는 점이고[110], 취업 불능의 원인이 된 상해나 질병(이 보험에서는 신체상해라고 한다)은 이 보험사고의 원인에 해당한다. 일반적으로 말하면, 손해보험에서는 보험 기간 중에 보험사고가 발생하는 것이 보험금 지급조건이 되지만, 소득보상보험에서는 보험사고의 원인에 해당하는 상해나 질병(신체상해)이 보험기간 중에 발생하지 않는 한, 보험자는 보험금지급에 응하지 않는다는 것이다.

전술한 소득보상보험의 내용을 더욱이 확충한 신형보험으로 신형소득

110) 安田火災海上保険(株)編 『傷害保険の理論と實務』(海文堂・1980年), p.254.

보상보험(메디커버)이 개발되었다[111]. 이 보험은 상해 또는 질병에 의해 피보험자가 장기 입원을 할 수밖에 없는 경우에 피보험자가 입원에 필요한 비용을 보상하는 것이지만 다음과 같은 특색이 있다. 첫째, 1년간을 통해서 건강한 경우에는 보험료의 35%(직종 급별 1급)가 환급되어질 것. 둘째, 상해 또는 질병에 의한 입원에 대해 최장 5년간 보상이 제공되고 있을 것, 셋째, 5일 이상 입원한 경우에는 입원 초일부터 보험금이 지급될 것. 넷째, 보험료에 대해서는 직종을 불문하고 일정하며 직종급별의 무사고 환급에 의해서 조정할 것 등의 내용이 포함되어 있다.

(2) 배상책임에 관한 보험

① 배상책임보험의 의의

가해자가 타인의 생명·신체를 사상시키거나 재물에 손해를 입힌 경우에 가해자는 피해자에 대해 손해배상책임을 부담할 수밖에 없다. 이와 같은 배상책임은 개인의 일상생활에 있어서 뿐만 아니라 기업 활동에서도 엄격하게 추구되는 경향이 있다.

일본에서는 최근 시민의 권리나 의무 의식이 향상됨과 함께, 한편으로 이것이 소비자보호운동의 대두를 촉진시켜 손해배상 개념이 정착해 왔다. 이러한 배상책임을 1시민, 또는 1기업에 전부 부담시키는 것은 거액의 부담액을 지게 되므로, 이것을 회피하는 의미에서 동종의 위험에 처해져 있는 시민이나 기업이 소액의 비용을 거출해서 책임을 분담하려고 하는 시스템을 만들었다. 이것이 배상책임보험의 기본적 구조이다. 즉, 배상책임보험이라는 것은 피보험자가 일상생활이나 기업 활동에 있어서 타인의 생명·신체, 재물에 손해를 입혔기 때문에 피해자에 대해서 법률상의 손해배상책임을 부담할 수밖에 없는 경우에, 피보험자의 손해를 보상하는 보험이다.

따라서 배상책임보험에서는 피보험자가 피해자에 대해 지급해야 되는 손해배

111) 石田滿=伊藤文夫=佐藤公平=吉川吉衛=甘利公人=久保田光昭=丸山一朗「新保險の動向(2000年)」『損害保險研究』第63巻第2號, 2001年8月, pp.128～129.

상금이 보상의 주요 대상이 되는 이유이지만 이 이외에 손해의 방지경감에 필요한 손해방지비용, 손해사고의 발생을 즈음해서 지출된 응급수당이나 호송 등의 응급조치비용 및 손해배상 청구사고의 해결을 위한 소송이나 중재, 화해, 조정 등에 필요한 쟁송비용도, 배상책임보험에 의해서 보상된다.[112)]

② 배상책임보험의 성격

배상책임보험이 손해보험의 일종이라는 점에는 이견이 없지만, 화재보험, 해상보험과 같은 전통적 손해보험과는 약간 성격을 달리하고 있다.

ⓐ 피보험이익 - 손해보험에 있어서 피보험이익이란 보험의 목적물에 일정한 위험이 발생해서 피보험자가 손해를 입은 사람과 보험의 목적물과의 이해관계를 말한다. 일반적으로 손해보험에서는 계약 시에 현존하는 구체적이고, 개별적인 재물이나 장래의 획득이 기대되어지는 이익을 대상으로 하고 있으므로, 손해는 현존하는 재물의 감소, 멸실 또는 장래이익의 취득 불능이라는 형태로 발생한다.

이에 반해 배상책임보험의 피보험이익은 구체적, 개인적 재물에 관계한 것이 아니라 피보험자의 전 재산 상태에 관계하는 이해관계이다. 이러한 이유로 책임보험에 있어서 손해는 피보험자가 제3자에 대해 부담해야 하는 배상책임, 채무의 발생이라고 하는 소극재산 취득에 의해서 발생하는 것이다, 이와 같은 의미에서 일반 손해보험의 피보험이익이「적극재산에 관한 이익」인 것에 비해 책임보험에서 이것은「소극재산에 관한 이익」이라고 생각되어지고 있다.

ⓑ 보상한도액 - 일반 손해보험에서 보험가액은 보험사고 발생에 의해 피보험자가 입을 가능성이 있는 손해의 최고액을 의미하지만 많은 책임보험의 경우에는 피보험자의 입을 손해의 최고액이 사전에 확정되지 않기 때문에 보험가액을 산정할 수가 없다. 따라서 이와 같은 책임보험에서는 이

112) 木村榮一編, 전게서, pp.219~220.

보험가액과 보험금액과의 관계에서 발생하는 일부보험, 초과보험 및 중복보험 문제는 일어나지 않는다. 여기에 책임보험에서는 보상한도액을 정하고 이것을 보험자가 보상해야 하는 최고 한도액으로 하고 있다.[113)]

ⓒ **보험사고** - 일반 손해보험의 보험사고에 비해 책임보험에서는 어느 쪽의 사고를 보험사고로 해야 마땅한가에 대해 다양한 견해로 나뉘어져 있다.[114)]

예를 들면 피보험자인 자동차 소유자가 보행자를 다치게 한 경우, 일단 이 피보험자는 보행자에게 손해배상책임을 부담하게 되지만 이 경우 피보험자가 보행자에게 부상을 입혔다고 하는 사실(손해사고), 보행자가 피보험자에 대해 배상 청구를 행했다고 하는 사실(청구사고), 피보험자의 배상책임을 확정한 사실(책임확정사고) 및 피보험자가 보행자에게 배상의무를 이행하였다라는 사실(배상이행사고)을 각각 생각 할 수 있다.[115)]

일본에서는 이와 같이 손해사고설, 청구사고설, 책임확정사고설, 배상이행설 등 각양각색의 학설이 나뉘어져 있지만, 이러한 사실들 중에 어느 쪽을 책임보험의 보험사고로 해야만 하는지, 책임보험의 종류에 따라 결론이 다르게 나오는 경우도 있다. 또한 보험기간과의 관계에서 단독의 보험사고만으로 해결 할 수 없는 경우에는 구체적 사정을 감안해서 다른 설을 병행한 복수설도 주장되어지고 있다.[116)]

③ 배상책임보험의 종류

ⓐ 분류방법

첫째, 피보험자가 제3자에 대해서 손해배상책임을 지는 경우에 제3자의 생명·

113) 木村榮一編, 전게서, p.220.

114) 田辺康平「責任保険における保険事故」『創立30周年記念損害保険論集』(損害保険事業總合研究所・1965年), p.483이하 참조. Picard et Besson, Les Assurances Terrestres(Le Contrat d Assurance : tome 1), 5e éd., 1982, pp.530~531.

115) 田辺康平, 전게논문, p.486.

116) 伊澤孝平『保險法』(靑林書院・1957年), p.395.

신체 또는 재물 어느 쪽을 대상으로 하는가에 따라 대인배상책임보험과 대물배상책임보험으로 분류된다. 예를 들면 선객상해배상책임보험은 대인배상책임보험인데, 수탁자배상책임보험은 대물배상책임보험이다.

둘째, 책임보험을 부보하는 것이 피보험자의 의무로 되어 있는가, 아니면 임의로 되어 있는가에 의해서 강제배상책임보험과 임의배상책임보험으로 분류되어진다. 예를 들면 자동차보험에 대해서 말하면, 자동차손해배상책임보험(자배책보험)은 강제보험인데 비해 자가용자동차종합보험, 자동차운전자손해배상책임보험(운전자보험) 등은 임의보험이다.

셋째, 피보험자가 책임보험계약을 체결할 때 피해자가 되는 사람 또는 손해한도액에 관해 예측할 수 없는 경우와 당초부터 이것을 예측할 수 있는 경우가 있지만 전자를 대상으로 해서 보상하는 것이 제3자 배상책임보험이며 후자를 대상으로 한 것이 예를 들면 보관물배상책임보험이다.

넷째, 책임보험이 개인의 일상생활이나 스포츠 활동 중에 발생한 책임을 대상으로 할지 기업의 영업활동 중 아니면 전문적 직업인의 직무수행 중에 발생하는 책임을 대상으로 할지에 따라 각각, ⓐ 개인을 대상으로 한 배상책임보험, ⓑ 기업을 대상으로 한 배상책임보험, ⓒ 전문적 직업인을 대상으로 한 배상책임보험으로 분류된다.

ⓐ 개인을 대상으로 한 배상책임보험 - 이 보험은 전문 직업에 관계없이 개인의 일상생활이나 스포츠에 관한 배상책임을 보상하는 보험이다. 이 보험에 속하는 것으로는 개인의 일상생활 및 주택의 관리 등 일상생활 전반에 있어서 발생하는 배상책임을 포괄적으로 보상한다. ㉠ 개인배상책임보험을 비롯해 그 대상을 한정한 ㉡ 스포츠배상책임보험, ㉢ 골퍼보험, ㉣ 사냥보험 등이 있다.[117)]

ⓑ 기업을 대상으로 한 배상책임보험 - 이 보험은, 기업의 영업활동 중 또는 업무의 결과에 따른 배상책임을 담보하는 보험이지만 이것은 배상책임 발생상태 별로 다음과 같이 각종 배상책임보험으로 나뉜다.

(i) 생산물배상책임보험 - 이 보험은 식품을 시작으로 의료품, 화장품,

117) 倉澤康一郎編 『保險』(法學書院 · 1981年), pp.132～133.

전기제품, 자동차 등의 결함상품에 의해 손해가 급격하게 증가하는 가운데 기업의 상품안전성에 대해 주의의무나 배상의무를 엄격히 요청함과 동시에, 피해자에 대한 기업의 배상사력을 확보하는 수단으로서 세상의 주목을 집중시켜 온 보험이다. 단적으로 말하면 이 보험은 피보험자가 제조·판매한 제품의 결함에 의해서 제품의 구입·이용자가 손해를 입은 경우에 피보험자인 가해자가 패해자에 대해 부담해야 하는 법률상의 배상책임을 보상하는 보험이다.

일본에서는 배상책임의 종류가 많아 이것을 하나의 동일한 보험약관에 포함시키는 것이 극히 곤란하다는 판단에서 생산물배상책임보험은 일반적으로 공통으로 하는 책임사항을 정한 「배상책임보험보통보험약관」 에 생산물특별약관을 결합시키므로 구성되었다. 이 생산물배상책임보험에서는, 피보험자가 피해자에 대해 지급해야하는 손해배상금 이외에 타인에 대해 구상권의 보전· 행사비용, 손해방지비용, 응급수당 이외의 긴급조치비용, 소송· 중재·화해 또는 조정에 관한 비용 등도 보상된다. 따라서 생산물 결함자체의 수리·교환·회수비용, 불완전한 업무의 보수비용 또는 피보험자의 고의·중과실에 의한 법령위반의 결과 발생한 손해 등은 보험자의 보상책임으로부터 제외된다. 이 점에 대해 1990년에는 기업이 결함제품에 의해 손해의 확대방지 또는 예방을 목적으로 한 제품의 회수·점검·수리·교환 등에 의해 지출하는 비용을 부담하는 생산물회수비용보험(리콜비용보험)이 실시되었다. 이 보험에 의하면 예를 들면 사고(社告) ·통신·운송·폐기·점검·수리 등의 비용이 보상되었다.

2001년에는 『신형리콜비용보험』 이 개발되었다.118) 이 보험에서는 제품의 제조·도매·수입·소매업자 등의 제조· 판매 또는 취급제품이 소비자에게 신체장애나 재물손해를 입힌 다든지 또는 그 위험성이 있다고 발견된 경우에는 이들 제품을 회수하기 위해서 지출한 비용에 대해 보험금이 지급되는 보험이다. 이 신형 리콜보험의 특징은 행정청에 회수 신고나 신문, 그 이외의 매스컴을 통해서 회수광고를 하는 등을 조건으로 소비자의 신체· 재물에 직접

118) 『インシュアランス(損保版)』(第3929號, 2001年2月1日).

영향이 미치지 않더라도 그러한 가능성이 있는 경우의 회수비용에 대해 보험금을 지급하는 보험이다.

(ii) 시설소유(관리)자배상책임보험 - 이 보험은 손해배상책임보험의 일종으로 시설소유(관리)자 특별 약관에 근거해서, 공장, 점포, 학교, 극장, 유원지, 케이블카 등의 각종 시설의 소유(관리)자가 제3자의 생명· 신체에 해를 입히거나 재물을 손괴한 것에 의해서 법률상 부담을 해야만 하는 배상책임을 보상하는 보험이다.

(iii) 수탁자(보관물)배상책임보험 - 이 보험은, 물건 보관소, 창고업자, 전람회 주최자 등 타인의 재물을 보관하는 사람이 수탁물의 멸실, 오손, 도난 등에 의해 보관한 사람에 대해 부담해야 하는 배상책임을 보상하는 보험이다. 일본에서는 배상책임보험 보통약관에 수탁자특별약관을 부대하는 것으로 인수되고 있지만 이 보험에서는 피해물 자체의 소위 대물배상손해를 보상하는 것이지, 상실이익에 대한 배상손해는 보상하지 않는다.

(iv) 기업을 대상으로 하는 배상책임보험에서는 이상의 것 이외에 예를 들면, 여행업자배상책임보험, LP가스업자배상책임보험, 유독배상책임보험, 식품사고종합보험 등이 있다.

ⓒ 전문적 직업인을 위한 배상책임보험(professional liability insurance). 의사, 공인회계사, 건축가 등 고도의 전문지식과 특수 기능을 가진 전문적인 직업인에게는 그 업무수행상 고도의 주의 의무가 요청되고 있어 이 업무수행에 기인하여 발생하는 배상책임을 보상하는 것이 이런 종류의 보험이다. 현재 일본에서는 이하의 보험이 판매되어지고 있다.

(i) 의사배상책임보험 - 이 보험은 피보험자인 의사 또는 기타 의사의 업무보조자가 의료과오에 의해 배상책임을 보상하는 보험이다. 이 보험에서는, 구체적으로 ㉮ 환자 측에 대한 손해배상금을 비롯해, ㉯ 피해환자에 대한 응급조치수당, ㉰ 소송비용 및 변호사보수 등이 지급된다. 하지만 ㉮ 환자의 재물에 대한 사고, ㉯ 미용을 목적으로 한 의료행위, ㉰치료의 결과를 보증하는 것에 의해 가중된 손해 등은 보험커버의 대상에서 제외된다.

(ii) 공인회계사배상책임보험 - 이것은 공인회계사 또는 감사법인이 그 업무를 수행하는 과정에서 직업상 상당한 주의 의무를 기울이지 않았던 것에 의해 의뢰인 또는 제3자에 손해를 입힌 경우에는 부담해야 하는 손해배상 책임을 보상하는 보험이다. 이 보험에서는 ㉮ 피해자에 대한 지급손해배상금 이외에 ㉯ 손해방지 경감을 위해 들어가는 비용, 예를 들면 청구권의 보전·행사를 위해서 필요한 비용, ㉰ 쟁송비용 예를 들면, 소송 · 변호사· 중재· 조정에 드는 비용 등도 보험금으로서 지급되어진다. 일반 배상책임보험과 다른 점은 타인의 신체상해 또는 재물손괴에 의한 손해에 대해 보험자가 보상책임을 면할 수 있는 것으로 규정하는 것이다.

(iii) 건축가배상책임보험 - 이 보험에서는 건축가 또는 그 보조자가 설계 업무를 수행하는 경우에 직업상 상당한 주의 의무를 게을리 했던 것에 의해 발주자 또는 제3자에게 손해를 끼친 경우에 부담해야 되는 배상책임을 보상하는 보험이다. 이 보험에서는 설계 대상의 건축물의 멸실· 훼손에 의해서 발생한 건축물 자체의 손해나 타인의 신체·재물의 손해가 부담되며 건축물 자체에 멸실·훼손이 발생하지 않는 한 타인에게 손해가 발생해도 보험금은 지급되지 않는다.

(iv) 이상의 것 이외에 전문적 직업인을 대상으로 한 배상책임보험으로서 일본에는 변호사배상책임보험, 사법서사배상책임보험,약제사배상책임보험, 침·뜸·지압사 배상책임보험 및 정보서비스업사·전기통신사업자배상책임보험 등이 있다.

ⓓ 특수한 배상책임보험 - 노동재해종합보험 노동재해에 의해 재해를 입은 노동자를 구제하는 제도로서, 일본에서는 현재, 노동자 재해보상보험법에 근거해서 정부장악의 정부 노재보험이 실시되고 있다. 노동재해종합보험이라는 것은 정부의 노재보험에 덧붙인 부분을 급부하는 법정외보상보험과, 사업주가 종업원에 대한 배상책임별 보상하는 사용자배상보험의 양자로부터 성립되지만, 기업은 어느 쪽이든 한쪽에만 또는 쌍방을 계약할 수가 있다.

(3) 재물의 멸실·손상에 관한 보험

이 그룹에 속한 신종보험은 원칙적으로 재물의 물적 손해를 보상하는 목적으로 하는 것이지만 그 이외에 배상책임, 이익상실, 상해위험 등 각각의 리스크를 결합한 포괄적·종합적으로 보상하는 방식을 채용하는 것이 많은 것 같다. 예를 들면 다음과 같은 보험이 포함된다.

① 동산종합보험

이 보험은 자동차, 선박 등 일정 종류의 물건을 제외한 모든 동산, 모든 장소에서의 all risk을 보상하는 동산에 관한 보험이다. 동산종합보험의 첫 번째 특색은, 동산이라면 원칙적으로 모든 물건이 보상의 대상이 된다. 단, 분야조정상의 관점으로부터 다음의 것들은 이 보험의 대상에서 제외된다. 즉, ㉮ 수용 장소가 특정된 상품, ㉯ 가동 또는 제조 중의 동산, ㉰ 자동차, ㉱ 선박, ㉲ 항공기, ㉳ 공장 내 설치된 기계, ㉴ 가재의 포괄계약, ㉵ 해상운송 리스크를 중심으로 하는 위험으로 하는 동산계약이다.

둘째 특색은, 동산이 존재하는 「장소 여하를 불문하고」 담보된다는 것이다. 즉, 일정의 특정담보지역 내에 있으며 동산의 보관 중, 수송 중, 사용 중의 여하를 불문하고 어떠한 장소에서 발생한 손해라고 해도 보상되는 것이다.

셋째 특색은, 모든 우연한 사고에 의해 보험의 목적물에서 발생한 손해를 전보하는 것이다. 이 보험은 구체적으로 담보위험을 열거하지 않고, 모든 위험을 포괄적으로 담보하는 소위 all risk담보방식을 채용하고 있다. 하지만 문자 그대로 모든 위험이 보상되는 것은 아니고 공공 정책적 견지에서 또는 보험회사의 인수기술·능력의 관점에서 제외된 위험은 보험금지급 대상이 되지 않는다.

② 요트·모터 보트종합보험

여가 시간이 증가하여 다양하고 새로운 레저스포츠가 발생하는 가운데 우선 젊은이들 사이에서 요트·모터보트에 보급이 점점 높아지고 있다. 이러한 움직임과 함께 요트·모터보트에 관련한 각종 사고도 증대하는 점에서 범주요트 및 소형모터보트를 대상으로 한 보험이 개발되었다. 즉, ㉮요트·모터보트 선체자체의 손해를 보상하는 보험, ㉯ 제3자에 대해 부담하는 배상책임손해를 보상하는 보험, ㉰ 탑승자의 사망·손해를 보상하는 보험, ㉱ 조난자의 수색 구조비용을 보상하는 보험, 4가지의 보험을 조합해서 일원화한 것이 요트·모터보트 종합보험이다.

③ 컴퓨터종합보험

이 보험에서는, 컴퓨터의 물적 손해 이외에, 그 손해에 의해서 컴퓨터 사용자가 입은 비용 · 이익의 간접손해에 관해서도, 이것을 보상 대상으로 하는 것이다. 즉, 이 보험에서는 정보기기의 물적손해, 정보메디아의 손해를 수복하기 위한 비용, 손해를 입은 정보기기 · 정보메디아의 평상 업무에의 복구기간내에 요구한 영업계속비용, 정보기기 · 정보메디아의 영업 중단에 의한 손실이익이 보상된다.

④ 항공보험

이 보험은 항공기에 관한 사고에 의해서 발생한 손해를 보상하는 것을 목적으로 한 보험이다. 이 경우에 손해는 대별하면, ①항공기, 항공화물 등 재산자체의 손해, ② 승객 그 이외 제3자에 대한 손해배상책임, ③ 생명·신체상의 상해, ④ 각종 비용손해로 나뉘어져 있다. 한편, 보상 내용별로, ①에 속하는 보험으로는 기체보험, 항공화물운송보험, ②에 속하는 보험으로는, 승객배상책임보험, 제3자 배상책임보험, ③에 속하는 보험으로는, 승무원상해보험, 탑승자상해보험, ④에 속하는 보험으로는 수색구조비보험이나 항공보험료보험 등으로 분류할 수 있다. 이 이외에 항공기보관업자·제조업자·수리업자배상책임보험, 인공위성보험 등도, 항공보험에 포함되고 있다.

⑤ 기타

최근, 기업 활동이나 각종의 사업을 둘러싼 각양각색의 리스크나 피보험이익을 1장의 보험증권에 포괄적으로 보상한 보험이 증가하는 경향에 있다. 예를 들면 ESCO종합보험[119] 에서는 에너지 절약이나 효율화를 달성하기 위한 목적

119) 石田滿=伊藤文夫=佐藤公平=吉川吉衛=甘利公人=久保田光昭=丸山一朗「新保險の動向(2000年)」『損害保險

으로 기업 활동에 필수불가결한 에너지 절약 활동·지구환경보전을 지원하는 에너지 절약업자(Energy Service Company : ESCO) 또는 그 이용자의, 공사 리스크·배상책임 리스크·기계리스크 · 화재리스크· 비용리스크 등이 포괄적으로 보상하도록 되어있다. 비즈니스종합보험 은 소매·도매점, 음식점, 이용·미용점 등의 중소 점포나 사무소의 각양각색의 리스크를 종합적으로 담보하는 보험이다. 이 보험에서는 상품이나 영업용집기·비품 등의 물적 손해 이외에, 휴업손실, 배상책임손해, 영업계속비용, 상해위로비용도 보상 대상이 되고 있다.

더욱이 사업종합보험에서는 소매· 도매업, 식료품제조 · 판매업, 음식점, 서비스업 등의 사업자가 입을 가능성이 있는 물적 손해리스크, 배상책임리스크, 휴업손실리스크, 비용리스크 등 다양한 리스크에 대해 1장의 보험증권으로 포괄 보상을 것을 목적으로 한 보험이다.

(4) 채권보전, 신용보완에 관한 보험

채권보전, 신용보완에 관한 보험은 크게 나누어 보증보험과 신용보험 두 가지로 분류 할 수 있다. 이것은 원래 행정상·보험경영상의 편리 또는 연혁적 이유에 의해 분류이며 이론적 근거에 의한 것은 아니다.[120)]

① 보증보험의 의의

이 보험은 채무자(보험계약자)가 스스로 채무불이행 또는 불법행위에 의해 채권자(피보험자)가 입은 손해를 보상하는 보험이다. 만약 보험자가 피보험자인 채권자에 대해서 보험금을 지급한 경우에는 지급한도 내에서 보험대위에 근거한 보험계약자인 채무자에 대해 채권자의 권리를 구상하는 것이 된다.[121)]

② 보증보험의 종류

㉠ 입찰보증보험 - 이 보험은, 입찰참가자(보험계약자)가 낙찰했음에도 불구하

研究』第63巻第2號, 2001年8月, p.115.

120) 大正海上火災保險(株)編『保證・信用保險の理論と實務』(海文堂・1979年), pp.1～2.

121) 東京海上火災保險(株)編『損害保險實務講座(8) 新種保險(下)』(有斐閣・1984年), p.73.

고 입찰신청자(발주자·피보험자)와 청부·매매계약을 체결하지 않았으므로 피보험자인 발주자가 입은 손해를 보상하는 보험이다. 입찰보증보험에서는 원칙적으로 발주자가 다른 입찰자와 재계약을 하여 그 재계약금액이 당초 입찰금액보다 증가한 경우에 그 차액을 보험금액 한도에서 지급하는 실손 보상방식을 취한다. 하지만 특약 조항에 근거해 입찰참가자와 입찰신청자 사이에서 미리 정해진 손해배상예정액을 보상하는 정액보상방식을 채용하는 경우도 있다.

ⓛ 이행보증보험 - 이 보험은 수주자(보험계약자)가 하청계약이나 매매계약에 근거한 채무를 이행하지 않는 것에 의해 피보험자인 발주자가 입은 손해를 보상하는 것을 목적으로 하는 보험이다. 손해보상방법으로는 입찰보증보험의 경우와 같이 피보험자가 입은 실손해를 보상하는 실손 보상방식과 미리 정한 손해배상예정액을 보상하는 정액보상방식의 양자가 있다.

ⓒ 주택대출보증보험 - 이 보험은 주택대출이용자(채무자)가 보험계약자가 되어 융자 금융기관(채권자)을 피보험자로 하고 융자기간을 보험기간으로 하는 보험계약으로 채무자가 주택대출의 채무를 이행하지 않은 경우에는 채권자가 입은 손해를 보상하는 보험이다. 단적으로 말하면 금융기관으로부터 융자를 받은 주택대출 채무자가 차입금을 변제할 수 없게 되었을 때 금융기관이 입은 손해에 대해 보험금을 지급하는 보험이다. 주택대출에서는 비제휴대출과 제휴대출의 2종류가 나뉘어져 있지만, 전자는 금융기관이 직접대출이용자에게 융자하는 방식이고, 대출이용자가 보험계약자가 되어 금융기관을 피보험자로 하는 보증보험을 가입하는 것이다. 이 방식에서는 금융기관이 담보권자가 되어 만일 채무자가 금융기관으로부터 청구에 응하지 않고 지급을 게을리 한 경우에는 보험회사는 금융기관에 대해 채무자의 채무액을 보험금으로 지급하고는 금융기관이 채무자에 대해 가지고 있는 채권을 대위취득하고 채무자에 대해서 구상권을 행사하게 된다. 한편 제휴대출에 있어서는 부동산회사의 알선으로 미리 그 부동산회사와 제휴하고 있는 금융기관으로부터 주택대출 이용자가 융자를 받

아 목적부동산을 구입하는 경우에 부동산회사가 금융기관에 대해서 연대 보증을 하는 대신에 대출이용자에게 금융기관을 피보험자로 하는 보증보험을 부보시키는 것이다. 이 방식에서는 보험회사가 담보권자가 되어 만일 대출이용자가 금융기관에 지급을 게을리 한 경우에는 보험회사는 금융기관에 대해 대출이용자에 채무액을 보험금으로 해서 지급한 다음 대출이용자인 채무자에 대해서 청구권을 행사한다.

③ 신용보험의 의의

신용보험은 채권자가 스스로 보험계약자 ·피보험자가 되어, 채권자와 채무자 사이에 채결되어 있는 계약에 근거해서 채무자의 채무불이행에 의해 채권자가 입는 손해를 보상하는 보험이다.

④ 신용보험의 종류

ⓐ 신원신용보험 - 이 보험은 피용자(피보증인)가 직무상의 지위를 이용해서 단독으로 또는 제3자와 공모해서 불성실행위(절도, 강도, 사기, 횡령 또는 배임행위)에 의해 사용자(피보험자)가 입은 재산상의 직접손해 및 법률상의 손해배상책임을 보상하는 보험이다.

이 보험에서는 ㉠ 일반계약, ㉡ 공통계약, ㉢ 1피보증인 지급한도액부가공통계약 및 ㉣ 신원보증인책임계약의 4종류가 있다. 더욱이, ㉠, ㉡ 및 ㉢에는 각각 기명식과 무기명식이 있다.[122)]

㉠ 일반계약이라는 것은 1가지의 보험계약으로 각 피보증인의 보상한도액을 전원 일률적으로 한 지급한도액을 정한 계약이다.

㉡ 공통계약은 1가지의 보험계약으로 2명이상 피보증인의 위험을 담보하지만 보상한도액은 개개의 피보증인 별로 하지 않고 전 피보증인 공통의 것으로서 적용해 피보증인 중에 어떤 사람이 입힌 손해라도 보험기

122) 三井海上火災保険(株)・火災新種商品企劃部編『新種保險』(損害保險事業總合硏究所・1999年), pp.221～222.

간 중 전 보상한도액에 도달할 때까지 부담되는 계약이다.

㉢ 1피보증인 지급한도액부가공통계약은 1가지의 보험계약으로 2명 이상의 피보증인의 위험을 담보하는 것은 ㉡ 과 공통이지만, 보험기간 중에 피보증인 1인당의 지급한도액 및 그 총 지급 한도액이 정해져 있는 점에서 차이가 보여 진다.

㉣ 신원보증인책임계약은, 피보증인의 불성실행에 의해서 신원보증인(피보험자)이 신원보증계약에 기초한 금전채무를 부담한 것에 의해 입은 손해를 보상하는 것이다.123)

ⓑ 주택자금 대부보험 - 이 보험은, 기업 · 관공서나 공제조합 등이 각각 종업원이나 조합원에 대해 주택자금의 대부를 하였으나 변제금이 회수불능으로 된 경우에 피보험자인 기업이나 조합이 입은 손해를 보상하는 보험이다.

이 주택자금대부보험에서는 관공서 등의 공제조합을 대상으로 하는 관공서등공제조합주택자금대부보험과 그 이외의 기업, 공제조합을 대상으로 하는 주택자금대부보험의 2종류가 있다. 후자의 주택자금대부보험방식은 더욱이 ㉠ 월잔고 방식, ㉡ 연잔고 방식, ㉢ 대부금액방식의 3종류로 나뉘어져 있다.

㉠ 은 매월 일정한 날짜에 대부잔액총액을 보험금액으로 모든 대부계약을 일괄해서 부보하는 방식이다. ㉡은 매년 보험계약시 대부잔고를 보험금액으로 부보하는 방식이다. ㉢ 은 개별 대부계약당초의 대부금액을 보험금액으로 부보하는 것이다.

ⓒ 거래신용보험 - 이 보험은 매매계약 또는 판매위탁계약에 있어서 매수인이 매매대금을 지급하지 않은 경우 또는 판매수탁자가 판매대금의 청산을 하지 않은 경우에 피보험자인 매도인이나 판매위탁자가 입은 손해를 보상하는 보험이다.

이 보험에서는 매수인의 매매대금의 지급불능이나 판매수탁자의 청산불이행

123) 三井海上火災保險(株) · 火災新種商品企劃部編, 전게서, p.222.

에 의해 매도인이 입은 손해보상부터 매도인의 외상채권을 확보한다는 점에서 이 보험의 효용이 주목되어지고 있다. 한편 거래신용보험에서는 위험도나 손해율이 매도인(피보험자)의 판매 자세라고 하는 인위적 요소에 좌우되고 또한 경기변동의 영향을 크게 받기 쉬운 점에서 이 보험의 건전한 운영을 위해 일정한 제한조건이 설정되어 있다. 따라서 채무자가 채무를 이행하고 있지 않은 점을 매도인(피보험자)이 알고도 그 채무자와 체결한 계약에서 발생한 손해나, 매도인 스스로 도산 상태에 있는 것을 알고도 그 채무자와 체결된 계약에서 발생한 손해에 대해서는 보험금 지급이 제외된다.

4 신종보험의 현상과 향후의 과제

<표 1>의 손해보험 종목의 원수정미보험료와 구성비의 추이에 대해 보면, 신종보험의 2003년도 원수정미보험료는 2조 2,624억 1,000만 엔으로 손해보험 종목 중에서 규모면에 있어 자동차보험에 이어 두 번째이다. 신종보험의 금액 및 구성비가 2001년도 이후는 체감 경향에 있음에도 불구하고, 신종보험이 자동차보험과 함께 아직도 손해보험의 중심적 종목의 하나라는 점에는 변화가 없다. 최근 보험업계에 있어서는 보험업법의 개정이나 제3분야의 완전 자유화에 의해 종전의 생명보험 또는 손해보험의 틀을 넘어서, 신상품 개발이 활발하게 된 것에 주목되어지고 있다.

(1) 그 특색의 하나로 각양각색의 리스크, 피보험이익, 손해를 결합시킨 보다 광범위하고 다양한 보상내용을 포괄적으로 포함시킨 보상내용의 충실을 의도하고 있는 점이다. 예를 들면 상해종합보험에 관해 말하면 종래의 보통상해보험 ·교통사고상해보험 등 상해보험을 일원화 하여 상해사고에 대한 보상내용의 종합화를 의도함과 더불어 상해사고에서 중도의 후유장해를 입은 경우의 개호보험금, 범죄피해 등에 조우한 경우에 보상하는 피해사고의 보상보험금 등이 지급되도록 되었다. 뿐만 아니라 이 보험에서는 상해리스크 이외의 물적 손해, 배상책임, 비용 등의 리스크나 손해도 광범위하게 보상하는 소위「보험의 종합화」가 이루어지고 있다.

(2) 한편 2001년 7월부터 제3분야의 완전자유화에 의해서 손해보험에서는 질병,

부상, 암, 개호 등 신체에 관계한 리스크의 보상에 관해, 계속해서 신상품 개발에 향해서 힘을 주입하게 되었다. 보험회사 각 회사에 의해 상품의 명칭이나 보상내용에 다소의 차이는 보여도 공통적으로 말할 수 있는 것은 어느 것이든지 보상기간이나 보상대상의 확대가 의도되어지고 있다는 것과 한편에서 일정 조건을 충족하면 보험금·급부금의 지급제한의 철폐를 설정하는 등 고객의 다양한 요구에 대응한 신상품 개발이 궁리되어지고 있다는 점이다. 예를 들면 의료보험, 암보험, 개호보험, 입원AND, 암AND, 단체상해질병보험, 의료보상보험(메디코), 의료보험플랜, 암보험플랜, 메디칼종합보험 등이 오늘날 판매되고 있는 주요한 보험상품이다.

(3) 더욱이 2000년 12월에는 풍력발전사업자의 비즈니스 리스크(풍향의 악화에 의한 수익감소)를 보상하는 보험이 개발되었다. 이 보험은 풍력발전사업자를 대상으로 한 신보험[124] 이라고 불리는 보험이지만 기상데리바티브에서는 풍속이 일정치를 밑돌 경우에 미리 정한 금액을 보상한다. 하지만 실제로는 그 보상액과 현실의 수익감소와의 사이에는 차액이 발생할 가능성이 있기 때문에 이러한 리스크를 회피하기 위해서는 기상보험과 기상데리바티브를 조합한 실제 수익 감소액을 산출해 여기서부터 기상데리바티브에 의한 보상액을 공제한 금액을 기상보험으로 담보하는 구조로 되어 있다. 한편 기상데리바티브에서는 기상보험에서 채택된 실손해의 사정이 면제되어 있으므로 지급의 신속성이 기대될 뿐 아니라 예정된 이익을 확보할 수 있다는 점에서 이점이 있다. 이 보험은 소위 전통적인 손해보험과 데리바티브를 결합시킨 신형의 신종보험의 하나로서 등장한 것이다.

이와 같이 각양각색의 리스크·피보험이익 · 손해 ·보상내용을 종합형 상품으로서 내용이 구성되어 있는 점이 최근의 신종보험의 특색의 하나라고 할 수 있다. 보상내용을 세분화하여 다양화된 위험에 대해 종합형의 보험이 제공되는 것은 보험서비스를 이용한 고객에게 매우 유익한 것이고 동시에 환영할 만한 것이라고 할 수 있다. 하지만 보상내용이 다양, 동시에 복잡하고 필요 이상으로 중복된 보상내용의 보험이 제공되고 있지는 않은가, 또한 고객이 불필요한 보험료지급을 할 수밖에 없

124) 『インシュアランス(損保版)』(第3928號, 2001年1月25日).

지는 않은지 등의 관점에서 신종보험자체의 보상내용에 관해 검토·조정을 하여 항상 신종보험의 수정을 하고, 여기에 고객의 요구에 대응한 신상품 개발에 임해야 한다고 생각한다.

Chapter 11 해상보험

1 해상보험의 역할

제2차 세계대전 이후 세계경제는 대량생산·대량 소비를 배경으로 한 발전을 계속해 왔다. 따라서 경제성을 추구한 시대의 요청에 대응하기 위해서는 다양한 대량화물운송과 그것을 가능하게 한 선박의 대형화·고속화가 불가결하다. 그러므로 일반적인 경향으로도 해상손해는 점점 다양화되고 거액화되고 있다. 따라서 큰 손해는 1척의 초대형선박이나 여기에 적재된 화물만이 한정된 특수한 예는 아니라는 것이다.

더욱이 지구의 표면적의 2/3는 바다이기 때문에 육지에 의해 타국과 접하지 않은 국가에 있어서는 특히 대량의 화물을 장거리에 싸게 운반할 수 있는 선박은 무엇보다도 실용에 적합한 교통수단일 뿐만 아니라 해상손해 발생의 기회도 크다고 할 수 있다.

일본의 경우를 생각해 보자.

4면이 바다로 둘러싸인 약38만 평방미터의 국토에는 천연자원이 부족하여 필요자원의 대부분을 해외에 의존하고 있다. 따라서 외국과의 무역에 의존하지 않으면 일본의 경제는 성립되지 않고 풍부한 국민생활의 획득·유지는 곤란하다. 대량의 원재료 자원을 해외로부터 수입해 그것을 가공하여 완성품을 수출한다. 이와 같은 무역 화물의 운송에는 항공기도 사용되고 있지만, 대부분은「대량 화물의 장거리 운송」이 가능한 선박에 의존하고 있다. 중근동으로부터 원유의 수입에는 대형 탱크가 사용되고, 액화 가스의 수입에는 LPG탱크가, 시멘트 수송에는 시멘트 탱크가 사용되며 또한 석탄이나 철광석, 목재, 청과물의 운송에는, 각각의 전용선이 사용되며 더욱이 잡화나 상품류의 운송에는 콘테이너선이 자동차운송에는 자동차전용의 운반선이 이용되고 있는 것이 현실이다.

그러나 이러한 선박운송은 항공기나 철도, 트럭 등의 운송기관과 비교해 시간이나 안전성이 뒤지고 있다. 공업기술의 발전과 함께 선박의 성능이나 내구성이 향상되어 항만시설이나 항로표식 및 등대 등의 안전·보안설비도 확충 정비되어 항해기술도 예전과 비교해서 한층 진보했다고 할 수 있다.

따라서 현대에서는 콘치키호라는 뗏목으로 태평양을 횡단한 하이엘다나 수명의 요트맨과 같은 모험가들을 제외하고 콜럼부스나 바스코 다가마, 마젤란과 같이 죽음을 무릅쓰고 항해에 나선 항해업자 등은 없을 것이다. 그러나 그래도 항해에는 비교적 많은 일수가 걸리고 그 기간에 그들의 선박이나 적재화물은 화재, 충돌, 폭발, 침몰, 좌초, 좌주, 전쟁, 해적 그 이외에도 다양한 해상위험에 노출되고 있다. 이러한 위험은 다종다양, 복잡 다양하며 이것의 발생을 완전히 예방하고 진압하는 것은 불가능하다.

그래서 자기 선박이나 화물이 이러한 해상위험에 노출되어 있는 것에 의해 거대한 손해를 입어 운송비나 이윤, 수수료 등의 금전적 이익의 획득을 위협받거나 제3자에 대해 각각의 책임을 부담할 수 있을 선박회사나 무역상사, 아니면 조선업자나 수산업자 등의 해사관련 기업은 이러한 손해에 대한 선후책으로 과학적으로 산출된 적은 확정된 비용(보험료)으로, 언제 일어날지 모르는 해상위험에 의한 장래의 불확정한 거액의 손해에 준비하지 않으면 안 된다.

즉 해상보험은 선박을 기업 활동의 용구로서 이용해 이를 위해 그 선박이나 선박으로 운송되어지는 화물이 해상위험에 노출되어 그 결과 거액의 손해를 입을 가능성이 있는 해사기업에 있어서는 필요불가결의 경제제도라고 할 수 있다.[125]

125) 해상보험주요참고서 중, 필독서를 추천한다. 木村榮一『海上保險』(千倉書房 · 1978年); 龜井利明『海上保險總論』(成山堂書店 · 1975年) ; 松島惠 · 大谷孝一『海上保險論』(損害保險事業綜合硏究所 · 1991年).

2 해상보험의 역사

1. 베니스의 상인

여러분은 세익스피어의 『베니스의 상인』이라는 희극을 알고 있을 것이다. 베니스의 외딴 마을 베루몬토에 살고 있는 포샤라고 하는 아름다운 여인에 반한 친구 바사니오의 여비를 조달하기 위해 무역업자인 안토니오는 유대인의 고리대금업자인 사일록으로부터 3,000다카토의 금전을 빌린다.

언제나 안토니오에게 장사의 방해를 받고 있던 샤이록은 종교적인 감정도 있어「3개월 이내에 빌린 돈을 갚지 않으면 안토니오의 신체의 살 1파운드를 잘라 낸다」는 조건을 제시한다. 이 때 안토니오의 4척의 선박이 1척은 트리폴리, 1척은 인도, 1척은 멕시코, 그리고 남은 1척은 영국에 항해 도중에 있었지만 2개월이 지나면 귀항할 것이라고 믿고 안토니오는 사일록의 이러한 조건에 대차계약을 체결한다. 그러나 불행하게도 안토니오의 4척의 선박은 모두 조난되어 1척도 귀항하지 못했다.

샤이록은 채무 이행이 가까이 오자 법원에 고소했다. 이때 재판관으로 변장한 포샤가「안토니오의 살 1파운드는 계약 그대로 사일록의 것이다. 하지만 한 방울의 피라도 내면 이것은 계약 위반이다」라고 말해 안토니오를 궁지에서 구했다는 이야기이다.

세익스피어는 1564년 4월 23일에 태어나 1616년 4월 23일에 죽었다고 전해지고 있지만, 정확한 날짜는 알 수가 없다. 그러나 그는『베니스의 상인』을 1596년경에 저술했다고 전해지고 있다.

그런데 1500년대 초반에 영국에서는 해상보험이 이미 행하여지고 있었고 이 이야기의 무대가 된 베니스에서는 그 이전부터 해상보험이 행하여지고 있었다. 안토니오는 자신의 선박과 화물에 해상보험을 가입했다고 한다면, 살을 베일 뻔한 위험을 범할 필요가 없을 것이다. 세익스피어는 왜, 안토니오에게 해상보험을 가입시키지 않았을까?

아마도 그것은 세익스피어 아직 해상보험을 알지 못했기 때문이었을 것이다.[126)]

그런 박식한 세익스피어 조차도 아직 해상보험의 존재를 모를 정도로 16세기 말의 영국에서는 일부 상인들만이 해상보험을 이용하고 있었다는 할 수 있을 것이다.

그러나 베니스(베네치아)를 시작으로 제노바, 피렌체, 피사, 플란토 등 아드리아해나 리그리아해에 인접한 북이탈리아의 상업 도시에서는 이미 14세기 후반에 오늘날과 같은 형식이나 내용의 해상보험이 행해졌다. 마르코다티니나 델베네라고하는 상인들이 보험자가 되어 해상보험을 인수한 것이 시작이 되었다고 한다.

현존하는 세계 최고의 진정한 해상보험증권은 1379년 4월 13일 피사의 보험증권이지만 그 때부터 이탈리아에서 해상보험은 상인들 간에 상당히 넓게 이용되어지게 되었다고 하는데, 예를 들면 피사대학의 메리스 교수가 이전 피렌체의 북서 마을 플랑도르에 있는 다티니 문고의 자료로부터 400통에 달하는 보험증권을 발견하였는데 그 중에서 1379년 4월 13일의 보험 증권부터 1401년 3월 15일의 보험증권까지 피사에서 작성된 보험증권이 실로 150통이나 있었고 또한 제노바의 어느 공증인이 1393년 8월 21일부터 9월 15일까지 1개월이 채 되지 않는 기간에 80통 이상의 해상보험증권을 작성했다고 하는 기록도 있다. 이들은 당시 해상보험이 상인들 사이에서 얼마나 확산되었던가 하는 증거라고 할 수 있다.

2. 모험대차

그런데 해상보험은 그 당초부터 현재 보여 지는 것과 같은 형식을 갖고 시작된 것은 아니고 멀리는 그리스, 로마 시대부터 지중해 연안지방에서 행하여지고 있던 foenus nauticum에서 전화된 것이라고 전해지고 있다.

Foenus nauticum이라고 하는「모험대차」 또는「해상대차」라고 해석되어지는 금전소비대차계약의 일종으로 항해업자(선주 또는 화주)가 선박이나 적하를 담보로 해서 금융업자로부터 돈을 빌려 선박이 무사하게 귀항하면 원금에 거액의 이자(그 중에는 한번 항해에 대해 원금 1/3에 달하는 고율의 것도 있었다고 전해지고 있다)를 붙여서 변제하고, 선박이 항해 중 해적을 만나게 되어 전손이 된 경우에 빌린 돈의 변제가 면제되는 계약

126) 세익스피어는 해상보험의 존재를 알고 있었다는 설도 있다. 그것은 어디까지나 추측에 불과하다.

이다. 따라서 금융업자는 항해 자금의 융자를 함과 동시에 해상위험을 부담하는 것으로 됨으로 위험 부담료를 포함한 이자는 당연히 통상이자 보다 고율이었다.

12, 3세기경이 되면 해상사업의 발달과 함께 모험대차는 이탈리아, 프랑스, 스페인 등 지중해 연안제국의 항구에서 성황리에 행하여지게 되었다.

그런데 1230년경 180대 로마법왕 그레고리 9세(Gregorius Ⅸ, 1170~1241년, 재위 1227~1241년)는 기독교적 이웃사랑을 중시해 이자의 수수를 죄악시하는 교회법에 근거해 소위 징리 금지령을 발포해 모든 이자 수수를 금지했다. 이자를 취득하는 것은 교회가 설교«mutuum date, nihil inde sperantes.»(어떤 물건이든 구하지 않고 서로 나누어준다)라는 가르침에 정면으로 반대되는 행위이다. 이자의 취득은 인간애의 가면을 쓴 사기이고 빈궁자로부터 착취라는 것이다.

당시 북 이탈리아 롬바르디아 지방을 중심으로 축재와 이자 증식을 훈계하고 많은 금액의 차입금이나 고율의 이자에 시달리는 사람의 구제나 부채법의 적용완화를 요구해 하나님의 평화와 고해를 구하면서「할렐루야, 할렐루야 」라고 각각 소리 내어 외치면서 탁발승출신의 설교사들은 선두에 서서 거리거리를 누비는 기독교도의 세상변화운동(「대 할렐루야」 운동) 이 폭발해 화염과 같이 민중의 마음을 휘어잡았다. 이와 같은 민중운동이 징리 금지령의 배경이 된 것도 사실일 것이다.

어쨌든, 이노센트 3세(Innocentius Ⅲ, 1160~1216년, 재위1198~1216년)부터 그레고리 9세 때까지는 로마법왕이 유럽의 피라미드적 교외 조직의 정점에 서 종교적으로는 물론 정치적으로나 경제적으로도 절대적인 권력을 휘둘렀다. 소위 중세 로마법왕권의 최전성기이다. 초국가적 권위의 상징인 법왕이 정한 법령은 신의 정의 그대로였으므로 이 법령에 위반하는 것은 불가능했다. 그렇게도 극히 융성했던 모험대차도 실제상 소멸해 해상 사업도 쇠퇴 할 듯이 보였다.

3. 가장보험계약

그러나 오랫동안 모험대차를 운영해 온 금융업자들에게는 징리 금지령에 의해 이자있는 임차의 금지는 사활문제 아니면 적어도 수입원의 소멸로 이어진다.

물론 고리를 지급하고도 항해자금을 조달하고 싶다고 생각하는 선주나 화주도 많았을 것이다.

여기서 그들은 이자를 계약의 표면에 내지 않고 징수하는 다양한 방법을 생각해 내었다. 어떤 때는 금융업자의 서비스에 대해 보수(recompensatio utiliium serviciorum)의 명목으로 어떤 때는 빌려준 돈과 변제금을 다른 화폐로 지급, 양주화의 시세의 차이를 이용해서 더욱이 무상의 소비대차(mutuum gratis et amore)나 매매를 가장해서 거액의 이자를 징수하고 모험대차와 동일한 기능을 달성하고자 생각했다.

무상의 소비대차를 가장한 경우에는 대차증서에 실제의 대차금액보다도 큰 금액을 기입해 두었다. 또한 매매를 가장한 경우에는 항해개시 전에 금융업자가 선주나 화주로부터 그 선박이나 화물을 산 대금을 지급하고 항해가 무사히 종료하면 그 매매계약은 해제되어 대금이 변제되고, 선박이 해난을 만나 전손이 되었을 경우는 매매계약은 유효하게 존속한다. 따라서 선박이나 화물의 소유자가 된 금융업자가 손해를 부담하게 된다.

항해가 무사히 종료하면 계약해제에 의해 금융업자에게 변제되는 대금은 항해개시 전의 계약에 의해 선박이나 화물의 매매대금보다 월등히 많았다. 이와 같이 해서 선주나 화주는 항해 개시 전에 자금을 조달가능하고 동시에 해상위험을 금융업자에 전가할 수 가 있었다. 금융업자도 항해가 무사히 종료하면 이자 상당액을 포함한 거액의 매매대금변제를 받아 이자가 표면에 나타나 있지 않아도 이것은 모험대차 그 자체인 것을 알 수가 있다.

이렇게 해서 모험대차는 모습을 바꿔 각양각색의 방법으로 계속되었던 것이다. 그러나 무엇보다 항해 중 해난을 만나 선박이나 화물이 전손이 되면 빌린 돈을 변제하지 않아도 되므로 항해업자 중에는 자신의 선박이나 화물이 전손되었다고 거짓을 하는 사람이 나타나게 되었다. 이것과 동시에 모험적인 항해를 중복해서 상당한 재산을 축적, 이제 항해개시전의 자금조달이 불필요하게 된 항해업자도 점차로 증가했다. 그들에게 있어서 새로운 항해의 좌절에 의해, 애써서 축적한 재산을 잃는 것이 가장 두려운 것이었다.

이와 같은 정황 하에서 금융업자들은 모험대차에 의해 사전에 자금을 융통해 빌린 돈을 떼이는 위험을 일으키기보다는 사후에 손해 보상을 하는 쪽이 유리한 계책이라고 생각하게 되었다. 즉 모험대차의 융자와 위험부담이라고 하는 두 가지의 기능 중, 후자만을 취한 제도가 여기서 생겨나게 되었고 이것이 바로 해상보험 그 자체라고 하는 것을 이해했을 것이다.

그러나 당시의 일반법규나 교회법 하에서는 계약이라고 하면 매매계약이나 소비대차계약, 코멘다 계약과 같은 근소한 종류밖에 없었으므로 해상보험이 즉각적으로 하나의 계약(contractus sui generis)으로서 시민권을 쟁취했다고 할 수는 없다. 따라서 예를 들면 1347년 10월 23일 및 1348년 1월 15일의 제노바 해상보험계약은 무상의 소비대차를 가장하고 있었고 같은 제노바의 1370년 7월 12일 해상보험계약은 매매를 가장한 것이다.

즉 무상의 소비대차를 가장한 보험계약의 경우에는 보험자가 선주나 화주로부터 무이자로 일정액의 돈을 빌려(실제는 금전수수는 하지 않았다), 해난을 만났을 때는 빌린 돈의 변제(보험금의 지급)를 요하지만 항해가 무사히 종료하면 그 계약은 무효가 되었고 변제를 요하지 않는 방법이 취해진다. 또한 매매를 가장한 보험계약의 경우는 항해개시 전에 보험자가 선주나 화주로부터 그 선박이나 화물을 매입해서 이들이 해난을 만났을 때는 매매대금(보험금)을 지급하지만 항해가 무사히 종료하면 이 계약을 무효로 하는 방법이 취해졌다.

이와 같이 14세기 전반 이후 이탈리아에서는 매매나 무상의 소비대차를 가장한 해상보험계약이 행하여지게 되었지만 이 같은 가장보험계약을 「보험대차」 또는 「준보험」 이라고 하기도 한다. 이 가장보험계약은 14세기 중엽부터 후반에 걸쳐서 점차로 형식을 정리해 형식적으로나 내용적으로도 지금의 해상보험계약과 동일하게 독립한 종류의 계약으로 변용되었다.

이 시기에 지중해에서는 해도나 나침반이 항해 업자의 불가결한 항해 용구로서 널리 이용되고 등대 등의 설비도 정비되어 선박은 한층 더 대형화·고속화되고 있다. 육상에서는 소 10마리가 끄는 화차라고 해도 겨우 2톤의 화물을 하루에 5~7마일 운반하는 것이 고작이었으나 선박으로는 그 수백 배의 화물을 하루에 20~30마일 운반할 수가 있다.

더욱이 해상에서는 세관 등의 장해물이 없다. 이러한 해상운송은 비약적으로 발전하고 동시에 해적이나 폭풍우와 같은 해상위험에 의한 손해가 빈발해 상인 사이에 해상보험의 중요성이 점점 인식 되게 되었다.

이와 같이 해상보험은 지중해 상업의 발전과 이탈리아인의 활약과 오스만 토르크의 대두에 의한 동방무역의 쇠퇴로 인해 로바드인을 중심으로 한 이탈리아인의 국외이주와 더불어 이탈리아로부터 지중해 서안의 마르세이유나 바르셀로나, 발렌시아 나아가 리스본, 아베니용, 리용, 보르도, 라로세르, 난토, 루앙, 브루쥬, 앤트워프 등 대충 말하면 유럽 대륙을 북상하는 형태로 전파되어 16세기에는 이 브루즈, 앤트워프를 중심으로 한 프랑드르 지방이 이탈리아를 대신해서 해상보험의 중심지가 되었다. 더욱이 해상보험은 북상해, 함브르크, 암스테르담 또는 영 · 불 해협을 건너서 현재 해상보험 중심지인 런던에 전해지게 되었다.

4. 로이즈

런던에 해상보험이 전해진 정확한 시기는 알 수가 없지만, 국경을 넘어 안주의 땅을 찾아서 13세기 초엽에 영국에 건너온 롬바드인이 주로 금융업을 함과 동시에 1500년대 전반에 해상보험을 이식했다고 전해지고 있다. 영국 최고의 보험계약으로서 1547년 9월 20일자의 포도의 화물보험증권과 1548년 11월 26일자의 직물의 화물보험증권 기록이 현재 남아 있지만, 이 보험증권은 어느 쪽이든 본문이 이탈리아어로 쓰여져 있어 영국의 초기 해상보험이 이탈리아인에 의해 독점적으로 운영되었다는 증거를 나타내고 있다.

그러나 1500년대 초반부터 중반에 걸쳐서 영국은 절대 왕정의 확립과 중상주의 정책의 추진에 의해 국가의 경제적 기반이 서서히 강화되어 후진국으로부터 선진국에로 길을 걷기 시작했다. 상품의 유통을 원활히 하기 위하여 화폐와 도량형의 통일을 하고 항해법을 발령하여 영국 해운의 보호·육성을 도모하고 더욱이 금융제도를 정비하여 외국인에 의한 금융지배로부터 벗어나 제외국과의 자유무역을 보증하는 한편, 종래부터 런던의 Steelyard를 근거로 영국의 무역을 지배해 온 한자상인이나 베네치아상인에 대해서는 강경한 수단을 강구하고 자주권의 획득에 노력했다.

그 결과 16세기의 중반 이후 영국은 중상주의적 부국강병책에 의한 세계 제일의 해운력과 광대한 식민지를 보유하고 해가 뜨는 기세로 세계시장 제패를 위해 움직이기 시작했다.

이와 같은 정황 중에 런던의 Lombard Street에 근거지를 둔 금융업이나 해상보험업을 영위하고 있는 롬바드인이 1483년 이후 계속되는 법적 억압에 견디지 못해 영국을 떠난 후 해상보험 거래는 1568년 설립된 왕립거래소(Royal Exchange)를 중심으로 행하여지게 되었다.

그러면서 세계 해상보험 거래에서 차지하는 영국의 지위를 결정적인 것으로 전환시킨 것이 사실은 하나의 커피점이었다. 1652년 레반토 무역에서 재산을 축적하여 귀국한 산다스라는 상인이 라구자에서 동반한 그리스인의 하인인 파스카로제에게 열어 준 커피점이 호황을 누리게 되자 런던에서는 비온 후의 버섯처럼 많은 커피점이 생겨났다(1700년경, 런던에만 2,000~3,000개의 커피점이 있었다고 전해진다). Oliver Cromwell(1599~1658년)이 권세를 휘둘렀던 당시의 영국에서는 모든 향락을 죄악시하는 청교도적인 생활 중에 커피점만이 시민이 죄악감을 갖지 않고 이용 가능한 유일한 사교장이었다. 그러므로 각인이 각각 단골 가게를 가지고 그곳에 모여서 열띤 커피의 신비적인 향기를 즐기며 담론이나 상담에 꽃을 피우고 있었다.

이렇게 커피점이 증가하면서 각각의 가게가 특색을 갖고 그곳에 모여서 손님의 성향이나 인종, 직업도 일정하게 되었다. 1688년경 에드워드 로이즈(Edward Lloyd)라는 사람이 시작한 커피점에는 테임즈 강의 선착장에 가까운 Tower Street라는 거리가 있는 관계로, 당초 선원이 모이는 장소가 되었지만 그들이 갖고 있는 세계 각국으로부터 최신 정보를 입수하기 위해 선주나 무역상이 다수 출입해 더욱이 해상보험 업자도 더해져 선박이나 화물의 매매와 해상보험의 거래가 성행하게 되었다.

공간이 좁게 된 로이드의 커피점(Lloyd‘s Coffee House)이 1691년 말에 롬바드 스트

리르로 이전하자 해상보험의 중심으로 더욱더 번창해 그 곳을 근거지로 한 개인의 해상보험 업자는 Underwriters of Lloyd's Coffee House로서 일반에게 알려지게 되었다.

당시 해상보험 거래는 개인보험업자에 의해 로이즈 커피점 이외에서도 거래되었지만 1720년 법률에 의해 London Assurance와 Royal Exchange 라는 2개의 특허 회사가 설립되어 이 2개사에 법인으로서 해상보험업의 독점권이 부여되어졌다.

개인보험업자에 의해 로이즈 커피점에 결집해 1720년대 중엽에는 그들만으로 런던의 해상보험거래의 약 90%를 인수하게 되었다. 로이즈의 개인보험업자들이 급속하게 이런 정도의 실력을 갖추게 된 것은 1720년 법률이 상기 2개사의 특허 회사 이외에 회사에 해상보험 영업을 금지하면서 개인보험업자에 의해 영업을 금지하지 않았다는 점, 그리고 상기의 2개회사는 화재보험거래에 중점을 두고 해상보험에는 주력하지 않게 된 것이지만[127], 물론 그들 개인보험업자들의 내부 노력도 간과할 수 없다.

그 후 약 1세기가 경과해 1842년에 알리안스사(The Alliance)및 인뎀니티사(The Indemnity)라고 하는 회사가 설립되어 해상보험업의 독점이 법률상 폐지된 때, 1,000명 이상의 개인보험업자로 구성되는 로이즈의 해상보험 시장에 있어 지위는 부동의 것이 되어 있었다.

더욱이 1871년에는 국회제정법인 로이즈법(Lloyd's Act)가 제정되어 로이즈는 「로이즈보험조합」(Corporation of Lloyd's)이라고 하는 일종의 특권을 가진 조합으로서 법인의 자격을 가지게 까지 되었다.

그리고 지금 로이즈는 해상보험 이외에 신용보험을 제외한 각종 손해보험 및 장기생명보험을 제외한 생명보험을 인수하고 있어 명실 공히 세계 최대의 보험업자로서 세계의 보험시장의 중심이 되고 있다.[128]

---

127) 木村榮一『ロイズ』(日經新書 · 1981年), pp.42~46.
128) 본 절에 관한 이상의 서술은, 木村榮一, 전게서『海上保險』; 同『ロイズ』;『ロイズ保 險證券生成史』(海文堂 · 1979年)을 참조했다.

5. 일본

일본에서도 17세기 초두에 어주인선(御朱印船)무역 시대에 모험대차가 행해지고 있었다. 이것은 포르투갈로부터 전해진 것으로, 「포은(抛銀)」이라고 불려 하가타(博多)나 사까에(堺)의 금융업자와 무역업자 사이에서 상당히 넓게 활용되고 있었지만 도쿠가와(德川)초기의 쇄국정책에 의한 외국과의 통상이 금지되자 이 제도는 급속하게 쇠퇴하여 이탈리아에서와 같은 「포은(抛銀)」제도에서 해상보험의 진화의 길을 걷지는 못했다.

17세기말 겐록쿠(元祿)시대가 되자 히가키회선이나 타루회선 등 국내화물운송선박의 화물보관, 수송, 중개매매를 하는 업자나 선주가 높은 운송비를 받고 수탁화물의 운송 중에 발생하는 손해를 보상하는「해상청부(海上請負)」가 생겨나 18세기를 통해서 널리 이용되게 되었다. 이「해상청부」제도는 본래 운송인이 화물운송 중에 발생한 손해를 화주에게 부담시킨다는 특약이 붙은 운송계약의 한 형태에 지나지 않고, 따라서 해상보험과 유사한 제도로서 의미를 가지고 있었지만 이것이 그대로 지금의 해상보험으로 이행되었다고 생각할 수는 없다.

그러나 이 겐록쿠시대 이래「해상청부」제도가 메이지(明治)유신이후 해상보험의 선구적 제사업의 기초로서 기능하였고 또한 해상보험에 대한 해운업자나 무역업자의 관심을 고조시키고 이해를 깊게 하는 역할을 했다는 것은 사실이다. 우선 메이지유신이후 이 해상청부가 해상보험업의 선구로서 처음 구체적인 모습을 나타낸 것은 1873년의「보임사(保任社)」이다.

이것은 홋카이도(北海道) 및 사할린 개척과 행정을 목적으로 1869년에 설치된 홋카이도 개척사라고 하는 관청(현재의 홋카이도청의 전신)이 오오사카·도쿄·하코닷데(函館) 사이의 해상교통운송의 발전을 도모하기 위해 1,100톤의 기선 홋카이마루(北海丸)와 기금 10만 엔을 대여하여 10명의 어용상인들에게 설립해 주었던 회사였는데 이 회사는 홋카이마루 적재화물의 환어음업과 함께, 해상청부업을 병행해서 수행할 계획을 가지고 있었다.

오늘날의 보험약관에 상당하는 이 회사의 「보임사정측(保任社定測)」은 로이즈의 보험증권을 모방한 것이라고 말할 정도로 정비된 내용을 가지고 있었고 또한 요율계산도 정확하게 되어 있었는데 이 회사의 주요 업무인 홋카이마루에 의한 정기항로의 운송이 부진하여 갑자기 결손이 발생하여 눈에 보이는 업적을 세우지도 못하고 다음 해에 폐사 명령을 받았다.

1873년 7월 일본 최초의 본격적인 은행으로 다이이치(第一)국립은행(현재의 미즈호은행의 전신의 일부)이 국립은행 조례에 근거해서 개설되어 영업을 시작하지만 메이지정부에 의한 지조(地租)개정과 함께 미곡 매매의 필요성이 높아져 동 은행은 1876년 쌀의 산지인 동북 지방의 환어음 금융에 적극적으로 개입해 그 지방의 미곡 매매에 관련된 환어음 거래가 이 은행의 중요한 업무의 하나로 되었다.

그런데 당시 동북 지방에는 아직 철도가 없어 그 지방에서 생산된 미곡류는 선박으로 도쿄와 그 외 지역에 운송 될 수밖에 없었다. 그러나 선박은 소형으로 풍파에 의한 위험도 크고, 가끔은 해난을 만나 화주는 커다란 손해를 입었다. 여기서 1877년 다이이치(第一)국립은행은 장래 일본에 보험회사가 설립될 때까지 잠정적인 조치로서 대장성의 허가를 받고 동 은행의 환어음 화물에 한해 해상청부업무를 시작하게 되었다.

동 은행의 해상청부는 「해상보증(海上受合)」이라고 불려 주도면밀한 준비의 덕택으로 업적도 순조롭게 신장되어 보험료에 상당하는 보증료의 적립금 잔액도 1879년 말에는 초년도의 3.5배나 확대되었다. 겐록쿠 시대에 맹아를 가진 「해상청부제도」는 여기에서 정확한 계산 기초에 근거한 근대적인 진정한 해상보험으로 탈피했다고 할 수 있다.

그리고 1879년 7월 다이이치국립은행 행장 시부자와 에이찌(澁澤榮一)와 미쯔비시 회사 사주인 이와자키 야타로(岩崎彌太郞)등의 노력에 의해서 일본 최초의 보험전업회사로인 도쿄해상보험회사(현재의 도쿄해상화재보험주식회사의 전신)가 자본금 60만 엔의 주식회사로서 설립되어 화물해상보험의 거래를 개시하자 다이이치국립은행의 해상보증 업무는 모두 도쿄해상에 양도 되었다.[129)]

3 해상보험의 종류와 내용

1. 해상보험의 종류와 내용

해상보험은 그 대상(보험의 목적물)이 선박인가, 화물인가에 따라 선박보험과 화물해상보험으로 대별된다. 우선 선박보험의 대상이 되는 선박은 일본국적 선박, 외국국적 선박(편선치적선(일반적으로 Flag of Convenience의 약자로 FOC선이라고 불려, 사실상 일본의 선주가 지배하고 있지만, 주로 선원 코스트 삭감을 위해서 편의상 외국에 선적(船籍)을 둔 선박을 말한다), 장치선(일본 선주가 장기간 용선하기 위해 일본 조선소의 선대를 외국의 선주에 알선해서 수출선으로 건조시킨 선박을 말한다), charter back선(일본 선주가 자사 선박을 한번 외국 선주에게 매각한 다음 다시 이 선박을 빌려서 사용하는 선박을 말한다)을 포함한다) 등의 일반 상선이나 어선 등이 포함된다.

그리고 상선이든, 어선이든, 일본국적 선박에 대해서는 일본어 보험증권(일본문 선박보험증권)이 사용되고 외국국적선박에 대해서는 영어 보험증권(영문선박보험증권)이 사용된다.

이것에 대해 화물해상보험은 오직 일본의 항구 사이에서 해상 운송되는 화물을 대상으로 한 내항화물해상보험과 수출입화물 및 3국간 무역화물을 대상으로 한 외항화물해상보험으로 나누어진다. 그리고 외항화물해상보험과 내항화물해상보험의 대상이 되는 화물에는 원재료, 식료, 공업제품 등 선박에 의한 해상운송에 대칭되는 것은 모두가 포함된다. 내항화물해상보험에는 일본어 보험증권(일본문 화물해상보험증권)이 사용되고 외항화물해상보험에는 영어보험증권(영문화물해상보험증권)이 사용된다. 물론 선박의 경우이든 화물의 경우이든 일본문 보험증권과 영문보험증권에는 여러 가지 상이점이 있지만 보험의 원리원칙상의 상이는 없으므로 편의상 여

129) 東京海上火災保險株式會社『東京海上火災保險株式會社百年史(上)』(1979年), pp. 3~56; 日本損害保險協會『日本貨物保險百年史』(1981年), pp.2~51.

기서는 일본문 보험증권에 관해 해설하기로 한다.

또한 일본 국내를 중심으로 육상 운송되는 화물을 대상으로 한 운송보험도 내용이 내항화물해상보험과 공통된 부분이 많으므로 일본 손해보험회사는 내항화물해상보험과 동일한 문서의 보험약관을 사용하여 운송보험을 해상보험부분에서 취급하고 있다. 그래서 여기서는 운송보험을 내항화물해상보험과 함께 해설하기로 한다. 이하 특별한 지정이 없는 부분에서는 내항화물해상보험이라는 표현은 운송보험을 포함하는 것으로 한다.

(1) 선박보험

선박보험이란 선박에 해상위험이 발생하는 것에 의해 선주 등이 입은 손해를 보상하는 것을 목적으로 한 보험이다(일본상법 제185조, 선박보험보통보험약관-이하 선박약관으로 약술한다 - 1조).

① 기본적 내용

ⓐ 대상이 되는 선박 - 선박보험의 대상이 되는 선박은 주로 해상을 항해하는 상선이지만 이것에 국한하지 않고 앞에서 논했던 어선 그 이외에 일반적으로 선박으로 간주되는 모든 것이 그 중에 포함된다. 그러나 그 반대로 짐을 나르는 거룻배나 손으로 젓는 작은 배, 가령 옛날에는 상선으로 사용되었다고 해도 현재는 폐선이 되어 일정 장소에 고정되어 등대선이나 부양호텔과 같이 항해를 목적으로 하지 않는 것은 포함하지 않는다. 그러므로 이러한 것들을 보험에 들기 위해서는 단순히 선박으로서가 아니라 등대선, 부양호텔과 같이 고유의 명칭으로 보험에 드는 것이 필요하고 하코네(箱根)의 아시노호의 유람선과 같이 오직, 내수(하천, 호수, 항만)면에서 사용되는 선박에 대해서도 같다.

다음으로 선박은 상당히 복잡한 구조를 갖은 건조물이므로 선박 약관은 보험의 목적물의 범위를 명확하게 하여 손해가 발생한 경우 피보험자와 보험자 사이의 문제를 피하기 위해 선체 및 기관 이외에 보험계약자 및 피보험자가 소유 또는 임차한 선박 내에 있는 속구·비품이나 선박의 사용 목적을 위해 선박 내에 있는 연료, 식료 그 이외의 소모품도 선박 속에 포함한다(제2조제1항). 원래 이러한 연료, 식료 그 이외의 소모품은 선박보험과는 별도로, 선박의 운항에 필요한 비용 즉, 선비로서 선비보험에 가입할 수가 있다.

ⓑ **보험자, 보험계약자 및 피보험자** - 해상보험에서는 로이즈라는 예외는 있지만 후술할 어선보험이나 P & I 보험 등의 특수한 보험을 제외하면 손해보험회사가 보험자가 된다. 그리고 선박보험에서는 선주가 자신을 위한 보험을 가입해 즉, 선주가 보험계약자임과 동시에 피보험자도 되는 것이 보통이다. 그러나 타인의 선박을 빌려서 운항하는 선박임대차(일반적으로 나용선이라고 한다)의 경우에는 선박임차인(나용선자)이 보험계약자로 선주가 피보험자가 된다. 단지, 이 경우 분손의 수리는 선박임차인이 행하므로 분손이 발생한 경우에는 선박임차인에 보험금이 지불되도록 절차를 행한다. 이것에 비해 화물해상보험에서는 물론 화주가 자신을 위한 보험에 가입하는 경우도 있지만 매도인(보험계약자)이 매수인(피보험자)을 위해 보험을 가입하는 경우도 많아 대체로 반반이다.

ⓒ **보험가액 및 보험금액** - 선박보험의 보험가액은 상법에서는 보험자의 책임이 개시된 때의 가액이며(818조) 그 가액은 보험기간의 종료까지 변하지 않는다는, 보험가액불변경의 의제가 행하여지는 점에서 화재보험 등과 다르다. 그러나 실제로는 보험자의 책임이 개시한 때의 가액이 얼마였던가에 관해 분쟁을 피하기 위해서 보험 가입 시에 보험계약자와 보험자 사이에 평가되어 협정된 가액 즉「협정보험가액」(보험평가액이라고도 한다)이 사용된다(선박약관 제18조제1항). 화물해상보험에도 상법은 선적지 및 시점의 가액에 선적 및 보험에 관한 비용을 더한 금액을 보험가액으로 하지만(제819조), 그것이 얼마이었던가에 관해 분쟁을 없애기 위해서 선박보험의 경우와 같이 실제로는 계약당사자간에 보험가액이 협정에 의하는 화물해상보험보통보험약관(이하, 화물약관으로 약술함. 동시에 이하 화물약관이라는 표현은 운송보험보통보험약관도 포함한 내용이다)에서는 그 기

준을 송장가액(화물약관에서는 송장면가액이라는 용어가 사용된다)에 10%를 더한 금액을 보험가액으로 한다(제6조제2항제1호).

선박보험이나 화물해상보험에서도 해상보험의 보험금액은 화재보험과는 다르게 일회 사고에 대해 지급되는 보험금의 최고 한도에서 보통은 협정 보험가액과 동일한 금액이 된다.

ⓓ **담보위험, 면책위험 및 이후 면책** - 선박약관에서는 선박보험자가 담보하는 위험은 침몰, 전복, 좌초, 좌주, 화재, 충돌 그 이외의 해상위험으로 규정하고 있지만(제1조), 이것은 모든 해상위험을 부담한다는, 소위 포괄책임주의에 근거한 선박보험자의 담보위험을 나타낸 것으로 열거된 침몰 이하의 6가지 위험은 대표적인 해상위험을 나타낸 것이다. 여기서 말하는 해상위험이라는 용어는 일본상법 제815조의 항해에 관한 사고와 같이 선박의 해상항해에 관련해서 발생하는 모든 사고를 부담하므로 호수 · 하천, 항만 등의 내수항해 중의 위험이나 정박 중의 위험도 이것이 해상항행에 부수하는 것이라면 해상위험으로서 특약이 없어도 선박보험자에 의해서 담보되어진다. 이와 같이 선박보험자는 원칙적으로 모든 해상위험을 담보하지만 그 위험을 담보하는 것이 첫째, 공공질서와 민풍양속에 반하는 경우, 둘째, 보험의 본질은 해치는 경우, 셋째, 보험사업경영의 합리화, 넷째, 거래의 여건 등의 이유로 법률 또는 약관에 의한 각종 방면으로부터 보험자의 책임에 제한을 더하고 있다. 선박약관에서는 구체적으로 일정한 위험 그 자체를 보험자의 면책으로 하거나(일반적으로 면책위험이라고 한다), 일정한 사유가 발생한 경우에 그 때 이후에 발생한 손해에 관해 보험자는 보상책임을 면하는(일반적으로 이후면책이라고 한다)것으로 한다. 여기서 예를 들면 선박약관에 어떠한 위험이 면책위험으로 되고(제11조 제13조), 또한 어떠한 사유가 이후면책이 되고 있는지(14조)를 열거한다.

제11조 ① 전쟁·내란 그 이외의 변란, ② 수뢰·폭탄 그 이외 폭발물로 사용되어지는 병기의 폭발 또는 이러한 병기들과의 접촉, ③ 공권력에 의한 것 인지 아닌지를 불문하고, 나포·포획·압류·압수 또는 몰수,

④ 해적행위, ⑤ 동맹파업, 로크아웃 그 이외의 쟁의행위 또는 쟁의행위 참가자의 그것에 부수한 행위, ⑥ 테러리스트 그 이외 정치적 또는 다른 사람을 해치려는 뜻을 가지고 행위 하는 자의 행위, ⑦ 폭동·정치적 또는 사회적 소요 그 이외 유사한 사태, ⑧ 원자핵의 분열·융합 또는 이것들과 동종의 반응에 의해 생겨난 방사성·폭발성 그 이외의 유해한 특성, ⑨ 압류·가압류·담보권의 실행 그 이외 소송 절차에 근거한 처분(본 조항은 이상위험을 면책하고 있다).

제12조 ① 보험계약자 · 피보험자 또는 이들 자의 대리인의 고의 또는 중대한 과실, ② ①에 열거한 자 이외의 자로 보험금을 수취할 수 있는 자 또는 그 대리인의 고의 또는 중대한 과실, ③ 선장 또는 선원이 ①, ②에 열거한 자에게 보험금을 취득시키는 것을 목적으로 한 경우의 이들 자의 고의(본 조는 도덕위험을 면책하고 있다).

제13조 ① 피보험선박에서 발생한 마멸·부식·녹·열화 그 이외의 자연 소모, ② 피보험선박에 존재하는 결함, ③ 피보험선박의 발항 당시 불감항(본 조항은 성질위험을 면책으로 한다).

제14조 제1항 ① 피보험선박이 안전하게 항해를 할 수 있게 하기 위해 필요한 관청검사·선급협회검사 또는 보험자지정의 검사를 받지 않는 자, ② 피보험선박의 선급변경 또는 선급말소, ③ 기간보험의 경우의 피보험선박의 항로정한 외 항행 또는 이로(離路)및 항해보험의 경우의 피보험선박의 발항 지연·이로 또는 항해의 변경, ④ 일본 또는 외국의 법령 또는 조약을 위반할 목적으로 피보험선박의 사용, ⑤ 피보험선박의 전란지에의 출입, ⑥ 피보험선박의 선주 또는 임차인의 변경, ⑦ 피보험선박의 구조 또는 용도의 현저한 변경, ⑧ ①~⑦을 제외하고 보험계약자 또는 피보험자에게 책임이 귀속되는 사유에 의해 보험자가 부담할 위험이 현저하게 변경 또는 증가(본 조항에 기재된 사유의 발생은 후술하는 화물약관 제8조에 기재된 사유의 발생과 함께 위험의 변동 즉, 보험계약체결의 기초

조건으로서 위험사정의 변동을 의미하고 위험의 변동이 있는 경우에는 원칙적으로 이후면책으로 한다)

이 이외에 15조에도 면책규정이 있지만 특수한 경우이므로, 여기서는 생략한다.

그리고 이러한 면책위험이나 이후면책 중에는, 특약에 의해서도 보험자가 담보가 불가능한 것(절대적 면책)과 할증보험료를 지급하면 특약에 의한 보험자가 담보가 가능한 것(상대적 면책)의 양쪽이 포함된다.

ⓔ 보험기간 - 해상보험의 보험기간에는 도쿄(東京)에서 런던까지라는 항해를 기준으로 정해지는 것과 몇 년 몇 월 며칠 몇 시부터 몇 년 몇 월 며칠 몇 시까지라는 것과 같이 특정 기간을 기준으로 정한 것이 있는데 전자를 항해보험, 후자를 기간보험이라고 한다.

선박은 수출선의 선주에 인도하기 위해 항해나 해철 선의 해철 장소에 항해하는 경우에 항해보험에 보험을 드는 예외가 있지만 이러한 경우를 제외하고는 모두 기간보험에 보험을 가입한다. 왜냐하면 선박은 항해 중에 있거나 항구 내에 정박하고 있어도 항상 위험에 노출되고 있으므로 쉴 사이 없이 보험이 계속되는 것이 바람직하기 때문이다. 선박약관에서는 기간보험의 경우에는 보험증권에 다른 시간 기재가 없는 한 보험증권 기재의 개시일의 정오에 시작해서 종료일의 정오에 끝나는 것으로 하고 있다(제10조제1항).

기간보험의 보험기간은 보통 1년이지만 이보다 기간을 짧게 할 수도 있다. 그리고 시작과 종료의 시기는 보험계약 체결지의 표준시에 의해서 결정된다. 기간보험의 경우 시작과 종료 시기가 명확해서 문제가 되는 경우는 적지만, 피보험선박이 항해 중 또는 피보험선박이 보험사고가 발생해서 보험자의 책임의 유무를 확정할 수 없는 상태에서 보험기간이 종료되는 경우에는 문제가 발생한다. 왜냐하면 이와 같은 상황에 있는 선박을 새롭게 보험에 가입한다든지 보험계약을 갱신하는 것은 실제로는 어려운 일이기 때문이다. 여기에서 이와 같은 입장에 처한 보험자의 불리함과 불편함을 제거하기 위해 선박약관에서는 보험계약자 또는 피보험자의 요구가 있으면 한번에 30일을 기준으로 보험기간을 연장할 수 있도록 규정하고 있다(10조3항). 이 조항은 일반적으로 계속조항이라 불리고 있다.

ⓕ **손해보상에 관한 원칙** - 해상보험자는 해상위험에 의해서 발생한 손해를 보상한다고 하지만 보상되는 손해는 직접손해 즉, 보험에 가입되어져 있는 피보험이익에서 발생한 손해로 간접손해 즉 같은 해상위험에 의해 발생한 손해라도 보험에 가입되어져 있지 않은 이익에서 발생한 손해는 원칙적으로 보상하지 않는다. 이것을 손해보험에서는「직접손해보상의 원칙」이라고 한다. 선박보험이든 화물해상보험이든 해상보험은 원래 물보험으로서 생성되어 발전했기 때문에 선박이나 화물의 실체적 손해가 직접손해가 되고 비용손해나 책임손해는 간접손해가 되는 것이 보통이다. 한 예를 들면 피보험선박이 자신의 선박과실로 인해 다른 선박과 충돌한 경우 그 결과 피보험선박자체에 발생한 실체적 손해는 직접손해가 되므로 원칙적으로 선박보험자에 의해 보상되지만 피보험자가 그 충돌과 관련해서 지출한 손해를 방지경감하기 위해 비용이나 상대선박의 선주에게 지급한 충돌손해배상금과 같은 비용손해나 책임손해는 간접손해가 되기 때문에 원칙적으로 보상되지 않는다.

그러나 실제로는 법률 또는 약관에 의해서 어떤 종류의 손해는 직접손해이면서도 보상되지 않는 소극적 예외가 있는 반면, 가령 간접손해이면서도 선박의 해상항해에 수반하여 빈번하게 발생하는 손해에 대해서는 예외적으로 보상하는 적극적 예외가 설정되어 있다. 선박보험에서 어떤 직접손해가 보상되지 않고 또는 어떤 간접손해가 보상되는지는 선박보험을 가입할 때에는 손해보상의 범위에 관한 특약으로서 설정되어 있는 선박보험 제1종 특별약관으로부터 선박보험 제6종 특별약관 중에 어느 것을 선택할 지에 따라 결정된다. 이러한 특별약관으로 소극적 예외에 속하는 것은 소손해 면책이 있고, 또한 적극적 예외에 속하는 것으로는 손해방지비용, 공동해손 분담액 및 충돌손해배상금이 있다. 해상보험에서 행하여

지고 있는 소손해 면책에는 보험가액의 일정 할인(또는 일정금액)을 넘거나 아니면 그 수준에 달한 경우에 그 손해전액을 보상하는 방식(이것을 단순면책 비율이라고 한다)과, 항상 이 비율(아니면 그 금액)을 공제한 잔액만 보상하는 방식(이것을 절대면책비율이라고 한다)이 있다. 일본에서 화물약관은 소손해 면책 제도를 채용하고 있지 않은 반면, 선박보험 제4종 특별약관 및 선박보험 제6종 특별약관에서는 후자를 채용하고 있다. 더욱이 적극적 예외에 속하는 손해에 관해서는 후술한다.

⑨ **보상대상이 되는 손해의 종류** - 선박보험 제1종 특별약관으로부터 선박보험 제6종 특별약관까지 특별약관에서 보상대상이 되는 손해는 다음과 같다.

㉠ 전손 - 전손은 현실전손과 해석전손으로 나눌 수가 있다. ㉠ 현실전손이란, 다음의 3가지 경우를 말한다. 첫째로, 선박이 충돌해서 원형을 알 수 없을 정도로 분쇄된 경우(화물이 타서 없어진 경우)와 같이 실제적 멸실의 경우이다. 둘째, 선박이 난파되어 원래대로 항해 능력이 있는 선박으로 되돌릴 수 없을 정도로 그 물건의 본래의 성질이 상실한 경우(화물인 주류가 산화된 경우)이다. 그리고 셋째, 선박이 포획되어 선주에게 되돌아 갈 가능성이 전혀 없는 것과 같이 선박의 점유를 회복할 전망이 전혀 상실될 경우(화물의 포획의 경우도 동일하다)이다.

이것에 대해 ㉡ 해석전손(추정전손이라고도 한다)이란, 법률의 해석 또는 법률상의 가설에 의해서 전손으로 간주되어지는 손해를 의미한다. 예를 들면 피보험선박이 행방불명이 된 경우와 같이 전손이 발생할 가능성이 상당히 높음에도 그 증명이 어려운 경우가 있다. 이와 같은 경우에 만약 담보 위험에 의한 전손이 발생한 것을 증명할 수 없는 한 보험자가 손해를 보상하지 않는다고 하면 피보험자의 입장에서는 대단히 곤란하게 된다. 여기에 이와 같은 입장에 있는 피보험자를 구제하기 위해서 설정되어 있는 것이 위부(委付) 제도이다(일본상법에서는 제833조 이하에 규정되어 있다).

구 선박약관에서는 피보험선박이 행방불명이 되거나 경제적 수선이 불가능한 경우(예를 들면 난파된 선박의 수선비가 협정보험가액을 초과하는 경우)에 피보험자는 보험자에게 피보험선박을 위부한 보험금액의 전부를 청구할 수가 있게 되어 있다(제10조).

이와 같이 위부제도는 전손이 발생했다고 추정되는 경우 또는 전손에 준하는 손해가 발생한 경우에는 피보험자가 보험의 목적물에 대해 가지고 있는 모든 권리가 보험자에게 이전되어, 보험금액의 전부를 청구할 수가 있는 제도로 해상보험만의 독특한 제도라고 할 수 있다. 이 제도는 피보험자의 지위를 조기에 안정시키는 것으로 생각되어져 과거에는 크게 이용되어 졌지만 최근에는 피보험선박의 행방불명이나 경제적 수선불가능의 경우 즉 해석전손의 경우도 보험금 청구의 처리에 관해 위부제도를 이용하지 않고 통상의 전손 즉 현실전손과 같은 처리가 행하여지고 있다. 이와 같은 상황을 반영시켜 1990년 4월 1일 개정 현행 선박약관에서는 위부제도를 폐지하고 현실전손과 해석전손을 병행해서 단순히 전손으로 하고 있다.

선박약관은 전손으로서 피보험선박의 실체적 멸실, 피보험선박의 물리적 수선 불가능, 피보험선박의 경제적 수선불가능, 피보험선박의 행방불명(최후의 소식이 있은 후 60일 간) 및 피보험선박의 고유의 상실(180일 간)의 5 가지를 명시하고 있다(제3조). 앞의 2가지는 현실전손이며 뒤의 3가지는 해석전손이다.

㉡ 수리비 - 선박약관에서는 해상위험에 의해 손상한(분손을 입은) 선박을 손상을 입기 직전의 상태로 복구하기 위해 필요한 비용을 수리비로 한다(4조). 화물해상보험에서는 화물의 품질이 저하되어 도착한 경우에 손품시가(損品市價)와 정품시가(正品市價)를 비교해서 손해율을 구하고 이것을 보험가액에 곱한 것을 손해액으로 하고 있지만, 이것과는 다르게 선박보험에서는 수리비 자체를 손해액으로 한다. 더욱이 선박약관에서는 수리비이라고 하는 용어를 사용하고 분손이라고 하는 용어는 사용하지 않는다.

㉢ 공동해손분담액 - 손해를 분담한 자가 피해자 단독인가 이해관계자 전부인가에 따라 손해는 단독해손과 공동해손으로 나누어진다. 따라서 본래 전손이든 분손이든 이러한 구별이 인정되어야 하지만, 해상보험에서는 분손에 관해서만 인정하고 있다. 공동해손이란 선박과 화물이 공동

의 위험(예를 들면 폭풍과 같은)에 처해진 경우 공동의 안전을 위해 선장이 고의로 게다가 합리적인 선박 아니면 화물을 희생시키거나 비정상적인 비용을 지급해서 발생한 손해를 말하며 예를 들면 배의 속도를 가볍게 하기 위해 던진 화물(화물의 선회 투여)에 의한 화물의 손해와 같은 공동해손희생손해와 화물을 적재한 채로 위험한 장소에 좌초한 선박을 인양하는 비용의 공동해손비용손해에 속한다. 이와 같은 손해는 희생 또는 비용의 지출에 의해 보존된 선박, 화물 등의 가액비율에 대응해서 이해관계자 전부가 분담하는데 이러한 각자의 분담액을 공동해손분담액이라고 한다. 선박약관에서는 공동해손의 정산은 국제적으로 협정된 York-Antwerp Rules에 따라서 행하도록 되어있다(제5조).

ⓡ 충돌손해배상금 - 피보험선박이 다른 선박과 충돌해서 피보험선박자체에서 발생한 실체적 손해는 선박보험자가 당연하게 보상하지만 다른 선박이나 그 화물 등의 손해에 관해 다른 선박의 선주나 그 화주에게 지급할 충돌손해배상금은 책임손해이며 직접손해라고는 하지 않기 때문에 보상한다는 특약이 없는 한 보상하지 않는다. 그러나 선주가 이와 같은 손해를 입을 경우도 있기 때문에 선박약관에서는 다양한 손해배상금 중에 다른 선박 및 다른 선상에 적화물 또는 그 이외의 재물손해에 대한 배상금만을 충돌손해배상금으로 특약에 의해 보상하고 있다(제6조, 선박보험 제3종 아니면. 제6종 특별약관).

ⓜ 손해방지비용 - 선박약관에 따르면, ㉠ 보험계약자 또는 피보험자가 손해의 방지와 경감을 위해 지출한 필요 또는 유익한 비용(그 중에는 조난한 선박의 구조작업에 관해서 계약상 지급한 계약구조료와 의무 없이 구조한 자에 지급한 임의구조비(일본상법 제800조)의 양쪽을 포함한다). ㉡ 보험계약자·피보험자가 제3자에 대해 가지고 있는 청구권 행사 또는 보전을 위해 지출한 필요 또는 유익한 비용, ㉢ 피보험자에 대해서 손해배상청구의 소송이 제기된 경우의 응소나 중재비용을 손해방해비용으로 한다(제7조).

ⓗ 손해보상의 범위에 관한 특별약관 - 선박보험에서 보통약관에는 손해보상의 범위에 관한 규정이 없고 선박보험 제1종 특별약관으로부터 제6종 특별약관까지 특별약관이 그것을 위해서 설정되어 있다. 이러한 특별약관에서 보상되는 손해범위는 <표 1>과 같다.

〈표 1〉 보상되는 손해의 범위

보상되는 손해 / 특별약관	전손	손해방지비용	공동해손 행위에 의한 손상의 수리비 또는 공동해손분담액	충돌손해배상금	침몰·전복·좌초·좌주·화재·충돌에 의한 손상의 수리비	침몰·전복·좌초·좌주·화재·충돌 이외의 위험에 의한 손상의 수리비
제1종	○	X	X	X	X	X
제2종	○	○		X	X	X
제3종	○	○	○	○	X	X
제4종	○	○	○	○	△ 보험가액의 일정비율을 초과한 금액	X
제5종	○	○	○	○	○	X
제6종	○	○	○	○	○	일부 일정금액을 초과한 금액

주 : 1. 또한 제2종에는 충돌손해배상금이 보상되는 경우도 있다.

2. 제6종은 침몰·전복·좌초·좌주·화재·충돌의 6대 중요위험 외에 폭발·지진·해일·화산의 분화·낙뢰·황천·주기관·보조기관 기타의 기기의 사고, 선체에 존재하는 결함에 의한 사고, 적하·속구 등의 적재·양하·환적 중에 이들의 작업에 의해 발생한 사고, 선원 또는 도선사의 고의 또는 과실, 수리업자 또는 용선자의 과실, 원자력의 분열·융합 등에 의해 발생한 유해한 특성을 추가하여 담보하는데 이 중 황천 이하의 위험에 의한 손상의 수리비의 경우에는 미리 규정된 면책금액이 공제된다.

이러한 특별약관 중 제5종과 제6종이 손해보상의 범위가 넓기 때문에 대부분의 선박은 이러한 조건에서 보험에 가입되고, 전손 이외에 손해방지비용도 보상되고 더욱이 보험료가 저렴한 제2종이 많이 사용되어지고 있다. 또한 당연한 것이지만, 보험료는 제6종이 제일 높고 제1종이 제일 낮다.

(2) 각종의 선박에 관한 보험-이상에 설명한 기본적인 선박보험 이외에 각종의 선박에 관한 보험이 있다. 이하 그 중에 주요한 것에 관해서 간단히 해설한다.

① **선박수리에 관한 보험** - 선박 수리가 행해지는 경우의 보험으로는 4종류가 있다. 첫째, 선주가 가입한 「선박수리보험」이다. 이 보험은 선박약관에서는 예를 들면 선박의 거대화 공사나 객선을 화물선으로 개조하는 공사와 같은 선박의 구조나 용도의 현저한 변경을 하는 대공사가 행하여지면 이후면책이 되므로(제14조), 이러한 대규모 공사가 행하여지는 경우에

가입한다. 둘째, 상기와 같은 대공사가 행하여지는 경우 선주가 소유한 선박이나 자료 이외에 당연히 조선소가 소유한 수리재료나 공사재료도 상당히 사용되어 이것들도 위험에 노출되므로 조선소가 선주와 조선소의 쌍방을 위해 포괄적으로 가입하는 보험이 「선박수리공사보험」이다. 셋째, 선박 수리를 행하는 조선소가 가입하는 「선박수리자배상책임보험」이다. 이 보험은 수리중의 선박이 조선소 측의 과실에 의해 손상한 경우는 조선소가 선주나 제3자에게 지급하지 않으면 안 되는 손해배상금을 보상한다. 넷째, 조선소가 가입한 「선박수리비보험」이다, 이 보험은 수리선이나 수리재료에 해상위험 또는 육상위험이 발생해 손해가 발생한 경우에 조선소가 수리를 위해 이미 지출한 수리재료비나 공임 등의 비용으로 선주로부터 회수 불가능한 것을 보상한다.

② **건조보험** - 이 보험은 건조 중의 선박에 해상위험 또는 육상위험이 발생함에 따라 입은 손해를 보상하는 보험으로 선박을 선주에 인도하기까지 발생한 손해는 원칙적으로 조선소가 부담하지 않으면 안 되기 때문에 조선소가 이 보험에 가입한다.

③ **계선보험** - 장기간 항구 내에 계선되어 있는 선박에 대해 항구 내 위험에 의해 발생하는 손해를 보상하는 보험으로 대상이 되는 선박은 원칙적으로 해상관할관청에서 계선절차를 받는 것이 필요하다. 계선되어 있는 선박은 항해 중의 선박에 비해 위험도가 낮으므로 보험료는 그 만큼 저렴하다.

④ **선박불가동손실보험** - 선박이 침몰, 전복, 좌초, 좌주, 화재 또는 물 이외의 다른 물건과의 충돌에 의해 운항이 불가능해진 결과 발생한 선주 또는 선박임차인의 손해를 보상하는 보험으로 불가동 손해를 ① 가동불능상태이면서도 지출하지 않으면 안 되는 경상비와, ② 가동불능이기 때문에 상실되는 수입 즉 운임 또는 정기 용선료의 양면에서 파악하여 이들 손해를 보상한다.

⑤ **P & I보험** - 통상 선박보험에서는 담보되지 않은 선주, 선박임차인 등의 책임, 손실, 비용을 담보한 보험으로 일본에서는 일반상선과 대형 어선의 대부분은 이들의 선주, 선박임차인 등의 상호보험조합인 「일본선주책임상호

보험조합」(The Japan Ship Owners' Mutual Protection & Indemnity Association, 일반적으로 Japan P & I Club로 약칭되고 있다)이, 또한 총톤수 1,000톤 미만의 소형어선은 후술하는「어선보험조합」이 인수하고 있다. 원래 P ,즉 Protection이란, 선주의 제3자에 대해 책임과 고용주로서의 선원에 대해서 책임의 보호를, 또한 I, 즉 Indemnity란, 화물의 운송인으로서 선주가 화주에 대한 책임의 보상을 의미하는 것이라고 한다. 이와 같은 내용에서 알 수가 있듯이 이 보험은 충돌손해배상금이 전보된 조건의 선박보험증권에서는 보상되지 않는 사망 · 상해 · 항만 시설에 대한 손해, 선박간의 충돌 이외의 원인에 의한 다른 선박 등에 대한 손해 및 피보험선박상의 화물에 대한 손해에 대해서 배상금이나 항로상에 침몰한 선박의 선각철거비용, 기름을 유출시켜 발생한 유독수면청소비용 등 광범위한 손해를 보상한다.

⑥ 어선보험 및 어선 P & I 보험 - 일본에서는 어선(어구를 포함한다)의 불의 사고로 인한 손해를 복구하고 적절한 시기에 어선을 갱신할 수 있게 해서 어업경영을 안정시키는 것을 목적으로 설립한 어선선주에 의한 상호보험조합(어선보험조합)이 있고, 이 조합이 행하는 보험은 경제정책보험의 하나로 되어 있다. 그리고 총톤수 1,000톤 미만의 어선에 관해서는 보통손해보험, 특수보험, 만기보험 등을 인수하고 있다. 보통손해보험은 통상 선박보험에 해당하고, 특수보험은 전쟁 · 변란 · 나포 등 전쟁위험을 담보하는 보험이고, 만기보험은 어선의 갱신을 용이하게 하기 위해 일정 기간을 한정, 자금을 축적해 만기까지는 보통손해보험의 담보위험에 의해서 발생한 손해를 보상함과 동시에 만기의 경우에도 보험금액의 전부를 지급하는「재산생명보험」이라고도 말할 수 있는 성격을 가진 보험이다. 더욱이 어선보험의 대상이 되는 어선에 관해서도 일반상선이나 대형 어선의 경우와 같이 어선보험조합에 의해 P & I 보험이 이용되고 있다.

(3) 내항화물해상보험과 운송보험

① 기본적 내용 - 일본국내에서 운송되어지는 화물을 대상으로 한 보험으로는 내항화물해상보험과 운송보험이 있다. 이 양자의 차이점은 전자가 주로 해상에서 운송되는 화물을, 후자가 주로 육상에서 운송되는 화물을 대상으로

한다는 점이다. 따라서 이러한 보험에 사용되어지는 보험증권이나 약관은 내항화물해상보험이 주로 해상위험을, 운송보험이 주로 육상위험을 담보하는 점이 다르지만, 공통되는 점도 많아 그 형식이나 내용은 완전히 동일하다. 또한 대상이 되는 화물이나 수송의 대상이 되는 물건은 모두 포함되는 점에서 변함이 없다. 그래서 여기서는 이들 보험을 함께 해설한다.

더욱이 보험자, 보험계약자 및 피보험자, 보험가액 및 보험금액이나 손해보상에 관한 원칙 등에 관해서는 선박보험에서 이미 설명했다.

㉠ 담보위험, 면책위험 및 이후면책 - 화물약관에서는 이 보험에 가입되어져 있는 화물에 발생한 다음의 손해에 대해 이 약관의 조항에 따라 보험금을 지급한다고 규정되어(제1조), 다음의 2조건을 들 수 있다.

㉮ 「all risk담보」 조건의 경우에는 모든 우연한 사고에 의해서 발생한 손해.

㉯ 「특정위험담보」 조건의 경우에는 화재·폭발·운송용구의 충돌·전복·탈선·추락·불시착·침몰·좌초·좌주에 의해 발생한 손해 또는 공동해손희생손해

이와 같은 화물약관에서는 2종류의 담보조건이 있고, ㉮ all risk담보조건의 경우에는 모든 우연한 사고를, ㉯ 특정위험담보조건의 경우에는, 화재, 폭발 등의 열거위험만을 담보위험으로 하고, 각각의 포괄책임주의와 열거책임주의에 근거한 화물보험자의 담보위험을 나타내고 있다. 그리고 이 담보위험은, 역시 선박보험부분에서 설명한 이유에서 여러 방면으로부터 제한되어지고 있다. 내항화물해상보험과 운송보험에서는 선박보험의 경우와 마찬가지로 구체적으로 일정한 위험 그 자체를 면책으로 함(면책위험)(제3조, 제4조 및 제5조)과 동시에 일정한 사유가 발생한 경우에 보험자는 이후손해보상책임을 면할 수 있게 하고 있다(이후면책)(제8조). 다음으로 이러한 조건에 어떤 위험이 면책되는지 어떤 사유가 이후면책으로 되는지를 나타내고 있다.

제3조 ① 보험계약자·피보험자·보험금을 수취하는 자 또는 그 대리인·사용인의 고의 또는 중대한 과실, ② 화물의 운송에 종사하는 자가 보험계약자·피보험자 등의 대리인·사용인인 경우에는 이러한 자의 고의(도덕위험의 면책).

제4조 ① 화물의 자연 소모, 또는 그 고유의 결함 아니면 성질에 의한 발화·폭발·도적·부패·녹 그 이외, ② 포장의 불완전, ③ 운송용구, 운송방법 또는 운송에 종사하는 자가 출발 당시, 화물을 안전하게 운송하는데 적합하지 않은 경우, ④운송 지연(성질위험의 면책)

제5조 ① 전쟁·내란 그 이외의 변란, ②수상 또는 수중에 어뢰 또는 기뢰의 폭발, ③공권력으로 인한 것인지의 여부를 불문하고, 포획·나포·억류 또는 압수, ④ 검역 또는 ③이외의 공권력에 의한 처분, ⑤노동쟁의 행위 또는 노동쟁의 참가자의 행위, ⑥ 군중·집단에 의한 폭력적이고 소동적인 행동 등, ⑦원자력반응 또는 원자핵의 붕괴, ⑧육상에 있는 동안의 화물의 지진·분화·해일 또는 이런 것과 관련한 화재 등(이상위험의 면책).

제8조 ①보험증권기재의 발송지·화물적재항구·화물양하항구·목적지의 변경, 또는 변경하려고 실행에 착수했거나 이로를 한 경우, ②보험증권기재의 운송용구의 변경 또는 환적, ③운송 개시 또는 수행의 현저한 지연, ④일본 또는 외국의 법령을 위반할 목적으로 운송용구 사용 또는 사용하기 위해 그 실행에 착수, ⑤ ①~④이외의 위험이 현저히 변경 또는 증가(이러한 사유가 발생한 경우에는 원칙적으로 이후 면책이 되지만 그 사유가 지체 없이 보험자에게 통지되어 보험자가 승낙한 경우에는 담보는 계속된다)(위험변동이 있었을 때의 이후면책)

제9조에도 위험변동에 관련한 규정이 있지만 특수한 경우이므로 생략한다.

이러한 면책위험과 이후면책 중에는 선박보험에서 설명한 절대적 면책과 상대적 면책이 포함되어 있지만 화물약관에는 이것들을 구분하지 않는다.

② 보험기간 - 화물해상보험의 경우에는 선박보험의 경우와 달리 통상, 화물운송과정 중의 위험이 담보되면 되기 때문에 특별한 경우를 제외하고 항해보험 방식으로 보험을 가입한다. 화물약관에서 보험자의 책임은 운송개시를 위해 화물이 보험증권기재의 발송지의 보관 장소로부터 반출된 시기 또는 그 보관 장소에 있어서 화물의 운송용구에의 적재가 개시된 시기의 어느 쪽인가 빠른 시기에 시작하고, 통상 운송과정을 거쳐 보험증

권기재의 목적지의 수하인이 지정한 보관 장소에 반입된 시기 또는 그 보관 장소에 있어서 운송용구로부터 화물이 양하 된 시기의 어느 쪽이든 늦은 시기에 종료한다(제7조).

③ 보상대상이 되는 손해의 종류 - 화물약관에서는 선박약관과 달리 특히 손해보상의 범위에 관한 특약을 설정하지 않고 전기 약관 제1조에 all risk담보조건과 특정위험 담보조건의 2조건을 들어 보험계약자가 그 중에 어느 쪽의 조건을 선택할 지에 따라 담보위험과 함께 손해보상의 범위도 결정된다. 이러한 조건 하에서 보상된 손해는 다음과 같다.

㉠ 전손·분손 - 선박보험의 경우와 달리 전손·분손을 관계하지 않고 보험금을 지급하는 것으로 하고(제1조), 더욱이 선박보험의 경우와 같이 현실전손과 해석전손을 일괄해서 전손으로서 보상하도록 되어 있다(제17조).

화물약관에 의하면, ㉠ 화물의 멸실 또는 이것과 유사한 대손해, ㉡ 피보험자의 화물점유상실, ㉢ 화물의 목적지의 물리적 운송불능, ㉣ 화물의 목적지에 경제적 운송 불능(이하 ②, ③, ④, ⑤의 각 비용의 합계가 화물의 목적지 도착 후의 가액을 초과하는 경우를 말한다), ㉤ 화물을 적재하고 있는 선박 또는 항공기의 행방불명을 전손으로 하고 있다(제17조). 이 중, ㉠, ㉡ 은 현실전손이며, ㉢, ㉣, ㉤은 해석전손이다.

화물약관에서도 1989년 약관개정시에 위부제도를 폐지하였다. 그 이유는 선박보험의 경우와 같이 종래, 실무에 있어서는 해석전손이 발생한 경우에도 거의 현실전손과 동일하게 처리하고 사실상 위부가 행하여지지 않았기 때문이다.

㉡ 손해방지비용(계약구조료를 포함한다).

㉢ 임의구조료(선박약관에서는 손해방지비용 중에 포함되어 있지만 화물약관에서는 독립되어 있다).

㉣ 계반비용 - 화물 또는 운송용구에 담보위험이 발생했기 때문에 화물을 목적지에 운송하는데 소요되는 비용

㉤ 공동해손분담액(②~⑤는 제2조에 의해 보상된다)

또한, 화물의 분손에는 100개의 곤포 중 10개가 파도에 유실된 경우와 같이 수량적 분손과 소금물에 젖어 품질저하가 있고, 수량 분손의 경우는 그 비율에 의해 보험금이 지급되어지는 것에 대해 품질저하의 경우에는 시장가격의 변동의 영향을 제거하기 위해 다음의 계산 방법을 채용한다.

$$\text{보상액} = \text{보험가액} \times \frac{\text{정품시장가격} - \text{손품시장가격}}{\text{정품시장가격}} \times \frac{\text{보험금액}}{\text{보험가액}}$$

$$= \text{보험금액} \times \frac{\text{정품시장가격} - \text{손품시장가격}}{\text{정품시장가격}}$$

이 계산식을 간단히 해석해보자. 품질저하를 입지 않고 도착했다면 당연히 가져야 하는 가액(정품시장가격)으로부터 품질저하 한 상태에서 도착한 경우의 가액(손품시장가격)을 차감하여(이것은 도착지에 있어서 가액을 기준으로 한 손해액이다), 그 잔액을 정품시장가격으로 나누어 손해비율을 구한다. 이것을 보험가액에 곱하면 손해액이 구해지고, 이것에 보험금액의 보험가액에 대한 비율을 곱하면, 보험자의 보상액이 산출된다. 이 계산방법을 일반적으로 분손계산이라고 한다.

(4) 각종 내항화물해상보험 및 운송보험

기본적으로 내항화물해상보험과 운송보험 이외에도, 이러한 부문에서 취급되는 여러 보험이 있으므로 이 중에 중요한 것만 간단하게 해설한다.

① 기간설정화물해상보험

연간을 통해 대량의 화물이 일본국내 각 항구간과 이것에 접속하는 육상에 운송되는 경우에, 화물을 발송할 때마다 보험을 가입하는 것은 상당히 번거로운 것이다. 여기에 이 보험에서는 1년을 기간으로 화물을 보험에 가입시켜 그 후에는 1개월 단위로 실제 발송된 화물의 금액을 보험자에 보고하면 되므로 절차가 상당히 간소화된다.

② 수출 FOB보험

화물을 FOB조건으로 수출하는 경우, 매도인은 화물이 본선에 적재될 때까지 발생한 손해를 부담하지 않으면 안 된다. 여기에 원칙적으로 화물이 소정의 보관 장소를 반출된 시기 또는 그 보관 장소에 있어서 운송 용구에 적재가 개시된 시기 중에 빠른 시기부터 본선에 적재되기까지의 위험을 담보하는 보험이다. 또한 이 보험도 개별 가입 방법과 기간 설정으로 가입하는 방법이 있다.

③ 계류 뗏목보험

항구 내에 있는 저목장(貯木場)에 계류되어져 있는 재목은, 태풍이나 해일 등에 의해 유출되거나 산란되는 경우가 있다. 이와 같은 경우에 발생한 손해나 지출된 비용을 보상하는 것이 이 보험이다.

④ 기간설정운송보험

기간설정내항화물해상보험의 경우와 마찬가지로 연간을 통해 대량 화물이 주로 육상을 운송되는 경우나 보관되는 경우에 일정 기간, 위험을 포괄적으로 담보하는 것이 이 보험이다.

4 해상보험의 현상과 향후의 과제

지금까지 해상보험(운송보험을 포함)의 ① 역할, ② 역사, ③ 종류와 내용을 간단히 해설했지만, 끝으로 해상보험의 현황과 장래에 대해 정리하고자 한다. 이 문제는 각각의 각도로부터 설명할 수 있겠지만 여기서는 해상보험의 원수를 담당하고 있는 일본의 손해보험회사(재보험회사, 외국회사, 일본선주책임상호보험조합, 어선보험조합은 제외한다)의 원수정미보험료의 추이를 근거로 해상보험이 전 손해보험 중에 장래에 어느 정도의 지위를 차지하게 될지를 생각하기로 한다(<그림 1>부터 <그림 4>까지에 사용한 수치는 일본손해보험협회 『일본 손해보험·fact book 2004』에서 인용했다).

〈그림 1〉 원수정미보험료의 보험종목별 구성비의 추이

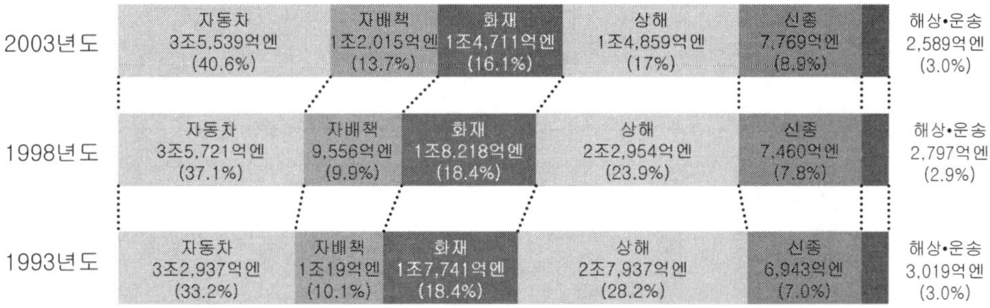

자료 :『日本損害保險·FACT BOOK 2002』, p.20.

우선 해상보험 및 운송보험의 원수정미보험료가 전 손해보험의 원수정미보험료(2003년도에 있어서는 8조 7,481억 엔) 중에 차지하는 비율을 최근 10년에 걸친 추이를 보자(<그림 1>참조). 1983년도에는 3,019억 엔, 3.0%을 차지했는데, 5년 전 1998년도에는 2,797억 엔, 2.9%, 2003년도에는 2,589억 엔, 3.0% 로 되어, 금액 면에서도 전체에서 점하는 비율이 상당히 감소되고 있는 것을 알 수 있다. 다음은 개별적 그리고 단기적인 검토를 해보자.

최근 일본의 해운업계는 변함없이 엄격한 경영환경 아래에 놓여져 있다. 엔저(円安)기조의 지속이나 합리화 노력에 의해 일단 순조로운 추이를 보이고는 있지만, 2003년도에는 일본 해운회사가 운항하는 선박은 내항해운에 있어서 내항해운선복조정사업에서부터 내항해운잠정조치사업의 진전에 의해 내항선박의 다수가 정리되었고, 또한 외항해운에 대해서는 편선치적화가 진전되어 척수와 총톤수도 감소했다. 이와 같은 상황을 배경으로 2003년도의 선박보험의 인수 척 수나 인수 총 톤수도 약간 감소했다.

원래 2003년도 선박보험 원수정미보험료는 591억 엔으로 전년도에 비해 10억 엔(2.0%)증가해, 수입이 증가했다. 이것은 손해보험회사 각사의 자유화 이후에 보험요율의 하락에 일정한 수습경향을 보이고 있다는 점과 미국의 동시다발테러를 계기로 한 전쟁보험요율의 인상이나 해외보험시장의 경직화 영향, 더욱이 엔저에 의한 외화에 의한 보험료의 외환증가 등 에 의한 것으로 생각되어진다(<그림 2>).

〈그림 2〉 선박보험 원수정미보험료 및 증감율의 추이

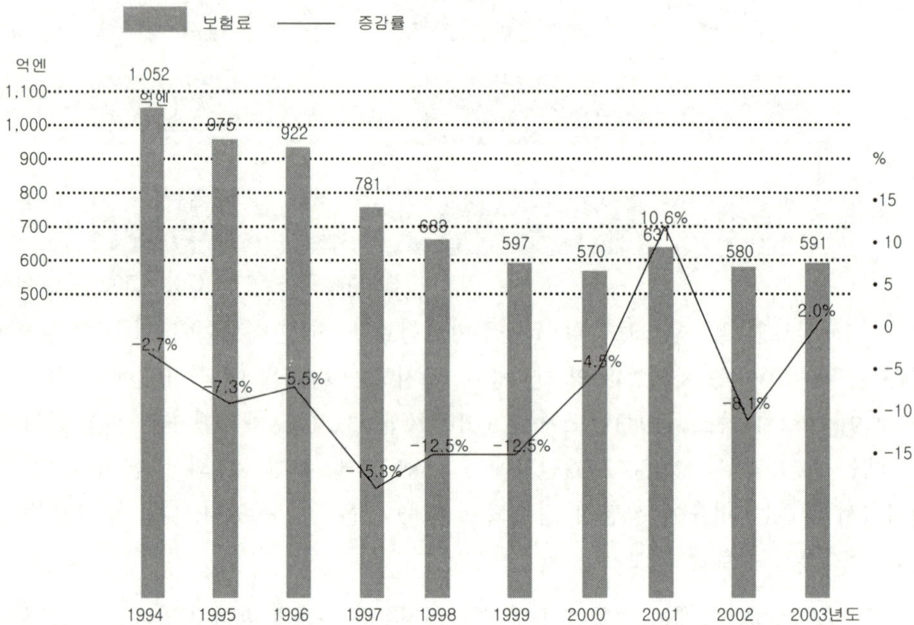

다음으로 화물해상보험의 원수정미보험료는 1,350억엔으로 전년도에 비해 10억엔, 3.5%감소했다. 일본의 화물해상보험의 보험계약고 중에 약 70%를 외항화물해상보험이 차지하고 있기 때문에, 무역고의 증감(중국무역의 활성화)이나 외환비율의 변동이 원수정미보험료의 증감에 커다란 영향을 미치고 있다.

이것은 일본경제의 경기침체와 화주기업의생산거점의 해외전개나 물류합리화 등에 따른 일본의 산업구조 변혁에 의한 것으로 생각된다(그림3).

〈그림 3〉 화물해상보험원수정미보험료 및 증감율의 추이

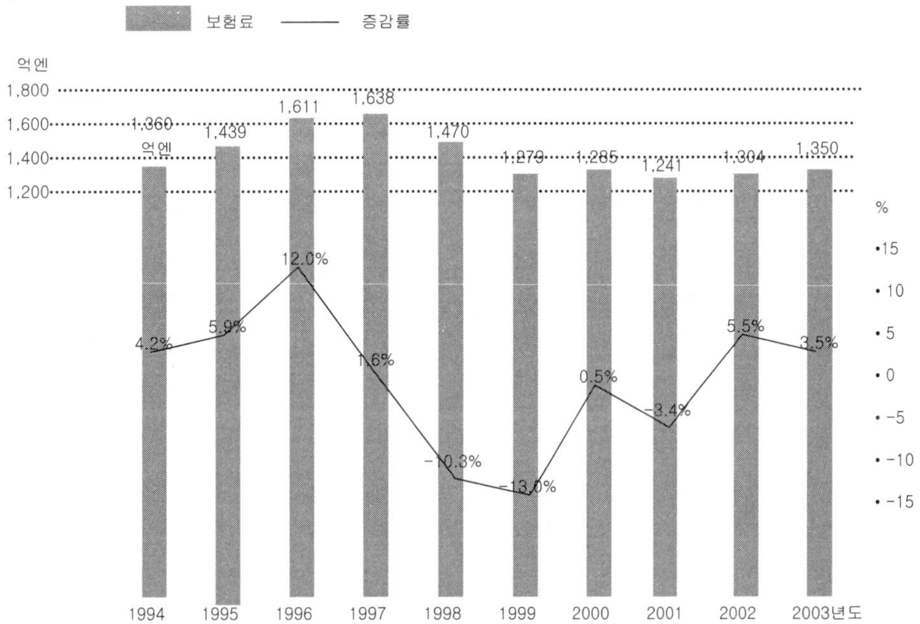

최근에 운송보험에 대해서도 역시 국내 경기의 침체로 1990년대 이후 국내화물 총운송량은 일관해서 감소경향에 있지만, 이것과 함께 운송보험도 미세한 증가와 미세한 감소를 반복 하고 있다. 2003년도의 원수정미보험료는 648억 엔으로 전년도에 비해서 원수정미보험료는 20억 엔, 3.1%의 증가를 나타내었다(그림4).

〈그림 4〉 운송보험 원수정미보험료 및 증감율의 추이

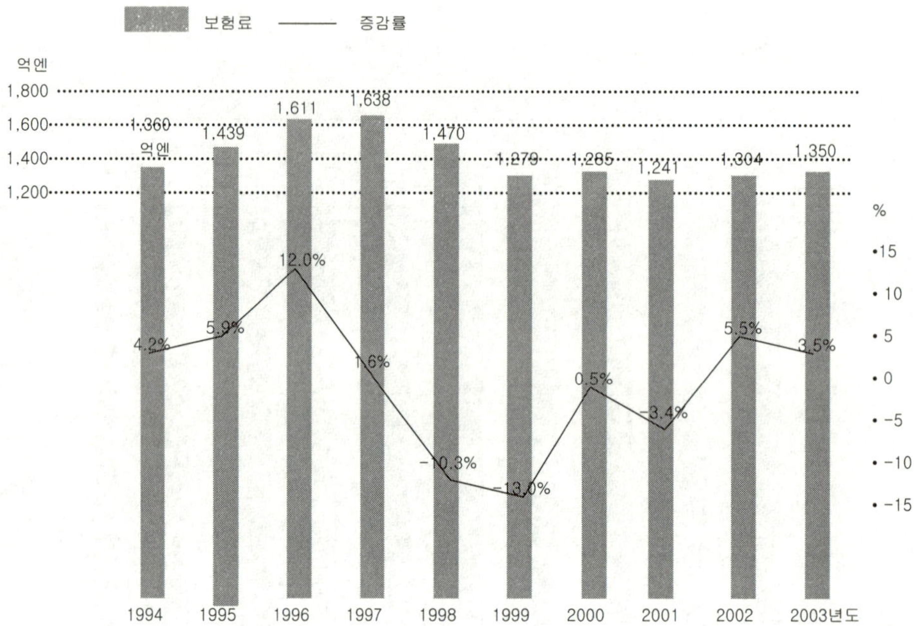

이와 같이 최근 수년 선박보험과 화물해상보험에서는 주로 세계경제 정세를 반영하고, 운송보험에서는 주로 국내경제정세를 반영하여 각각의 원수정미보험료가 증감하고 있지만, 전 손해보험의 원수정미보험료 중에 차지하는 비율은 상당히 급격하게 감소하고 있는 것은 명확하다(<그림 1>를 참조). 그 이유는 최근 자동차보험과 신종보험의 발전에 있다. 일본은 섬나라로서 자원이 부족해 무역에 의존하지 않으면 안 되는 상황에 있기 때문에 무역과 그것을 지탱하는 해운에 수반한 해상보험의 필요성은 장기적으로 보면 향후에도 변화는 없겠지만, 생활에 필요한 새로운 보험은 이제부터도 생성·발전할 것이므로 해상보험의 원수정미보험료는 그때그때의 경제정세에 대응해 반복하면서 금액 면에서 장기적으로는 체증한다고 해도, 이것이 전 손해보험 중에서 차지하는 비율은 향후에도 감소할 것은 피할 수가 없다고 생각한다.

Chapter 12 생명보험

1 생명보험의 역할

보험사고 발생의 대상을 기준으로 해서 보험은 인보험과 재산보험으로 분류할 수 있다. 전자는 또한 신체상의 사고(사망, 노령, 상해, 질병)에 대한 보험과, 경제상의 사고(실업)에 대한 보험으로 나눌 수 있다.[130] 이 장에서 취급하는「생명보험」은 넓은 의미로 파악하고 전술한「신체상의 사고에 대한 보험」이며 일본상법에 근서한 협의의「사람의 사망과 생존에 관한 보험」이 된다.[131]

1. 가계의 관점으로부터 3가지의 역할

2003년 5월 (재)생명보험문화센터는 전국 436지점, 세대원 2인 이상의 6,500세대를 대상으로「생명보험에 관한 전국실태조사」(회수율 72.7% 이하),「조사」라고 표

130) 安井信夫 「生命保險の歷史」『生命保險新實務講座第1節總說』(有斐閣・1997年), p.23.

131) 일본 상법 제673조는「생명보험계약이라는 것은, 당사자의 한편이, 상대방 또는 제3자의 생사에 관계되어 일정한 금액을 지급할 것을 약속하고, 상대방이 이것에 대해 보수를 제공한다는 것을 약속하는 것에 따라 효력이 발생한다」라고 규정하고 있다.

가」를 실시하였다.「조사」에 의하면 생명보험(간이보험, JA공제를 포함)의 세대가입률은 89.6%(2000년 실시한 전회 조사에 비해 2.2포인트 감소)로 생명보험가입세대가 1년간에 지급한 보험료는 평균53.1만 엔(전회에 비해 7.9만 엔 감소)이었다.[132] 이처럼 가입율이나 지급보험료에서 본 생명보험의 보급 정도는 최근 절정을 지나 감소경향을 보이고 있지만 생명보험의 가계에 대한 역할은 변함없이 크다고 생각된다. 이하에서는 이러한 가계에 대한 생명보험의 역할을 검토한다.

(1) 사망보장

가계에 있어 생활비를 벌어오던 사람이 사망할 경우 통상, 유족은 즉시 생활 곤란에 빠진다. 특히 유아가 있는 비교적 젊은 층의 부부에게 이러한 사태가 발생했을 때 일반 저축으로 그것에 대처하는 것은 어려울 것이라고 생각된다. 그럴 때 생활유지에 필요한 자금을 바로 조달하는 것은 생명보험에 의한 것이 가장 합리적이라고 말할 수 있다.「조사」에 의하면 세대주가 54세 이하의 세대의 약 80%가 세대주에게 만일의 사태가 발생할 경우의 경제준비에 대해「불안하다」라고 대답했다. 또한 이러한 사태에 대비하기 위한 경제준비수단으로써 어떤 것에 기대를 가지고 있는가의 질문에 대해「조사」에서는「생명보험」이 62.5%로 가장 많았으며 이하「예・저금, 대부신탁, 금전신탁」43.5%,「부동산」20.9%의 순서[133]로 되어 있다. 2001년도 중에 민간생명보험회사가 지급한 사망보험금은 3조 3,426억 엔, 190만 63건[134]에 달했다.

(2) 노후보장

일본은 세계 유수의 장수국으로 후생노동성「2001년 간이생명표」에 의하면 평균수명(0세 아의 평균여명)은 남성 78.07세, 여성 84.93세로 되어 있다. 일반기업에 있어서 통상「정년」이라고 여겨지는 60세의 평균여명이 남성 21.7세, 여성 27.13세이므로 부부는 정년 후, 평균 20~30년간, 연금 등을 이용해 생활 할 수밖에 없다.

---

132) 生命保険文化センター『2003年版 生命保険ファクトブック』, p,391.

133) 生命保険文化センター『2003年版 生命保険に関する全国実態調査』, p.95.

134) 生命保険協会『2004年版 生命保険の動向』, p.21.

후생연금중의 노령연금은 고령화의 영향을 받아 지급개시연령이 높아지기 시작하는 등 그 급부액이 향후 감소 경향에 있다고 예상되어진다. 그 결과 공적연금을 보완하기 위해 가계레벨에서 경제준비를 할 필요가 있다.「조사」에 따르면 노후생활자금으로 충당하기 위한 경제준비수단으로써 기대되어지는 것은「예·저금, 대부신탁·금전신탁」39.1%,「생명보험」34.3%,「개인연금보험」18.5%의 순서로 되어 있다[135](일본의 고령화와 개인연금보험에 대해서는 후술한다).

(3) 의료보장

가계는 질병 또는 상해에 의한 소득의 상실·의료비의 부담을 강요당하고 있다. 일본에서는「국민 전보험」체제 하에서 건강보험 또는 국민건강보험 등에 의해 전국민이 적어도 일정의 자기부담으로 보험의 현물급부를 받을 수 있다. 하지만 자기부담이「사회보장재정건전화」의 명목 하에 증액되거나 공적보험의 대상이 되지 않는 의료범위가 확대되는 등 가계 자체가 자금준비를 할 필요도 증가하고 있다.「조사」에서는 세대주가 질병이나 교통사고 등으로 2~3개월 입원했을 경우 차액병실료, 교통비 등, 건강보험진료의 범위 외의 비용에 대해 필요하다고 생각하는 자금의 평균은 29.4만 엔이 되어 있다. 또한 현재 준비하고 있는 것 중에 세대주가 입원했을 경우에 경제준비 수단으로 기대되는 것은,「입원급부금이 나오는 생명보험」이 65.7%로 가장 많았고, 이하 [예·저금, 대부신탁·금전신탁] 45.1%,「손해보험회사의 보험」 10.4%의 순서로 되어 있다.[136]

2. 기업의 관점에서의 역할

한 국가의 경제라는 그라운드에서 플레이하는「경제주체」에는 가계 외에 기업이 있다(또한 정부도 있을 수 있다). 여기에서는 기업용의 생명보험 상품으로써 대표적인 2가지를 예를 들겠다.

135) 生命保険文化センター『2003年版 生命保険に関する全国実態調査』, p.105.
136) 生命保険文化センター『2003年度 生命保険に関する全国実態調査』, p.100.

(1) 키맨보험

사업자보험이라고도 불려 기업 자신이 계약자가 되어 그 기업의 수뇌자 등이 피보험자가 되는 보험계약이다. 보험 종목으로써는 양로보험(후술)이 이용되며 경영자가 사망한 경우의 신용실추, 새로운 경영자를 고용하는 비용, 조위금 등의 경제적 손실을 보상하는 것이다.[137] 단 일본의 경우 일반적으로 회사 중역의 퇴직금, 사망퇴직금, 조위금을 지급하기 위한 상품이 되어 있다.

(2) 단체정기보험

여기서의 단체보험이란 특정한 공통적인 성격을 가진 인적 집단을 일괄하여 단일보험계약으로 부보하는 사보험[138]을 말한다. 그 중 일정 기간(통상 1년)의 사망리스크 등의 보장을 목적으로 하는 것이 단체정기보험이다. 또한 「특정의 공통적인 성격을 가진 인적집단」이라는 것은 회사, 사무소, 노동조합, 공제조합, 협동조합 등을 말한다.[139]

이 보험의 계약자는 단체 또는 피보험단체의 대표자[140]로써 보험사고는 피보험자의 사망 또는 고도장해이다. (재)생명보험문화센터는 종업원복지로써 유족보장을 「법정외 노동보상」과 「업무 외 사고에 대한 보상」으로 나누어서 조사하고 있다.[141] 이것에 따르면 전자 중 「유족 조위금」이나 후자 중의 「사망퇴직금」에 대해서는 자기자금에 여유가 없는 소규모 기업(종업원30~99명 규모)이야말로 이 단체정기보험에 의존하고 있는 것을 알 수 있다.

3. 국민경제의 관점에서의 역할

이상이 개별경제로써 각각의 가계와 기업에 있어서 생명보험의 역할이었지만 일

137) 『保險辭典』(保險研究所 · 1978年), p.355. 예를 들면 일본생명의 「닛세이키맨플랜」 등이 있다(『日本生命の現狀 2002』, p.57참조).

138) 大林良一 『團體保險論』(有斐閣 · 1961年), p.27.

139) 日本生命保險相互會社 『總合福祉團體定期保險普通保險約款』(1996年11月2日制定)의 「この保險の趣旨」 참조.

140) 日本生命保險相互會社 「總合福祉團體定期保險普通保險約款」 제3조.

141) 生命保險文化センター 『1998年度企業の福利厚生制度に關する調査』, 1999年.

본 국민경제라는 거시적 시점의 경우 생명보험회사의 총 자산 184조 3,299억 엔(2003년도 말 현재)이 중요한 의의를 가지고 있다. 단 이것은 기본적으로 보험료를 주요한 원래의 자본으로 하는 「보험자금」이므로 그 자금의 특징에 합치한 운용원칙 하에, 여러 가지 운용 대상으로 나누어진다.

(1) 자산운용원칙

보험자금은 장래의 보험금 · 연금 등의 지급을 위해 계약자로부터 「위탁받은」 재산일 뿐이다. 따라서 자산리스크를 가능한 한 관리하면서 원금을 보전하는 「안전」한 운용이 필요하다(안전성의 원칙). 또한 생명보험은 손해보험과 달라 일반적으로 계약자가 장기에 걸쳐 보험료를 납부하는 보험이므로 생명보험회사가 획득하는 운용수익은 사전에 「예정이율」에 의해 할인되어 있다. 즉 생명보험회사는 적어도 그 예정이율을 명백하게 하는 운용을 하지 않으면 안 된다(수익성의 원칙).[142] 또한 생명보험의 가계 가입율은 저하경향이라고 해도 여전히 90%를 넘고 있으며 「보험계약자≒일본국민」이라는 도식은 유지되고 있다. 따라서 생명보험회사는 가계 또는 기업의 영세자금의 집적인 총자산을 국민경제 전체의 이익에 합치되도록 운용하지 않으면 안 된다(공공성의 원칙). 마지막으로 주의해야 될 점은 보험급부의 현금지급이 원칙인 이상 운용할 때는 유동성이 높은 운용 대상(현금 · 예금, 금전신탁, call-loan 등)에도 일정한 자금을 분산시킬 필요가 있다는 것이다(유동성의 원칙).

(2) 운용상태

2003년도 말 생보회사의 총자산의 운용 형태를 보면 자산의 대부분(65.3%)을 「유가증권」이 차지하고 이어서 대부금(22.6%)으로 되어 있다(그 외, 「부동산 · 건설 가계정)이 4.1%, 「call-loan), 「금전신탁)이 각각 1.5%와 1.4%, 「현금 · 저축)이 1.6%로 되어 있다). 1960년대 고도경제성장기에 있어서는 중화학공업을 중심으로 한 설비자금수요가 높아져 간접금융우위의 금융구조 하에서 생명보험회사의 자금 운용도 대기업용의 대부금이 중심이었다. 이러한 운용은 생명보험회사의 자금이 본래 가지고 있는

142) 2001년 4월 이후, 예정이율(표준이율)은 1.5%가 되고 있다.

성격(장기성 · 안정성)에 맞는 것이었다.

1951년도부터 35년간 대부금은 자산 운용에 있어서 최대의 점유율을 차지하고 있었지만 1986년도에 유가증권에 지위가 밀려 현재의 상태가 되었다. 그 이유로써, ⓐ 두 번(1973년과 1978년)에 걸친 석유파동을 계기로 일본의 산업구조변화가 진행되고, 중화학공업의 자금수요가 저하되었던 점, ⓑ 기업금융의 선택 안으로써 직접금융 방식도 주목받게 되어 기업의 equity finance가 진전된 점, ⓒ 내외금리차를 노린 외국유가증권 투자가 전개되어진 점 등[143] 을 들 수 가 있다.

2003년도 유가증권의 내역은 국채(29.5%), 지방채(5.2%), 사채(15.7%)의 합계가 50.4%로, 전체의 반 이상이었다. 이러한 공사채는, 확정이자는 물론 안전한 운용대상으로 여겨져, 장기에 걸쳐 안정된 income gain을 얻는 것이 가능하다.

10년 전(1993년도 말)에는「주식」의 비율이 50%(46.8%) 이었지만 현재는 17.7%로 주가저하[144]에 의해 비율을 떨어뜨리고 있다. 외국증권도 국채에 이어 높은 점유율(23.8%)로 나타나 있다.

2 생명보험의 역사

1. 해상보험에서 생명보험으로

각종의 보험 중에서 가장 빠른 시기에 성립된 것은 해상보험이라고 생각되어 진다. 기상레이더는 물론 나침반도 발명되지 않았던 시대, 해상무역을 하던 상인들은 항상 커다란 리스크에 직면하고 있었다. 해상보험은「자금융통기능」과「위험부담기능」이 결합한「모험대차」가, 각종 요인에 의해 변화 · 발전을 통해 오늘날과 같은 형태로 이행했다.[145] 생명보험은 해상보험의 부보대상이 확대된 결과로써 탄생

143) 水島一也『現代保險經濟(第7版)』(千倉書房 · 2002年), pp.178～180.

144) 일본경제평균주가를 1999년도말부터 5년간 열기하면, 20,337엔, 12,999엔, 11,024엔, 7,972엔, 11,715엔이었다.

되었다. 즉 해상보험에 있어서는 선박과 적하만을 보험의 대상으로 하였지만, 결국은 선장, 선원 또는 승객의「생명」에도 보험을 들 수 있도록 되어, 여기에 생명보험의 역사가 시작되게 된 것이다.[146)]

단, 초기의 생명보험은, 현재 인정되고 있는「생활보장기능」이 기대되어지는 것이 아니었으며, 보험자·계약자 모두 생명보험을「생명을 건 도박」으로 생각하고 있었다. 계약자에게는 어떠한 이해관계도 없는 죄인이나 유명인의 생사를 건「도박」이 생명보험의 명목 하에 행해졌다. 그 후 유럽 각국은 법률에 의해 이러한 거래를 금지하게 되었다.[147)]

2. 근대적 생명보험의 성립

여기서는 생명보험의 역사에 있어 그 선도역을 한 영국의 상황을 살펴보겠다.

(1) Equitable이전

17세기말 영국에서는 벌써 세계 최초의 생명보험기업[148)]이나 부과식의 생명보험조합[149)]이 설립되었지만 양자는 합리적인 계산 기초를 바탕으로 하고 있지 않아 결국은 그 자취가 사라졌다. 18세기에 들어(1706년) 특허장을 바탕으로 한 최초의 생명보험조직이라 불리는 에미커블(the Amicable Society for a Perpetual Assurance)이 설립되었다. 에미커블도 여지까지의 조직과 같이 합리적인 조직이라고 말하기 어렵

145) 본서 제Ⅱ부 제4장「해상보험」참조.

146) 생명보험으로써 최고의 기록은, 1422년 11월 14일의 계약에 관한 피렌체에서 발견한 문서이다(安井信夫, 전게서, p.5).

147) 각국에서 금지한 년도는, 네덜란드(1570년), 이탈리아(1588년), 프랑스(1681년), 영국(1774년)이다.

148) 목사 William Assheton에 의한 것으로, 목사의 부인을 위한 과부연금급부를 목적으로 한 Mercers' Company였다(淺谷輝雄『生命保險の歷史』(四季社·1957年), p.51).

149) Stansfeld에 의해 설립된 The Society of Assurance for Widows and Orphans이다. 가입자의 정원이 2,000명되어 있어, 가입자 중에 사망자가 나오면, 5실링씩 모아 그 총액을 급부하는 것으로 되어 있었다. 단, 조합원수는 급속하게 증가하지 않아, 1707년 현재 1,104명이었다(淺谷輝雄, 전게서, p.51).

다. 가입자(2,000명을 상한)의 연령을 12세에서 45세까지 한정하고 연령이나 건강정도와는 무관계인 일률적인 거출금을 받고 거출총액에서 적립분(거출액의 1/6)을 뺀 잔액을 그 해의 사망한 자 사이에서 균등하게 분배하였다. 즉, 실제로 받을 때까지의 보험금이 불확정이라고 하는 중대한 결점이 있었다.[150]

(2) Equitable의 성립

보험요율을 연령별로 설정한 세계 최초의 근대적 생명보험회사는 Equitable(the Society for the Equitable Assurance on Lives and Survivorships)사 이다.

수학자 James Dodson은 전술한 에미커블사에 보험가입을 신청했지만 당시 50세이던 그는 연령 제한에 의해 거절을 당했다. 그래서 그는 새로운 생명보험회사를 설립하고 할리(Edmund Halley, 1693년에 과학적인 생명표를 공표)가 주장한 피보험자의 연령별보험료를 채용하려고 했다. Dodson은 Equitable사 설립(1762년)을 보지 못하고 사망하였지만 그의 사업은 그의 친구인 Thomas Shimpson에 의해 계승되었다.

그들은 당초 계획하고 있던「특허장」은 획득하지 못하였지만 현대의 생명보험회사의 기본적인 특징을 점차적으로 구비해갔다.

개별적으로는 ⓐ평균 보험료식 보험의 도입, ⓑ엄격한 위험선택의 실시[151], ⓒ고보험 금액의 제한[152], ⓓ정기적인 결산에 의한 계약자에게 배당, ⓔ 해약환급금의 지급 등을 들 수가 있다.

(3) 간이보험의 개시

근대적 생명보험회사의 성립 후에 있어서도 생명보험의 가입자는 중산계급이나

---

150) 安井信夫, 전게서, p.12. 또한, 1807년에는 새로운 특허장에 의한 조합을 개방적으로 하고, 가입건수를 무제한으로 하고, 연령별의 보험료가 채택되었다(淺谷輝雄, 전게서, p.61).

151) Equitable에 있어서 의적(醫的)선택은, 1858년이 되어 처음으로 실시되었다(淺谷輝雄, 전게서, p.81).

152) 당초에는 동일 피보험자에 체결된 보험금액에는 제한이 없었던 것으로 보여 지지만, 최고보험금액의 한도는 1775년에 1,500파운드에서 2,000파운드, 1783년에는 3,000파운드, 1790년에는 5,000파운드, 1856년에는 10,000파운드로 인상되었다(淺谷輝雄, 전게서, p.84).

전문직업인에 한정되어 있었다. 그 후 자본주의 경제의 진전에 따라 자신의 노동력을 자본가에게 팔아 임금을 얻는 것 이외에는 생활수단을 가지지 못하는 임금노동자층이 탄생했다. 19세기 중엽까지는 그들에게 주어진 생활보장의 기회는 우애조합(Friendly Societies)에 의한 것으로 한정되어 있었다.

이러한 임금노동자에 대해 프루덴셜(1848년에 the Prudential Mutual Assurance, Investment and Loan Association으로 설립)은 1854년에 간이생명보험(Industrial Assurance)의 제공을 개시했다. 보험금액이 소액으로 의사에 의한 진료(1860년에 폐지)가 없고[153], 또한 보험료가 주단위 납입이라는 특징을 가진 동 보험은 가입이 용이하다는 점에 의해 급속한 발전을 하게 되었다.[154] 자본주의 경제의 한쪽의 담당자인 임금노동자에게도 생명보험이 넓게 공급되어 근대적 제도로써 「확립」 되었다고 평가할 수 있다.

3. 일본의 생명보험의 생성·확립기

생명보험을 근대사회의 제도로써 일본에 넓게 전파한 것은 후쿠자와유기치(福澤諭吉)라고 전해지고 있다. 후쿠자와는 1867년에 출판한 『서양여행안내』에서 「재난의 보증에는 세 가지가 있다」라고 하며, 첫 번째로 「사람의 생애를 보증하는 것」으로 생명보험을 소개했다.

이하에서는 일본에 있어서 근대적 생명보험이 어떻게 탄생하여 그 기초를 확립해 갔는지 그 경과를 설명한다.[155]

(1) 「메이지생명」 이전

일본 최초의 근대적 생명보험회사는 1881년에 설립한 메이지(明治)생명(정식 명칭은,

153) 安井信夫, 전게서, p.17.

154) 1854년 동 회사의 간이보험업무에 의한 보험료수입은 3,000파운드였지만, 1870년에는 30만건의 계약을 보유하고, 26만 파운드의 보험료수입이 있었다(水島一也, 전게서, p.57).

155) 이하는, 주로, 宇佐美憲治「家計における生命保険の役割―變遷と課題―」『HOME ECONOMICA』Vol.11, (アコム經濟研究所 · 1984年), pp.6~74 ; 保險研究所『日本保險 業社 · 會社編(上巻)』1980年, pp. 7~21에 의한 것이다.

유한 메이지생명보험 주식회사)이다. 하지만 이전에도 생보회사설립의 움직임은 있었다. 와까야마 요시카즈(若山儀一)는, 메이지 초기의「이와쿠라 사절단」에 수행, 귀국후 대장성에 봉직하여 1877년에 퇴관하였지만, 그는 미국에 주재중 생명보험사업을 알게 되어 생명보험사업의 연구조사에 힘쓴 결과,「니찌도우(日東)보생회사」의 창립인가를 행정당국(당시의 동경도지사)으로부터 받을 수 있었다. 메이지 생명 설립의 전년도의 일이었다. 하지만 동 회사는 개업은 하지 못하고 결국 해산하게 되었다. 그 이유로써, 첫 번째는 위험선택을 위한 의적진료에 대한 혐오감 때문에 좀처럼 가입자를 획득할 수 없었다는 것이다. 생명보험에 대한 지식이 거의 없었던 사람이 국민의 대부분을 차지하던 당시, 이것은 피할 수 없는 사정이라고 생각되어진다. 또한 해산의 두 번째 이유는「자금난」으로 자본금을 보유하지 않는 상호조직이었던 동 회사에게는 창립비나 신계약비의 부담도 커다란 곤란이었다고 생각되어진다. 특히 인가신청을 겸해 신청한 2만 엔의「대출」이 각하되었던 것이 결정적인 영향을 끼쳤다.

메이지생명이나 니찌도우보생회사의 설립계획이 추진되어 가는 중에 수리에 근거한 근대적 생명보험제도를 알면서도 모집대상자의 이해를 얻어가며 사업화하는 것에 대한 곤란함 때문에 간단한 부과식 보험을 개시하는 공제업자도 나타났다. 야스다(安田)은행의 설립자, 야스다젠지로(安田善次郎)가 1880년에 창립한「공제오백명사(共濟五百名社)」가 이것에 해당된다. 이 회사에는 사원(보험계약자겸 피보험자)을 500명으로 한정하고(결원인 경우에는 그때그때 보충), 입사자격을 15세 이상 50세 이하의 건강한 자로, 의사에 의한 진료는 행해지지 않았다. 부금은 연령에 관계없이 일률2엔으로 하고, 부금을 미리 납부를 받아 사원 사망 시 혜여금(惠與金)(보험금을 말함) 1,000엔을 지급했다.[156)]

후에 사원 500명으로 한정하는 것에 의한 공제단체의 고령화라는 결함이 나타나기 시작해 수차에 걸친 규칙개정 후 1894년 3월 해산하여 익월「공제생명보험합자회사」(현재의 야스다생명)로 계승되었다.

156) 또한, 70세가 된 경우 본인의 희망에 따라 혜여금(惠與金)의 반액인 500엔을 지급, 사망 시에 잔액을 지급하는 생산혼합보험(후술)적인 취급을 하였다(宇佐美憲治, 전게논문, p.34).

(2)「메이지생명」 이후

일본최초의 근대직 생명보험회사인 메이지생명은 영국을 모방하여 당초의 경영을 진척시켰다. 아직 일본인의 사망통계에 근거한 생명표에 존재하지 않아서「영국 17회사표」에 근거한 보험료계산이 행해졌다. 또한 1893년에 매년결산방식으로 변경될 때까지 결산은 4년마다 행해졌다.[157]

생명보험회사를 수명을 보증하는 회사라고 생각하던 사람까지 있던 당시 보험모집활동은 보험의 구조에 관한 계몽활동이었다고 할 수 있다. 또한 메이지생명이 적용한 년 4%라는 예정이율은 후발회사에도 채용되어 약 1세기동안 일본의 생명 보험회사의 일반원칙이 되었다. 메이지생명 초기의 업적을 본다면 평균이율은 8%이상 확보되어있어 거액의 이차익(利差益)을 얻을 수 있었다.[158]

7년간의 메이지생명「독점시대」를 거쳐 1888년에 제국생명(현재의 아사히생명)이 설립되었다. 동 회사도 메이지생명과 같이「영국 17회사표」를 채용했다. 하지만 상품내용에 있어서 메이지생명보다 유리한 면을 제시[159]하는 등, 적극적인 영업정책을 전개하여 3년 후에는 신계약고에서 또한 5년 후에는 보유계약고에서 메이지생명을 능가하였다.[160]

제국생명에 이어 1889년, 3번째의 회사로써 일본생명이 설립되었다. 동 회사에 대해 특필할 점은 보험료계산을 위한 사망표로써 일본인의 사망률에 근거해 작성된 것을 처음으로 채용했다는 점이다.

동경제국대학의 후지사와리키다로우(藤澤利喜太郎)교수는 저서『생넹보험론』(1889년 출판)에서 최초의 일본인 사망표인「후지사와씨 제1표」를 발표했었지만 일본생명으로부터 의뢰를 받아 최신의「후지사와씨 제2표]를 작성, 이것을 일본생명이 이용하게끔 되었다.

---

157) 保險硏究所, 전게서, p.11.

158) 宇佐美憲治, 전게서, p.38.

159) 최고보험금액은 메이지(明治)생명이 5,000엔, 테이코크(帝國)생명이 6,000엔, 보험료급부 유예기간은 메이지생명이 30일, 테이코크생명이 90일이었다. 또한, 심상(尋常)종신보험의 경우, 테이코크생명이 50세부터 12%, 60세에 15%, 각각 보험료가 싸게 적용이 되었다(保險硏究所, 전게서, p.12).

160) 宇佐美憲治, 전게서, p.41의 <표 3>참조.

(3) 보험업법의 제정과 상호회사

이상 3개의 회사는 서로 업적을 다투어 가면서 각각 순조롭게 발전한 결과 생보회사의 설립이 계속 이어지게 되었다. 이 3회사의 경영이 순조로운 것이 주목되어 1893년부터 1897년 사이에 새롭게 33개사가 설립되었다. 당시는 보험회사를 규제 감독하는 법률이 미정비 되어 설립이 대단히 수월하게 이루어져 특히 장기자본의 획득 수단으로서 간단히 이용되었기 때문이라고 생각되어진다. 이들 회사의 대부분은 경영 기반이 약해 뒤에 경영 부진이나 행정당국의 영업정지 처분에 의해 소멸되었다. 또한 생명보험의 원리를 무시한「유사보험사업」이 합자회사 형식으로 서(西)일본을 중심으로 300개사 정도 설립되었다.[161]

이 생보회사와 유사 보험사업의 도산・소멸이 계속되는 중 보험사업에의 감독규제가 요구되어 1900년 3월에 보험업법을 공포, 동 7월에 시행되었다. 이 단계에서 보험회사는 주식회사형태 또는 상호회사형태만으로 존재할 수 있도록 되어 전술한 유사보험사업은 보험시장으로부터 없어지게 되었다.

여기서 상호회사는 주주가 없고 가입자가 회사의 소유자가 되는 회사형태로 보험업법 제정에 참가했던 농상무성 상공국 보험과장 야노쿠타(矢野恒太)[162]가 독일의 고타생명에 모범이 될만한 것을 요청해 이것에 관한 규정을 넣게 되었다. 그 자신은 보험업법성립 후 사퇴하여 1902년에 최초의 상호회사인 제일생명을 설립하였다.

동 회사의 경영은 견실주의에 바탕을 두고, 사망표는 야노본인에 의한「야노씨 제2표」가 이용되어 그 요율수준은 상대적으로 높게 설정되었다(예정이율은 3.5%). 경영지침으로 계약고를 높이는 것에 대해 목표를 두지 않고 의료 검사를 엄격하게 행해 주로 고액계약을 체결하는 도시의 중류계층 이상의 사람들을 고객으로 삼았다.1904년에는 2번째의 상호회사인 치요다(千代田)생명이 설립되어 전술「3대회사」

161) 安井信夫, 전게서, p.29.

162) 1900년 5월, 농상무성상공국보험과가 신설되어, 야노는 초대과장으로 임명되었다. 보험과의 신설과 더불어, 보험회사에 대한 검사가 동년 11월부터 다음 해 말까지 행해져, 정리 또는 해산의 명령을 받은 회사는 10개사 이상이었다(保險硏究所, 전게서, p.17).

와 제일생명, 치요다 생명을 넣은「5대회사」가 제2차 세계대전 이전의 생보 업계를 주도하게 되었다.[163)]

2 생명보험의 종류와 내용

1. 보험사고에 의한 분류

1996년에 시작한「경영시스템개혁」중에 생보업계에도 규제완화・경영촉진의 움직임이 생겨났다. 그 결과 보험 상품의 가격・상품 내용에 관해 각 회사는 그 경영체력・노하우에 따라 다양화를 모색하게 되었다. 생보 상품에는 섬세한 궁리가 이루어져 마치 무수한 상품이 있는 것처럼 보인다. 하지만 생명보험은「보험사고=보험금이 지급되는 경우」를 기준으로 하여 기본적으로 이하의 3개로 분류 할 수 있다.

첫째,「사망보험」으로, 이것은 보험기간 중에 피보험자가 사망한 경우에 한해 보험금을 지급하는 것이다. 동 보험은 피보험자가 특정의「고도장해상태」가 된 경우도[164)] 보험사고로 보고 보험금을 지급한다. 이 사망보험은 피보험자의 사망이 발생하는 기간을 한정 하는가 아닌가에 따라 두 가지로 구분하는 것이 가능하다. 사망 기간을 한정하는 것이「정기보험」이며, 계약 후의 연수에 따라「1년 정기보험],「5년 정기보험」…등으로 불리고 있다. 예를 들어 1년 정

163) 단, 치요다(千代田)생명은, 흔히 말하는 거품경제기에 예정이율이 높은 보험계약을 급격하게 획득, 그 후에 저금리와 주가하락의 영향을 받아, 2000년 10월에 도산하였다.

164) 실제로는 이하의 어떤 것인가에 해당하는 경우를 말한다. ① 양 눈의 시력을 영구히 잃은 경우, ② 언어 또는 씹는 기능을 영구히 잃은 경우, ③ 중추신경계・정신 또는 흉복부장기에 현저한 장해를 남기고, 영구히 항상 간병을 요하는 경우, ④ 양팔의 손목이 관절이상을 잃은 경우 또는 그 기능을 영구히 잃은 경우, ⑤ 양발의 발목이 관절이상을 잃은 경우 또는 그 기능을 영구히 잃은 경우, ⑥ 한쪽 팔의 손목이 관정이상을 잃고 또한 한쪽 발의 발목의 관절이상을 잃은 경우 또는 그 기능을 영구히 잃은 경우, ⑦ 한 쪽 팔의 기능을 완전히 잃고 또한 한쪽 발의 발목의 관정이상을 잃은 경우(明治生命保險相互會社「3年ごと利差配當付利率變動型積立終身保險普通保險約款」別表3・第1級참조).

기보험에는 반대로 1년간 피보험자가 생존한 경우 보험금은 지급되지 않은 채 계약은 소멸한다. 사망 시기를 한정하지 않는 것이「종신보험」으로 피보험자가 언제 사망하던지 보험금이 지급되는 것이다. 즉 도중에 해약 등이 없으면 보험금 수취인은 확실하게 보험금을 받을 수가 있다.

둘째,「생존보험」으로 이것은 피보험자가 일정기간 생존하는 것을 조건으로 보험금을 지급하는 것이다. 반대로 보험기간 중에 피보험자가 사망한 경우에 보험금은 지급되지 않지만, 이러한 순수한 형태로 생존보험이 판매되어진 것은 별로 없고 사망 시에는 특별급부금이 지급되는 것이 일반적이다. 부모를 보험계약자, 자녀를 피보험자로 하고, 일정기간 경과할 때마다 자녀의 생존을 보험사고로써 보험금을 지급하는「자녀보험」(간이보험의 경우는「학자보험」)이 하나의 예이다.[165)]

셋째,「생사혼합보험」으로 이것은 피보험자의 일정기간 내 사망과 일정기간 후의 생존을 보험사고로 하는 것이다. 이러한 보험은 일본에 있어서 일반적으로「양로보험」이라 불리며 피보험자는 보험기간 중에 사망하면 사망보험금, 보험기간 만료시에 생존해 있으면 생존보험금(만기보험금)이 지급된다. 양자가 동액인 보험을 「보통양로보험」, 전자가 후자의(2, 3, 5, 10…)배인 경우를「정기부 양로보험」이라고 한다.

2. 주요상품의 변천

이하에서는 특히 제2차 세계대전 후 일본의 생명보험 시장에 있어서 주요 상품이 어떤 변천을 거쳐 왔는지, 또한 근년의 상황과 그 규정 요인은 무엇인지에 대해 고찰한다.

---

165) 그 외, 비교적 단기간(3년 또는 5년 등)의 저축을 목적으로 한「저축보험」도 생존보험에 포함된다. 보험금이 지급되는 것은 만기까지 생존한 경우, 또는 피보험자가 불의의 사고에 의한 이재의 날부터 180일 이내에 사망한 경우 등이다. 보통사망의 경우는「사망환급금」이 지급된다(保險硏究所『保險辭典』, 1978年, p.624참조).

(1) 종신보험에서 보통양로보험으로

지금까지 말한 것과 같이 일본에서는 1881년에 근대적 생명보험회사가 탄생했지만 당초는 유산계급을 대상으로 하는 종신보험이 주로 판매되었다. 그 후 메이지말기 다이쇼우(大正)시대부터 제2차 대전을 포함한 1960년대 중반까지는 보통양로보험이 주력상품이 된다. 개인보험의 신계약으로 보면 1950년도에 있어서 보통양로보험의 점유율은 건수로 83%, 보험금액으로84%이며, 1955년도에는 각각 75%와 85%이다.[166] 보통양로보험이 이렇게 늘어난 요인으로써는 첫째로「상품의 알기 쉬움」을 들 수 있다.

피보험자가 사망하거나 만기까지 생존하더라도 동액의 보험금을 받을 수 있는 동 보험은 이른바「보험료를 내고 보험사고가 없으면 보험금이 없어지는 것」을 싫어하는 국민들에게 받아 들여졌다.

또한 둘째로, 동 보험의 판매가 보험료 월납 방식으로 전개되었던 것이다. 그때까지 국영의 간이보험이 독점하고 있던 월납방식은 1946년 이후 민간생명보험회사에게도 해금되어 월수입에 의존하는 근로자세대의 급증이라는 상황 하에 신 계약 획득에 공헌하게 된다.

(2) 보장의 대형화와 정기부 양로보험

전후 부흥을 이룩해 일본경제는 1955년경부터 이른바「고도성장시대」에 들어간다. 인플레이션의 진행, 핵가족화의 진전, 교통사고 피해자 수의 증대 등에 의해 생명보험에 대한 사망보장 요구가 높아진다.

이것에 대응하기 위해 양로보험에 정기보험을 부가한 정기부 양로보험이 1959년부터 본격적으로 판매된다(당시 사망보험금은 만기보험금의 2~3배로 설정되어 있었다). 1970년도에 있어서 정기부 양로보험이 보통양로보험을 대신하여 주력상품이 되어 신계약건수로 보면 정기부 양로보험이 약 40%, 보통양로보험이 약 30%, 사망보험금이 만기보험금의 5배, 10배부터 더욱이 15배, 20배, 25배로 고배율화가 진행한다.[167]

---

166) 唐笠昌夫「個人市場の變遷と商品の歷史」『生命保険新實務講座第4巻　マーケティングII』(有斐閣・1990年), pp. 5~6.

(3) 종신보험으로 재귀

1980년대 후반에 들어서면서 주력 상품은 정기부 양로보험에서 종신보험으로 변화한다. 자신에게 만일의 사태가 있을 경우 가족(유족)의 생활을 걱정하는 중 고령자 층에 있어 전자에 비해 후자의 보험료가 낮은 것이 매력이었다. 또한 만기가 있는 양로보험에서는 예를 들면 정년 후에 무보험 상태가 되는 것을 의미한다. 보험금액에 다소의 차이는 있어도 생애사망보장을 확보하고 싶어 하는 요구가 높아진다. <표 1>은 1994년 이후 최근 10년간에 있어서 많은 신계약을 획득하고 있는 보험 종목을 표시한 것이다.

<표 1>에서 특히 일정기간의 사망보장을 두텁게 하기 위해 정기보험을 부가하는 「정기부 종신보험」이 1996년도, 그리고 1997년도에 있어서 최고의 점유율을 차지하게 되는 것을 알 수 있다.

〈표 1〉 개인보험의 신 계약건수(만 건)와 종류별 점유율(%)

년도 / 순위	1994	1995	1996	1997	1998	1999	2000	2001	2002	2003
	1,483만건	1,463	1,220	1,086	1,121	989	1,019	1,108	1,104	1,036
①	정기	정기	정기부 종신	정기부 종신	질병	기타사망 보험	기타사망 보험	정기보험	의료보험	의료보험
	22.6↑	24.0↑	23.1↑	23.0↓	22.5↑	24.9↑	24.3↓	20.8↑	20.3↑	27.1↑
②	정기부 종신	정기부 종신	질병	질병	정기부 종신	정기부 종신	정기부 종신	암보험	정기보험	정기보험
	19.9↑	18.9↓	18.0↑	21.0↑	20.7↓	20.9↑	18.5↓	14.6	18.8↓	16.7↓
③	질병	질병	정기	정기	보통양로	정기	정기	의료보험	종신보험	종신보험
	16.0↑	14.4↓	15.5↓	12.8↓	12.5↑	13.9↑	15.7↑	14.3	12.5↓	11.4↓
④	보통양로	보통양로	보통양로	보통양로	정기	종신	종신	종신	암보험	암보험
	11.1↓	12.7↑	11.3↓	12.4↑	12.1↓	12.1↑	15.0↑	12.7↓	11.3↓	10.7↓
⑤	종신	종신	종신	종신	종신	기타생사 혼합	기타생사 혼합	이율변동형적립종신보험	이율변동형적립종신보험	이율변동형 적립종신보험
	7.2↓	8.2↑	8.3↑	9.3↑	11.9↑	11.7↑	11.7	10.7	10.8↑	9.5↓

자료 : 生命保險文化センター 『生命保險FACT BOOK』 각 년도판, 『生命保險.協會2004年版 生命保險の動向』로부터 작성

주 : 1. 점유율의 화살표 : ↑는 전년비 상승 ↓는 전년비 하락

---

167) 唐笠昌夫, 전게논문, p.9. 또한 이 시기에 재해보장특약(1964년), 성인병특약(1975년), 가족질병특약(1976년) 등의 각종 특약이 등장한다.

2. 1993년도 이후, 종신보험과 정기부 종신보험을 구분해서 표시
3. 1999년도부터 질병보험을 「기타 사망보험」, 생존급부금부정기보험을 「기타 생사혼합보험」, 저축보험을 「생존보험」으로 계상하고, 어린이보험을 「기타 생사혼합보험」과 「생존보험」으로 분리.
4. 2001년도부터 정기부 종신보험에서 이율 변동형 적립종신보험을 분리

(4) 근년의 동향

최근의 경향으로써 여기서는 두 가지 점을 지적한다. 첫 번째로, 1999년도에서 2001년도에 걸쳐 「질병보험」이 현저하게 늘고 있다는 점이다. 이 배경에는 이 장 제1절에서 서술한 가계에 있어서 의료보장 요구의 고조라고 하는 수요자 측의 요인에 더해 공급자인 보험회사가 이 시장의 커다란 비즈니스 기회를 끌어내고 있다라고 하는 사실이 있다. 질병보험에 상해보험과 개호보험을 더한 이른바 「제3분야의 보험」에 대해서는 종래 존재했던 생·손보간의 업무범위 규제가 2001년부터 철폐되어, 외자계회사도 포함한 보험업계전체에서 상품 갖추기가 진행되어 적극적인 판매활동이 전개된다.

여기서 또 하나 짚고 넘어갈 것은 2001년도에 10%이상의 점유율을 가진 「이율변동형 적립종신보험」에 관해서이다. 이것은 메이지생명이 2000년4월부터 발매해, 다음 해에는 타사도 몇 가지 상품을 내놓았다.

동 상품은, ⓐ 예정이율의 재검토를 일정기간(메이지생명의 경우 3년)마다 행한다, ⓑ 보험료를 보장부분과 저축부분으로 명확하게 분리해, 그 비율을 계약자 자신이 라이프스테이지에 부응해 변경하면서, 보장 내용을 자유롭게 재검토하는 것이 가능하다는 특징을 가지며, 특히 ⓑ는 계약자에게 무엇보다 커다란 매력으로 받아들여지고 있다. 하지만 이 상품이 보통양로→정기부 양로→종신→정기부 종신으로 변천해 온 주요 상품에 이어서 다섯 번째 주요 상품이 될 것인지 아닌지 판단하기에는 좀 더 시간이 필요할 것이다.

3. 개인연금보험의 동향

이상 생명보험 통계상 「개인보험」이라고 불리는 상품에 대한 고찰했는데, 다음에는, 노후 보장에 대응하는 상품으로서 최적이라고 생각되는 개인연금보험에 대하

여 검토한다. 개인보험과 개인연금보험을 합한 개인대상보험[168]에 있어서의 개인연금보험의 점유율을 신계약 건수 기준으로 본 것이<표 2>이다.

일본에서 본격적으로 동보험이 발매된 것은 1960년부터인데, 정기부 양로보험이 인플레이션에 대응하는 주력 상품으로서 인기를 차지하고 있었기 때문에 1970년대에도 눈에 띄는 판매 실적을 올리지 못했다.

개인연금보험이 신장하기 시작한 것은, 경제가 안정 성장기에 들어가 인플레이션이 진정화 되어,「고령화」를 주요인으로 하는 공적연금재정의 핍박, 개인 레벨에서의 노후 보장의 필요성이 강하게 인식되던 때였기 때문이다. 이하에서는 먼저 생명보험의 현상 분석을 할 때 중요한「고령화」라고 하는 사회 환경요인에 대해 약간의 사실을 확인해 두고자 한다.

〈표 2〉 개인대상보험에 있어서 개인연금보험의 점유율(%)

(신 계약건수 기준)

년도	1965	75	85	90	91	92	93	94	95	96	97	98	99	00	01	02	03
%	0.4	0.1	3.9	13.6	14.3	15.2	15.2	11.0	14.3	9.8	10.1	10.5	7.6	7.9	4.4	6.3	9.7

자료 : 生命保険文化センター『生命保険FACT BOOK』각 연도판,生命保険協會『2004年版 生命保険の動向』에서 작성.

(1) 인구의 고령화

일본의 65세 이상의 고령자 인구는 1950년에 총인구의 5%이하였지만 1970년에는 7%를 넘어「고령화 사회」의 수준에 달하고 1994년에는 14%를 넘어「고령사회」가 되었다(또한 21%를 넘으면「초 고령화 사회」가 된다). 이상은 국제연합의 정의에 의한 것인데 일본은 고령화 사회에서 고령사회로 이행하는데 24년 걸린 것이 된다.

영국이 50년, 독일이 45년, 이탈리아가 60년, 그리고 프랑스가 130년 걸린 것을 생각하면 일본의 고령화 속도가 얼마나 빠른지 알 수 가 있다.[169] 이러한 급속한

168) 刀彌俊雄・北野實『現代の生命保險(第2版)』(東京大學出版會・1997年), p.101참조.

169)『1995年版厚生白書』, p.247. 또한 미국에서는「고령화사회」에 달한 것은 1945년으로,「고령사회」가 되는 것은 2015년으로 예상된다.

고령화에는 두 가지 요인을 들 수 있다. 첫 번째가 의학의 진보 등에 의한 평균수명의 연장이다(제5장 제1절 참조).

또한 고령화의 두 번째 요인은「소자녀화」이다. 여성의 고학력화 · 직장 진출과 함께 만혼화 · 만산화, 일과 양육의 양립곤란, 주택문제 등 그 원인은 여러 가지로 생각되어진다. 한 사람의 여성이 일생 동안 낳을 수 있는 자녀의 수의 평균치=「합계특수 출생률」은 1965년 이후 거의 하강하고 있으며 2003년에는 1.29인으로 과거 최저를 갱신한 것이 후생노동성에 의해서 발표되었다.[170]

(2)「은행창구판매」에 의한 새로운 상황

<표 2>에 따르면 개인연금보험의 점유율은 1993년까지 상승경향에 있지만 1995년도 이후 감소 경향을 보이고 있다. 이것은 장기화되는 경제 불황에 의한 가처분소득의 감소 때문에 수요가 떨어진 것이 일반적 요인이라고 말 할 수 있지만, 구체적으로는 1997년부터 시작된 일련의 생명보험회사 파산이 커다란 영향을 끼쳤다고 말 할 수 있다. 파산 후 예정이율 인하 등에 의해 특히 개인연금은 대폭적인 삭감을 해야 했다[171](생명보험회사의 파산에 대해서는 본서 제 I 부 7장을 참조).

2001년 4월 1일에 보험업법시행규칙이 개정되어 은행이 생명보험모집인, 손해보험대리점 또는 보험중개인으로서 보험모집을 할 수 있게 되었다. 은행 창구에서 판매 대상은 2단계로 나누어 확대되어[172], 2002년 10월부터 개인연금보험의 판매가 해금되었다.

이러한 해금조치에 의해 개인연금보험의 신계약은 2002년도에 74만 건(변액연금16만 건 포함), 2003년도에는 111만 건(변액연금27만 건 포함)으로 순조롭게 증가하고 있다[173].

---

170) 2004年6月10日 日本經濟新聞夕刊「出生率1.29」.

171) 1997년에 파산한 닛산생명의 경우, 계약시기에 따라서 연금액의 45%삭감당한 계약자도 발생했다(1997年6月27日 日本經濟新聞朝刊「日産生命 契約者受取額の減少」).

172) 최초(2001년4월)로 해금된 것은,「주택관련신용생명보험」,「주택관련장기화재보험」,「주택대부금관련채무변제지원보험」,「해외여행상해보험」이다.

173) 生命保険協会『2004年版 生命保険の動向』 p.9참조

특히 인기가 있는 상품의 형태는 예정이율을 보증하고 있는 정액연금보험과, 운용성과에 따라 연금 수취액이 증가할 가능성이 있는 반면, 만일 운용성과가 나쁘다고 하더라도 원금은 보증되는 형식의 변액 연금보험이다(변액 연금보험은 1999년 4월에 ING생명이 처음으로 도입했지만 연금액에 최저보증여부는 각사별로 각양각색이다).[174]

이것들은 전부 보험회사가 파산하지 않는 한 연금액은 보증된다. 이것은 확실히 계약자에게 있어서 매력적이지만 보험회사에겐 반대로 원금보증의 부담을 안게 되는 것이다. 따라서 정액연금보험의 은행창구판매를 그만두는 회사(아메리칸패밀리),[175] 또는 예정이율을 인하하는 회사(동경해상안심생명, 연 1.5%를 1.0%로)가 나오게 된다. 또한 대부분의 회사는 사망급부금액에 대해 기 납입 보험료 상당액을 보증하고 있지만 앞으로 판매되는 것에 대해서는 재검토의 가능성도 지적되고 있다.

4 생명보험의 현상과 향후의 과제

이 절에서는 생명보험의 현상 파악을 위해 최근(2003년도)의 결산 개요를 고찰하고 또한 현재의 생보 경영에 있어서 최대의 과제라고 불리는「역마진」의 대응책으로써 논의되고 있는「경영파산 전 예정이율 인하문제」에 대해 검토한다.

1. 2003년도의 결산

이하에서는 생보 주요 9개사의 결산수치를 보면서 그 개요를 설명한다.

---

174) 예를 들면, 미쯔이(三井)생명(1999년 7월발매)은 최저보증을 부보하고 있었지만, 다이이찌(第一)생명(2000년 12월 발매)은 부보하지 않고, 다이도우(大同)생명은(2001년 1월)은, 최저보증을 부보하는 것과 부보하지 않는 양쪽을 취급하고 있다.

175) 동 회사의 연금보험은 매월 일정금액을 적립하는 방식으로 예정이율은 1.65%이었다. 정액예금보다 이율이 높은 것이 인기를 끄는 요인이 되어, 판매건수는 3~4만 건에 달했을 것이라고 생각된다. 2003년에 금융기관에 판매자숙을 요청했지만, 그 후에도 판매는 늘어, 이 상태로는 금리변동에 의한 운용리스크가 높아질 것이라 판단되어 판매 중지하게 되었다. 대리점에서의 판매는 계속된다(2003年2月28日 日本經濟新聞朝刊「アメリカンファミリー年金保険銀行窓販を休止」).

(1)보험성적

	a)보유계약고(억엔)	b)신계약고	c)해약•실효상태	d)보험료 등 수입
니혼	2,783,205(▲5.6)	194,681(▲22.9)	258.505(4.6)	51,428(▲ 5.1)
다이이찌	2,029,205(▲4.6)	153,707(▲13.9)	194,817(▲ 0.2)	34,209(▲ 4.0)
스미또모	1,764,551(▲6.3)	127,007(▲21.4)	181,295(▲ 3.9)	26,970(▲ 0,1)
메이지·야스다	1,689,665(▲7.1)	130,3931(▲18.9)	194,866(▲ 4.7)	32,967(▲ 5.3)
아사히	619,857(▲10.9)	34,680(▲55.5)	82,724(▲24.3)	6,794(▲11.6)
미쯔이	619,857(▲6.9)	41,389(▲27.0)	56,326(▲ 8.5)	9,204(▲ 3.4)
다이도우	392,948(▲0.1)	43,097(▲ 7.8)	33,177(0.8)	9,282(▲ 6.2)
타이요우	160,778(5.3)	43,142(29.4)	13,626(3.3)	7,941(▲10.6)
후고쿠	375,380(0.1)	37,375(4.3)	24,383(4.6)	7,409(▲ 2.8)
합계	10,360,286(▲5.6)	790,471(▲20.4)	1,039,719(▲ 3.4)	186,204(▲ 4.6)

	e)기초이익	f) 역마진	g) 일반계정운용이율	h) 평균예정이율
니혼	5,598(2.7)	2,900(▲300)	2.48	3.36
다이이찌	3,926(7.2)	2,167(▲336)	1.93	3.29
스미또모	2,842(▲5.4)	2,007(▲229)	1.36	3.40
메이지 · 야스다	4,627(4.8)	994(▲40)	1.66	2.94
아사히	669(▲11.6)	983(102)	2.04	4.13
미쯔이	922(▲1.9)	678(▲117)	0.99	3.49
다이도우	1,073(21.0)	129(▲75)	2.11	2.66
타이요우	375(30.7)	302(▲132)	2.15	2.96
후고쿠	555(▲4.9)	417(36)	1.57	2.72
합계	20,587(3.1)	10,577(▲1,091)	1.81	3.22

	I) 격차	j) 국내주식잠정손익	k)경상손익	l)지급여력비율	m)실질순자산
니혼	▲0.88	26,311(19.621)	3,661(214.2)	893.8(263.2)	66,080(30.1)
다이이찌	▲1.36	10,490(12,004)	2,728(103.4)	803.2(259.7)	31,029(50.5)
스미또모	▲2.04	1,957(4,998)	1,443(815.1)	673.5(175.6)	11,783(39.5)
메이지 · 야스다	▲1.28	8,282(8,803)	3,509(88.8)	747.9(-)	26,877(37.7)
아사히	▲2.09	▲49(2,083)	636(3,606.1)	560.3(199.9)	3,498(48.1)
미쯔이	▲2.50	44(2,224)	120(6.5)	654.6(244.2)	2,1105(79.4)
다이도우	▲0.55	1,306(1,270)	1,047(127.7)	1,034.9(174.7)	6,325(22.7)
타이요우	▲0.81	1,069(1,699)	318(38.2)	863.3(181.8)	4,519(32.4)
후고쿠	▲1.15	1,307(1,810)	406(887.6)	854.0(203.5)	4,740(50.0)
합계	▲1.41	50,717(54,512)	13,868(157.4)	-(-)	156,961(36.9)

자료: 「生保安心度ランキング」 『週刊エコノミスト』2004年6月15日号pp.18-23.

주 : 보유계약고는 개인보험과 개인연금보험의 합계액.

괄호 안의 수치는 전년 동기비로 단위는 %, 단 역마진액과 국내주식포함이익의 경우, 전년대비 증감액으로 단위는 억엔, 지급여력비율의 경우 단위는 포인트로 ▲는 마이너스를 표시한다.

개별보험(개인보험과 개인연금보험을 합계 한 것)의 보유계약고는 1,036조 엔이고, 전년 동기간 대비 5.6%감소했다. 7기 연속으로 전년대비 감소해 경기회복의 조짐을 여기서는 볼 수가 없다((a)참조). 가장 감소율이 크게 나타난 곳은 아사히생명의 10.9%로 유일하게 두 자리 수의 저하였다. 밀레아와 경영 통합을 2003년1월에 백지화한 이후 업적침체 상태가 계속되고 있다. 다른 주요 생보사도 상황은 대략 비슷한데, 사망보장 상품을 중심으로 판매해 왔던 니혼생명, 다이이찌생명 등 보유계약고도 감소하고 있다. 역으로 타이요우생명은 5.3%증가로 타사를 크게 앞지르고 있다. 동사의 신계약고의 약80%를 점하는 개인연금보험의 신장이 주요인이었다. 다이도우생명과 후고쿠생명도 신규로 발매한 개호보험 등 제3분야상품이 순조롭게 판매가 되고 있지만, 보험이탈이 주류가 되고 있는 속에서 경영노력이 보여진다. 주요9개사 합계의 신 계약고는 79조 엔으로 전년 동기대비 20.4%의 감소, 2003년 3월기의 6.6% 감소를 큰 폭으로 상회하고 있다((b)참조). 개별사 기준으로는 타이요우생명이 전년 동기대비 29.4% 증가, 아사히생명이 55.5% 감소가 눈에 띤다. 한편, 해약 · 실효 상태는 아사히생명이 24.3%감소로 크게 영향을 받고 있고, 주요 9개사에서 3.4% 감소를 나타내고 있다((c)참조).

(2) 손익관계

보험계약수지에 관해서는 보험료 등 수입은 9개사 합계로 전년 동기대비 4.6% 감소로, 작년 3월기(동기간8.3%감소)에 비해서 마이너스 폭은 축소되었지만, 수입 감소 경향은 변화가 없고, 9개사 모두가 전년 수준을 밑돌고 있다((d)참조). 단, 일시납의 연금상품을 중심으로 창구판매가 호조를 보이면서, 업계 전사에서 수입보험료가 약26조 엔으로 전년 동기대비 1.8%가 증가했다. 이 내역을 보면 개인보험은 15조 엔으로 5.4% 감소, 단체보험 · 단체연금은 6조 엔으로 4.4% 감소했다. 한편, 개인연금은 5조 엔으로 53.5%로 증가하고 있다.

전사 기준으로 보험금등 지불금은 24.2조 엔(2.5%증가) 으로 증가하고, 책임준비금이월액은 정미로1.0조 엔(전년대비 2.6조엔 증가)으로 증가했다. 자산운용관계수지에 관해서는 이자 및 배당금 등 수입이 저금리의 계속으로 3.9조 엔(0.7% 감소)으로 계속해서 감소했지만, 전년도의 3.3%감소에 비하면 소폭의 감소를 나타냈다. 또한, 주가가 회복하는 과정에서 유가증권 평가손은 500억 엔(97.1% 감소)으로 큰 폭으로 감소했다. 사업비는 3.5조 엔으로 0.7% 감소했다. 이상과 같은 손익계산에 의해 경상손익은 1.5조 엔(189.4% 증가)으로 큰 폭으로 증가했다. 주요 9개사의 경상손익도 합계에서 1조3,868억 엔(157.4% 증가)으로 전사가 증가되었다((k)참조).

(3) 역마진·기초이익

역마진계약이란, 계약자에게 약속한 예정이율과 실제 운용수익육의 차액(이차손)을 말하고, 다른 이원(비차익 · 사차익)이나 계약자 사이에서 역마진을 보완하고 있다. 주요 9개사의 역마진은 1조 577억 엔으로 전년도 대비 1,091억 엔이 감소했다((f)참조). 그래도 1조 엔을 넘는 수준을 유지하고 있다. 공표된 역마진액은「기초이익상의 운용수지 등의 이율」로부터「평균예정이율」을 제한 것에「일반계정책임준비금」을 곱한 것이다. 따라서 대규모회사일수록 역마진액도 커지는 경향이 있다. 가장 규모가 큰 니혼생명은 2,900억 엔의 이차손을 계상하고 있다. 아사히생명과 후고쿠생명은 전년대비 증가가 되었다. 일시적으로 비교하면 운용환경도 호전되고 있다고 보여져, 9개사 평균 운용수익율(일반계정)은 1.81%로 전년 동기대비 0.8 포인트 개선되었다.

한편, 평균예정이율은 고수준에서 정지된 상태에 있다. 9개사 평균 3.22%로 전년 동기대비 0.3%포인트가 저하되었다. 이 때문에 1.41%의 역마진 상태가 계속되고 있다((g)(h)(i)참조).

경상손익에서 자본손익(유가증권매각손익, 유가증권평가손, 환차손익 등)과 임시손익(위험준비금이월액 등)을 제외한 보험본업에서 벌어들인 이익을 표시한 것이 기초이익이다. 역마진을 충당한 후의 수치로 전술한 1,091억 엔의 역마진 감소와 인원삭감 등에 의한 사업비 삭감에 의해, 주요9개사의 기초 이익은 2조 587억 엔으로 전년 동기대비 3.1%증가했다. 스미또모생명, 아사히생명, 미쯔이생명, 및 후고쿠생명은 전년 대비 감소하고 있다. 메이지·야스다생명은 합병(2004년 1월)으로 사업비는 증가했지만, 역마진 부담은 적었기 때문에 기초 이익은 4,000억 엔대를 나타내고 있다((e)참조).

(4) 실질순자산, 지급여력비율

생명보험회사가 장래의 보험금 지불에 충당할 만한 자산을 확보하고 있는가에 대해서 살펴보는 지표로는 이하의 2가지를 들 수가 있다.

제1은 실질순자산이다. 이것은 위험준비금 등의 자본과 동일시할 수 있는 항목을 빼고 난 후의 부채를 시가평가 후의 자산으로부터 공제한 것이다. 이 값이 만일 마이너스가 되면 이것은 채무초과를 의미한다. 이런 보험회사는 현재 존재하지 않지만, 실질순자산의 변동이나 타사와 비교해서 보험회사의 체력을 추정할 수가 있다. 주요9개사의 실질 순자산합계는 15조6,961억 엔으로 전년 동기대비 36.9%증가를 나타낸다. 미쓰이생명의 79.4%증가를 1위로 전사가 큰 폭으로 증가했다((m)참조).

지표의 제2는 지급여력비율이다. 어느 회사든 200포인트 전후의 범위에서 증가했다. 다이도우생명의 1,000%가 눈길을 끈다((l)참조).

이상의 두 가지 지표가 호전된 것을 주요 요인으로 유가증권, 우선 주식잠정이익이 큰 폭으로 증가했다. 주요9개사의 국내주식잠정이익은 약 5조 717억 엔으로 전년 동기에 비해 약 3,800억 엔의 잠정손실로 흑자가 되었다((j)참조).이러한 잠정이익 확대를 각사는 계약자에게 환원하지 않고, 내부유보를 충실히 하는데 이용했다. 03년 3월기는 준비금에서 충당했는데, 04년 3월기는 법정준비금인 가격변동준비금과 위험준비금을 중심으로 9개사 합계에 7,344억 엔을 증가시켰다.

여기서 지급여력비율의 계산상으로 주식을 포함한 유가증권의 잠정이익이 어느 정도 비중인가를 확인 할 필요가 있다고 생각한다.

동비율의 분자는 기금·자본금등(ㄱ),위험준비금(ㄴ), 가격변동준비금(ㄷ), 가격변동적립금·별도적립금등(ㄹ), 후순위채무(ㅁ), 그 이외 유가증권의 평가차액의 90%(ㅂ) 등으로부터 구성되었다. 여기서 문제가 되는 것은 (ㅂ)의 금액이다. 주요 9개사 합계로,

(ㄱ)~(ㅂ)의 금액을 들면, (ㄱ)=2조 7,387억 엔, (ㄴ)=2조 2,250억 엔, (ㄷ)=7,200억 엔, (ㄹ)=3,879억 엔, (ㅁ)=1조 1,108억 엔, (ㅂ)=5조 4,162억 엔이 되었다. 이것들을 포함해서 분자의 지급여력 총액은 15조 9,248억 엔인데, 이 중에서 (ㅂ)의 점유율은 34%에 달하고 있다. (ㅂ)이외의 분자구성 요소는 경영판단의 결과, 그 액수의 조정이 되는데, (ㅂ)은 기본적인 경영에 있어서는 어느 특정시점 또는 단기간에 정하는「외생변수」이다. 미국에서는 이 지표와 유사한 RBC(Risk-Based Capital)비율은 공표되지 않고, 이것을 보험모집에 사용하는 것을 금하고 있다. 일본에서도 이 비율은 생보회사의 재정상태의 어느 순간을 나타내는 것에 지나지 않는 다는 인식이 필요하다.

2. 경영파산전의 예정이율인하

앞에서도 서술한 것과 같이 생보 주요 10개사의 역마진은 1조 엔을 넘어 이것은 여전히 생보회사의 수지구조에 상당한 부담을 주고 있다. 이러한 상황 하에서 2003년 7월 18일, 참의원 본회의에서 개정보험업법이 성립해, 예정이율을 보험회사의 경영파산 전에 인하할 수 있는 길이 열렸다(동법의 시행은 2003년 8월 24일). 오랜기간 토론의 결과 탄생한 이 제도에 관해서 고이즈미 쥰이찌로(小泉純一郎)수상은 어디까지나 긴급 상황시의 대응책으로「사용하지 않고 지나는 것이 바람직하다」는 인식[176]을 나타냈다.

그러면 예정이율은 어떠한 프로세스로 인하되도록 되어 있는지 이하 순서에 따라 설명한다.

첫째 예정이율인하의 프로세스

우선, 보험회사는 그 업무 또는 재산의 상황에 비추어서 그「보험업의 계속이 곤란할 개연성」이 있다고 판단된 경우에, 내각총리대신에 대해서 예정이율의 인하를 실시한다는 취지의 신청 할 수 있다. 이 경우 보험회사는 계약조건의 변경을 하지 않으면 보험업의 계속이 곤란하게 될 개연성이 있고, 보험계약자 등의 보호를 위해서 예정이율의 인하가 어쩔 수 없다는 이유를 문서로 나타낼 필요가 있다. 이러한

176) 2003年7月18日付日本経済新聞夕刊「予定利率下げ可能に」

신청에 대해서 내각총리대신은 그것에 이유가 있다고 인정되는 경우에는 그 신청을 승인한다. 그리고 이때 내각총리대신은 보험계약자 등의 보호를 위해 필요한 경우 당해 보험회사에 대해서 기한 정해서 당해 보험회사의 보험계약의 해약에 관한 업무를 정지하고 그 이외의 필요한 조치를 명할 수가 있다. 이 명령에 위반한 자에게는 일정의 징역과 벌금을 부과할 수 있다.

내각총리대신에 의한 승인을 받고, 보험회사는 예정이율 인하안을 작성하는데, 인하 후의 예정이율이 정령에서 정한비율(구체적으로는 3%)을 밑도는 것은 인정되지 않는다. 그리고 이 예정이율 인하안은 주주총회 또는 사원총대회의 특별결의를 거치지 않으면 안 된다. 특별결의 2주전에는 소집통지가 나가는데, 정족수가 확보되지 않는 경우를 고려해서 상법이나 보험업법이 정하는 정족수의 규정에 관계없이, 출석자의 특별다수(상호회사는 4분 3 이상, 주식회사는 3분 2 이상)의 찬성으로 가결하는 특례가 설정되어 있다. 보험회사는 상술의 특별 결의가 있은 후, 예정이율의 인하에 대해서 내각총리대신의 승인을 구해야만 한다. 내각총리대신은 당해 보험회사의 보험업이 계속되게 하기 위해서 필요한 조치가 강구된 경우이고, 더욱이 이 예정이율인하가 당해 보험회사의 보험업의 계속을 위해서 필요한 것이고, 보험계약자 등의 보호 견지에서 적당하다고 인정되는 경우가 아니면, 이것을 승인해서는 안 되는 것으로 되어 있다.

상술한 승인이 된 경우 보험회사는 당해 승인이 있는 날로부터 2주간 이내에 예정이율의 인하 내용을 공지함과 동시에 예정이율인 인하되는 계약자에 대해서 주주총회나 사원총대회에서 결의된 내용을 통지할 필요가 있다. 이 통지에는 계약조건의 변경이 어쩔 수 없었다는 이유를 나타내는 서류 등을 첨부함과 동시에, 이 결의에 이의가 있는 사람은 일정 기간 내에 이의를 하는 이유를 첨부해야만 한다. 그래서 당해 기간 내에 예정이율인하 대상 계약자 총수 중 10분의1을 넘는 사람들로부터 이의가 있고, 더욱이 당해 이의를 제기한 계약자의 보험계약에 관한 채권액에 상당하는 금액이 예정이율 인하 대상 계약자의 당해 금액의 총액의 10분1을 넘는 경우는 예정이율 인하 대상 계약자 전원이 그것을 승인한 것으로 간주된다.

마지막으로 보험회사는 예정이율 인하 후, 지체 없이 그것을 공지해야만 한다. 인하를 하지 않게 된 경우도 동일하다. 이 시점에서 해약 정지 명령은 해제되고, 보험계약자는 자유롭게 해약이 가능하게 된다. 또한 보험회사는 예정이율 인하 후 3개월 이내에 해당하는 계약자에 대해서 인하 후의 보험계약자의 권리 및 의무의 내용을 통지 해야만 한다.

둘째, 남은 과제

이상과 같은 프로세스를 거쳐서, 예정이율 인하가 단행되었다. 그러나 이 신제도에도 몇 가지 문제점과 과제가 남아 있다.

먼저, 계약자로부터 동의를 얻는 시스템이 준비되어 있지 않다. 파산처리가 재판소 주도하에서 진행되는 것에 대해서, 이 신제도는 보험회사와 보험계약자 동의하면 당초의 계약내용을 변경해도 무방하다는 사적자치를 원칙으로 한 경영판단회피책이다. 이러한 이유로 여기서는 예정이율 인하를 요구하는 보험회사가 계약자에게 이해와 지지를 얻을 수 있는 구체안을 만드는 것이 열쇠가 된다. 그러나 신제도에서는 계약자로부터의 동의를 얻는 시스템은 충분하다고 할 수가 없다. 2001년 6월 금융심의회의 중간보고에서는 계약자의 이해를 얻기 위해서는 「총대회에서만 인정하는 것은 곤란하고, 보험계약자의 참가가 보장된 계약자 집회 등의 의사결정 프로세스가 필요하다」고 지적하고 있다. 그런데 신제도에서는 이 계약자 집회제도는 채용하지 않고, 총대회나 주주총회에서의 특별 결의와 그것에 대한 이의신청 정도로 하고 있다. 일반적으로 주주총회는 경영 측의 존재라고 할 수 있고, 또한 총대회도 계약자의 대표로 위치하고 있지만, 실제로는 회사 측이 선임한 멤버로 구성되어, 그 형식화가 지적되고 있다. 또한 이의신청도 소위 all or nothing으로 기금이나 열후대부의 취급이나 경영책임의 처리 방법에 있어서 또는 인하안 자체에 관해서도 수정을 요구할 수 없다. 게다가 개개인의 계약자에게 자신의 보험금액이 어떻게 변경될 것인가에 대해서 통지가 가는 것은 변경 후 3개월 이내이므로, 이의신청을 하는 시점에서 계약자는 자신의 보험금액이 구체적으로 어느 정도 삭감될 것인가를 인지하지 못한 단계가 된다. 이러한 점에서 제도의 수정이 바람직하다.

다음의 문제는 정보개시가 갖추어져 있지 않다는 점이 지적된다. 예정이율 인하의 주된 원인이 큰 폭의 이차손=역마진의 발생이라고 한다면, 인하를 바라는 보험회사는 기초이익뿐만 아니라 3이원의 개시도 당연하게 실시해야 한다. 이 점은 전술한 금융심의회 중간보고에서도 그 취지가 기술되어 있다. 이것에 대해서 감독당국은 「3이원은 경쟁정책에 깊게 관련한 일종의 내부관리지표이다」라고하면서, 개시의 제도화를 부정하고, 동시에「자주적인 절차를 중시하고 싶다」라고 하면서 개시는 인하를 하는 생보 측의 판단에 맡긴다는 생각을 나타내고 있다.

또한 예정이율 인하의 공지 후 해약은 자유롭게 할 수 있도록 되었는데, 파산처리의 경우와 같이 특별해약공제제도가 없는 것이 한몫을 하면서, 정지 기간이 종료되자마자 해약이 급증할 염려가 있다. 그러나 특히 생명보험계약에 있어서는 해약 후 타사로 이전하려고 해도 건강상의 문제로 재가입 곤란 등, 계약자가 불이익을 받는 것도 충분히 예상된다. 이런 이유로 낭패해약을 방지하기 위해 보험회사가 정보제공에 노력하는 것은 보험회사와 계약자 쌍방에 있어서 유익하다고 할 수 있다.

마지막으로 이번에 결정된 경영파산 전 예정이율인하대책에서는 경영파산 후의 인하보다는 유리하도록 인하의 하한을 3%로 억제하고 있지만, 지금까지의 경영파산 후의 예정이율의 인하율이 평균1% 수준이었다는(p.141의 표1 참조) 것을 생각하면 하한 3% 인하로 당해 회사의 재생이 과연 가능할 것인가 하는 것을 의문시하는 목소리도 들린다.

Chapter 13 사회보험

1 사회보험의 역할

1. 사회보험의 이념

옛날 형태의 인간사회에 원시공동체(Gemeinschaft)라는 것이 있다. 이것은 때때로 희생사회라고 불리는 경우도 있지만 이러한 사회에는 사람들은 혈연이나, 지연이라는 자연적인 조건에 의해 강하게 결속되어 있고 사회의 전 구성원은 자신의 소유물이라는 것을 일체 가지지 않고, 전체 소유에 대한 몫을 가진 것에 지나지 않았다. 각 구성원은 자신이 생활상의 수단을 정비할 필요가 없고 또한 자신의 생활에 대해 걱정할 필요도 없다. 이러한 사회에는 사회 그 자체가 하나의「보장」이며 각 구성원은 그 사회에 소속해 있는 한, 생활에 대해 전혀 걱정할 필요가 없었다.

하지만 시간이 경과함에 따라 사람들은 자기 소유를 인정하게끔 되어 자기의 생활에 대해서도 자기 자신이 책임을 지지 않으면 안 되게 되었다. 결국 일부의 사람들은 부를 축적해 풍요로운 생활을 즐기는 것이 가능하게 되었지만 반면, 빈곤에 빠진 많은 사람들이 출현하게 되었다. 부자는 돈의 힘으로 빈곤자를 마음대로 일하게 만드는 것이 가능하다고 생각하게 되고 한편 빈곤자는 부자들의 이러한 생각에 강한 반발을 표시하게 되었다. 여기에「가진 자」와「가지지 못한 자」의 대립이 생겨 그 대립은 빈부의 격차에 의해 더더욱 심각하게 되어 간다.

이러한 사회가 되면서 많은 사람들은 소득이 소액인 관계로 그날그날 살아가는 것에 힘에 겹고, 장래의 생활에 대해 배려할 여유 등이 없어지게 된다. 그래서 이러한 사람들은 더욱 보험의 도움을 필요로 하고 있으나 보험료를 낼 능력이 없기 때문에 보험적 보호를 받을 수 없게 된다.

더욱이 그들의 생활을 불안에 빠지게 하는 위험의 대부분은 사회의 구성자체에서 발생하는 것이기 때문에 그들 개인의 힘으로는 어떻게도 할 수 없는 성질의 것이라는 것이다. 그래서 그들은 이러한 사회에 대해 불만을 갖고 국가에 대한 불신감이 강해져가게 된다.

하지만 이러한 상황을 언제까지나 방치해서는 사회적인 안정을 지켜가는 것이 어렵다. 여기에 국가는 소득의 불균형을 시정하고 국민의 생활의 최저한도를 보장하고 사회적인 약자를 돕기 위해 여러 제도를 실시하게 된다. 일본도 타 선진국과 같이 고령, 유족, 장해, 노동재해, 보건의료, 실업 등을 위해 거액의 비용을 지출해서 국민의 생활을 안정시키기 위해 노력하고 있다.

그런데 이렇게 국가가 사회보장을 위해 지출하는 돈을 사회보장급부비라고 하는데, 국립사회보장·인구문제연구소의 조사에 의하면 그 금액은 일본의 경우 2002년도에 83조 5,666억 엔에 달하고 있으며, 그 내역은「의료」가 26조 2,744억 엔(31.4%),「연금」이 44조 3,781억 엔(53.1%),「복지 그 이외」가 12조 9,140억 엔(15.5%)으로 되어 있다. 또한 국민소득에 대한 급부비의 비율도 23.03%로 20%를 넘고 있다. 그리고 사회보장급부비 중「의료」와「연금」에서 전체의 약 85%가까이 차지하고 있는데, 이들 항목은 기능 분류의 측면에서 보면 어느 것이나 사회보험에 분류되므로, 사회보장 중에서도 사회보험이 수행하고 있는 역할이 더욱더 크다는 것을 알 수 있을 것이다.[177)]

177) 国立社会保障 人口問題研究所ホームページ 「2002年度社会保障給付費 (概要)」참조.

2. 사회보험 제도

그러면 사회보험이란 어떤 제도일까. 이 보험은 국민의 생활을 지키며 안정시키기 위해 보험의 방식을 이용하여 일정의 급부를 행하는 제도라고 할 수 있다. 이것을 좀더 상세하게 설명하면 사회보험이란 국민이 질병, 부상, 고도장해, 노령, 사망 등에 의해 그 노동 능력을 감퇴 혹은 상실한 경우, 또는 실업에 의해 노동의 기회를 상실한 경우, 그 국민의 경제적인 생활보장을 달성하기 위해, 일정 기준의 급부를 행하는 보험이라고 할 수 있다.

보통 일반 국민은 상기와 같이 불의의 재해를 당하게 되면, 충분한 경제적 준비가 되어 있지 않기 때문에 본인은 물론 그 가족도 생활이 어려워지게 된다. 이러한 경우 그 생활을 안정시키고, 노동력을 확보하는 제도가 필요하게 되는데 사회보험은 확실히 이러한 사태에 대비하기 위한 보험이라고 할 수 있다.

사회보험이 사회정책과 보험을 조합시킨 합성체라고 불리는 것은 이 때문이다. 하지만 이 경우의 조합은 양자 대등한 조합이 아닌, 어디까지나 사회정책을 실현하기 위해 보험의 구조와 기술을 차용하는 것뿐이다. 결국 여기서는 보험적인 요소는 정책 실현을 위한 수단일 뿐이며 그 이상의 것은 아니라는 것이다.[178]

3. 사회보험의 구조

사회보험의 구조는 한마디로 말하면「부조」의 구조라고 할 수 있다. 우리들이 병, 부상, 출산, 사망 등 불시의 비용 지출을 필요로 할 경우 또는 나이를 들거나 심신장해가 되거나 간병이 필요하게 되거나 실업 등으로 소득을 잃게 되는 경우에 우리들의 생활이 곤경에 처하지 않게 하도록 많은 사람들이 연대해서 공통의 준비재산을 만들고 생활을 위협하는 사고가 발생했을 경우에 의료비나 연금 등을 지급한다는 것이 사회보험의 구조이다. 혼자로서는 도저히 감당할 수 없는 경제적인 부담도 이렇게 많은 사람들이 협력하는 것으로 극복해 나아갈 수 있다.

---

178) 本田 守『保険概論』(成文堂 · 1980年), p.71.

이러한 경우 같은 위험에 처해 있는 다수의 사람(보험가입자) 들을 모아서 하나의 집단이나 단체를 형성해 합리적인 구조와 기술을 적용해서 경제적인 필요를 충족시키기 위한 기관이 필요하게 되는데 이러한 기관을 보험자라고 부른다. 사회보험의 경우에는 나라의 공공 기관이 보험자로 되어 있다. 사회보험에서는 보험자인 나라가 국가적인 목적을 달성시키기 위해서 법률에 의해 보험에 가입하는 것을 강제한다. 대부분의 가입자가 자진해서 보험에 가입하는 것이 아니라 법률에 의해 가입을 강요당해 자기의 의지와는 달리 가입당하게 되는 것이 된다.

또한 사회보험에서는 가입자가 부담하는 보험료는 그 사람이 처한 위험과는 관계없이 대부분의 경우 그 사람의 임금 또는 소득을 기준으로 결정된다. 따라서 고소득자나 부자가 저소득자나 빈곤자를 위해 여분으로 보험료를 지급하게 된다. 이로 인해 비교적 소득이 많은 노동자가 소득이 적은 노동자 보다 더 많은 보험료를 부담하게 되어 노동자 계급 간에서 소득의 재분배도 이루어진다.[179)]

이와 같이 가입자 중 고소득자가 저소득자를 위해서 여분으로 비용을 부담하는 것에 의해 저소득자의 부담을 덜어 주는 것을 통상「잠재적 부양성」이라고 한다.

또 이미 설명한 바와 같이 사회보험은 사회보장의 중심을 이루고 있으며 국민이 건강하게 문화적인 생활수준을 유지해 가는 데에 있어 큰 역할을 완수하고 있기 때문에 국가가 이것에 관여하는 동시에 국고가 그 비용의 일부를 부담하고 있다. 여기에서는 보험자인 나라는 재정상의 이익을 생각하기보다 오히려 사회경제후성의 증진을 위해 거대한 재정 지출을 하여 보험을 영위하게 된다. 노동자를 고용하는 사업주도 또한 비용의 일부를 부담하는 의무가 주어지게 된다. 이와 같이 사회보험에서는 소요의 보험료 전액을 자기가 부담할 수 없는 사람도 보험에 가입할 수 있도록 가입자의 부담을 적게 하기 위해 국가와 사업주가 비용의 일부를 부담하는데 이것은 일반적으로「현재(顯在)적 부양성」이라 불린다.

지금까지 설명한 바와 같이 국가적 부양성이 가해지는 것에 의해 빈곤자와 소득자도 보험의 은혜를 입을 수 있게 된다. 거기에 그들이 받는 급부는 원칙으로 그들

179) 木村榮一· 高木秀卓· 庭田範秋『保險の知識』(有斐閣 · 1980年), p.200.

보다 더 많은 보험료를 부담한 고소득자나 부자와 질과 양에 있어서 동일하다. 이것은 흔히 「비례거출· 균일급부」 라는 말로 표현된다.

4. 사회보험의 특징

여기서는 사회보험과 사보험을 비교하여 사회보험의 주된 특징을 설명한다.

먼저, (1) 보험을 보험 발생의 대상을 기준으로써 형태적으로 구별했을 때 사회보험에 속하는 보험은 인보험에 한정되지만 사보험의 경우에는 인보험 외에 물보험과 재산보험도 포함해서 그 범위는 더 넓어진다. 이어서 (2) 보험급부의 면에서는 사회보험이 사회적으로 결정된 일정의 기준에 의거한 법정급부를 행하는 것에 비해, 사보험에서는 계약에 바탕을 둔 개인적, 주관적인 부보액에 의해 지급한다.

(3) 경영의 주체인 보험자에 대해 보면 사회보험은 전부 국영이나 공영의 보험인 것에 비해 사보험은 거의 대부분이 사영·민영의 보험이다. (4) 보험가입의 면에서는 사회보험이 강제가입의 원칙을 취하는 것에 비해, 사보험은 임의가입이 원칙이다. (5) 경영 또는 운영의 원리에 대해 보면 사회보험은 비영리적인 것에 비해 사보험은 영리의 추구를 목적으로 하고 있다.

(6) 보험료의 결정 방법으로서는 사회보험이 원칙으로서 임금 또는 소득을 기준으로 사회계층별로 보험료를 결정하는 것에 비해 사보험은 예상되는 사고 등에 의거해서 개인별로 결정한다. 말하자면 사보험에서는 「급부·반대급부 균등의 원칙」 이 존중된다.

이어서 (7) 보험료의 조달방법인데 사회보험에서는 피보험자의 보험료 전부 혹은 일부를 사업주가 부담하거나 보험급부 부분에 해당하는 순보험료의 일부를 국가가 부담하기도 하지만, 사보험에서는 각 가입자가 위험에 상응한 보험료를 전액을 부담한다. (8) 보험사업비의 부담은 사회보험은 국가가 그 전부 또는 일부를 부담하는 것에 비해 사보험에서는 부가보험료로서 피보험자 자신이 부담한다.

5. 사회보험의 기능

사회보험은 보통 ① 의료보험, ② 연금보험, ③ 고용보험, ④ 재해보상보험 및

⑤ 공적개호보험(이하, 「개호보험」으로 약칭)의 5부문으로 크게 구분되지만, 여기에서는 각 보험부문이 가지고 있는 기능에 관해 설명한다.

먼저, ① 의료보험에서는 질병, 상해, 사망, 분만 등의 단기적인 경제적 손실에 대해 급부된다. 이 경우의 의료급부는 원칙으로써 진단이나 치료에 해당하는 현물급부의 형식을 취하고 있으며 금전의 지급이라는 방법은 취해지지 않는다. 보험자는 의료서비스에 소요된 비용을 후일 의료기관에 지급하는 방법을 취하고 있다.

또한 이 보험에서는 의료급부외에 「상병수당금」이라 하여 요양 때문에 일을 못하는 사람을 위해 수당금이 지급되고 있다. 그리고 그 지급액은 월급의 60%정도이고 지급기간은 제도에 따라 차이는 있지만 대체로 6개월을 한도로 하고 있다. 하지만 이러한 단기적인 소득의 보장은, 급부 전체의 20%정도를 차지하는데 불과하다.

다음으로 ② 연금보험에서는 노령, 고도장해, 사망 등의 보험사고가 발생했을 경우에 각종의 연금을 급부하지만 그 목적은 가입자 본인 또는 유족의 생활을 보장하는 것이다.

③ 고용보험은 노동자의 실업에 대해서 실업 급부를 행하는 동시에 구직활동 기간중의 생활보장과 재취직을 위한 원조를 한다. 이 외에도 고용안정 사업, 고용개선 사업 및 고용복지 사업을 행하고 고용에 관한 종합적인 보장기능을 수행하고 있다. ④ 재해보상보험에서는 업무상 또는 통근도중의 재해로 인한 질병, 상해, 고도장해 및 사망에 대해 의료보험과 연금보험과 같은 급부를 행하고 있다. 이 보험은 생활보장을 직접적인 목적으로 하지 않고 상실된 노동 능력을 회복할 때까지 기간에 대해 보상을 한다.

마지막으로 ⑤ 개호보험은 누워서 지내는 노인과 치매 등으로 간병이 필요로 하게 된 경우 간병서비스의 제공과 시설에 입소 등 간병보장을 사회보험방식으로 행하는 제도이다.

2 사회보험의 역사

1. 독일의 사회보험

근대적인 사회보험제도의 역사는 1883년 6월 15일에 독일에서 제정되어 그 다음해 1984년 12월 1일부터 시행된 노동자의 질병보험에 관한 법률로 시작된다고 전해지고 있다.

당시의 독일은 유럽에서 가장 늦게 유입된 자본주의를 급속히 발전시키기 위해서 국가 통제를 펴는 등 여러 가지로 무리를 거듭한 결과 국가주의와 자본주의의 폐해를 가장 많이 가진 나라로 되어 있었다. 이 때문에 시회문제는 서양의 다른 어떤 나라보다 심각하였고 세금의 과중과 임금 착취에 반대하는 사회운동이 심해져 노사간에는 격렬한 계급투쟁이 전개되고 사회주의사상은 전국적으로 만연되어 갔다. 1878년 두 번에 걸쳐 카이젤 황제를 저격하는 사건이 일어나는 등 독일의 노동운동은 사회를 근저부터 뒤흔들게 되었다.

여기에 철혈제상 비스마르크(Otto Eduard Leopold Bismarck) 는 한편에서는 그 유명한「사회주의자 진압법」을 제정해서 사회주의자들의 탄압을 강행하면서 다른 한편에서는 노동자를 회유하기 위해 건강보험과 노재보험 등 사회보험의 계획을 입안·실시해서 노동자의 복지를 적극적으로 증진시키는 것에 의해 사회적 재난·재앙을 바로 잡으려고 노력한다. 이것이 이른바 비스마르크의 "채찍과 사탕"의 양면 정책이라 불리는 것이다.

물론 그 이전에도 주로 노동자를 대상으로 한 공제조합제도는 있었지만 그 운영 주체는 잡다했고 급부도 불충분한 것이었다. 비스마르크는 이러한 제도를 개혁해서 정부의 감독 하에 두는 것과 동시에 고용주에게도 그 비용을 분담시킴에 따라 노동정책적인 또한 노무관리적인 것으로 고치려고 했다.

우선 1883년에는 질병보험이, 이어서 1884년에는 재해보험이, 그리고 1889년에는 질병노령보험이 창설되었다. 그 후에 1911년에는, 질병, 노재 및 연금보험법 등을 통합한「독일보험법」이 그리고 1912년에는 봉급생활자에 대한 건강보험과 연금보험을 통일적으로 실시하기 위한「직원보험법」이, 그리고 1927년에는 직업소개·실업보험법이 제정되어 독일의 사회보험은 일단 그 형태를 갖추게 된다. 독일의 이와 같은 움직임이 계기가 되어 서양의 각국과 서양이외의 여러 나라에서도 19세기말부터 20세기 초에 각종의 사회보험이 차례로 창설되어 가게끔 되었다.

2. 영국의 사회보험

이와 같이 사회보험의 분야에서 기선을 제압한 독일에서 사회보험이 척척 실현되어간 시대에 영국에서는 어떤 동향이 있었을까?

영국은 자본주의의 선진국이며 또한 제도로서의 사회보험을 갖춘 최초의 나라라고 불리고 있다. 영국에서는 15세기말부터 16세기 초에 구빈법에 의한 구제 사업이 또한 16세기에는 길드의 유파를 이어받은 친목과 상호부조를 목적으로 한 우애조합(Friendly Society)이 노동자를 위한 공제조합으로 발전해서 노동자의 질병, 재해, 실업, 노후의 보장을 목적으로 한 공제사업이 실행되었다. 정부도 노동자의 생활보험제도에 대신하는 것으로서 이러한 조합을 장려했다. 그런데 20세기에 들어서면서 영국도 독일이나 미국 등의 후진국에게 경제적으로 밀려 심각한 대외 경쟁을 겪게 되기 때문에 영국 노동자들의 생활은 빈궁함이 더 심해져 간다.

계속되는 불황과 그로 인해 발생되는 노동자에 대한 억압과 착취, 이것에 반대하기 위한 노동운동의 격화, 그리고 결국에는 파업이나 노동조합의 정치운동용인과, 노동자를 둘러싼 환경은 크게 변하게 된다.

1908년에는 70세 이상의 자력조사(Means Test)의 결과, 빈곤이라고 인정된 사람들에 대해 지급되는「무거출 노령연금법」이 제정되어 빈곤자에게는 매주 1실링에서 5실링까지의 연금이 부여되게 되었다.

또한 1911년 12월 16일에는 당시의 재상 로이드 죠지(David Lloyd George)의 노력에 의해 강제건강보험과 실업보험에 관해 규정한「국민보험법」이 공포되어 다음

해인 1912년 7월 15일부터 실시되었다. 이 법률은 전문 제114조, 그 제1부에서는 건강보험에 대해, 제2부에서는 실업보험에 대해 규정하고 있다. 결국 세계 실업보험의 역사는 영국에서 시작한 것이 된다.

다음으로 영국의 사회보험을 이야기할 때 잊어서는 안 되는 것이 있다. 그것은 유명한 「Beveridge보고」 라고 불리는 것이다. 이 Beveridge보고라는 것은 당시 영국 실업 문제의 권위자였던 비버릿지경(Sir Willam Beveridge)을 위원장으로 하는 「사회보험 및 이것에 관한 여러 시설에 대한 각 성의 관계 장관위원회」 가 제2차 세계대전 후의 영국 국민의 경제생활을 어떻게 하면 안정시킬 수 있을까라는 것에 대해 구체안을 만들기 위해 약 1년에 걸쳐 연구 조사하여 1942년 11월 20일에 정부에 제출한 보고서이다.

이 보고서는 영국의 사회보장제도 즉 영국 국민의 한 사람 한사람에 대해 「요람에서 무덤까지」 의 전생에 걸쳐 그 생활을 종합적으로 보장하는 제도에 대해 기술하고 있다. 이 Beveridge안에 의하면 사회보장제도의 중심이 되는 것은 사회보험이라고 하면서 그 기본 원칙은 (1) 최저 균일의 급부, (2) 균일 거출성, (3) 관리책임의 통일화, (4) 급부의 충분성, (5) 포괄적 보험급부, (6) 피보험자의 분류의 여섯 가지를 들고 있다.[180]

이 보고서는 또한 정부에 의해 한층 더 검토와 수정이 가해져 1944년 9월에 정부안으로 백서의 형식으로 공포되었다. 그 후 1945년의 가족수당법, 1946년의 국민보험법 등 여섯 개의 법률이 제정되어, 1948년 7월 4일부터 사회보장제도는 전면적으로 실시되었다.

3. 일본의 사회보험

현재 일본에서는 여러 종류의 사회보험제도가 있지만 그 중 가장 역사가 오래된 것은 1922년 4월 22일에 제정된 건강보험법이라고 생각되어진다.

180) 近藤文二『社會保險』(岩波書店 · 1963年), p.239 참조.

물론 그 이전에도 지역이나 직역을 단위로 하는「곡창」,「다노모시꼬우(계강)」,「우자(友子)조합」등의 상호공제제도 등, 메이지시대에 설립된 각종의 공제·구제조합 등은 있었지만, 이들은 모두 근대적인 의미를 가진 사회보험제도라고 부를 만한 것은 아니었다.

19세기말부터 20세기 초에 유럽 제국에서 사회보험이 점차로 실시되어 가던 때에 일본에서서도 노동문제에 대한 일반의 관심이 높아져 노동자의 생활을 안정시키고 근대 공업의 발달과 자본주의의 원활한 발전을 이루기 위해서는 사회보험의 창설이 필요하다는 논의가 유식자사이에서 활발하게 이루어지게 된다. 1905년에는 광업법이 또한 1911년에는 공장법이 제정되어, 정부에 의해 사회보험에 관한 조사가 진행된다.[181] 그리고 1922년에는「건강보험법안요강」이 법안으로써 제출되어 수정없이 양원을 통과, 4월 22일에 공포되어 1927년 1월 1일에 전면적으로 실시되었다.

그 후 1931년에는 노동자재해부조와 이 부조에 관한 보험의 법률이 제정되고 또한 1938년에는 국민건강보험이 창설되었다. 그리고 다음 해인 1939년에는 일반 봉급생활자를 위한 직원건강보험이 창설되고 같은 해에 선원보험이 창설되었다. 이 선원보험은 1940년 6월부터 전면적으로 실시되었다. 그리고 1941년에는 노동자연금보험법이 제정되고 다음해 1942년에 전면적으로 실시됨에 따라 일본의 사회보험은 실업보험을 제외하고 대개의 형식을 갖추게 되었다. 이 노동자연금보험은 1944년에 그 명칭을 후생연금보험으로 바꾸어 급부의 개선을 도모하여 현재에 이르게 된다.

일본의 패전이라는 형식으로 종결된 제2차 세계대전은 전 국민에게 결정적인 타격을 주었지만 동시에 그때까지 발전을 계속해 오던 각종의 사회보험도 붕괴직전의 위기에 빠뜨리게 된다. 예를 들어 건강보험은, 의약품, 위생 재료의 극도의 결핍, 의료비의 급등 등에 의해 유명무실의 상태에 빠져, 국민건강보험 대부분의 조합은 사업 부진으로 중지나 폐지 상태에 몰리고 또한 후생연금보험은 인플레로 인한 화폐가치의 대폭 하락에 의해 그 보험 기능을 상실하는 등, 일본의 사회보험은 이제껏 없던 시련을 겪게 된다.

---

181) 厚生統計協會 『保險と年金の動向』第49巻第14號 (厚生統計協會 · 2002年), pp.4～5.

전후에 있어서 사회보장제도 재건을 위한 모색은 이러한 상태 하에서 행해진다. 먼저 1946년 3월에는 군인연금금지에 따른 조치를 검토하기 위해 사회보험제도 심의회가 그리고 그 직후에 동 심의회를 발전시킨 사회보험제도 조사회가 설치된다. 이 조사회는 1946년 12월에 실업보험제도의 창설과 현행 사회보험제도의 개선에 관한 답신을 후생장관에게 제출하고 다음해 1947년 10월에는「사회보장제도요강」을 발표하고 있다.

1947년 4월에는 이때까지 건강보험이 행하고 있던 업무상의 재해급부를 추출해 이것에 대해서는 국가가 사업주 측을 대신해서 직접 노동자에게 보상한다는 형식의 노동자재해보장보험법이 성립된다. 이 보험제도는 그 후 수차례에 걸쳐 개선되어 현재에는 노동재해에 대한 보험급부를 중핵으로 하면서 노동자의 복지증진을 위한 각종 사업도 행하는 종합적인 보험제도로 발전 확충되어 오고 있다.

이어서 1947년 12월에는 그때까지「실업은 무능과 태만의 상징이다[182]」라고 해서 끊임없이 성립이 반대되어 오던 실업보험법이 제정되어 사회보험체계 중에서 공백상태인 채로 있던 실업보험이 실시됨에 따라 일본의 사회보험제도도 일단 근대적인 사회보험체계를 정비하게 되었다.

1948년에 국민건강보험의 분야에서 조합을 대신한 시읍면 공영의 원칙이 확립되어, 피보험자의 강제가입제를 채택하는 등 대규모의 개정이 행해지게 된다. 그 후 1953년에는 건강보험과 선원보험의 분야에서 적용 확대와 급부의 개선을 포함한 실질적인 개정이 행해져 일용직 노동자 건강보험법도 제정된다.

1950년에는 이른바 완델권고(1948년 7월에 일본 정부에 전해진 미국 사회보장제도 조사단의 보고서「사회보장제도의 권고」) 에 근거해 내각에 이미 설치되어 있던 사회보장제도심의회가「사회보장제도에 관한 권고」를 정부에 제출하고 그 중에서 전 국민에 대해 의료보험을 적용해야 한다는 것을 제창하고 있었지만, 이「국민모두보험」(전 국민보험)의 생각은 1958년 12월 23일에 신 국민건강보험법안으로 국

182) 개척자정신의 전통이 있던 미국에 있어서도 이것과 비슷한 생각이 지배적이었다고 말해지고 있다. 이것에 관해서는, 近藤文二, 전게서, p.175 참조.

회를 통과해 다음 해인 1959년 1월 1일부터 실시되었다. 그 후 이 전 국민보험계획은 지방자치단체 등 그 외의 관련 단체의 노력과 정부의 강력한 추진에 의해 순조롭게 진행되어 1961년 4월에는 전 국민보험체계가 실현되고 여기에 의료보험의 분야에서 전국민보험이 달성됨과 동시에 건강보험의 가족 급부율의 인상, 고액요양비지급제도의 창설 등으로 계속해서 그 내용이 정비되고 충실하게 된다.

한편 연금보험의 분야에서도 의료의 면에서 전국민보험이 추진되어 가는 것에 대응해「전국민보험」의 실현이 강력하게 요청되게 되어 1958년 9월에는 후생성이 국민연금 제1차안을 발표, 다음 해인 1959년 2월에 국회에 제출, 4월 16일 공포되었다.

무거출제의 노령복지연금은 1959년 11월부터 그리고 거출제 국민연금은 1961년 4월부터 실시되어 여기에 전국민연금이 확립되었다. 이 연금보험의 실시에 의해 모든 국민이 어떤 형태이든 공적연금제도의 대상이 되게 되고 여기에 이른바「전국민보험」과「전국민연금」의 체제가 실현되었다.

그래서 12년 후인 1973년에는 건강보험 분야에서는 노인의료의 무료화가 실시되어 피용자보험가족의 급부율이 70%로 인상되는 것과 함께 고액요양비제도가 창설된다. 또한 연금보험분야에서는 연금액의 2.5배의 인상, 표준 보수의 재평가제 및 물가 슬라이드제의 도입이 이루어지는 등, 노후의 소득보장체제가 갖추어지게 된다. 이른바 복지원년의 도래라고 말할 수 있다.

하지만 그 후 석유파동후의 경제저성장의 정착, 국고의 대폭적인 적자, 인구구성의 고령화 등의 이유로 보험과 연금의 제도를 전면적으로 재검토하는 것이 필요로 하게 되었다. 거기에서 수년간의 검토를 거쳐 다가올 고령화 사회에 대비하기 위해 양 제도의 대폭적인 수정이 이루어진다.

먼저 건강보험의 분야에서는 1983년 2월에 노인보건법이 시행되고 1984년 10월에는 피보험자본인 10% 부담의 도입, 퇴직자 의료제도 및 특정요양비제도의 도입, 국민건강보험에 대한 국고보조의 평가절하, 의료비 개정에 의한 의료비의 인하, 일용노동자건강보험의 정부관장 건강보험으로의 병합 등이 실시된다.

다음으로 연금보험의 분야에서는 1986년 4월부터 연금제도체계의 근본적 재편성을 축으로 한 국민연금법 등이 시행되어 기초연금의 도입, 급부수준 및 보험료 부담의 적정화, 부인연금권의 확립, 장해연금의 충실히 도모되었다.

이 제도의 개정에 의해, 국민연금은 전 국민에게 공통의 기초연금을, 그리고 후생연금보험이나 공제연금은 원칙으로서는 보수비례부분에 상당하는 연금, 즉「기초연금의 추가」인 연금을 지급하게 된다.

또한 1974년 12월 28일에는 1947년 이후 실시되어 오던 실업보험을 전면적으로 고친 고용보험법이 성립되어 다음 해인 1975년 4월 1일부터 시행되고 있다. 이 법률은 종래의 실업보험제도를 바꾸어 새롭게 고용보험 제도를 창설한 것으로 그때까지 운영되어 오던 실업보험사업은 전부 고용보험사업으로 계승되어지게 된다. 그리고 고용보험법은 그 후에도 여러 번 개정되어 고용보험사업의 내용도 확충 강화되게 된다.

끝으로 2000년 4월부터는 고령자가 간병을 필요로 하는 상태가 된 경우 자립한 생활을 보내고 인생의 최후까지 인간으로서 존엄을 지킬 수 있도록 고령자 간병을 사회적으로 지원하는 구조로서 공적인 고령자개호보험제도가 도입되었다.

3 사회보험의 종류와 내용

1. 사회보험의 종류

지금까지 일본에서 실시되어 온 사회보험에는 여러 종류의 것이 있지만 크게 나누어 보면 ① 의료보험, ② 연금보험, ③ 고용보험, ④ 재해보상보험, ⑤ 공적개호보험의 다섯 가지의 보험제도로 정리할 수 있다.

먼저 의료보험에는 피용자를 대상으로 하는 건강보험, 선원보험(의료급부부문) 및 국가공무원공제조합, 지방공무원공제조합, 사립학교교직원공제조합(모두 단기급부부문) 과 자영업자등의 일반주민을 대상으로 하는 국민건강보험이 있다.

다음으로 연금보험에는 국민에게 공통의 기초연금을 지급하는 국민연금, 기초연금의 추가부분을 지급하는 후생연금보험(선원보험의 연금부문을 포함) 및 각종의 공제조합(모두 장기급부부문)이 있다.

거기에 고용보험에는 일반피용자와 일용노동자를 대상으로 하는 고용보험과 선원을 대상으로 하는 선원보험(실업급부부문)이 있고 재해보상보험에는 노동자재해보상보험, 선원보험(재해급부부문), 국가공무원재해보상, 지방공무원재해보상이 있다. 이들 사회보험에 관한 현행의 법령을 그 대상에 따라 정리하면 다음과 같다.

(1) 피용자를 위한 직역보험

① 일반노동자를 대상으로 하는 보험

건강보험법 (의료)
후생연금보험법 (연금)
고용보험법 (실업)
노동자재해보상보험법 (노재)

② 특정 직역의 노동자를 대상으로 하는 보험

선원보험법 (의료, 실업, 노재)
국가공무원 공제조합법 (의료, 연금)
지방공무원 등 공제조합법 (의료, 연금)
사립학교교직원 공제법[183] (의료, 연금)

(2) 일반주민을 위한 지역보험

국민건강보험법 (의료)
국민연금법 (연금)

이상과 같이 일본은 국민 전체가 의료보험제도에 가입해 누구든지 안심하고 의료를 받을 수 있는 세계에서도 손꼽히는 의료제도를 확립해 왔으며 연금제도에 대

183) 각종 공제조합의 조합원은, 실업 및 업무상재해에 대해, 각 법에 의거한 보장이 행해지고, 일반 노동자에 대한 보호에 뒤떨어지는 일이 없다(厚生統計協會, 전게서, p.83).

해서도 1986년 4월 전 국민에게 공통의 횡단적인 기초연금을 도입했다.[184)]

2. 사회보험의 내용

여기에서는 상기의 의료보험, 연금보험, 고용보험, 재해보상보험과 공적개호보험의 다섯 가지 보험제도에 관해 차례로 설명한다.

(1) 의료보험

① 건강보험

이 보험은 피용자의료보험의 중핵을 이루는 제도로 각종 사업소에 고용되는 고용노동자를 대상으로 하는 의료보험제도이며 피보험자의 업무외의 사유에 의한 질병, 부상, 사망 또는 분만과, 피보험자의 피부양자의 질병, 부상, 사망 또는 분만에 관해 보험급부를 행하는 것을 목적으로 하고 있다. 피보험자에는 강제적용피보험자, 임의포괄피보험자 및 임의계속피보험자의 세 종류가 있다.

강제적용피보험자라는 것은 건강보험법 제13조에 게재된 사업의 사업소 혹은 사무소(이하, 줄여서 사업소라고 한다), 또는 국가 혹은 법인사무소이며, 상시 5인 이상의 종업원을 사용하는 곳(이것을 적용사업소라고 한다)에 고용되는 경우의 피보험자를 말한다. 덧붙여 말하면 1986년 4월부터는 5인 미만의 종업원을 고용하는 사업소 중 법인사무소에 대해 단계적으로 적용사무소라고 하는 것으로 되어 있다.

임의포괄피보험자라는 것은 상기 제13조에 규정하는 사업소 이외의 사업소에 고용되는 종업원으로 그 사업주가 후생노동장관(도, 현의 지사에 위임되어 있다)의 허가를 받아 포괄해서 피보험자라고하는 경우의 피보험자를 말한다.

임의계속피보험자라는 것은 피보험자였던 사람이 퇴직 등에 의해 피보험자자격을 상실한 후에도 계속 그 자격상실시의 보험자의 피보험자로 되는 경우의 피보험자를 말한다.

이 건강보험의 보험자에는 정부와 건강보험조합이 있다. 건강보험조합은 피보험자를 상시 300명 이상(실제로는 단일조합의 경우 700명이상, 종합조합의 경우

---

184) 厚生統計協會, 전게서, p.83.

3000명이상)고용하는 사업소의 사업주가 단독 또는 공동으로 설립해서, 사업주, 그 종업원인 피보험자 및 임의계속피보험자로 조직되는 것이다. 그리고 조합은 조합원인 피보험자의 건강보험을 관장하고 있다(조합관장). 이것에 대해 정부는 건강보험조합의 설립이 되어있지 않은 사업소에 사용되는 종업원을 피보험자로서 건강보험사업운영을 하고 있다(정부관장).

다음으로 보험급부 내용에 대해서 보면 피보험자에 대해 행해지는 급부(요양의 급부, 특정요양비, 요양비, 상병 수당금, 매장료·매장비, 출산 수당금 등)와, 피부양자에 대한 급부(가족 요양비, 가족 매장료 등)가 있고 그 급부율은 2003년 4월부터 피보험자 본인 및 피부양자의 경우도 70%로 되어 있다. 그리고 70세 이상의 피보험자는 요양급부에 필요로 하는 비용의 10%(일정이상의 소득자는 20%)에 상당하는 액수를 일부부담금으로 보험의료 기관 및 보건약국에 지급하게 된다. 그 외에 피보험자 및 그 피부양자가 같은 달에 각각의 보험의료 기관 등에서 받은 요양에 관한 일부부담금 등의 액수가 소정금액을 넘었을 경우 그 초과액 전액 또는 일부가 고액 요양비로서 지급된다.

2004년 4월말 현재 건강보험조합 수는 1,674조합, 그 가입자 수는 본인과 가족을 합쳐 약3,056만 9,000명, 그리고 정부관장 건강보험조합의 가입자 수는 본인과 가족을 합쳐 3,585만1,000명이다.

덧붙여 1954년 1월 이래 실시되어 온 일용노동자건강보험제도는 1984년 9월로 그 막을 내렸고 일용 노동자에 관련된 건강보험은 그 해 10월 1일부터는 새로운 건강보험 체계 하에서 행해지게 되었다.[185)]

② 국민건강보험

이 보험은 자영업자, 농민 등 피용자보험에 가입하지 않은 사람을 대상으로 그 질병, 부상, 출산, 사망에 관해 필요한 급부를 행하는 제도이며 이것에 의해 국민건강의 유지·증진에 기여하는 것을 목적으로 하고 있다. 보험자는 지방자치단체(특별구를 포함)가 원칙이고, 2004년 4월 1일 현재, 그 숫자는 3,224이다. 이 외에 같은 종류의 사업 및 업무(의사, 치과의사, 약제사, 변호사, 식품판매업, 토목건축업, 이용 미용

185) 厚生統計協會, 전게서, pp.14, 111~115, 122~123.

업, 목욕탕업 등)에 종사하는 사람 300명 이상으로 조직된 공법인으로, 도·현의 지사의 인하를 받아서 설립되어 있는 166개의 국민건강보험조합이 있다.

시·읍·면이 운영하는 국민건강보험의 경우 그 지방의 구역 내에 주소를 갖고 있는 자는 다음 사유에 해당하는 자를 제외한 법률상 당연히 그 지방자치단체에서 행하는 국민건강보험의 피보험자, 이른바 강제가입의 피보험자가 된다. 더불어 외국인의 경우에도 단기 체재자를 제외하고 국민건강보험의 피보험자가 된다.[186]

㉠ 건강보험, 선원보험의 피보험자와 그 피부양자

㉡ 국가공무원 공제조합, 지방공무원 공제조합, 사립학교교직원 공제제도의 가입자와 그 피부양자

㉢ 생활보호법에 의한 보호를 받고 있는 세대에 속하는 자

㉣ 국민건강보험조합의 피보험자

㉤ 그 외 특별한 이유가 있는 자로, 지방자치조례에서 정해진 자.

2004년 3월말 현재 국민건강보험의 가입자 수는 약 4,619만 1,000명, 국민건강보험조합의 피보험자수는 약 410만 6,000명이다.

이 보험급부에는 법률에 의해서 보험자에게 급부를 행할 의무가 주어진 부분의 법정급부(요양의 급부, 특정 요양비의 지급, 요양비의 지급, 고액 요양비의 지급 등)와 급부의 시행 여부가 보험자의 자주성에 맡겨져 있는 부분의 임의급부(출산 수당금, 상병수당금의 지급 등)가 있다.

급부율은 70세 미만은 70%, 70세 이상은 90%(일정 이상의 소득자는 80%)이므로 요양취급기관에서 요양급부를 받는 자는 급부 받을 때 급부에 필요한 일부 부담금을 창구에서 지급하지 않으면 안 된다.

이 보험사업을 운영하기 위한 재원은 보험료(세), 국고보조금, 지방공공단체 보조금, 지방자치단체의 일반회계부터 이월금 등으로 되어 있지만 재원의 대부분을 차지하는 것은 보험료(세)와 국고부담(보조)금이다. 또한 2000년 4월부터 개호보험제도가 시행됨에 따라 국민건강보험의 보험료(세) 징수목적으로 개호납부금의 납부에 필요한 비용이 가해지게 되었다.

186) 厚生統計協會, 전게서, p.138.

여기에서 보험료라는 것은 지방자치단체 및 조합이 보험사업에 필요한 비용을 채우기 위해, 세대주 또는 조합원으로부터 징수하는 대가인데 지방자치단체에서는 지방세법 규정에 의해 보험료 대신 보험세를 부과할 수가 있다고 되어 있다. 보험료와 보험세는 본질적으로는 다르지 않다. 보험료의 부과·징수 등에 대해서는 시·읍·면자체의 조례에 규정한 방법에 따르는 것에 비해 보험세의 부과·징수 등에 대해서는 지방세법의 규정에 따르고 있다.

③ 노인보건제도

일본의 노인보건의료대책은, 1963년에 노인복지법이 제정된 것으로 시작되어, 노인의료의 원칙무료화를 강조한 1973년의 노인의료비지급제도 실시로 절정을 맞이하게 되었다. 이 제도에 의해. 노인이 받은 의료에 대해 자기가 부담하지 않으면 안 되는 비용이 공비로 부담되게 되고, 노인의 적시 적절한 치료가 촉진되었기 때문에, 그 해는「복지 원년」이라 불리게 되었다. 그러나 그 후에 노인의료비는 매년 급속하게 증가하는 것에 비해, 저성장경제하에서는 세수 증가가 둔화되었기 때문에, 국가제정과 지방제정의 지출은 핍박하고, 1975년~76년도에는「복지 재검토론」이 선전(宣傳)되게 되었다.

노인의료비 무료화도 물론 재검토의 대상이 되어 질병 예방과 건강 운동을 포함한 종합적인 노인보건대책을 추진하고 아울러 노인의료비를 전 국민이 공평하게 부담한다는 새로운 제도, 즉 노인 의료제도 별건론이 강하게 주장되었다. 이 때문에 당시의 후생성은 수년간 검토를 거친 후 1981년 국회에 노인보건법안을 제출하고 이 법은 1982년 8월 10일에 성립, 다음 해 1983년 2월 1일부터 시행되었다.

하지만 노인보건법 성립 후에도 의료비증가는 멈출 줄을 몰라, 국민의료비 총액은 1984년도 말에 약 15조 932억 엔, 1985년도에는 16조 156억 엔에 달했다. 이와 같은 의료비증가 요인에는 여러 가지가 생각되어지지만 가장 견인차적 역할을 한 것은 여전히 노인의료비의 폭발적인 증가였다. 노인의 경우 유병율(有病率)이나 수료율(受療率)이 높고 상병기간은 장기로 의료비가 비싸며 거기에 급속하게 고령화 사회로 진전되어가고 있기 때문에 노인의료비의 급등은 국민의료비 증대의 주역인 것에 변함이 없었다. 그래서 결국엔 1986년도에 노인의료비는 국민의료비의 약 1/4에 해당하는 4조 3,000억 엔이 되고 노인의료 무료화가 시작된 1973년에 비하면 약 10배에 달했다.

거기에서 당시의 후생성은 다가올 고령화 사회에 대비해 노인보건제도의 장기적 안정과 노인의 보건, 의료, 복지시책의 종합적인 추진을 도모하기 위해, 노인보건법을 수시로 개정하고, 실시해 왔다.

그러나 그 후에도 노인의료비 증세는 떨어지지 않고 1999년 4월 현재 의료비는, 이미 국민의료비의 3분의1을 차지하고 있어, 2025년경에는 국민의료비의 1/2에 까지 달할 것으로 예상되고 있다.

④ 그 외의 의료보험

지금까지 설명해온 의료보험제도 외에 선원보험과 각종 공제조합이 운영하는 건강보험제도가 있다.

㉠ 선원보험 : 이 보험은 선원이라는 특정노동자와 그 피부양자를 대상으로 한 것으로서 선원의 질병, 부상, 분만, 실업, 고도장해, 탈퇴, 행방불명, 사망에 대해, 또한 그 피부양자의 질병, 부상, 분만, 사망에 대해 보험급부를 행하는 것을 목적으로 한 정부관장보험이다.

이 보험의 특색은 보험사고 범위가 극히 넓고 업무상 사고와 업무외 사고를 포함한 게다가 질병급부부문, 실업급부부문 및 연금급부부문(단, 노제상당부분만. 직무외의 연금부문은, 1986년 4월 1일부터 후생연금보험에 통합)을 포괄한 종합적인 사회보험의 성격을 가진 것으로 가장 이상적인 사회보험제도라고 일컬어지고 있다. 피보험자에는 강제피보험자와 질병임의계속피보험자가 있다.

보험급부는 질병, 실업, 연금의 3부문으로 크게 나누어지지만 질병급부부문에는 요양의 급부, 특정의료비, 의료비, 가족요양비, 고액요양비, 노인보건법에 의한 의료의 급부, 상병수당금, 출산급부 등이 있고 건강보험의 경우와 거의 같은 급부내용으로 되어 있다.

2004년도 4월말현재 가입자 수는 본인과 가족을 포함해서 약 198,000명이다.

㉡ 각종 공제조합 : 공제조합은 1905년에 당시 관업제철소였던 야와타(八幡) 제철에 처음으로 마련되었고 그 역사는 일본의 사회보험의 효시인 건강 보험보다도 오래됐었다.

그 후 1907년에는 국철공제조합의 전신인 제국철도청현업원 공제조합이 생기고 또한 1908년부터 1942년 사이에 체신, 인쇄, 전매 등 현업관청에 공제조합이 설립되었다. 그리고 1953년부터 1962년 사이에는 사립학교교직원, 공공기업체직원 등, 국가공무원, 농림어업단체직원 및 지방공무원의 각종 공제조합이 설립되었다. 그러나 그 후 행정개혁에 의해 1985년 4월에는 전전(電電), 전매, 현업부문의 알코올 전매 사업이 각각 민영화되고 이어서 1987년 4월에는 국철이 민영화되었기 때문에 공공기업체는 전부 모습을 감추고 약 40년에 걸친 역사의 막을 내리게 되었다.

현재 의료보험에 해당하는 단기급부를 행하고 있는 공제조합은 그 대상, 직종 등의 구별에 의해 국가공무원공제조합, 지방공무원공제조합, 사립학교교직원공제조합이 있으며 모든 공제조합은 급부내용이 거의 같다고 되어 있다.

먼저 법정급부로서는 요양의 급부, 요양비, 가족 요양비, 고액 요양비, 출산비, 배우자 출산비, 육아휴업 수당금, 매장비, 가족 매장비, 상병 수당금, 출산 수당금, 휴업 수당금, 조의금, 가족 조의금, 재해위문금 등이 있고 그 외 각종 공제조합은 각 조합의 정관에 정해진 대로 부가급부하고 있다.

2004년 4월말 현재의 조합과 사업단의 수는 국가공무원공제가 약 23개 조합, 지방공무원공제가 54개 조합, 사립학교교직원공제가 1사업단으로 그 전가입자 수는 약 979만 명이다.

(2) 연금보험

일본의 경우 앞으로도 고령화가 급격하게 진전되고 있는데, 장래에 공평하고 장기적인 안정과 정합성이 있는 연금제도를 확립하고 발전시키기 위해서는 제도개혁이 필요하여 1986년 4월 1일부터 새로운 공적연금제도가 실시되었다. 새로운 제도의 중심으로서 다음 네 가지를 들 수 있다.[187]

① 기초연금의 도입–제도의 일원화 –

종래의 국민연금을 전 국민에게 공통 기초연금을 지급하는 제도로 발전시켜 게다가 제도 간 격차, 제도기반의 불안정화, 중복급부 등, 제도 분립에 의해 생겨난 문제해결을 도모함과 동시에 장기적으로 안정된 연금제도로 재편성해 간다.

이것에 의해 후생연금이나 공제연금은 원칙으로서 보수비례 연금을 지급하는 「기초연금의 추가분」 제도로 위치가 부여되어, 전체적으로 이른바 2층 구조의 연금제도로 되었다(<그림 1)참조).

〈그림 1〉 제도 재편성도

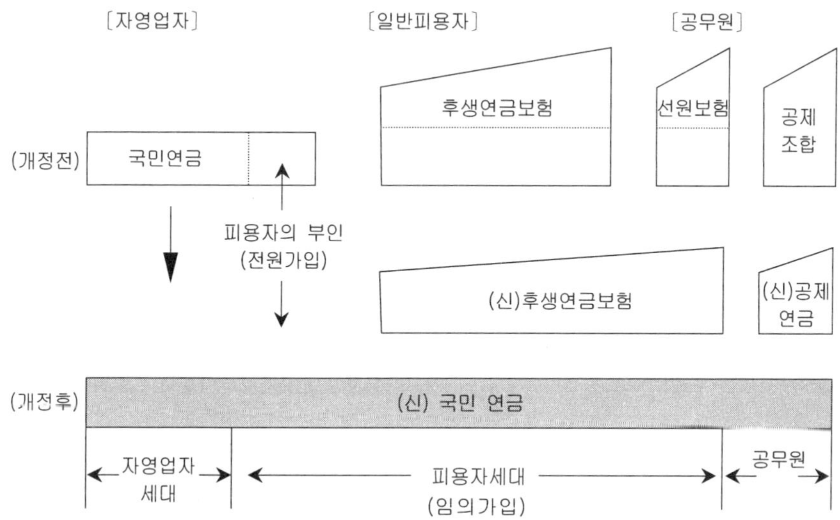

② 급부수준과 부담의 적정화

앞으로 발생할 연금급부수준을 서서히 적정화하고 급부와 보험료부담의 균형

187) 자세한 내용은, 厚生統計協會, 전게서, pp.41~44참조. 또한, <그림 1> 및 <그림 2>는, 상동, pp.42~43에서 인용.

을 도모하는 것과 함께 현역 근로자의 소득수준과 균형이 잡힌 것으로 한다.

예를 들면 후생연금보험의 경우 종래의 구조를 그대로 유지하게 되면 남자의 표준적인 급부수준은 40년 가입으로 현역 남자 근로자의 평균임금 월액의 83%에 달하게 되며 가령 그 부인이 국민연금에 40년 동안 임의 가입해 있다고 하면 부부의 연금 수준은 실로 109%에 달하게 된다(<그림 2>참조).

〈그림 2〉 가입기간의 신장과 연금액의 증대(셀러리맨 세대)

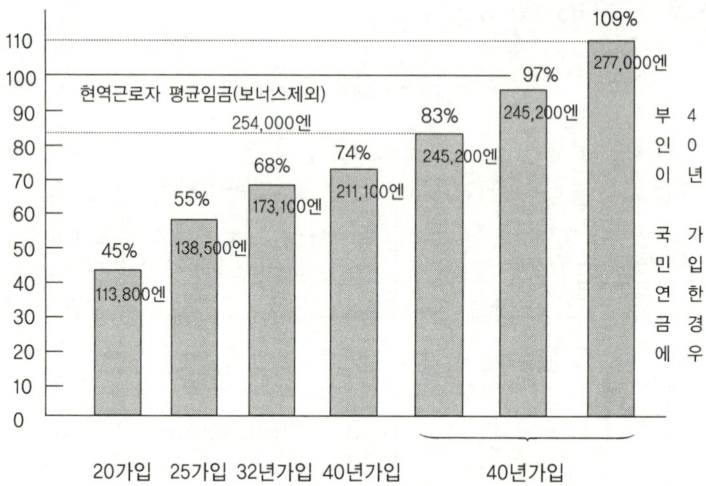

주 : 연금액 및 연금임금은 모두 1984년 가격임.

그래서 1986년 개정에서는 이것을 장래 현역 남자 근로자의 평균임금 월액(보너스를 제외)의 68% 정도로 되도록 감안하여 그 수준을 유지해 가려는 것이었다. 이것에 의해 현역 피보험자의 보험료 부담도 장래에 상당히 경감되었다.

③ 부인연금권의 확립

기초연금 도입에 의해 모든 부인에게 독자적인 연금권을 보장함과 동시에 세대로서 적정한 금부수준을 확보한다.

종래의 구조에서는 샐러리맨의 직업을 갖지 않은 부인으로 국민연금에 임의

가입하지 않은 자가 이혼하거나 장해를 입은 경우에는 연금보장에 결함이 있거나, 또는 그 부인이 국민연금에 가입했는지 아닌지에 따라 세대의 급부 수준에 차이가 발생했다.

그러나 1986년의 개정에 의해 샐러리맨의 부인을 포함해, 가입자 한 사람 한 사람에게 자기 명의의 기초연금이 지급되는 것으로 되었기 때문에 부인연금보장의 문제와 세대로서의 적정급부 수준의 문제는 해결되었다.

④ 장해연금의 충실

장해복지연금과 거출제 장해연금의 격차를 시정함과 동시에 사후중증제도의 개선 등 장해연금의 충실을 도모한다.

종래의 제도에서는 어려서부터 장해자가 된 사람들에 대해서는 국민연금의 장해복지연금이 지급되고 있었지만 그 장해 발생이 제도에 가입하기 전인지 후인지에 따라 연금액에 큰 차이가 있었다. 그러나 이러한 격차는 적당하지 않고 국민전체가 하나의 제도를 서로 지탱하는 기초연금 도입의 기본 이념에 어긋나기 때문에 1986년 개정에서는 어렸을 때부터 장해자에게도 장해기초연금을 지급하기로 했다.

이상과 같이 일본의 공적연금제도에 관해서는 근본적인 재편성이 행해졌다. 다음으로 국민연금과 후생연금에 관해서 살펴보도록 한다.

㉠ 국민연금 : 1986년 개정에 의해 국민연금은 공통 기초연금을 지급하는 제도로 되었고 일본 국내에 살고 있는 20세 이상 60세 미만의 사람은 모두 국민연금에 가입하지 않으면 안 되게 되었다.

이 연금의 피보험자에는 제1호 피보험자, 제2호 피보험자, 제3호 피보험자의 세 종류가 있다. 제1호 피보험자는, 농업, 자영업자 등 일본국내에 살고 있는 20세 이상 60세미만의 사람, 제2호 피보험자는, 후생연금보험의 피보험자와 공제조합 조합원, 제3호 피보험자는, 후생연금보험의 피보험자의 피부양 배우자와 공제조합 조합원의 피부양 배우자로 20세 이상 60세미만의 자라고 되어 있다. 단지 여기에서 주의할 것은 제3호 피보험자라고 할 경우 그 자는 피부양 배우자일 필요가 있고, 배우자 자신이 자영업을 운영해서 상당한 수입을 올리고 있는 경우에는, 피부양 배우자라고 할 수 없으므로, 제1호피보험자가 된다.

다음으로 국민연금 급부에 관해 보면 국민연금은 자영업자만이 아닌 후생연금 피보험자나 공제조합 조합원, 또한 그들의 배우자에게도 공통된 세 종류의 기초연금을 지급하는 것으로 하고 있다.

첫째, 노령기초연금을 들 수 있는데 이것은 25년의 자격기간을 채운 사람이 65세에 달했을 때부터 지급되는 것으로 1986년 개정의 시행일인 1986년 4월 1일에 60세미만(1926년 4월 2일 이후 태어난 자)인 사람이 대상이 되었다. 따라서 시행일에 60세 이상이었던 사람은 노령기초연금 대상에서 제외되어 구 연금제도가 계속적용 되게 되었다. 이 때문에 65세로 노령기초연금을 수급하는 사람이 처음으로 나온 것은 1991년 4월이라는 것이 된다.

노령기초연금의 액수는 2002년 4월 현재 월액 67,017엔인데 보험료납부에 부족기간이 있는 경우에는 그 기간에 상응하는 분만 감액된다.

둘째, 장해기초연금을 들 수 있는데 이것은 국민연금 피보험자가 1급 또는 2급 장해에 해당하는 장해자가 됐을 때 지급되는 것으로 수급자격으로서는 초진일 전에 보험료를 납부한 기간이 가입기간의 2/3이상 되는 것이 필요하다. 연금액은 정액으로 1급의 월액은 83,775엔, 2급의 월액은 67,017엔 이다.

또한 학생에 대해서는 보험료납부가 유예되는 제도(학생납부특례제도)가 2000년 4월부터 시작했다. 이 제도에서는 대학(대학원), 전문대학, 고교, 고등전문학교, 전수학교 및 각종학교, 그 외의 교육시설에 재학하는 20세 이상인 학생이 대상이 된다. 학생은 대부분의 경우 소득이 없기 때문에 본인이 보험료를 납부하는 것이 곤란하므로

(학생본인의 전년도 소득이 68만 엔을 넘은 경우는 제외), 주민표를 등록한 시, 구, 읍, 면의 국민연금 담당 창구에「국민연금보험료 학생납부특례 신청서」를 제출해서 승인을 얻으면 학생납부특례기간 중 장해나 사망 등 불의의 사태에는 장해기초연금 또는 유족기초연금이 지급된다. 다만, 특례기간은 노령기초연금의 수급자격요건에는 산입되지만 연금액에는 반영되지 않으므로 졸업 후 10년 이내에 보험료를 납부하는 것(추납)에 의해 전액 받을 수가 있기 때문에 졸업하면 잊지 않고 추가 납부할 필요가 있다.[188)]

셋째, 유족기초연금을 들 수 있는데 이것은 국민연금 피보험자 또는 노령기초연금 수급자격자가 사망했을 때 그 사람에 의해 생계가 유지되었던 18세미만의 자녀를 가진 부인 또는 18세미만의 자녀에게 지급되는 것으로 피보험자 사망의 경우에는 그 사람이 보험료를 납부한 기간이 가입기간의 2/3 이상 되는 것이 필요하다. 연금 액수는 정액으로 부인과 자녀 1명일 경우, 월액은 86,300엔이다.

㉡ 후생연금보험 : 후생연금보험의 연금은 원칙으로서 상술한 기초연금보험 수급자격을 충족시킨 경우에 지급되는 것으로 기초연금에 덧붙이는 보수비례 연금이 지급된다. 따라서 이 제도는 근로자 본인이나 그 가족의 생활안정과 복지향상을 도모하는 것을 목적으로 하고 있으며 피용자연금제도의 핵심을 이루고 있다. 이 보험의 피보험자는 보험사고가 발생했을 경우 각 기초연금의 추가분의 형식으로 노령후생연금, 장해후생연금, 유족후생연금을 받을 수 있다.

먼저 노령후생연금의 경우, 후생연금 피보험자였던 사람이 국민연금의 노령 기초연금 수급권을 취득했을 때에 노령기초연금에 덧붙이는 형식으로 노령후생연금을 받게 된다. 이 후생연금의 연금액은, 보수비례 연금액에 가급연금액을 가산한 금액이다.

188) 社會保險廳 ホームページ, 「國民年金 學生納付特例制度」참조.

이 외 후생연금보험의 경우 독자적인 급부로서 노령 기초연금 자격기간을 채우고 퇴직한 피보험자에게, 60세부터 65세가 될 때까지 기간에 한해서 노령후생연금이 특별히 지급된다. 그리고 저소득 피보험자에 대해서도 60세부터 65세가 될 때까지 재직노령연금이 지급된다.

다음으로 장해후생연금의 경우 후생연금보험의 피보험자 기간 중에 초진일이 있는 상병으로, 장해기초연금에 해당하는 1급 혹은 2급장해가 피보험자에게 생겼을 때는, 장해기초연금에 덧붙이는 형식으로 연금이 지급된다. 또한 장해기초연금에 해당하지 않는 정도의 장해가 생겼을 경우에도, 그 장해가 각별히 정령으로 정해진 후생연금보험 장해등급표에 해당할 경우는 독자적인 장해후생연금(3급) 또는 장해수당금(일시금)이 지급된다.

마지막으로 유족후생연금인데 이것은 후생연금의 피보험자이고 보험료를 납부한 기간이 가입기간의 2/3이상 될 것, 1급 또는 2급의 장해후생연금 수급자, 또는 노령 기초연금 자격기간을 채운 사람이 사망했을 경우에 지급된다.

그렇다면 이와 같은 연금급부에 필요한 비용은 누구에 의해 부담되어지는 것일까?

우선 기초연금의 경우, 그 비용은 국민연금 보험료, 후생연금으로부터의 거출금 및 국고부담금으로 조달된다. 다시 말하자면 제1호 피보험자인 자영업자 등이 직접 국민연금에 대해 부담하는 보험료(2002년 4월 현재, 월액 13,300엔), 제2호 피보험자인 후생연금 피보험자나 공제조합 조합원과 제3호 피보험자인 그 피부양자에 드는 거출금 및 국고부담에 의해 처리된다.

따라서 제2호 피보험자와 제3호 피보험자는 국민연금에 대해서 개별 보험료를 부담할 필요는 없지만, 그 대신 후생연금이나 공제조합은 제2호 피보험자와 제3호 피보험자 수에 상응한 거출금을 국민연금에 대해 한꺼번에 부담하지 않으면 안 된다.

또한 국고는 원칙으로서 기초연금 급부에 필요한 비용에 관해 제1호 피보험자가 인원수대로 나누어 부담해야 할 총액의 1/3, 후생연금과 공제조합이 부담해야 할 거출금액 중 1/3을 부담하게 되어 있다. 다음으로 후생연금의 경우, 그 보험료는 표준보수 월액에 피보험자 종류에 의해 정해져 있는 보험료율을 곱한 액수를 보험료 월액으로 하고, 사업주와 피보험자가 절반으로 부담하는 것으로 하고 있다. 단지 2003년 4월부터는 상여 등도 일반 보험료의 부과대상으로 하는 총보수제가 도입된다고 되어 있다.

또한 비싼 보험료를 지급해도 후생연금보다도 높은 수준의 연금을 확보하고 싶다는 노사의 강한 요청에 의해 1965년에 「기업연금」의 일종인 후생연금기금제도가 창설되어, 1966년 10월부터 실시되었다.

이 제도는 후생연금보험 노령연금급부의 일부를 기업이 대행하는 것(「대행부분」)과 더불어 기업의 독자적인 입장에서 이것에 얹어지는 부가급부까지도 행하도록 하고 있다.

그리고 이 외에 기업이 독자적으로 보험료를 적립해 연금이나 퇴직일시금으로서 종업원에게 지급하는 적격퇴직연금(1962년에 창설)도 있다.

단지 거품경제시대 붕괴 후에는 초저금리와 주가하락 등으로 재정이 악화된 후생연금기금 해산이 매년 증가하고 있고, 대행부분의 운영 · 급부를 국가에 반환하는 기업이 속출하고 있다.

이러한 사태를 심각하게 받아들인 정부는 확정 급부형 기업연금을 재편성하고, 국민에게 신뢰받는 제도로서 재구축할 필요가 있다고 하여 확정급부기업연금법안을 2001년 2월 20일에 국회에 제출했다. 동 법안은 6월 8일 가결 성립되어 2002년 4월 1일부터 되고 있다. 그리고 동 법안과는 달리 거출된 부금이 개인별로 명확히 구분되고 부금과 그 운용이익과의 합계액을 기준으로 급부액이 결정되는「확정거출연금」에 관한 법안, 즉 「확정거출연금법안」이 2001년 6월 22일에 가결, 성립되어 동년 10월 1일부터 시행되었다. 2004년 6월말 현재 기업형 연금 도입 수는 2,711사,

개인형연금 가입자 수는 32,294명으로 되어 있다.

게다가 적격퇴직연금에 대해서는 2002년에 시행된「확정급부기업연금법」에 의해 앞으로 새로 계약하는 것이 인정되지 않는 것과 기존 계약에 대해서는 10년 (2012년 3월)이내에 확정급부기업연금 등 타 연금제도에 이행하는 등의 대응을 취할 것이 정해져 있다[189].

2005년 1월1일 현재, 후생연금기금 총수는 927기금, 가입자 수는 약 660만명으로 되어 있다.

③ 고용보험

이 보험은 노동자가 실업했을 경우 및 고용 유지에 곤란한 사유가 생겼을 경우에 필요한 급부를 실시하는 것 외에 노동자 자신이 직업에 관한 교육훈련을 받았을 경우에 필요한 급부를 실시함으로써 노동자의 생활과 고용안정을 도모함과 동시에 아울러 실업 예방, 고용상태의 시정, 고용기회의 증대, 고용구조의 개선, 노동자의 능력개발 향상, 그 외 노동자 복지증진을 도모하는 것을 목적으로 한 정부관장의 보험이다.

상기의 목적을 달성시키기 위해, 고용보험사업에서는 실업급부를 행하는 것과 함께 고용안정 사업, 고용개선사업, 능력개발사업 및 고용복지사업을 실시하고 있다.

이 보험은 농림수산사업 중에 일부 사업을 제외한 모든 산업에 적용되기[190] 때문에, 노동자가 고용되는 사업은 거의 모두 적용사업이 된다. 따라서 업종이나 규모의 여하에 관계없이, 그리고 사업주 혹은 노동자의 희망 유무에 관계없이 당연히 고용보험의 적용을 받게 된다. 이 때문에 사업에 고용되는 노동자는 당연히 고용보험의 피보험자가 된다. 피보험자에는 일반피보험자, 고연령계속피보험자, 단기고용특례피보험자, 일용노동피보험자의 네 종류가 있다.

189) 厚生労働省監修　厚生労働白書 (2004年版) ぎょうせい、2004年,p.435.

190) 농림수산업에 대해서는, 사업소 파악 등에 곤란이 예상되기 때문에, 개인사업에서 고용노동자 수가 5명 미만인 곳은, 당분간 임의적용하고 있다(厚生統計協會, 전게서, p.224).

실업급부로서는 실업한 노동자의 생활안정을 도모하면서 구직활동을 원조하기 위한 구직자 급부, 재취직 원조를 위한 취직촉진급부, 교육훈련급부, 노동자의 취직생활에 원만한 고용 유지를 원조·촉진하기 위한 고용계속급부가 있다.

2003년도 평균적용사업소 수는 약 201만 개소, 피보험자 수는 약 3,396만 명으로, 수급자실인원은 약 184만 명이 되고 있다.

④ 노동자재해보상보험

이 보험은 사업재해 및 통근재해에 의한 노동자의 부상, 질병, 고도장해, 사망에 대해서 신속 공정한 보호를 하기 위해 필요한 보험급부를 실시하고 아울러 재해노동자의 사회복귀 촉진, 재해동자 및 그 유족의 원호, 적정노동조건의 확보 등을 도모하여 노동자의 복지증진에 기여하는 것을 목적으로 한 정부관장의 보험이다.

보험가입자는 사업주이고 보험급부 수급자는 재해노동자 또는 그 유가족이다. 적용사업에 관해서는 농림수산업 중 극히 일부의 사업을 제외한,191) 노동자를 고용하는 모든 사업이 강제적용사업이다. 단지, 선원, 국가공무원 및 지방공무원(현업 비상근 지방공무원을 제외함)은 적용이 제외되어있다.

보험급부에는 업무가 원인으로 생기는 업무재해에 관한 급부, 통근이 원인으로 생기는 통근재해에 관한 급부 및 2차 건강진단 등 급부가 있는데, 전 두 항목의 급부내용은 동일하다. 2차 건강진단 등 급부는 정기건강진단 등에서 뇌, 심장질환에 관한 일정 항목에 대해서 이상 소견이 있다고 진단받은 노동자에 대해 그 청구에 기인해서 행하는 것이다. 급부의 수급자는 피해노동자 또는 그 유가족이다.

다음으로 이 보험에 특유한 것으로서는 보험사업에 필요한 비용이 원칙으로 사업주가 부담하는 보험료로 처리된다는 것, 및 개별사업에 대한 재해율에 따라 노재보험요율 또는 보험료액을 일정 범위 내에서 증감하는 메릿(merit)·디메릿(demerit)제가 적용된다는 것이다. 이것에 의해 사업주 측에 대한 재해방지

191) 농림수산업 중 항상 5명 미만의 노동자를 고용하는 사업의 일부는, 당분간 임의적용사업으로 되어, 노동자재해보상보험에 가입하는지 어떤지는, 사업주의 의사 또는 그 사업에 종사하는 노동자 과반수의 의사에 맡겨진다(잠정임의 적용사업)(厚生統計協會, 전게서, p.232).

노력의 촉진과 보험료부담의 공평이 도모되고 있다.

덧붙여 이 보험 외에 국가공무원의 공무상 재해 또는 통근에 의한 재해보상제도인 국가공무원재해보상과 지방공무원의 공무상 재해 또는 통근에 의한 재해에 대한 보상제도인 지방공무원재해보상이 있다. 국가공무원재해보상은 1951년 7월 1일에 시행된 국가공무원재해보상법에 또한 지방공무원재해보상은 1967년 12월 1일 시행의 지방공무원재해보상법에 의거한 제도이다.

2003년 3월말 노동자재해보상보험 적용사업장수는 약 265만 사업장, 적용노동자수는 약 4,819만 명으로, 신규 수급자수는 578,299명, 연금 수급자수는 219,720명으로 되어 있다.

⑤ 공적개호보험

지금까지 일본에서는 의료보험, 연금보험, 고용보험과 노동자재해보상보험 이 네 가지의 사회보험이 실시되어 왔지만 2000년 4월 1일부터 개호보험제도가 도입된 것에 의해 사회보험제도는 다섯 가지가 되었다.

㉠ 개호보험제도 창설의 배경 : 일본에서는 고령화의 진전에 따라 개호를 필요로 하는 고령자가 급속하게 증가하고 있다. 지금까지의 추계로는, 1993년에 있어서 개호를 필요로 하는 고령자는 약200만 명이었지만, 2000년에는 280만 명, 2025년에는 520만 명에 이를 것으로 예상되고 있으며, 고령자 개호 문제는 노후에 있어서 최대의 불안 요인으로 되어 있었다.

그러나 종래 제도에서는 노인복지와 노인보건 두 가지의 다른 제도아래에서 고령자개호 서비스가 실시되었던 것으로부터 이용자가 서비스를 마음대로 선택하지 못하거나 이용자부담 면에서 불균형이 생기는 등 종합적인 서비스이용이 불가능한 상태가 생겼기 때문에 이용자본위의 종합적인 서비스이용이 가능해지도록 개호보험제도의 창설이 강하게 원해졌다.

그래서 21세기로 향한 고령자간병의 바람직한 모습에 대해 검토하기 위해「고령사회복지 비젼 간담회」와「고령자간병 · 자립지원시스템 연구회」가 정리한 보고를 근거로 당시의 후생장관 자문기관인「노인보건복지 심의회」가 1995년 2월부터 의논을 거듭한 후 96년 6월에「개호보험 제도안 대강」을 답신했다. 그 후 1996년 11월에는「개호보험 관련 3법안」이 국회에 제출되었지만 법안은 계속심의 취급이 되어 1997년 12월 9일에 간신히 가결성립 되고 2000년 4월 1일에 시행되게 되었다.

㉡ 개호보험제도의 목적 : 동 제도의 목적은 의료와 복지로 나누어져 있던 고령자간병시책을 재편성해 급부와 부담의 관계가 명확하게 되는 사회보험방식에 의해 사회전체로 간병을 지원한다는 새로운 사회시스템 구축을 목표로 하는 것에 있다.

따라서 질병 등에 의해 와상노인이 되는 등 상시 간병이 필요로 된 경우(요개호 상태)나 일상생활에 지원이 필요로 된 경우(요지원상태)에 해당 본인이 가능한 한 자립한 일상생활을 보낼 수 있도록 보건 · 의료 · 복지의 종합적인 서비스를 제공하는 것이 이 제도의 제일의적 목적으로 되어 있다.

㉢ 보험자 : 간병서비스의 지역성과 시읍면의 노인복지나 노인보건사업 실적을 고려함과 동시에 고령자에 대한 서비스 결정 권한이 시읍면에 일원화되어 있다고 하는 지방분권의 흐름을 근거로 국민에게 가장 근접한 행정단위인 시읍면을 보험자로 하고 있다.

게다가, 국가, 도 · 도 · 부 · 현(都道府縣), 의료보험자, 연금보험자가 시읍면을 중층적으로 서로 지원하는 것으로 하고 있다.

㉣ 피보험자 : 피보험자는 시읍면(동경23구를 포함) 구역 내에 주소를 가진 40세 이상인 자로 65세 이상의 제1호 피보험자와 40세 이상 65세미만의 각 의료보험가입자인 제2호 피보험자와의 두 가지로 구분되어 있다. 그 중 제1호 피보험자는 요개호 상태나 요지원상태가 됐을 경우에 서비스를 받을 수 있게 된다.

하지만 제2호 피보험자는 초로기의 치매, 뇌혈관 질환 등 노화가 원인이 되는 병(특정 질병으로서 15가지의 병이 지정되어 있다)에 의해 요개호 상태나 요지원상태가 됐을 경우에 서비스를 받을 수 있게 된다. 따라서 제2호 피보험자의 경우는 교통사고 등으로 요개호상태가 되어도 개호보험료는 강제적으로 지급하면서 개호보험 급부대상으로는 될 수 없다고 하는 것이 된다.

ⓜ 보험급부의 절차 및 내용 : 개호보험급부를 받기 위해서는 요개호 인정 또는 요지원 인정을 받을 필요가 있다. 구체적으로는 본인이나 가족 또는 의뢰받은 주택 간병지원 사업자 등이 시읍면의 창구에 신청해서 신청을 받은 시읍면은 피보험자 심신의 상황 조사를 한다.

그 결과와「담당 의사」의 의견서를 첨부해, 시읍면에 설치되어 있는「개호인정 심사회」에 심사와 판단을 요구한다. 그리고 그 결과에 의거해 시읍면이 요개호 인정 또는 요지원 인정을 하게 된다. 여기에서「개호인정 심사회」라는 것은 시읍면에 설치해 그 위원은 시읍면 장이「보건, 의료 또는 복지에 관한 학식경험을 가진 자」중에서 임명하기로 되어 있다.

덧붙여 말하면 요개호 인정을 받은 자에 관해서는 재택·시설 양면에 걸친 다양한 서비스를 급부하는 것으로 하고 요지원 인정을 받은 자에 대해서는 요개호 상태 발생을 예방한다고 하는 관점에서 재택서비스 등을 급부하는 것으로 하고 있다.

요개호 상태는 가장 심한 상태의 구분인 5부터 부분적인 간병을 필요로 하는 구분 1까지 5단계로 나누어져 있다. 이들 간병상태라는 인정되지 않지만 사회적 지원을 필요로 하는 상태(요지원상태)를 추가해서 전체 여섯 가지 패턴으로부터 된다.

ⓑ 이용자 부담 : 이용자 부담에 대해서 보면 서비스를 이용하는 자와 이용하지 않는 자와의 공평성 확보 등의 관점에서 원칙으로 간병서비스비용의 10%의 정률부담이 부과되는 것으로 되어 있다. 다만 서비스이용 시 이용자 부담이 고액이 된 경우에는 이용자의 일부 부담액에 상한을 마련하여 그것을 넘은 액수에 대해서는 고액개호 서비스 비를 지급하기로 하고 있다. 그리고 시설 입소자의 경우에는 식사 제공에 필요한 비용 중에

가계에 있어서의 평균적인 식비액과 일상 생활비를 부담하는 것으로 하고 있다.

또한 저소득자에 대해서는 식사표준부담액과 고액간병서비스비의 지급기준에 관해 낮은 액수를 설정해서 배려하기로 하고 있다.

㉦ 보험료의 부담 : 우선 65세 이상의 제1호 피보험자 보험료 부담에 대해 보도록 한다. 개호보험법 제129조에 의하면「정령으로 정하는 기준에 따라 조례가 정하는 바에 따라 산출된 보험 요율액」이 징수되는 것으로 되어 있지만 그것은 소득단계별 보험료라는 것을 의미한다. 당시의 후생성의 계산에서는 개호보험제도 도입시기였던 2000년 4월의 보험료 액은 3,000엔 정도로 전망되고 있었다. 그리고 보험료는 3년을 하나의 제정 단위로 하고 3년간은 일정한 보험료로 하는 것이 정해져 있다.

제1호 피보험자로부터 징수 방법은 노령연금 수급자 중에 일정 수준에 달한 자는 연금으로부터 공제되는 것으로 되어 있다(특별징수). 그 수준은 노령복지연금 수준과 거의 같은 3만엔 정도로 되어 있고 이 공제 방식이 적용되는 제1호 피보험자는 전체의 약 70%로 추정되고 있다. 보험료의 징수 업무는 연금보험자인 사회보험청이나 공제조합이 하는 것으로 되어 있고, 월 30,000엔보다 낮은 연금액을 수급하는 자에 대해서는 시읍면이 별개로 징수하는 것으로 되어 있다(보통징수).

또한 그 경우 본인으로부터 징수 못할 경우에는 세대주나 배우자가 연대해서 납부할 의무를 지게 하는 것으로 되어 있다.

다음으로 제2호 피보험자의 보험료에 대해 보도록 한다. 이 경우 먼저 기준액을 정하고 각 의료보험에 가입해 있는 개호보험 피보험자 수에 응해 납부금을 할당해서 의료보험자가 각각의 의료보험 부과 방법에 의거해 보험료를 결정·징수하고 지급기금에 납부하는 구조이다. 민간의 샐러리맨이나 공무원이 가입해 있는 건강보험이나 공제 등 피용자의료보험의 경우에는 각각 피보험자의 표준보수월액에 간병보험요율을 곱해서 간병보험료가 정해지고 그것을 사업주와 50%씩 부담하게 된다. 자영업자 등이 가입해 있는 국민건강 보험의 경우에는 제2호 피보험자 부과액을 국민건강보험 부과액에 포함해서 소득비율 · 균등비율 등의 형식으로 할당해 가게 된다. 또한 제2피보험자의 간병보험료는 의료보험을 통해 징수되므로 건강보험 등 피용자보험에서의 간병보험료 부담자는 피보험자 본인이 된다.

그리고 피용자보험에 가입해 있는 피보험자의 피부양 배우자의 부담 분은 피보험자 본인이 일괄해서 지급한다. 예를 들면 부인이 전업 주부인 경우 남편이 부인의 것까지 포함해서 두 사람 분의 보험료를 지급하게 된다.

◎ 재정부담 : 개호보험제도재정은 급부에 필요한 비용을 안정적으로 꾸려가기 위해 서비스 이용 시 이용자 부담을 제외한 공비 50%(국가 25%, 도 · 도 · 부 · 현 12.5%, 시읍면 12.5%)와 피보험자의 보험료 50%(제1호 피보험자 17%, 제2호 피보험자 33%)로 구성되게 되어 있다. 그리고 보험자인 시읍면에 재정지원책으로서 급부비 증가나 보험료 수납 악화에 대해서 일시금 대여 · 교부를 하는「재정안정화 기금」을 도 · 도 · 부 · 현에 설치함과 동시에 국비부담분의 5%를 각 시읍면의 제1호 피보험자의 보험료부담 격차 시정을 위해 교부하는 것으로 하고 있다.

이상 개호보험제도의 개요에 대해 설명했는데 2000년 4월부터 실시된 이래 관계자의 노력으로 지원되어 국민 사이에 정착되어 가고 있는 것 같다.

2002년 3월말 현재 요개호 또는 요지원 인정을 받고 있는 사람은 약 298만 명, 같은 해 2월 현재 주택개호(지원)서비스 수급자는 약 164만 명, 시설개호서비스 수급자는 약 67만 명으로 되고 있다.

또한 서비스 이용량에 대해서 보면 시행 전의 1999년도 월평균과 시행 후의 2001년 10월과 비교해서 방문간병이 110% 증가, 통원간병이 75% 증가로 되어 있다.[192]

192) 厚生勞働省監修, 전게서, pp.236~237.

4 사회보험의 현상과 향후의 과제

1. 의료보험의 현상과 향후의 과제

후생노동성 조사에 따르면 일본의 국민의료비는 2000년도에 약 30조 9,000억 엔으로 처음으로 30조엔 대를 넘어 국민소득에서 차지하는 비율도 약 8.1%로 8% 대를 넘었다.

이렇게 국민의료비가 증대해 나가는 한편 경제기조 침체에 의해 국민소득 신장이 저수준으로 추이되고 있기 때문에 국민의료비 신장률이 국민소득 신장률을 상회하는 상황이 계속되고 있다.

향후 국민의료비의 증대를 억제하고 질 높은 의료의 확보와 의료보험제도의 안정적 운영과의 조화를 이루기 위해서는 현재 지적되고 있는 여러 문제, 예를 들면 사회적 입원 등의 문제를 해결하는 것이 중요하다. 여기에 후생노동성은 여러 문제를 포함한 의료보험제도 전반에 관해서 종합적, 더욱이 근본적인 수정을 하기 위해서는 첫째, 의료기관이 수취하고 있는 진료보수의 수정, 둘째, 약의 가격제도의 수정, 셋째, 고령자의 의료비를 조달하는 노인보건제도의 수정 등의 제도 개혁을 추진하고 있다.

우선 첫 단계로 2002년 10월부터 70세 이상의 사람이 병원의 창구에서 지불하는 자기 부담을 원칙적으로 10%로 통일하고, 부부 세대로 연간 수입이 637만 엔 이상의 고령자의 경우는 20%의 부담을 하도록 했다. 그 이외에 첫째 건강보험조합이나 공제조합의 가입자 본인에 대해서도 2003년 4월부터 자기 부담을 30%로 인상한 점, 둘째로 정부관장건강보험(정관건보)의 보험료를 종래의 월수입의 8.5%, 보너스의 1%부담으로부터, 월수입과 보너스 모두 8.2%(노사가 절반씩)로 한 것 등, 환자의 검진을 억제해 보험료의 인상으로 건강보험 재정의 악화를 저지하는 것을 목표로 하고 있다.

그러나 정관건보의 경우 후생노동성과 사회보험청의 표준 시나리오에 의하면, 건보재정은 2007년도에는 700억 엔의 적자로 전락해, 과거에 축적했던 적립금도 다음해인 2008년도 중에는 바닥을 드러내, 2009년도에는 3,700억 엔의 누적적 자가 될 것으로 예상하고 있다. 단지, 현실적인 시나리오에서는 2009년도의 누적 적자는 5,200억 엔까지 악화될 것으로 보고 있다. 여기에 후생노동성은 2005년 1월 26일에 정관건보의 운영을 장래에는 사회보험청에서 분리해, 2008년도를 기준으로 도도부현단위로 분할·재편할 것을 검토에 들어갔다. 전국 일률의 보험료율을 지역의 실정에 맞게 변화시키고, 도도부현별로 의료비 억제에 노력하도록 하고 있다[193)]

또한, 후생노동성은 고령자 등 만성환자의 장기요양입원에 경우에는 병원이 수취하고 있는 진료 보수를 2006년도부터 신제도로 전환을 검토할 것을 염두하고 있다. 사회적 입원을 감소시켜 의료비를 억제하기 위해서는 현행 제도를 개정해, 간호나 진료에 들어갈 것으로 상정되는 비용에 대응할 수 있는 보수 체제로 변경해, 극진한 간호나 진료가 필요한 환자일수록 병원의 보수가 증가하는 구조로 전환하는 것, 본래는 입원의 필요가 없는 환자의 보수는 낮게 설정해서, 추계의 10만 명 이상으로 나타나는 사회적 입원을 감소시켜, 국민의 의료비 부담을 억제하고자 한다.

그 이외에 첫째 진료에 들어가는 비용을 표시한 진료보수 명세서에 관해서, 의료기관이 환자에게 개시하도록 2005년4월부터 의무화 하고 있다는 점, 둘째 공적의료보험이 기능할 수 있는 보험진료와 보험외 진료를 병용하는 혼합진료의 범위 확대가 결정된 것, 등을 들 수가 있다.

끝으로 후생노동성이 발표한 국민건당보험의 2003년도의 재정상황(속보치)에 의하면, 실질적인 적자액은 전년도부터 71억 엔 적은 3,865억 엔이었는데, 보험료 수납율은 전년도보다 0.18포인트 낮은 90.21%로, 과거최저를 갱신했다. 급부재원은 국비와 보험료에서 거의 반반씩 부담하고 있지만, 수입은 6.3% 증가의 10조 4,600억 엔, 지출은 5.3% 증가 10조 3,100억 엔이 되었다. 수지의 차액은 1,400억 엔의 흑자가 되었는데, 전년도부터의 이월금 등을 제외하면 단년도 수지는 1,000억 엔의 적자였다. 더욱이 적자 보전을 목적으로 한 일반회계로부터의 전입금을 제외하면, 실질적자는 4,000억 엔 규모에 달한다[194)].

---

193) 2005年1月27日付日本經済新聞朝刊政管健保「都道府県ごとに再編」참조
194) 2005年1月15日付日本經済新聞朝刊「国保収納率　最悪90.2%」참조

어쨌든 이윽고 도래하는 초고령 사회에 대응하기 위해서는 뿌리가 강한 의료보험제도를 확립하는 것이 절실하므로, 향후에도 계속해서 각종 제도 개혁을 강력하게 추진해 나가는 것이 필요하다고 생각한다.

2. 연금보험의 현상과 향후의 과제

일본 연금제도는 노후 생활을 지탱하는 지주로서 중요한 역할을 하고 있다. 현재 노후생활 설계에 편입되어 있는 연금으로서는 후생연금이나 국민연금과 같은 공적연금 외에 기업연금 또한 개인연금이라는 것이 있는데 이러한 연금 중 노후 소득보장에 있어서 중핵적인 역할을 맡고 있는 것은 틀림없이 공적연금이라 할 수 있다. 공적연금의 경우는 생활수준이나 물가 상승에 맞춰 연금 급부 수준을 조정해 갈 수 있으며 세대간 및 세대 내에서의 소득재분배 효과를 갖고 있는 것을 그 특징으로 하고 있다.

일본의 국민연금(기초연금)의 전 가입자 수는 2003년 3월말로 약 7,046만 명에 이르고 있고 그 중 후생연금 가입자가 약 3,214만 명, 공제연금 가입자는 약 471만 명이다(p.385의 표1 참조). 그리고 이들 연금 중에 노령연금의 수급자 수는 인구구조의 고령화에 의해서 매년 증가할 것으로 추측된다. 특히 일본의 경우는 향후에도 고령화가 급속하게 진행되므로, 연금의 성숙도는 점점 더 높아질 수밖에 없다는 것이 현실이다.

그렇지만 고령화가 절정을 맞이하는 시대라고 해도 연금제도를 건전하고 안정적으로 운영해 가는 것이 필요하고 그러기 위해서는 연금 재정 기반을 확보해 가는 것이 중요하게 되기 때문에 이 목적을 달성시키기 위해서는 앞으로도 연금제도의 재검토를 진행시켜 나가는 것이 필요하다. 그 때 특히 주의가 필요한 것은 연금 공평성의 확보를 기본적인 전제로 해야만 한다는 것이다. 공평성이 손상되는 것에 의해 국민의 연금제도에 대한 신뢰감이 흔들리게라도 된다면 제도 그 자체의 존립이 위태롭기 되기 때문이다.

〈표 1〉 공적연금가입자수 연차추이(연도말 현재)

연도	가입자 총수	국민연금 제1호 피보험자	국민연금 제3호 피보험자	피용자연금 피보험자			
				후생연금보험			공제 조합
					후생연금보험 (구 공제를 제외)	구 공제	
1975	55,456	25,884		23,893	23,893	-	5,678
80	59,045	27,596		25,445	25,445	-	6,006
85	58,239	25,091		27,234	27,234	-	5,914
87	64,105	19,292	11,299	28,216	27,676	541	5,299
89	65,678	18,155	11,788	30,433	29,921	512	5,302
90	66.313	17,579	11,956	31,493	30,997	496	5,285
95	69,952	19,104	12,201	33,275	32,808	467	5,372
96	70,195	19,356	12,015	33,462	32,999	463	5,362
97	70,344	19,589	11,949	33,468	32,990	478	5,339
98	70,502	20,426	11,818	32,957	32,466	470	5,302
99	70,616	21,175	11,686	32,481	32,020	461	5,273
00	70,491	21,537	11,531	32,192	31,736	456	5,031
01	70,168	22,074	11,334	32,144	31,147	429	5,184
02	70,460	22,368	11,236	32,144	31,336	809	4,712

주 : 1. 제1호피보험자에는 임의가입피보험자를 포함하고 있다.
2. 1985년도 이전의 구3공제조합에 대해서는 공제조합에 포함되어 있다.
자료 : 厚生勞働省監修 『厚生勞働白書(2004年度版)』 p.432.

그래서 공평하고 장기적인 안정과 정합성 있는 연금제도를 확립하고 발전시키기 위해서 1986년 4월 1일부터 새로운 공적연금제도가 채용되었다.

이 연금제도 채용에 의해 일본의 공적연금 제도는 크게 개선되었지만 그런데도 피용자 그룹과 피용자이외 그룹간의 연금격차는 여전히 남아 있기 때문에 기초연금 밖에 못 갖는 피용자이외 사람들의 요구에 대응하기 위해 기초연금의 추가분연금 구조로서 국민연금기금제도가 1991년 4월에 도입되었다.

그러나 2003년 3월말 현재 가입자는 전국 약 77만 명으로 극히 낮은 가입율로 되어 있다(<그림 3> 참조). 그래서 후생노동성과 국민연금기금연합회는 더욱 풍부한 노후생활을 실현하는 관점에서 한층 더 제도의 주지와 보급에 노력해 갈 필요가 있다고 해서 다이렉트메일의 우송, 각종 광고의 실시, 시읍면 직원에 의한 개별방문 등의 가입촉진 활동을 전개하는 중 이다.

〈그림 3〉 연금제도의 체계(2003년3월말현재)

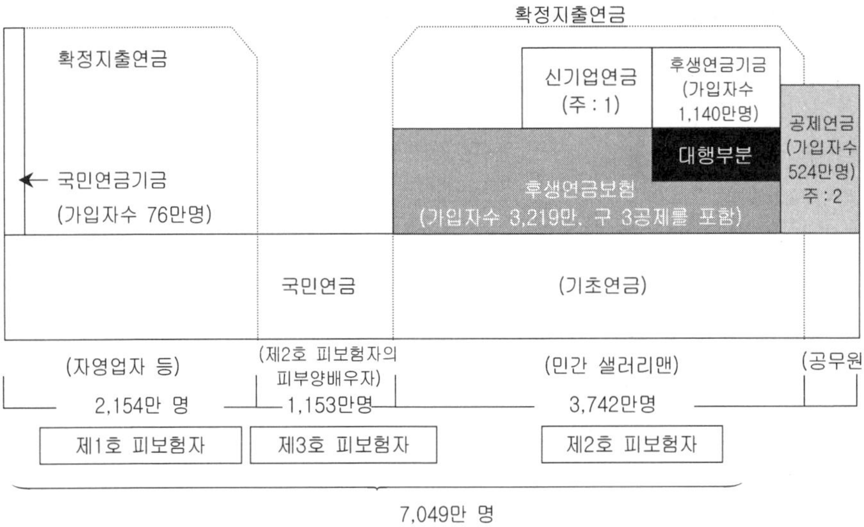

주 : 1. 2002년 4월부터 실시, 적격 퇴직 연금(가입자수 966만명)에 대해서는 10년 이내에 신기업연금 등으로 이행)

2. 농림공제(가입자수 47만명)는 2002년 4월부터 후생연금에 통합

자료 : 厚生勞働省監修『厚生勞働白書(2002年版)』, p.410.

다만 이보다 더 심각한 문제는 국민연금이나 후생연금 자체에서도 보험료를 체납하는 사람이 늘고 있다. 예를 들면 국민연금 가입자에서 차지하는 체납자의 비율은 2003년 결산 검사 보고에 따르면 국민연금보험료의 미납 기간이 과거 2년간에 1개월 이상인 사람이 동 년도에 1,130만 명에 달한다는 점, 또한 미납 기간이 반년을 넘는 사람이 전체의 74%에나 달하고 있다는 점이다. 그리고 금번 조사에서 알 수 있었던 것은 체납액은 가장 적게 추정하여도 1,300억 엔을 넘을 것으로 전해지고 있다.

더욱이 2004년6월에 성립한 연금개혁법(국민연금법의 일부를 개정한 법률)에 의하면, 장래의 보험료를 고정한 위에 급부 수준을 자동적으로 조정하는 구조가 도입됨과 동시에 국민연금보험료는 2005년4월부터 매년 280엔씩, 또한 후생연금의 보험료는 2004년 10월부터 요율이 매년 0.354%(선원 · 갱내원에 대해서는 0.248%)씩 인상하도록 되었다. 그리고 2017년에는 국민연금 보험료는 월 약 16,900엔으로 후생연금 보험료는 18.3%(본인9.15%, 사업주9.15%)로 고정하게 되었다.

이하에서 동법의 주요한 항목을 소개 한다[195].

<u>국민연금 및 후생연금 관계</u>

Ⅰ. 개정의 기본적인 생각

1. 사회경제와 조화된 지속가능한 제도의 구축과 제도에 대한 신뢰 확보
2. 다양한 삶의 방식, 활동 방식에 대응한 제도의 구축

Ⅱ. 급부와 부담의 수정

1. 기초연금의 국고 부담 비율의 인상
2. 재정검증의 실시
3. 보험료 수준 고정식의 도입 등

Ⅲ. 다양한 삶의 방식, 활동 방식에 대응한 제도의 도입

1. 재직노령연금제도의 수정 등
2. 단시간 노동자에의 후생연금의 적용확대
3. 차세대 육성지원의 확충
4. 여성과 연금
5. 장해연금의 개선

Ⅳ. 그 이외의 개정사항

1. 국민연금 보험료의 징수대책의 강화
2. 연금제도의 이해를 높이기 위한 노력
3. 3호피보험자의 특례신고
4. 물가 슬라이드 특례조치(1.7% 분)의 해소
5. 구농림공제의 특례연금 개정

195) 厚生労働省年金局ホームページ「年金改革の概要」참조

기업연금관계

1. 후생연금기금의 안정화

2. 확정거출연금의 개선

3. 기업연금의 portability의 향상

끝으로 지금까지 관계자의 관심을 집중시켰던 것은 재정 파탄을 가져왔던 일본 철도공제조합(JR공제연금) 등에 대한 다른 연금으로부터의 자금원조(재정조정)의 문제가 있었다. 단지 이 문제는 JR각사나 당시의 후생성 등의 관계자와 조정을 시도한 결과, 구3공사공제(JT공제, JR공제 및 NTT공제)의 연금은 1997년 4월 1일부터 후생연금보험에 통합되었고, 동일한 이유로 농림어업단체직원공제조합도 2002년 4월에 후생연금보험에 통합되었다.

3. 기타 사회보험의 현상과 향후의 과제

우선 고용보험에 대해서 설명하면 이전에는 일본 경제가 저성장 시대에 들어갔기 때문에 기업은 매년 대량의 사원 채용을 하지 않게 되었으며 그리고 급속하게 고령화 사회에 들어가기 때문에 고령자의 취직은 더욱더 어려워졌다는 것 등 고용정세에 있어 극히 엄한 시기가 있었다. 그렇지만 그 후의 거품경제기에는 반대로 일손 부족이 심각해져서 고용보험 수급자 수는 한때 감소 경향을 보였지만 거품경제 붕괴 후에는 일변해서 고용관계 지표는 악화되어 2002년 10월 완전 실업률은 5.5%로 전년도 12월과 필적하는 과거 최악의 수준이 되었다.

이와 같이 완전실업률이 고수준으로 변해가는 등 어려운 고용실업정세가 계속되는 것을 염려한 정부는, 이미 2001년 4월에 고용대책법, 고용보험법, 지역고용개발등촉진법, 직업능력개발촉진법 등을 일괄해서 개정함과 동시에 관계조성금 정비를 포함해서 원활한 시행을 도모해 왔다.

그 후 의료, 복지, 서비스산업 등의 호조가 계속된 것도 있고, 2004년 9월 완전실업자 수는 309만 명으로 전년 동기에 비해서 37만 명이 감소해, 고용 정세는 개선

기조가 계속되고 있다. 단지 25세미만의 남성에 관해서는 완전 실업율이 11.2%로 높은 수준이 계속되고 있고, 아직도 청년 실업 문제는 심각한 상황에 있다. 특히 최근에는「일할 의욕을 보이지 않는 젊은이」가 증가하고 있는 것으로부터, 노동력의 점차적인 쇠퇴가 일본 경제의 성장력을 감퇴시킬 우려가 크다는 지적도 있다[196]

다음으로 주목 할 것은 최근에 구조조정과 관련해 기업이 정사원을 파트 타임노동자나 파견노동자로 전환하려는 움직임이 한층 더 강화되고 있기 때문에, 파트타임노동자나 파견노동자가 증가하고 있다는 점이다. 그 중에서도 파트타임노동자가 급증하고 있으며, 고용자의 5명 중에 1명이 파트타임노동자라고도 한다. 고용자 전체의 약20%을 점하는 파트타임노동자의 경우, 정사원과 동등한 업무를 한다고 해도 그 임금은 정사원을 100으로 한 경우에 77에 지나지 않는다고까지 한다. 향후에도 정사원 이외의 형태로 일하는 사람이 구조적으로 증가 할 것으로 생각되므로, 후생노동성은 이와 같은 노동자의 처우와 정사원과의 균형의 문제 등에 대해서, 각각 일하는 방식에 대응해서 적정한 처우와 노동조건이 확보될 수 있는 대응책에 대해서 검토하고 있다.

이상, 고용보험에 대해서 보았는데, 고용 구조의 변화는 고용보험에도 여러 가지로 영향을 미치고 있으므로, 향후에도 동 제도에 관해 부단한 수정을 시행할 필요가 있을 것이다.

다음으로 노동자재해보상보험인데, 향후에도 각종 기업의 생산설비 등의 고도화나 대형화가 진행되면 위험도 대형화될 것으로 예상되므로, 노동재해에 대한 보상급부지불액도 고액화 경향이 강화될 것으로 생각된다. 또한, 정부의 노재보험에 의한 급부와는 별도로 각 기업이 취업규칙 등에 의해서 실시되는 법정외의 재해보상급부의 액이 매년 고액으로 되므로, 이 경향은 당연히 정부의 노재보험의 급부수준에도 영향을 미칠 것이다.

더욱이, 최근에는 구조조정을 시작으로 장시간 노동 등 업무나 직장에 관한 불

---

196) 2005年1月29日付日本経済新聞朝刊「労働力人口6年連続減『意欲のない若者』増加」참조

안, 고충을 안고 있는 노동자의 비율이 증가하고 있어, 「과로사」나 「과로자살」의 수도 증가 경향에 있다. 여기에 후생노동성은 사업장에 있어서의 노동자의 마음의 건강을 유지·증진시키기 위한 기본적인 조치(Mental Health Care)를 실시하기 위해 「사업장에 있어서 노동자의 심적 건강 만들기를 위한 지침」을 책정해 사업자가 동 지침의 보급·정착에 노력하도록 지도하는 것은 물론, 「뇌·심장질환 인정기준」을 개정하는 등 신속하며 적절한 노재보상 실시에 노력하고 있다.

또한, 우울증 등의 정신장해와 업무상의 스트레스와의 관계를 확인할 때의 기준이 되는 「심리적부하평가표」를 수정해서 스트레스의 객관 평가의 질을 높여가는 것으로 우울의 시대에 대비하고자 하고 있다[197].

이 이외에 가정의 사정으로 단신 부임하는 회사원이나 부업 등 두 가지 이상의 업무를 가진 2중 취업자가 증가하고 있는 현상을 고려하면, 후생노동성은 노재의 한가지인 통근재해의 적용 대상으로 부임처와 가족의 주거지를 왕복하는 경우나 본업을 마치고 다른 한 가지의 직장으로 향하는 경우도 포함하는 방침을 결정해, 2006년 봄부터의 실시를 목표로 관련법의 개정에 몰두하고 있다.

이상에 서술한 것과 같이, 노동자재해보상보험제도의 경우도 거듭되는 개정이 실시되므로 해서 제도가 보다 더 충실히 되어 가고 있다.

끝으로 개호보험제도에 관해서 보자. 동 제도에서도 다른 보험제도의 경우와 동일하게 국민으로부터 신뢰받는 보다 좋은 제도로 육성하기 위해서는, 질의 향상이나 운용 면에서의 제과제의 개선에 노력하고 있다.

2004년 12월 22일에 공표된 개호보험제도개혁의 정부안은 개호예방 대책의 도입과 실시로 이용자 부담의 수정을 중심으로 하면서, 고령화 진전을 고려한 급부의 억제를 목표로 하고 있다는 점이 특징이라고 할 수 있다. 정부는 2005년의 통상 국회에 개혁법안을 제출할 예정으로, 시설에 대한 부담의 수정은 동년10월부터 그 이외의 개정은 2006년도부터 실시할 예정이다.

---

197) 2004年9月18に付読売新聞朝刊「うつ自殺労災認定基準見直し へ」참조

개호예방 대책에는 예방중시형 시스템에의 전환을 주장하면서, 현행의 요개호인정으로 요지원, 요개호 1로 인정된 경도의 사람들에 대해, 심신의 상태 개선이나 악화방지를 목적으로 한 신예방 급부를 창설하고, 경도의 요개호자에게는 원칙적으로 종래의 개호서비스는 급부하지 않고, 신예방급부 서비스에 한정하는 것을 포함하고 있다. 더욱이 신예방급부의 메뉴는 근력향상 트레이닝 등의 신서비스와 종래의 방문개호나 통소개호[198]로 예방 효과를 가진 예방방문개호나 예방통소개호의 도입을 생각하고 있다.

또한 경도의 요개호자의 이용 증가가 급부비 확장의 한 원인이 되고 있기 때문에, 특별옹호노인홈 등의 시설에서의 이용자 부담에 관해서는 식비와 거주비에 대해서 보험급부를 폐지하고, 전액 자기부담으로 해 시설 지향의 높아지는 관심을 억제하도록 하고 있다. 이 이외에 요개호자가 생활이 익숙해진 지역에서 생활을 계속할 수 있도록, 이용자가 지역 주민으로 한정되는 지역 밀착형 서비스도 도입되려고 하고 있다.

다음으로 2006년도부터 도입이 예정되고 있는 사업소의 정보개시시스템에 관해서 설명해보자. 이것은 서비스의 질의 확보와 이용자가 사업자를 선택하기 쉬운 환경을 만들기 위해서 모든 개호보험의 지정서비스제공 사업소를 대상으로 한 제도이다. 이것에 의하면 첫째로 도도부현별로 설치하는 평가기관이 년1회 정도의 조사를 실시해 인터넷 등에 공개된 정보 내용을 체크한다, 둘째는 사업자의 지정은 5년별 갱신제로하고 개호비용의 부정정구 등으로 지정을 취소당한 경우는 일정기간은 재지정을 받을 수 없게 한다, 셋째는 이용자의 개호계획을 세워서 사업자와 연결·조정 하는 케어매니저의 자격은 종래의 종신자격에서 5년씩 갱신제로 변경한다, 넷째는 2006년도로 예정되어 있는 갱신제의 도입은 5년에 한 번씩 갱신시 연수의 수강을 의무화하고 수강하지 않으면 자격정지를 한다, 다섯째는 일정한 실무 경험과 연수를 조건으로 하는 주임케어매니저를 신설한다. 등으로 되어 있다.

또한 향후의 과제로는 보험료 부담자(현행 40세 이상)와 서비스 수급자(원칙 65세

198) 요개호자나 요지원자를 특별요양노인홈, 노인복지센터 등에 나오게 해서 입욕이나 식사 등을 제공하는 것

이상)의 범위 확대의 문제가 있는데, 이것은 연금·의료를 포함하는 사회보장의 일체적 개혁 안에서 재검토를 실시해, 2006년도 중에는 결론을 얻도록 하고 있다[199] 이 이외에 후생노동성은 2006년 10월부터 동년 4월 시점의 연금액이 기준 월 15,000엔 이상의 경우는 노령연금만이 아니고 유족연금이나 장애연금의 수급자로부터도 개호보험료를 공제하는 방침을 결정했다. 이로 인해서 약 60만 명이 새롭게 연금공제의 대상이 추가되게 되었다[200]

단지 첫째 개호제도 시행 후 3년 8개월에 요개호 인정을 받은 사람의 수는 약 218만 명으로부터 약 376만 명으로 약 72%나 증가하고 있다는 점, 둘째 요지원 또는 요개호의 인정자 수가 전고령자(65세 이상)인구에서 점하는 비율을 보면 2000년 4월에 약 10%에서 2003년에는 약 15%로 증가하고 있다는 점, 셋째로 개호서비스의 이용자 수는 방문개호 등의 재택 서비스를 중심으로 크게 증가하고 있어 동기간에 약 149만 명으로부터 약 298만 명으로 이용자가 약 2배가 되고 있다는 점 등이 문제점으로 지적되고 있다[201]

이상으로 각종의 사회보험에 관해서 고찰해 보았는데, 일본의 사회제도를 인생 80년의 장수사회 시대에 걸맞는 내용으로 전환하기 위해서는 사회보험제도를 포함한 각종 제도를 일원화하는 것이 향후에도 필요할 것으로 생각된다. 이러한 문제에 대해서는 모두 의료보험 제도의 일원화를 도모하기 위한 제도 개혁에 관한 토론, 또한 연금보험의 분야에서도 공적연금제도의 일원화를 실현하기 위한 토론이 진전되고 있다.

이외에 고령자의 생활에 대서도 고용이나 소득 보상의 문제, 건강이나 복지의 문제, 학습이나 사회 참가의 문제, 주택이나 생활환경의 문제 등 다양한 문제에 대한 대응의 일원화에 관해서 검토가 진행되고 있다. 이와 같이 보험제도를 포함한 각종의 사회제도는 어느 것이나 개혁의 단계에 들어가 있으므로, 이것들이 향후에 어떠한 방향으로 진행될 것인가는 그 움직임을 계속해서 주목할 필요가 있을 것이다.

---

199) 2004年12月24日付読売新聞朝刊「介護保険改革のポイント」참조

200) 2005年1月6日付日本経済新聞朝刊「遺族・障害年金の受給者　介護保険料天引き」참조

201) 厚生労働省監修、전게서, pp.204～5.

Reference
참고문헌

第１部　保険総論

白杉三郎　『保險學總論』（再訂版）千倉書房、昭和29年。
印南博吉　『新訂保險経濟』白桃書房、昭和45年。
龜井利明編著　『保險總論』法律文化社、昭和49年。
庭田範秋　『現代保險の課題と展望』慶應通信、昭和49年。
大林良一　『保險理論』（第2版）春秋社、昭和50年。
石田重森・眞屋尚生　『保險理論の新展開』慶應通信、昭和54年。
木村榮一・高木秀卓・庭田範秋　『保險の知識』有斐閣、昭和55年。
保險研究所　『日本保險業史・上卷』昭和55年。
鈴木辰紀　『保險の現代的課題』成分堂、昭和58年。
東京海上編　『損害保險實務講座①・損害保險法と市場』有斐閣、昭和58年。
木村榮一・庭田範秋編　『保險槪論』（新版）有斐閣、昭和59年。
姉崎・石名坂・大城・武田　『講案保險總論』法律文化社、昭和59年。
森宮康　『リスク・マネジメント論』千倉書房、昭和60年。
鈴木辰紀　『續・保險の現代的課題』成文堂、昭和61年。
東京海上編　『損害保險實務講座②・損害保險経營』有斐閣、昭和61年。
北本駒治　『消費者の視点からする保險研究』保險研究所、昭和62年。
安井信夫　『人保險の理論』文眞堂、平成元年。
生命保險文化研究所　『生命保險實務講座①・總說』有斐閣、平成2年。

同上　『生命保險實務講座④・マーケティングⅠ』有斐閣、平成3年
眞屋尙生　『保險理論と自由平等』東洋經濟新報社、平成3年。
龜井利明　『リスクマネジメント理論』中央經濟社、平成4年。
水島一也　『現代保險經濟（第4版）』千倉書房、平成5年。
庭田範秋編　『新保險學』有斐閣、平成5年。
刀禰俊雄・北野實　『現代の生命保險』東京大學出版部、平成5年。
鈴木辰紀監譯　『ドーフマン保險入門』成文堂、平成5年。
石名坂邦昭　『リスクマネジメントの理論』白桃書房、平成6年。
大羽宏一・森川均　『製造物責任（ＰＬ）法のすべて』日本經濟新聞社、平成6年。
經濟企畵廳國民生活局消費者行政第一課編　『逐條解說　製造物責任法』社団法人商事法務硏究會、平成6年。
保險監督法硏究會　『生命保險支拂保証基金に關する諸問題』生命保險文化硏究所、平成６ねん。
上山道生　『損害保險産業の構造変化と將來』東洋經濟新報社、平成7年。
小林秀之　『製造物責任法』新世社、平成7年。
三井俊・ 猪尾和久　『ＰＬの知識』日本經濟新聞社、平成7年。
保險硏究會編　『逐條解說・新保險業法』財経詳報社、平成7年。
井口富夫　『現代保險業の産業構造』ＮＴＴ出版、平成8年。
ベネット著、木村榮一監譯　『保險辭典』損害保險事業綜合硏究所、平成８年。
李洪茂　『保險事業と規制緩和』成文堂、平成8年。
經濟企畵廳國民生活局消費者行政第一課編　『紛争の迅速な解決に向けて一荒城苦情處理委員會のあり方に關する硏究會報告書一』大藏省印刷局、平成8年。
保險監督法硏究會　『諸外國における生命保險會社の破綻事例に見る法的諸問題』生命保險文化硏究所、平成8年。
二宮茂明編　『図說・日本の生命保險（平成9年版）』財経詳報社、平成9年。
黑田泰行先生古稀記念　『經濟社會と保險』保險硏究所、平成9年。
森宮康　『キャプティブ硏究』損害保險事業綜合硏究所、平成9年。
上山道生　『損害保險ビッグバン』東洋經濟新報社、平成9年。
古瀨政敏　『生命保險ビッグバン　—　21世紀への課題と對応　—』東洋經濟新報社、平成9年。
保險監督法硏究會　『生命保險會社と早期警戒制度』生命保險文化硏究所、平成9年。
小林秀之責任編集・東京海上硏究所編　『新製造物責任法大系Ⅱ（日本編）』弘文堂、平成10年

近見・前川・高尾・古瀬・下和田　『現代保險學』有斐閣、平成10年。
恩藏三穂「生命保険會社の破綻處理策をめぐる日米比較」『保險學雜誌』第562号、日本保險學會、平成10年。
倉澤康一郎「支拂保証制度について」『文研論集』第124号、生命保険文化研究所、平成10年。
石名坂邦昭　『ファミリーリスクマネジメントと保險』白桃書房、平成11年。
高木秀卓·中西宏紀　『損害保険讀本（第4版）』東洋經濟新報社、平成１１年。
トーア再保險（株）編　『再保險·その理論と實務』損害保險事業綜合研究所、平成11年。
田中淳三「生命保険會社のソルベンシー」『生命保險經營』生命保險經營學會、第67券第4号、平成11年。
小川榮治監修　『生命保險會社の金融リスク管理戰略』東洋經濟新報社、平成12年。
大羽宏一「製造物責任法と賠償責任保険の役割」森宮康·古瀬政敏·大谷孝一編『現代保險論集　鈴木辰紀先生古稀記念』成文堂、平成13年。
石田　滿　『保險業法』（全訂第一版）損害保險事業綜合研究所、平成13年。
小藤康夫　『生保危機の本質』東洋經濟新報社、平成13年。
古瀬政敏「金融システム改革に伴う保險制度改革」『文研論集』第135号、生命保險文化研究所、平成13年。
李洪茂「保險業界の再編について」『早稻田商學』第389号、早稻田商學同攻會、平成13年。
江澤雅彦　『生命保險會社による情報開示』成文堂、平成14年。
田村雄一郎編　『保險の産業分水嶺』千倉書房、平成14年。
千代田生命更生管財人　『生保再建』東洋經濟新報社、平成14年。
李洪茂「保險會社の破綻とその處理」『紀要』第55号、早稻田大學大學院、平成14年。
保險毎日新聞社編　『新版　賠償責任保險の解說』保險毎日新聞社、平成16年。

第２部

第１章　火災保険

加藤由作　『火災保險』新紀元社、昭和25年。
北澤勝　『火災普通保險約款論』損害保險事業研究所、昭和25年。
東京海上編　『火災保險』（上）（下）（『新損害保險實務講座』第6、7巻）有斐閣、昭和39年。
鈴木辰紀　『火災保險研究』成文堂、昭和44年。
北本駒治　『損害保險研究』法律文化社、昭和45年。

鈴木辰紀　『損害保險研究』成文堂、昭和52年。
安田火災編　『火災保險の理論と實務』海文堂、昭和53年。
田辺康平・石田滿編　『新損害保險双書①火災保險』文眞堂、昭和57年。
鈴木辰紀　『火災保險契約論』（再訂版）成文堂、昭和58年。
田辺康平・坂口光男編著　『注釋住宅火災保險普通保險約款』中央経濟社、平成7年。
損害保險料率算定會　『日本の地震保險』損害保險料率算定會、平成14年。

第２章　自動車保険

大藏省保險第二課監修『自賠責保險のすべて』保險每日新聞社、昭和46年。
大宮高彦・善多監修『自動車保險の實務相談』（再訂版）有斐閣、昭和48年。
金澤理『交通事故と責任保險』成文堂、昭和49年。
金澤・西嶋・倉澤編『新種・自動車保險講座』（第1巻、第2巻）日本評論社、昭和50年。
善多『自動車保險・激動の10年』自動車保險ジャーナル社、昭和53年。
大藏省保險第二課・自動車保險料率算定會監修『自賠責の實務』保險每日新聞社、昭和54年。
石田滿『增補・自動車保險の諸課題』損保企畫、昭和54年。
石田滿・海老名惣吉編『自動車保險の基礎知識』海文堂、昭和54年。
保險每日新聞社『自家用自動車保險の解說』保險每日新聞社、昭和54年。
川井健・鈴木潔・宮原守男他編『新版・交通事故賠償の基礎』青林書院新社、昭和54年。
不法行爲法研究會編『交通事故賠償の現狀と課題』（株）ぎょうせい、昭和54年。
金澤理『交通事故と保險給付』成文堂、昭和56年。
田辺康平・石田滿編『新損害保險双書②自動車保險』文眞堂、昭和58年。
鈴木辰紀『續・保險の現代的課題』成文堂、昭和61年。
木宮高彦・羽成守・坂東司郎『注釋自動車損害賠償保障法』有斐閣、昭和61年。
加藤一郎・宮原守男・野村好弘編『新交通事故判例百選』有斐閣、昭和62年。
運輸省地域交通局自動車保障課監修『自動車損害賠償保障法の解說』ぎょうせい、昭和62年。
吉川吉衛『事故と保險の構造』同文舘、昭和63年。
加藤一郎・木宮高彦編『自動車事故の損害賠償と保險』有斐閣、平成３年。
『自動車保險料率算定會三十年史』（第三版）成文堂、平成10年。
鈴木辰紀編著『自動車保險』（第三版）成文堂、平成12年。
損害賠償算定基準研究會編『交通損害賠償算定基準』ぎょうせい、平成15年。
損害保險料率算定機構『自動車保險の概說』（平成15年度）同機構、平成16年。

第３章　新種保険

東京海上火災保険（株）編『新損害保険實務講座第8巻新種保険（上）』有斐閣、昭和44年。
東京海上火災保険（株）編『新損害保険實務講座第9巻新種保険（下）』有斐閣、昭和44年。
金澤・西嶋・倉澤編『新種・自動車保険講座③保証・信用保険』日本評論社、昭和51年。
木村榮一編『損害保険論』有斐閣、昭和53年。
大森忠夫・善多監修『新版・損害保険の實務相談』有斐閣、昭和53年。
日産火災海上保険（株）編『賠償責任保険の理論と實務』海文堂、昭和53年。
三井海上火災保険（株）編『保証・信用保険の理論と實務』海文堂、昭和54年。
木村榮一・高木秀卓・庭田範秋『保険の知識』有斐閣、昭和55年。
安田火災海上保険（株）編『傷害保険の理論と實務』海文堂、昭和55年。
三井海上火災保険（株）編『各種新種保険の理論と實務』海文堂、昭和56年。
東京海上火災保険（株）編『損害保険事務講座⑧新種保険（下）』有斐閣、昭和59年。
田辺康平・石田満編『新損害保険双書③新種保険』文眞堂、昭和60年。
竹内昭夫編『わが國の製造物責任法』有斐閣、平成2年。
大城裕二譯『英國の信用保険』昭和堂、平成3年。
庭田範秋『増補・新種保険論』慶應通信、平成4年。
経濟企畫廳國民生活局消費者行政第一課編『製造物責任制度を中心とした總合的な消費者被害防止・救濟のあり方について』大藏省印刷局、平成5年。
山川一陽・根田正樹編『專門家責任の理論と實務』新日本法規、平成6年。
三井海上火災保険（株）・火災新種商品企畫部編『新種保険論』損害保険事業綜合研究所、平成9年
植草益編『現代日本の損害保険產業』ＮＴＴ出版、平成11年。
服部万里子『図解でわかる介護保険のしくみ』日本實業出版社、平成11年。
三井海上火災保険（株）・火災新種商品企畫部編『新種保険論』損害保険事業綜合研究所、平成11年。
保険毎日新聞社編『(新版)賠償責任保険の解說』保険毎日新聞社、平成16年。

第４章　海上保険

龜井利明『英國の保険事業』法律文化社、昭和40年。
葛城照三『海上保険講義要綱』早稻田大學出版部、昭和48年。
龜井利明『海上保険總論』成山堂、昭和50年。
木村榮一「海上保険」、木村榮一・庭田範秋『保険概論』有斐閣双書、昭和51年。
木村榮一『海上保険』千倉書房、昭和53年。

東京海上編『貨物海上保険の理論と實務』海文堂、昭和53年。
木村榮一『ロイズ保険証券生成史』海文堂、昭和54年。
今村有『海上保險契約法論』（上・中・下）損害保険事業研究所、昭和53～55年。
林田　桂『船舶保險の理論と實務』海文堂、昭和56年。
加藤修譯『新貨物保険証券とその協會貨物約款におよぼす影響について』損害保険事業研究所、昭和57年。
東京海上編『損害保険實務講座』第3巻（船舶保險）有斐閣、昭和58年。
東京海上編『新英文海上貨物保険約款の解說』成山堂、昭和58年。
加藤修譯『新貨物海上保險實務』成山堂、昭和59年。
木村榮一『ロイズ・オブ・ロンドン』日本経済新聞社、昭和60年。
東京海上編『損害保険實務講座』第4巻（貨物保險）有斐閣、昭和62年。
三宅哲夫『漁船保險概說』成山堂、昭和63年。
日本損害保險協會貨物保險部『貨物海上保險・運送保險普通保險約款改正理由書』平成元年。
大谷孝一譯『貿易貨物保險の基礎』成文堂、平成元年
今泉敬忠譯『Ｐ＆Ｉ保險の解說』成山堂、平成元年。
日本船舶保險連盟『船舶保險普通保險約款改正理由書』日本船舶保險連盟、平成2年。
加藤修『國際物流のリスクと保險』白桃書房、平成2年。
木村榮一・大谷孝一譯『テンプルマン海上保險』損害保險事業總研究所、平成３年。
松島惠『貨物海上保險概說』成文堂、平成3年。
龜井利明『海上保險概論』成山堂、平成４年。
今泉敬忠「船舶保險」、木村榮一・高木秀卓編『損害保險概論』有斐閣、平成5年。
大谷孝一「貨物保險」、木村榮一・高木秀卓編『損害保險概論』有斐閣、平成5年。
松島惠『船舶保險約款研究』成文堂、平成6年。
今泉敬忠・大谷孝一『海上保險法概論』損害保險事業綜合研究所、平成14年。
木村榮一・近見正彥譯『海上保險の原理』損害保險綜合研究所、平成6年。
松島惠『改訂8版・海上保險論』損害保險事業綜合研究所、平成13年。
日本損害保險協會『日本の損害保險・ファクトブック2002』日本損害保險協會、平成14年。
大谷孝一『フランス海上保險契約史研究』成文堂、平成11年。

第５章　生命保険

明田裕［2002］：「予定利率引き下げの切り札 生保版・債務の株式化」『週刊東洋経済・臨時増刊』（7月31日号）、ｐｐ．38-42。

淺谷輝雄［1957］：『生命保險の歴史』四季社。
宇佐見憲治［1984］：『生命保險業100年史論』有斐閣。
江澤雅彦［1996］：「家計における生命保險の役割 —その変遷と課題—」『HOME ECONOMICA』Vol. 11、アコム経濟研究所、pp. 21—32。
江澤雅彦［2002］：『生命保險會社による情報開示』成文堂。
江澤雅彦［2003］：「経營破綻前の予定利率引下げについて」『東京経大學會誌—経營學—箸方幹逸教授退任記念号』第232号、pp. 9—21。
大林良一［1961］：『団体保險論』有斐閣。
唐笠昌夫［1990］：「個人市場の変遷と商品の歴史」『生命保險新實務講座第4巻マーケティングⅡ.』有斐閣、pp. 1-15。
刀禰俊雄・北野實［1997］：『現代の生命保險（第2版）』東京大學出版會。
ニッセイ基礎研究所［2001］：『生命保險の知識（新版）』日本経濟新聞社。
庭田範秋編［1978］：『生命保險論』有斐閣双書。
保險研究所［1980］：『日本保險業史・會社編（上巻）』。
水島一也［2002］：『現代保險経濟（第7版）』千倉書房。
村田敏一［2002］：「生命保險旣契約の契約條件の変更について—立法の必要性とそのあり方を中心に—」『保險學雜誌』第579号。
安井信夫［1990］：「生命保險歴史」『生命保險新實務講座第1巻總説』pp. 2-36、有斐閣。
安井信夫［1997］：『人保險論』文眞堂。

第6章　社会保険

佐波宣平　『保險學講案』有斐閣、昭和26年。
大林良一　『社會保險』春秋社、昭和27年。
近藤文二　『社會保險』岩波書店、昭和38年。
小山路男・佐口卓編　『社會保障論』有斐閣、昭和48年。
庭田範秋　『社會保障論』有斐閣、昭和48年。
木村榮一・高木秀卓・庭田範秋　『保險の知識』有斐閣、昭和55年
本田守　『保險總論』成文堂、昭和55年。
木村榮一・庭田範秋　『保險概論』（新版）有斐閣、昭和59年。
村上淸　『年金改革』東洋経濟新報社、平成5年。
木村榮一・近見正彦・安井信夫・黒田泰行　『保險入門』有斐閣、平成5年。
社會保險研究所　『健康保險法改正点の解説』社會保險研究所、平成6年。

下和田功　『ドイツ年金保險論』千倉書房、平成7年。
厚生省年金局監修　『年金制度改革の解說（平成7年度版）』社會保險硏究所、平成7年。
厚生省高齢者介護對策本部事務局監修　『高齢者介護保險制度の創設について』ぎょうせい、平成8年。
堀勝洋　『年金制度の再構築』東洋経濟新報社、平成9年。
佐藤進・河野正輝　『介護保險法』法律文化社、昭和9年。
福祉士養成講座編集委員會　『介護保險法關係資料集』中央法規出版、平成10年。
厚生省年金局監修　『年金百書（平成10年度版）』社會保險硏究所、平成10年。
大守隆・田坂治・宇野裕・一瀨智弘　『介護の經濟學』東洋経濟新報社、平成10年。
小坂善治郎　『高齢社會福祉と地域計畵』中央法規出版、平成10年。
伊藤周平　『欠陥だらけの介護保險』株式會社かもがわ出版、平成10年
渡辺俊介　『介護保險の知識』日本経濟新聞社、平成10年。
厚生年金基金連合會編　『21世紀の企業年金』東洋経濟新報社、平成10年。
近見正彦・前川寛・高尾厚・古瀨政敏・下和田功　『現代保險學』有斐閣、平成10年。
伊藤周平　『檢証　介護保險』青木しょてん、平成12年。
坂田期雄　『Q＆A　自治体最前線　3　介護保險』ぎょうせい、平成14年。
厚生勞働省監修　『厚生勞働白書（平成14年版）』ぎょうせい、平成14年。
國立社會保障・人口問題硏究所編　『社會保障統計年報（平成12年・13年版）』法硏、平成14年。
健康保險組合連合會編　『社會保障年鑑（2002年版）』東洋経濟新報社、平成14年。
厚生統計協會　『國民の福祉の動向（第49巻第12号）』厚生統計協會、平成14年。
厚生統計協會　『保險と年金の動向（第49巻第14号）』厚生統計協會、平成14年。
佐口卓・土田武史　『社會保障槪說（第4版）』光生館、平成15年。
厚生勞働省監修『厚生勞働白書（平成16年版）』ぎょうせい、平成16年。
國立社會保障・人口問題硏究所編『社會保障統計年報（平成15版）』法硏、平成16年。
健康保險組合連合會編『社會保障年鑑（2004年版）』東洋経濟新報社、平成16年。
厚生統計協會『國民の福祉の動向（第51巻第12号）』厚生統計協會、平成16年。
厚生統計協會『保險と年金の動向（第51巻第14号）』厚生統計協會、平成16年。

Index 영문색인

A

advisory rate / 74
all risk 담보 / 216
Alternative Dispute Resolution : ADR / 89

B

Basic Automobile Policy : BAP / 169

C

casualty insurance / 38
consumer credit life insurance / 25
cooling off / 78
Corporation of Lloyd's / 39, 234
cross marketing / 60

D

disclosure / 78

F

First Party Insurance / 175
foenus nauticum / 228
full insurance / 142

G

Great Fire / 118

I

indemnity of loss / 30
insured / 141
insurer / 141
insurable interest / 140
insurable value / 142

L

Law of Large Numbers / 21
loading / 43
London Assurance / 119, 234

M

Means Test / 294
moral risk, moral hazard / 27

N

net premium / 43
no-loss, no-profit / 161, 163

O

OEM제품 / 84
office premium / 43
over insurance / 142

P

Package Automobile Policy : PAP / 169, 172
Private Automobile Policy / 172

professional liability insurance / 214
product(s) liability : PL / 80

R

record keeping / 61
reinsurance / 38
retrocession / 38
Royal Exchange Assurance / 119
Royal Exchange / 233

S

Special Automobile Policy : SAP / 169, 170, 171, 172
solvency margin / 66
subscriber / 141
sum insured / 142

T

Third Party Insurance / 175
Tokyo Automobile Policy : TAP / 174
transfer of risk / 30

U

Unfallversicherung / 36
under insurance / 142

W

Wilhelm Lexis / 23

Y

York-Antwerp Rules / 246

Index 국문색인

ㄱ

가액협정보험(특약) / 14, 137
가장보험계약 / 229, 231
가정용 종합자동차보험
가족상해보험 / 194,206
가족오토바이특약 / 170, 171, 172, 173
간병보험 / 36, 319, 320
간이보험 / 39, 57, 58, 64, 260, 266, 267, 272, 273
간접손해 / 140, 217, 243
강제대인배상책임보험
강제보험 / 41, 121, 122, 147, 156, 157, 159, 160, 163, 164, 212
개인보험 / 28, 39, 40, 43, 56, 57, 95, 234, 273, 274, 275, 276, 279, 280
개인연금보험 / 56, 261, 275, 276, 277, 279, 280
개호보험 관련 3법안 / 317
개호보험제도재정 / 320
개호비용보험 / 105, 180, 198, 199, 202
개호비용보험금 / 180
갱생특례법 / 108, 109, 110
건강보험 / 4, 26, 39, 40, 183, 194, 205, 261, 293, 294, 295, 296, 297, 298, 299, 300, 301, 302, 303, 305, 306, 309, 320, 321
건강보험조합 / 194, 301, 302, 303, 321
건물갱신 / 147, 148
건설공사보험 / 197,202
건조보험 / 248경상손익 / 281
건축가배상책임보험 / 215
결합상품 / 133, 213
경제정책보험 / 40, 249
계류 뗏목보험 / 254
계반비용 / 252
계발적(啓發的) 요율산정방식 / 117
계선보험 / 248
계약자보호기구 / 65, 76, 104, 105, 106, 107, 108, 109, 110
계약철회청구권 / 78
고령사회 / 276, 316
고령화사회 / 276
고용보험 / 4, 26, 39, 40, 291, 292, 299, 300, 301, 314, 316, 327, 328
고지의무 / 43, 141, 145
골퍼보험 / 212
공공성의 원칙 / 263
공동해손분담액 / 245,246, 247, 252
공동해손비용손해 / 246
공보험 / 40, 41, 74, 193, 195, 202, 217
공적개호보험 / 199, 200, 201, 292, 299, 301, 316
공적연금제도 / 61, 298, 306, 309, 324, 331
공적의료보험제도 / 194
공제 / 33, 34, 57, 65, 69, 103, 105, 106, 107, 111, 119, 120, 146, 148, 161, 163, 167, 178, 180, 181, 194, 221,

223, 244, 247, 260, 262, 268, 282, 286, 293, 294, 296, 299, 300, 303, 305, 306, 307, 309, 310, 312, 313, 319, 321, 323, 324, 325, 326, 327, 331
공제부금율 / 161
공제조합 / 119, 120, 194, 221, 262, 293, 294, 299, 300, 303, 305, 306, 309, 310, 312, 313, 319, 321, 324, 327
교통사고상해보험 / 206, 222
과실상계 / 87
과실책임주의 / 160
구제보험회사 / 75
국가공무원공제조합 / 299, 306
국민연금 / 39, 40, 61, 298, 299, 300, 307, 308
국민연금기금연합회 / 324
국민연금보험 / 39, 40, 311, 325
군인연금 / 297
금융시스템개혁법 / 65, 71, 78
금전소비대차계약 / 228
급부반대급부균등의 원칙 / 23, 40, 42, 43
기간보험 / 241, 242
기간설정운송보험 / 254
기간설정 화물해상보험
기계보험 / 197, 202
기업연금 / 58, 61, 62, 313, 314, 323, 325, 327
기체보험 / 217

ㄴ

나용선자 / 239
내항화물해상보험 / 237
노동자재해보상보험 / 26, 38, 39, 40, 183, 300, 315, 316, 328, 329
노동자재해보상보험법 / 300
노동자재해보상책임보험 / 195, 196
노령후생연금 / 311, 312
노후보장 / 260
능력비례주의 / 40

ㄷ

단지보험 / 130
단체상해보험 / 196, 203, 206
단체정기보험 / 262
담보위험 / 125, 126, 128, 132, 144, 145, 172, 216, 240, 249, 250, 252
대물배상보험 / 170, 186, 188
대수의 법칙 / 21, 30, 34, 48
대인배상보험 / 168, 176, 178, 180, 188
도난보험 / 38, 193, 195, 202
도덕위험 / 27, 241, 250
도박 / 31
독일의 사회보험 / 293
동물보험 / 195, 201, 202
동산종합보험 / 197, 202, 216

ㄹ

런던대화재 / 118
레식스 / 23, 40
레식스의 법칙 / 23
로이즈 / 232
로이즈보험조합 / 39, 234
리스크 세분형 / 174
리스크세분형 자동차보험 / 174

ㅁ

만기환급종합 / 147
명기물건 / 129, 143
모험대차 / 228, 235
무거출 노령연금법 / 294
무보험차 / 163, 171, 178, 180, 181

무보험차 상해보험 / 173, 178, 180, 183
무진사(찰) / 58
물보험 / 36, 243, 291

ㅂ

반출가재 / 130
반출가재손해보험금 / 130
배상책임보험 / 209
배상책임보험 보통보험약관 / 90
법정외 노동보상/ 262
변액 연금보험 / 278
베니스의 상인 / 227
보수비례부분 / 299
보일러터보셋트보험 / 195
보증보험 / 195, 218
보통보험약관 / 123, 156, 184
보통상해보험 / 206, 222
보통양로보험 / 272
보통징수 / 319
보통화재 / 124, 128
보험가액불변경의 의제 / 239
보험계약자 / 238
보험계약자보호기구 / 65, 104
보험계약자보호기금 / 101, 104
보험단체 / 30
보험모집의 단속에 관한 법률 / 53
보험자 / 141
보험업법 / 270
보험요율 / 136
보험중개인 / 72, 73
보험중개인제도 / 72
보험평가액 / 239
복권 / 31
복지 원년 / 304
복지 재검토론 / 304
부가보험료 / 45
부인연금권/ 299. 308
비례거출· 균일급부 / 291
비용·이익보험 / 194, 198, 202
비용손해 / 116, 125, 199, 217, 243
비즈니스종합보험 / 197, 202, 218

ㅅ

사냥보험 / 212
사립학교교직원공제조합 / 299
사립학교교직원 공제제도 / 303
사망보장 / 260
사망보험 / 271
사망보험금 / 273
사망환급금 / 272
사(영)보험(개인보험) / 28, 40
사업종합보험 / 197, 218
사업용 종합자동차보험 / 176
사원총회 / 77
사회보장제도의 권고 / 297
사회보장제도 요강 / 297
사회보장급부비 / 288
사회보험 / 289
상해비용보험금 / 126, 128
상호회사 / 270, 284
생명보험계약자 보호기구 / 104
생명보험계약자 보호기금 / 103
생명보험모집인 / 63, 277
생명보험요율 / 54
생명보험의 역할 / 259
생명표 / 54, 266
생사혼합보험 / 272
생산물배상 책임보험 / 90, 201, 212
생산물특별약관 / 213
생존보험 / 44, 98, 272, 275
생활보장기능 / 265
선객상해배상책임보험 / 193

선박보험 / 238, 245, 246
선박보험 제1종 특별약관 / 243
선박보험 제4종 특별약관 / 244
선박보험 제6종 특별약관 / 244
선박불가동손실보험 / 248
선박수리공사보험 / 248
선박수리보험 / 247
선박보험 원수정미보험료 / 255, 256
선박약관 / 240, 252
선박임대차 / 239
선원보험 / 305
세제적격퇴직연금제도 / 61
소득보상보험 / 208
소비자신용생명보험 / 25
소위 제3분야 / 60
손품시가 / 245
손품시장가격 / 253
손해방지비용 / 210, 213, 246, 252
손해방지비용보험금 / 127
손해보상 / 30, 243
손해보험계약자보호기구 / 105, 109
손해보험요율산정기구 / 156
손해보험요율산정회 / 53, 124, 156
손해보험요율산출단체에 관한 법률 / 53, 156
수색구조비보험 / 217
수선부대비용보험금 / 127
수익성의 원칙 / 263
수재(受再)보험 / 38
수지상등의 원칙 / 22, 42
수출 FOB보험 / 254
수해 보험금 / 129
순보험료 / 43
순보험 요율 / 46
순율산정회제도 / 74
스포츠배상책임보험 / 212
승객배상책임보험 / 217
승무원상해보험 / 217
식품사고종합보험 / 197, 214
신고제 / 74
신보험업법 / 60, 67
신원보증 / 32
신용보험 / 193, 195, 220
신원신용보험 / 202, 220
신형리콜보험 / 213
신형리콜비용보험 / 213
실권 / 147
실손보상형 / 36
실업비용보험 / 198, 202
실화(失火)위자료비용보험금 / 126

ㅇ

안전성의 원칙 / 263
어선 P & I 보험 / 232
어선보험 / 239, 249
업무외 사고에 대한 보상 / 262
여객상해배상책임보험 / 202
여행업자배상책임보험 / 214
역마진 / 95, 112
연금보험 / 306
연금지급지급상해보험 / 207
영국의 사회보험 / 294
영업보험료 / 43
예정이율 / 94
왕립거래소 / 233
요단법(料團法) / 74
요트· 모터보트종합보험 / 202
운송보험 / 191, 249, 253
운전자보험 / 182, 185, 212
원동기부착자전거 / 150, 162, 167
원(수)보험 / 38
원수정미보험료 / 187, 191, 202, 222

원자력보험 / 197
유동성의 원칙 / 263
유리보험 / 193
유족 조위금 / 262
유족후생연금 / 311
위부제도 / 245
위험단체 / 30
위험변동 / 251
위험비례주의 / 40
위험의 전가 / 30
은행창구판매 / 277
의료보험 / 301
의료보험금 / 180
의료보장 / 261
의료보장보험 / 71
의료비용 보험 / 71, 105
이율변동형적립종신보험 / 274
이의신청 / 285
이차익 / 269
이코노미차량보험특약 / 171, 172
이행보증보험 / 219
인공위성보험 / 217
인신상해보상보험 / 175
일본선주책임상호보험조합 / 248
일본전회사생명표 / 55
일부보험 / 142
임시비용보험금 / 125
임의계속피보험자 / 301, 305
임의보험 / 159, 212
임의포괄피보험자 / 301
입찰보증보험 / 218
입찰·이행보증보험 / 202

ㄱ

자가 보험 / 32
자가용자동차종합보험 / 169, 171, 172
자녀보험 / 272
자동차손해배상보장법 / 157
자동차손해배상보장제도 / 157
자동차손해배상책임보험 / 154
자동차운전자손해배상책임보험 / 180, 185, 212
자동차종합보험 / 169
자력조사 / 294
자배법 / 157
자배책 보험 / 159
자배책 보험 증명서 / 164
자손사고보험 / 172, 178
잔존물처리비용보험금 / 126
잠재적 부양성 / 290
장총 / 130
장해연금 / 299, 309
장해기초연금 / 309, 310
장해후생연금 / 311
재보험 / 38
재산보험 / 36, 259
재산적 손해 / 90
재정안정화 기금 / 320
재재보험 / 38
재판외 분쟁처리제도 / 89
재해보험 / 38
재해비율 / 44
저축보험 / 272, 275
적격퇴직연금 / 313
적립가족상해보험 / 194
적립패밀리교통상해보험 / 194, 207
전국공제농업협동조합연합회 / 58
전국민보험 / 298
전국민연금 / 298
전손·분손 / 252
절대면책비율 / 244
점총(店總) / 128

점포종합 / 138, 144
정기부 양로보험 / 272, 273
정기부 종신보험 / 274
정신적 손해 / 90
정액보험 / 35
정책보험 / 40
정품시가 / 245
정품시장가격 / 253
제1당사자형보험 / 175
제1호 피보험자 / 309
제2호 피보험자 / 309
제2당사자형보험 / 175
제3당사자형보험 / 175
제3분야 / 36, 59
제3분야의 보험 / 36
제3자 배상책임보험 / 212
제로금리정책 / 96
제조물책임 / 80
제조업자·수리업자배상책임보험 / 217
조기시정조치 / 66
조기시정조치제도 / 66
조기해약공제 / 111
조기해약공제제도 / 103
좌석벨트 장착자 특별보험금 / 183
종신보험 / 272, 273
종합자동차보험 / 174
주계약 / 200
주관적 위험 / 29
주식잠정이익 / 282
주택관련신용생명보험 / 277
주택관련장기화재보험 / 277
주택대부금관련채무변제지원보험 / 277
주택대출보증보험 / 202, 219
주택물건화재보험요율 / 48
주택종합 / 138
주택화재 / 125
중도후유장해 특별보험금 / 183
지급여력 / 75, 282
지급여력비율 / 107, 282
지발(遲發)손해 / 86
지방공무원공제조합 / 299
지방공무원재해보상 / 300
지진면책조항 / 123
지진보험금액 / 134
지진화재비용보험금 / 127
지적재산권소송비용보험 / 198
직접손해 / 220, 243
직접손해보상의 원칙 / 243
질병보험 / 36, 59, 275

ㅊ

차량가액협정보험특약 / 170, 184
차량검사 링크제도 / 164
차량보험 / 157, 172, 177, 182
채무보증 / 32
책임손해 / 243
최고중도후유장해자 / 165
추정전손 / 244
축적손해 / 86
출재(出再)보험 / 38
충돌손해배상금 / 243

ㅋ

컴퓨터종합보험 / 217
쿨링오프제도 / 78
키맨보험 / 262

ㅌ

타인차 운전위험담보특약 / 171
탑승자상해보험 / 182
특별징수 / 319

ㅍ

패밀리 교통상해보험 / 207
평균예정이율 / 95
품질보증 / 33
풀제도 / 163
풍수해보험 / 193, 196, 202
피보험이익 / 210

ㅎ

하자담보책임 / 33, 83
학자보험 / 272
한신(阪神)·아와지(淡路) 대지진 / 134
할증요율 / 49
항공기보관업자 / 217
항공보험 / 74, 217
항공보험료보험 / 217
항공화물운송보험 / 217
항해보험 / 241, 242
해상대차 / 212
해상보증(海上受合) / 236
현실전손 / 244, 245, 252,
현재(顯在)적 부양성 / 290
협정보험가액 / 239, 244
화물약관 / 244, 250, 252
화물해상보험 / 236, 237
화재공제조합 / 119
화재상호 / 147
확대손해 / 85
확정거출연금 / 61, 313
확정거출연금법안 / 313
확정급부기업연금법 / 314
확정급부연금 / 61
환경오염배상책입보험 / 196
후생연금 / 261
후생연금기금 / 58, 313, 327
후생연금보험 / 296, 300
후유장해별 등급표 / 179
후유장해보험금 / 203

편저·집필자

- 스즈키 타츠노리(鈴木 辰紀) (와세다(早稲田)대학 명예교수) (편저자)
- 이마이즈미 타카타다(今泉 敬忠) (요코하마(横浜)국립대학 명예교수)
- 다케다 마사유키(武田 昌之) (센슈(專修)대학 교수)
- 마츠시마 메구미(松島 恵) (메이지(明治)학원대학 교수)
- 츠보이 아키히코(坪井 昭彦) (타카마츠(高松)대학 교수)
- 오타니 코이치(大谷 孝一) (와세다대학 교수)
- 에자와 마사히코(江澤 雅彦) (와세다대학 조교수)
- 이 홍무(李 洪茂) (와세다대학 조교수)
- 오쿠보 아키라(大久保 明) (와코(和光)대학 · 유통경제대학 강사)
- 온죠 미호(恩藏 三穗) (타카치호(高千穗)대학 조교수)

번역자

• 한 낙 현

- 경남대학교 무역학과 졸업 (경영학사)
- 서강대학교 대학원 무역학과 졸업 (상학석사)
- 일본 와세다(早稲田)대학 대학원 상학연구과 수료 (상학박사)
- 부경대학교, 창원대학교, 경상대학교, 부산교육대학교, 동의대학교, 영산대학교, 한국해양대학교 강사 · 동서대학교 겸임교수 역임.

(현) 일본 와세다대학 산업경영연구소 연구원
경남대학교 경제무역학부 조교수

- 주요 저서

海上保險における危險の變動 (成文堂, 東京)
해상보험의 이해 (공저) (우용출판사, 서울)
영 · 미의 해상보험 비교 (경남대학출판부, 마산)
위험관리와 보험의 이해 (공저) (우용출판사, 서울)

• 김 도 훈

- 경기대학교 경제학과 졸업 (경제학사)
- 일본 와세다(早稲田)대학 대학원 상학연구과 졸업 (상학석사)
- 일본 메이지(明治)대학 대학원 상학연구과 수료 (상학박사)

(현) 일본 와세다대학 산업경영연구소 연구원
경기대학교 국제학부, 신구대학, 창원대학교, 경남대학교 강사,
한국산업기술협력재단 일본연수센터 연구위원
성균관대학교 한국산업연구소 객원연구원

- 주요 저서

주요국의 산재보험 급여체계 비교연구 (공저) (한국노동연구원, 서울)

• 이 규 훈

- 인하대학교 사회교육학과 졸업 (문학사)
- 일본 와세다(早稲田)대학 대학원 상학연구과 (상학박사)

(현) 일본 메이지(明治)대학 강사
삼성화재

일본의 보험제도

2006년 5월 20일 초판 인쇄
2006년 5월 25일 초판 발행

저자 / 鈴木 辰紀外 9人 共著
역자 / 한낙현 外 2人
발행인 / 고종식
발행처 / 우용출판사
등록일 / 1997년 11월 25일
출판등록 / 제 2001-1호
주소 / 서울특별시 마포구 망원1동 338-53
전화번호 / 02)324-6577
팩시밀리 / 02)324-6177

정가 / 27,000원

www.choolpansa.com

ISBN / 89-87951-69-3 03320

2006ⓒ한낙현

이 책은 저작권법에 의해 한국 내에서 보호받는
저작물이므로 법에 정한 예외 이외의 무단
전제나 복제, 매체 수록 등을 금합니다.